Exclusión & Acogida

Una exploración teológica de la identidad,
la alteridad y la reconciliación

Miroslav Volf

Editorial CLIE
www.clie.es

EDITORIAL CLIE
C/ Ferrocarril, 8
08232 VILADECAVALLS
(Barcelona) ESPAÑA
E-mail: clie@clie.es
http://www.clie.es

Publicado originalmente en inglés por Abingdon Press bajo el título *Exclusion and Embrace, Revised and updated: A theological exploration of identity, otherness, and reconciliation.* Copyrigth© 2019 por Abingdon Press.

EXCLUSIÓN Y ACOGIDA
ISBN: 978-84-18810-73-2
Depósito Legal: B 15112-2022
Vida cristiana
Problemas sociales
REL012110

Impreso en Estados Unidos de América / *Printed in the United States of America*

Miroslav Volf es profesor de teología Henry B. Wright en la Yale Divinity School además de fundador y director del Yale Center for Faith and Culture. Se formó en su Croacia natal, en Estados Unidos y en Alemania y obtuvo los títulos de doctorado y posdoctorado (con los máximos honores) en la Universidad de Tubinga (Alemania). Ha escrito o editado más de 20 libros y más de 100 artículos académicos. Entre sus libros más significativos se encuentra el presente *Exclusión y acogida,* ganador del Premio Grawemeyer de Religión y uno de los 100 libros religiosos más importantes del siglo xx según Christianity Today; *Flourishing: Why We Need Religion in a Globalized World* (2016) y (con Matthew Croasmun) *For the Life of the World: Theology that Makes a Difference* (2019).

Elogios sobre *Exclusión y acogida*

Este libro es una importante contribución a la teología política. Es un gran testimonio del Dios que perdona y no recuerda para siempre, creando una nueva comunidad de entre sus enemigos.

Jürgen Moltmann, profesor emérito de teología sistemática,
Universidad de Tübingen, Hamburgo, Alemania.

Combinando el testimonio personal, el entusiasmo moral y la erudición teológica con un estilo claro y refrescante, Volf demuestra las múltiples formas en que la exclusión de los "demás" perpetúa un ciclo desesperado de violencia. Halla esperanza en la acogida sanadora del siervo sufriente, Jesús.

Luke Timothy Johnson, Robert W. Woodruff, profesores eméritos de
Nuevo Testamento y Orígenes Cristianos, Candle School of Theology,
Emory University, Atlanta, GA.

Aunque sirve a un nombramiento pastoral interracial en la década de 1990, *Exclusión y acogida* sacudió mi mundo, teológicamente hablando. Volf confrontó mi acercamiento ingenuo y simplista a la curación de las realidades raciales y las divisiones que había conocido toda mi vida. Al contar su propia historia y narrar sus luchas con el pernicioso mal de la "limpieza" religiosa y étnica, me ofreció una estructura y un vocabulario para vivir mi vida y asumir mi vocación como heraldo y como practicante a la vez del evangelio de la reconciliación. Esta versión revisada y actualizada me ha proporcionado una "segunda dosis" oportuna para seguir adelante.

Gregory V. Palmer, obispo, Ohio West Episcopal Area, UMC.

Volf señala que se producen enormes problemas cuando excluimos a nuestro enemigo de la comunidad de los seres humanos, y cuando nos excluimos de la comunidad de pecadores; cuando olvidamos que nuestro enemigo no es un monstruo subhumano, sino un ser humano; cuando olvidamos que no somos el bien perfecto, sino también personas con defectos. Al recodar esto, nuestro odio no nos mata ni nos absorbe, y que en realidad podemos salir y trabajar por la justicia.

Tim Keller, Redeemer Presbyterian Church, de su sermón del
domingo después del 11 de septiembre del 2001.

Exclusión y acogida presenta la idea de la amorosa aceptación como la respuesta lógica a los problemas de alienación. Esta admisión se basa en recordar acontecimientos y acciones con sinceridad, y apreciar la posición de las personas que te han ofendido. Y Miroslav Volf llega aún más lejos: quiere que recordemos nuestras malas acciones pasadas como ya perdonadas.

Mike Bird, decano y profesor de teología,
Ridley College, Melbourne, Australia.

¡Una de las mejores obras teológicas de la teología cristiana... Estés tratando con las relaciones internacionales o personales, el mal debe nombrarse y confrontarse... Cuando el mal y aquel que lo perpetra han sido identificados como lo que son —esto es lo que Volf quiere decir con "exclusión"—, puede producirse el segundo movimiento hacia la "acogida", la admisión de aquel que nos ha hecho daño y nos ha herido, a vosotros o a mí.

N. T. Wright, autor de *Evil and the Justice of God.*

DEDICATORIA

A Peter Kuzmič,
mi cuñado y amigo,
que encendió mi entusiasmo por la teología,
guió mis primeros pasos teológicos
y me abrió algunas puertas cuyo pomo yo no alcanzaba.

CONTENIDO

PRÓLOGO A LA EDICIÓN EN ESPAÑOL

Entre el mundo de ayer y el de hoy, tan parecido al de ayer

Debo comenzar este prólogo haciendo lo que no se debe, un reclamo. Me quejo en nombre de la comunidad teológica hispanohablante porque tan solo ahora podemos tener un libro de Miroslav Volf en nuestro idioma. Él es un teólogo reconocido a nivel mundial y admirado en otros idiomas. Sus obras han contribuido al pensamiento contextual de la fe y al necesario análisis de lo que significa dar testimonio del Evangelio de Jesús en los más agitados contextos sociales de nuestro tiempo.

Jürgen Moltmann, quizá el más importante teólogo del momento, califica el contenido de las obras de Volf como teología política. Otros opinan que son textos de teología contextual, en su más amplio sentido, aunque especializada en la reconciliación y en la búsqueda de la justicia de Dios en medio de los conflictos sociales. Como sea, son textos que nacen de su acreditada profundidad teológica, pero, además, de su vívida experiencia como creyente croata, teólogo y profesor en diferentes instituciones académicas, en su natal Croacia y fuera de ella.

Cuando escribe, lo hace con erudición teológica, acompasado con su pasión de discípulo de Jesús que, por cierto, es la mejor forma de hacer teología: pensando, sintiendo, viviendo y reclamando que se haga la voluntad de Dios, aquí en la tierra como en el cielo (Mt 6:10).

El presente libro nació en la década de los 90, cuando se libraba una guerra que, en sus propias palabras, "estaba haciendo trizas el país" en el que había nacido y mientras él trataba de esclarecer cómo situar su identidad personal y cristiana ante lo que estaba ocurriendo. Eran años de violencia en los que los serbios, llamados *četnik*, sembraban terror y muerte. Una época en la que los católicos croatas, los serbios ortodoxos y los bosnios musulmanes peleaban por sus identidades étnicas y religiosas. En ese contexto, nuestro autor se preguntaba por el significado de la reconciliación como valor de la fe cristiana. No eran tiempos para vanas polémicas sobre el sentido teórico de la reconciliación, sino que se requerían concreciones teológicas que definieran las posiciones (identidades) y compromisos en ese contexto particular.

Por este contexto del libro, bien podría decirse, además de las calificaciones ya hechas, que es también una obra de teología testimonial, de la que tanta falta hace en este tiempo. Una teología que no tiene como punto de partida la pregunta acerca de qué es lo que vemos en la realidad (como algo que sucede externo a nosotros), sino que va más hondo, se cuestiona cómo nos vemos ante esa realidad y de qué manera ella apela a algo muy íntimo y personal (algo que sucede en lo más íntimo de nuestro ser en conflicto). Aquí hay una muestra elocuente de esta necesaria forma de hacer teología hoy, sobre todo después de las enormes crisis sociales, económicas, culturales y existenciales que nos ha dejado la pandemia por la COVID-19: la realidad de allá afuera es mi realidad de aquí adentro y, por lo tanto, no se hacen preguntas teológicas más que para saber cómo situarnos de manera creyente ante lo que nos sucede y lo que la fe demanda de nosotros. El teólogo, en este caso, es un testigo; un paciente adolorido ante un mal que lo circunda y le reclama una identidad responsable (por ende, redentora).

Y hoy, casi tres décadas después de lo sucedido en Yugoslavia, como bien lo afirma el mismo autor, nuestro mundo se parece mucho a esos años. Los conflictos religiosos, raciales, de género y etnoculturales, por mencionar algunos, abundan. En el actual escenario social se debaten las derechas políticas extremas e izquierdas radicales y, en el calor de esas disputas, tercian los fanatismos religiosos y las intolerancias ideológicas de todo tipo (hasta las que en nombre del Evangelio deciden odiar a los contrarios). Pareciera ser que se nos reclaman identidades de las cuáles depende nuestra sobrevivencia social: ser o no ser, para subsistir. Es la nueva versión del ¡sálvese quien pueda!, apegándose a la identidad, política, ideológica o religiosa que le ofrezca redención social.

Este libro que de manera oportuna nos ofrece la Editorial CLIE (otra vez pionera en publicaciones, no solo de buena calidad editorial, sino teológicamente pertinentes), aborda los siempre sustanciales temas teológicos de la justicia, la paz y el amor. Esto no es lo novedoso, sino la perspectiva desde la cual se tratan, a partir de la experiencia personal de Volf y de su honda reflexión teológica acerca de qué significan esos valores en medio de la actual situación de nuestro mundo. Para él, la vida trinitaria de Dios esconde esa respuesta. Porque quienes seguimos a Jesús no estamos al descampado esperando soluciones que procedan del Partido, ni de la ideología de turno, ni del tradicionalismo religioso que también, en muchos casos, nos agobia. La respuesta está, entonces, en el Evangelio mismo, en el modelo de Jesús y en la propuesta de tolerancia y respeto entre los diferentes. Esa es la identidad de fe que debe caracterizar a los discípulos y discípulas del Maestro. Y nuestro autor no se entretiene en divagaciones académicas, sino que va directo al meollo de la propuesta radical del reino de Dios.

En el mundo hispanohablante, la verdad sea dicha, no han faltado teologías comprometidas con la justicia y la paz. Por el contrario, esos valores han sido su marca distintiva, sea de las teologías latinoamericanas de la liberación, del enfoque misionológico llamado Misión Integral, de las otras llamadas teologías en genitivo (feminista, afrodescendiente, ecológica, de la niñez y una decena más) y de las surgidas en suelo español, sobre todo entre personas católicas de firme compromiso social y del protestantismo ecuménico. Lo que sí ha faltado es diálogo transcultural, sobre todo con esas otras partes del mundo donde los sufrimientos han sido iguales (guerras, desigualdades y miserias) y donde el corazón de sus teologías ha latido con los mismos anhelos de la justicia de Dios. Mirosval es un interlocutor legítimo. ¿Llega tarde? No lo creo. Llega después de que esas tantas teologías y vivencias de fe han encontrado a madurez de la autocrítica que les viene con los años y no con pocas decepciones. Es tiempo oportuno para que se sirva la mesa, se sienten los contertulios e inicien nuevas conversaciones de la mano de este, el primer libro de Volf en castellano. Será la oportunidad para renovar los compromisos y apurar la presencia testimonial de Dios en medio de tantas crueldades de nuestro mundo. Pasaron las guerras de los años 90s, pero no las miserias del mundo, hoy agravadas por las escandalosas oleadas migratorias. Esas están ahí esperando una identidad que nos haga fieles testigos del Evangelio del Maestro.

Las nuevas derechas resurgieron, entre ellas las de cuño religioso, cuya identidad política se disfraza con equivalencias cristianas. Resucitaron también los regímenes políticos de izquierda intolerante que, tras su incapacidad administrativa acuden a su elocuencia retórica. Ese mundo que creíamos haber dejado atrás, nos persigue. Y las teologías que respondieron a aquel mundo tienen hoy su oportunidad, no de reciclarse, sino de actualizarse, de renovarse (aún hay tiempo para un pentecostés teológico) o abandonarse cuando han comprobado la ineficacia de sus propuestas para amar, esperar, resistir, inspirar y conspirar a favor de que el reino de un nuevo mundo, conforme al anhelo de Dios. Para esto, no son suficientes las identidades que proponen los identitarios europeos o de otras partes del mundo, en su mayoría cristianos que, como bien lo recalca Miroslav, hablan como cristianos, pero actúan como ateos (desastrosos supremacismos de identidades etnoculturales).

La identidad que procede del Evangelio nos invita a entregarnos por los demás y acogerlos, lo que implica una conversión profunda de nuestras apuestas sociales y políticas (y teológicas) y un cambio de nuestras identidades para hacerles un espacio en la humanidad que nos une bajo un mismo Dios clemente y misericordioso. Razón tenía le célebre neurólogo, psiquiatra y filósofo, Viktor E. Frankl, al decir que no era suficiente hablar del monoteísmo (un solo Dios), si no se hablaba también del monatropismo (una sola humanidad). Decía así el fundador de la logoterapia: "Después de haber alcanzado hace miles de años, el monoteísmo, la fe en un solo Dios, debe llegar a creer en una sola humanidad. Hoy necesitamos más que nunca un monantropismo"[1]. Y en este libro se habla de eso, pero más allá de donde lo hizo Frankl, se argumenta desde los temas cristológicos y trinitarios entretejidos en torno a la pasión de Dios.

No digo más. No es necesario. ¡Qué comience la lectura! Una lectura atenta que nos permita estar a la altura del momento que vivimos. Este no es un texto de teología para el entretenimiento, sino para el cuestionamiento crítico de nuestra identidad como seguidores y seguidores de Jesús en un mundo desgarrado y, por ende, necesitado de voces que clamen en el desierto (Is 40:3-5) y den señales del reino de Dios aquí y ahora (Mt 4:17).

Harold Segura
Director del Departamento de Fe y Desarrollo de *World Vision*
para América Latina y el Caribe

PRÓLOGO A LA EDICIÓN REVISADA

Un conocido me señaló recientemente: "*Exclusión y acogida* es más relevante hoy que hace veinticinco años, cuando lo escribiste". Su comentario tenía el ojo puesto en "¡Devolvedle a Estados Unidos su grandeza!" y el Brexit, y tenía razón. Cuando yo escribía el libro a principios de la década de 1990, el mundo se estaba uniendo y yo peleaba contra las peligrosas resacas de los conflictos centrados en la identidad, que separaba a las naciones y a las comunidades. "Ha estallado la charla sobre la identidad"[1] en los campus de la universidad, en la política electoral, sobre el escenario global. Francis Fukuyama, un pensador que celebró el final de la historia en el triunfo del estado liberal vinculado a la economía de mercado, servido en su libro *Identity* (Identidad), del 2018. "Exigir el reconocimiento de la identidad propia es un concepto maestro que unifica gran parte de lo que está sucediendo en la política mundial de hoy".[2] El autoritarismo y el fascismo, las formas más inquietantes de afirmación de la identidad, crecían.[3] En la nueva introducción realizo un bosquejo del resurgimiento de la identidad y exploro su relación con el argumento principal del libro.

Cuando empecé a escribir *Exclusión y acogida,* tenía en mente un volumen delgado, una expansión de la conferencia que impartí en Berlín a principios de 1993, en la que formulé primero la idea. El libro acabó siendo tres veces más largo de lo que yo había pensado originalmente. Mientras lo escribía, no tenía audiencia alguna en mente. Escribí para mí mismo, para dilucidar cómo gestionar el conflicto centrado en la identidad que rugía en mi propia alma, un eco interno de la guerra que estaba haciendo trizas el país en el que

---

[1] Kwame Anthony Appiah, *The Lies That Bind: Rethinking Identity*, Nueva York: Liveright, 2018, xiii.

[2] Francis Fukuyama, *Identity: The Demand for Dignity and the Politics of Resentment*, Nueva York: Farrar, Straus y Giroux, 2018, loc. 114.

[3] Ver Rob Riemen, *To Fight Against This Age: On fascism and Humanism*, Nueva York: W. W. Norton, 2018; Timothy Snyder, *On Tyranny: Twenty Lessons from the Twentieth Century*, Nueva York: Tim Duggan, 2017.

yo había nacido. Pero al no escribirle a nadie, resultó que estaba escribiendo para personas de todas las partes del mundo. El libro se ha traducido a diez idiomas, y hay dos traducciones más planeadas. En opinión de los eruditos es útil, no solo los teólogos constructivos, sino también los estudiosos bíblicos, los expertos en ética, los teólogos pastorales, los misionologistas; y no solo los eruditos que trabajan en las disciplinas teológicas, sino también los psicólogos, los sociólogos, los antropólogos culturales y demás. Algunos artistas visuales también han hallado inspiración en el libro. Sin embargo, lo más gratificante fue su impacto sobre las personas corrientes. Muchos me han contactado o me han comentado en persona que el libro les cambió la vida. Yo vibré con sus experiencias con el libro; también cambiaron mi vida y no solo mientras lo estaba escribiendo. Muchas veces, después de haber decidido un curso de acción, vi que el libro fruncía el ceño en señal de desaprobación. Ninguno de mis otros libros ha sido tan despiadado conmigo y me encanta precisamente por ello.

Cuando me planteaba la segunda edición, resolví no cambiar casi nada en el cuerpo principal. Tal como está, lleva la marca de la lucha intelectual y existencial, y temía que al revisarlo de manera extensa pudiera eliminar la intensidad de la búsqueda y el drama del descubrimiento. En su lugar, además de añadir una nueva introducción, decidí escribir un largo epílogo para indicar un conjunto de convicciones teológicas base integrado que apuntala el libro, explicarme un poco (respecto al hincapié sobre la *voluntad* de aceptar, por ejemplo), defenderme de la crítica que toca el fundamento del argumento (por ejemplo sobre la naturaleza y el lugar de la Trinidad, que también es el motivo por el cual he reeditado en el apéndice un texto posterior sobre ese mismo tema), y señalar lo que me gustaría no haber omitido (por ejemplo, la restitución como elemento clave de la reconciliación). Sin embargo, sí he practicado una intervención importante en el texto original: he eliminado el capítulo sobre el género. Desde la publicación del libro, el campo de los estudios de género ha explotado. A lo largo de los años no observé desarrollos en este ámbito lo suficientemente de cerca como para revisar y actualizar el texto a la luz de la cantidad y del peso de la obra intelectual realizada. Reescribirlo de forma responsable habría tomado más tiempo del que podía adjudicarle al proyecto.

PRÓLOGO A LA PRIMERA EDICIÓN

Una vez acabada mi conferencia, el profesor Jürgen Moltmann se puso en pie y formuló una de sus preguntas típicas, concreta y penetrante a la vez: "Pero ¿puede usted aceptar a un četnik?". Corría el año 1993, y estábamos en invierno. Hacía ya meses que los notables luchadores serbios llamados "četnik" habían estado sembrando la desolación en mi país natal, apiñando a las personas como manadas en campos de concentración, violando a las mujeres, incendiando iglesias y destruyendo ciudades.

Yo acababa de argumentar que debíamos aceptar a nuestros enemigos como Dios nos había admitido en Cristo. ¿Puedo aceptar a un četnik, alguien que en esa época era para mí lo último, por así decirlo, lo peor? ¿Qué justificaría la acogida? ¿De dónde sacaría yo las fuerzas para ello? ¿Qué efecto tendría esto sobre mi identidad como ser humano y como croata? Me llevó un momento contestar, aunque de inmediato supe lo que quería decir. "No, no puedo, pero como seguidor de Cristo, pienso que debería poder". En un sentido, este libro es el producto de la lucha entre la verdad de mi argumento y la fuerza de la objeción de Moltmann.

Fue un libro difícil de escribir. Mi pensamiento se veía tironeado en dos direcciones diferentes por la sangre de los inocentes que clamaban a Dios y por la sangre del Cordero de Dios ofrecido por los culpables. ¿Cómo permanece uno leal a la petición de justicia de los oprimidos y, a la vez, al don del perdón que el Crucificado ofrecido a los perpetradores? Me sentía atrapado entre dos traiciones: la traición de los sufrientes, los explotados y los excluidos, y la traición del núcleo mismo de mi fe. En un sentido más perturbador aún, sentí que mi fe misma no concordaba consigo misma, dividida entre el Dios que libera a los necesitados y el Dios que abandona al Crucificado, entre la exigencia de hacer justicia por las víctimas y el llamado a aceptar al perpetrador. Yo conocía, por supuesto, formas fáciles de resolver esta poderosa tensión. Pero también tenía claro que eran fáciles precisamente porque eran falsas. Azuzado por el sufrimiento de quienes estaban atrapados en los crueles ciclos de conflicto, no solo en mi Croacia natal, sino por todo el mundo, emprendí un viaje cuyo informe presento en este libro.

Casi de forma inevitable, el informe es intensamente personal, incluso en sus secciones más abstractas y más duras. No quiero decir que me permita hacer aquí una manifestación pública sentimentaloide. El libro es personal en el sentido de que lucho de forma intelectual con cuestiones que ponen el dedo en la llaga de mi identidad. ¡Ninguna mente sin ataduras ni inafectada está intentando resolver aquí un puzle intelectual enigmático! Escogí no intentar siquiera lo imposible. Yo, ciudadano de un mundo en guerra y seguidor de Jesucristo, no podía colgar mis compromisos, mis deseos, mis rebeliones, mis resignaciones y mis incertidumbres como si colgara mi abrigo en la percha antes de entrar en mi estudio, o como si lo descolgara y me lo pusiera al terminar el día de trabajo. Mi gente estaba siendo maltratada, y yo necesitaba meditar la respuesta adecuada para mí, un seguidor del Mesías crucificado. ¿Cómo podía abstraerme de mis compromisos, mis deseos, mis rebeldías, mis resignaciones y mis incertidumbres? Tenía que reflexionar en todo ello, con tanto rigor como pudiera reunir. La tensión entre el mensaje de la cruz y el mundo de la violencia se me presentaba como un conflicto entre el deseo de seguir al Crucificado y la poca disposición de limitarme a observar cómo otros eran crucificados o permitir ser clavado yo a la cruz. Como relato de una lucha intelectual, el libro es asimismo el registro de un viaje espiritual. Lo escribí para mí, y para todos los que en un mundo de injusticia, engaño y violencia han hecho suya la historia del evangelio y, por tanto, no desean asignar las exigencias del Crucificado a las tenebrosas regiones de la sinrazón ni abandonan la lucha por la justicia, la verdad y la paz.

INTRODUCCIÓN

El resurgir de la identidad

A principios de la década de 1990, cuando escribí *Exclusión y acogida,* los procesos de globalización se encontraban en pleno apogeo. El mundo se unía. Europa también se estaba uniendo, incluso integrando, excepto en uno de sus bordes, donde las partes constituyentes de Yugoslavia, el país de mi nacimiento y mi juventud, estaban separándose con violencia. Los croatas católicos, los bosnios musulmanes y los serbios ortodoxos peleaban entre sí en nombre de sus identidades étnicas y religiosas. En aquel tiempo, fuegos similares estallaban por todas partes en el mundo, más de cincuenta, todos centrados en las identidades étnicas, religiosas, raciales y culturales. Algunos de ellos se fueron consumiendo a baja intensidad mientras que otros, como el genocidio en Ruanda de 1994 fueron conflagraciones violentas de la crueldad y el sufrimiento humanos. En la década de 1990, los europeos y los estadounidenses estaban desconcertados por estos conflictos enfocados en la identidad, y con frecuencia los desecharon considerándolos residuos de la barbarie ignorante. En 1992, Alain Finkielkraut, filósofo judío francés conservador, sintió la necesidad de explicar las fuertes inversiones que se hacían en las identidades etnoculturales y escribió todo un libro sobre el asunto, con el título original *How Can One Be Croatian?* (¿Cómo se puede ser croata?).[4]

Escribí *Exclusión y acogida* en el marco de los enfrentamientos centrados en la identidad en un mundo rápidamente globalizado. Sin embargo, mi objetivo era distinto al de Finkielkraut aunque, como él pero a mi manera, me resistía a la idea de que las inversiones en los grupos de identidades son un lastre del pasado que tiene que ser descartado. En lugar de explicar y defender las luchas de identidad como él hizo, yo bosquejé un relato alternativo, inspirado en el cristianismo, de las identidades sociales y de su negociación, y propuse una senda hacia la reconciliación, en realidad, una visión de la vida juntos reconciliados y conciliadores. Con el fin de contrarrestar la práctica de la exclusión basada en la identidad, desarrollé una teología de la acogida.

---

[4] Alain Finkielkraut, *Comment peut-on être Croate?,* Paris: Gallimard, 1992; en inglés: *Dispatches from the Balkan War and Other Writings,* trad. Peter S. Rogers y Richard Golsan, Lincoln: Universidad de Nebraska Press, 1999.

Los conflictos centrados en la identidad, en el seno y entre las naciones, eran meras corrientes de retorno en la marea de los procesos de integración global y la propagación de la monocultura global, o eso pensábamos al final del último milenio. Pero el mundo ya no está unido; de un modo más preciso, la resistencia a la globalización ya no procede solamente de los grupos marginales y de las naciones más pequeñas. Los principales partidos de oposición y los gobiernos de las potencias mundiales principales son ahora unos de los antiglobalistas más fervientes. ¿Por qué? En parte, porque la conciencia de la opresión de algunos grupos durante siglos ha aumentado de manera radical (de las mujeres y de las personas de color, por ejemplo). Pero también, desde luego, porque los procesos fugitivos de globalización han dejado a su paso una estela de sufrimiento y desorientación, ejemplificado del modo más potente mediante las extraordinarias discrepancias de la riqueza y el poder entre las naciones, y dentro de ellas, por la devastación ecológica progresiva y por la pérdida de un sentido de identidad cultural, religiosa y nacional, así como de control.[5] En respuesta, los sentimientos antiglobalistas, nacionalistas y regionalistas han conquistado el mundo, y las luchas por la identidad y por el reconocimiento están dividiendo a las sociedades.[6] El mundo entero es hoy más parecido a Yugoslavia la víspera del estallido de las hostilidades entre sus grupos étnicos que a la Europa de cuando el muro de Berlín, ese símbolo del mundo bipolar, cayó y la Unión Europea se expandió.

Las identidades nacional, etnocultural, religiosa, racial, de género y sexual son importantes conductores de la política en todas partes. La campaña electoral del "¡Devolvedle a Estados Unidos su grandeza!" que llevó a Donald Trump a la Casa Blanca consistía, por encima de todo, en identidad, una elección entre unos Estados Unidos "judeocristianos" blancos, nacionalistas y otros pluralistas de grupos con distintas identidades dominantes que coexistían bajo

---

[5] Aquí, mi idea no consiste en que las consecuencias de la globalización han sido *solo* negativas, sino que esos procesos *también* han tenido secuelas negativas innegables y relevantes y que, en su forma presente, son injustas e insostenibles a la vez. Los efectos de los procesos de globalización han sido altamente ambivalentes. Con respecto a los tres efectos de la globalización mencionada en el cuerpo principal del texto, se puede afirmar que esas disparidades inadmisibles en riqueza, la degradación ambiental y la pérdida de identidades se generan de forma simultánea con un crecimiento económico sin precedentes, mejoras ambientales parciales y la revitalización de las tradiciones. Resulta fácil identificar otras ambivalencias de los procesos de globalización: la facilidad de comunicación combina con la pérdida de la privacidad; las innovaciones tecnológicas que salvan vidas y las mejoran combinan con la amenaza de la autodestrucción tecnológica, etc.

[6] En el surgimiento del fascismo en las décadas de 1920 y 1930 como reacción a la globalización, ver Timothy Snyder, *On Tyranny: Twenty Lessons from the Twentieth Century*, Nueva York: Tim Duggan, 2017, 11-12.

el mismo techo.[7] Gran parte de la extrema derecha europea tiene que ver con la identidad.[8] Los nacionalismos chino, indio, birmano y ruso tienen que ver con la identidad. Admito que ninguno de estos movimientos está relacionado *únicamente* con la identidad, y ninguno de ellos trata sobre una sola identidad. Son, en su mayoría, sobre identidades múltiples e interrelacionadas, con frecuencia agrupadas en una dominante;[9] y, desde luego, tienen que ver con el dinero, el poder y el territorio. Pero la dinámica de la aseveración y la impugnación de la identidad social, de los intentos de la reafirmación de la dominación antigua y del enfado por haberla perdido, de la búsqueda del reconocimiento y del resentimiento cuando se niega, es el núcleo central de todos ellos.

No todas las luchas de identidad son iguales. Algunas son agresivas como la aseveración de la supremacía nacional o racial mediante la imposición de una norma colonial sobre los territorios conquistados y las personas, o como la lucha por el reconocimiento de la masculinidad patriarcal autoritaria. Otras luchas de identidad son defensivas, como los esfuerzos de los colonizados contra el borrado de sus culturas indígenas o como la reafirmación de la identidad racial en la impugnación del racismo generalizado en muchas naciones, occidentales y no occidentales. Algunas luchas de identidad, defensivas y agresivas por igual, son inquietantemente "inocentes": como las aves de presa, por usar la metáfora de Nietzsche, algunos grupos entablan peleas de identidad poniendo entre paréntesis cuestiones morales y ejerciendo poder cuando sienten que deben hacerlo con el fin de sobrevivir y prosperar. Otras luchas de identidad están moralmente hipercargadas y desprovistas por completo de autocrítica: con el celo de los fundamentalistas, los combatientes habitan universos moralmente diferentes y pelean unos contra otros en nombre de sus propios valores no negociables. Otras guerras de identidad son cultural y

---

[7] John Sides, Michael Tesler, Lynn Vavreck, *Identity Crisis: The 2016 Presidential Campaign and the Battle for the Meaning of America*, Princeton: Princeton University Press, 2018. Ver también Arlie Russel Hochschild, *Strangers in their Own Land: Anger and Mourning on the American Right*, Nueva York: The New Press, 2016. Para un argumento sobre la insuficiencia del liberalismo de la identidad y la necesidad de un "liberalismo cívico", ver Mark Lilla, *The Once and Future Liberal: After Identity Politics*, Nueva York: HarperColllins, 2017. Para una crítica de Lilla, ver Sarah Churchwell, "America's Original Identity Politics", *New York Review Daily*, 17/2/2019.

[8] Ver, por ejemplo, Martin Sellner, "Der Grosse Austausch in Deutschland und Österreich: Theorie und Praxis", en Renaud Camus, *Revolte gegen den Grossen Austausch,* trad. Martin Lichtmesz, Schnellroda: Verlag Antaios, 2017, 189-221.

[9] Sobre la interseccionalidad, ver Kimberle W. Crenshaw, "Mapping the Margins: Intersectionality, Identity Politics, and Violence Against Women of Color", *Stanford Law Review* 43 núm. 6, julio 1991: 1241-99.

moralmente autoconscientes. Los combatientes reconocen que incluso una lucha exitosa establece y distorsiona a la vez sus identidades, que cosifica las prácticas, que excluye a los miembros que no encajan, y dejan un rastro en su alma aparentemente indeleble del mal sufrido y cometido. Como señalo en el Capítulo III, las diferencias entre las luchas de identidad están a menudo vinculadas con la ambivalencia en el proceso del mantenimiento de las fronteras, en especial con las líneas borrosas entre el mantenimiento de las fronteras en la modalidad de exclusión de rechazar a los demás y en el modo de la diferenciación de constituir la identidad.

Hace dos décadas y media, cuando el mundo estaba unido, las religiones parecían las fuerzas principales que las separaban, como le gustaba afirmar al exprimer ministro Tony Blair, alegre defensor de las integraciones globales, cuando él y yo impartimos una clase sobre "Fe y globalización" en la Universidad de Yale (2008–2010). Solo tenía razón en parte. La inversión de las personas en otras formas de identidad, así como sus intereses económicos y políticos alimentaban también la resistencia a los procesos de globalización, y a menudo con razón.[10] Lo mismo ocurre hoy. Pero también es cierto que las religiones son a la vez una preocupación por la identidad y fuerza en su propio derecho, y que con frecuencia se unen a otras identidades e intereses, legitimándolos y reforzándolos. Ya sea como factores primarios o de apoyo, las religiones están con frecuencia en juego en los conflictos centrados en la identidad. Dos variedades de cristianismo, el catolicismo y la ortodoxia, junto con el islam, motivaban la guerra entre los grupos étnicos de la otrora Yugoslavia cuando yo estaba escribiendo *Exclusión y acogida.* Hoy sucede lo mismo con el budismo en Myanmar, el hinduismo en la India y las diversidades de islam en Oriente Medio, por ejemplo.

En las luchas centradas en la identidad, las religiones tienden a funcionar como marcadores de las identidades de grupo y herramientas al servicio de las fuerzas políticas que actúan como guardianes de estas identidades. Trasladan el conflicto al ámbito de lo sagrado y suben el listón. Eso es malo para el mundo, sobre todo para quienes se ven afectados de inmediato. Pero tampoco es bueno para estas religiones. En sus orígenes y en sus mejores expresiones históricas, todas las religiones del mundo son *universales,* van dirigidas a cada persona como ser humano, un miembro de la "tribu" *humana* global y no principalmente como miembro de ninguna tribu cultural local.[11] Cuando esas

---

[10] Ver Miroslav Volf, *Flourishing: Why We Need Religion in a Globalized World*, New Haven: Yale University Press, 2015, 28-58.

[11] Ver Ibíd., 36-38.

religiones se convierten en marcadores de las identidades de grupo y en armas en las luchas políticas, hacen retroceder su carácter universal hasta un segundo plano y se transforman en religiones *políticas* particulares.[12] En las versiones monoteístas de las religiones políticas, Dios se convierte en un siervo del grupo que identifica quiénes somos "nosotros" y quiénes son "aquellos" con los que deberíamos mantener amistad y a los que deberíamos colonizar o destruir, a quiénes deberíamos excluir y a quién aceptar.[13] Esto es claramente una traición a la fe monoteísta misma, una degradación de Dios que le rebaja de ser el Amo del Universo para convertirlo en el lacayo del interés de un grupo en particular. Para ser claro, el monoteísmo *políticamente comprometido* no traiciona al monoteísmo; el traidor es el monoteísmo como *religión política*. Distingo categóricamente entre ambos. El primer tipo mantiene su visión universal y la aplica a la vida del grupo; el segundo proporciona expresión religiosa a la unidad moral y cultural del grupo y se describe con mayor exactitud como monolatría, un monoteísmo étnico en lugar de panhumano. Las religiones del primer tipo son, como lo señala Karl Barth, "aliados poco fiables" del estado; las del segundo son sus fieles servidores.

La Nueva Derecha europea —"génération identitaire" en Francia, "identitäre Bewegung" en Alemania y Austria, "generation identity" en Gran Bretaña— es el influyente movimiento de identidad política en Occidente desde hace más de dos décadas aproximadamente. También se encuentra filosóficamente entre los más sofisticados. Como su contrapartida rusa y *a diferencia* de la mayoría de la estadounidense, los representantes de la Nueva Derecha europea no solo rechazan la presunta decadencia y el vacío en la cultura occidental, sino también del capitalismo y de la primacía de la razón instrumental que, según se cree, sustentan esa decadencia y vacío.[14] Sin embargo, el enemigo principal de estos identitarios no es la cultura occidental dominante; ni siquiera lo son los inmigrantes de color que, a decir de los identitarios, amenazan con deshacer Europa. El enemigo principal son los globalistas cosmopolitas, multiculturales y liberales. Son ellos quienes han abierto de par en par las puertas de Europa a lo que el escritor y polemista francés Camus denomina "contracolonización", "la gran desculturización" o "la gran

---

[12] Ver más abajo, epílogo.

[13] Para la idea de una nación que sirve a Dios, ver Yuval Noah Harari, *21 Lessons for the 21st Century*, Nueva York: Spiegel & Grau, 2018, 127-39.

[14] Ver Alain de Benoist, *View from the Right: A Critical Anthology of Contemporary Ideas*, trad. Robert A. Lindgren, Londres: Arktos, 2017, vol. 1, xxviii-xxxi; Alain de Benoist, *Wir und die anderen*, trad. Silke Lührmann, Berlín: Junge Freiheit Verlag, 2008, 110-17. Ver también Mark Lilla, "Two Roads for the French Right", *New York Review of Books*, 20 de diciembre, 2018.

sustitución", tres términos para la idea de que quienes proceden de Oriente Medio, los norteafricanos y los africanos subsaharianos, la mayoría de los cuales son musulmanes y todos ellos de color, están remplazando poco a poco a la mayoría blanca de Europa, a los portadores de la civilización cristiana o moldeada por el cristianismo.[15] El principal enemigo de la Nueva Derecha Europea son los globalistas, pero el valor más importante es la integridad de la etnocultura europea.[16]

La mayoría de los identitarios europeos son cristianos, con frecuencia católicos a menudo jóvenes y conservadores; incluso algunos identitarios seculares piensan en sí mismos como ateos *cristianos*, e insisten en el carácter cristiano del Occidente secular.[17] Su eslogan es: "Europa será cristiana o dejará de existir". Sin embargo, cuando se trata del contenido de su visión social, la fe cristiana que los identitarios europeos, junto con sus contrapartidas en Estados Unidos y Rusia, reclaman para sí ha sido vaciada para convertirse en un marcador sacralizado de identidad y en una herramienta en las luchas políticas. Las dos columnas centrales del movimiento identitario caerán si se coloca sobre un fundamento que sea *de manera sustantiva* cristiano.

El primer pilar del movimiento identitario es la *primacía de la identidad etnocultural*. "Primero viene el regazo de la madre, la casa del padre, el pueblo, la zona, el país, la nación y lo último es la humanidad", escribe Caroline Sommerfeld, una destacada filósofa de la Nueva Derecha.[18] Parte de esta progresión en el desarrollo moral de un individuo es probablemente verdad. Sin embargo, para Sommerfeld, el orden de expansión de la sensibilidad moral es también el orden de la primacía antropológica y moral entre los círculos de identidad que se van ampliando. "Nos identificamos con la humanidad como hijos de Dios —escribe ella—, pero lo hacemos de un modo que puede encajar esta identidad en el abanico de los círculos de identidad". La identidad de una persona como "imagen de Dios" e "hijo de Dios" se integran en otras

---

[15] Para la categoría de "gran sustitución" ver Renaud Camus, *Le Grand Remplacement*, París: Reinharc, 2011. Para su recepción en los países de habla germana, ver Martin Sellner, "Der Grosse Austausch in Deutschland und Österreich", 189-221. Para una versión temprana de temores similares en Gran Bretaña (1968), ver el discurso de Enoch Powell, "Rivers of Blood" (https://www.telegraph.co.uk/comment/3643823/Enoch-Powells-Rivers-of-Blood-speech.html).

[16] Para un resumen del argumento de que Europa se definía como cristiana —cristiandad— en oposición al Islam, ver Kwame Anthony Appiah, *The Lies That Bind: Rethinking Identity*, Nueva York: Liveright Publishing Corporation, 2018, 192-95.

[17] Ver Ernst van den Hemel, "Post-secular Nationalism: Th Dutch Turn to the Right and Culturalheeswijck", Berlín: De Gruyter, 2017, 247-64.

[18] Para el relato de los dos pilares me inspiro en la correspondencia personal con Caroiline Sommerfeld. Ver su libro *Wir erziehen: Zehn Grundsätze* (de próxima publicación).

identidades y no a la inversa. Somos primordialmente miembros de nuestra comunidad nativa —el hogar, la región geográfica, etc.—, y solo *en segundo lugar* miembros de la comunidad o iglesia humana diversa, el único pueblo de Dios que habla muchos idiomas.

La primera columna del identitarismo —la primacía de la identidad nativa— es decisiva, pero exige el segundo pilar soporte sin el cual el edificio del identitarismo se derrumbaría. Ese segundo poste es la *legitimidad de la violencia en la protección de la identidad de grupo*. Esto no es una versión de la justificación de violencia de la guerra justa, cuyo progenitor es el padre de la iglesia norteafricana, San Agustín. Esta es la justificación de la violencia tipo "soberanía de identidad", cuyo defensor es el pensador ruso de mitad del siglo XX, Ivan Ilyin.[19] En su mejor versión, la teoría de la guerra justa es la defensa de las *vidas de las personas* y no de la identidad cultural, y es una aplicación concreta del amor al enemigo.[20] En todas sus versiones se afirma sobre los compromisos morales que se estiman universales, que enlazan tanto al amigo como al enemigo. La justificación de la violencia de la "soberanía-de-la-identi-dad-de-grupo" es una teoría de resistencia al mal en rotundo rechazo y no solo del amor al enemigo, sino también de las afirmaciones universales de la justicia que transcienden la comunidad. La exigencia para la supervivencia de la iden-tidad de grupo amenazada es suficiente para "justificar" incluso esas acciones violentas —como la guerra— que Ilyin creía ser siempre pecaminosas. "Mi oración es como una espada. Y mi espada es como una oración", escribió vin-culando la religión con la violencia pecaminosa, aunque necesaria.[21]

---

[19] Iwan Iljin, *über den gewaltsamen Widerstand gegen das Böse,* trad. Sasa Rudenko, Watchten-donk Edition Hagia Sophia, 2018.

[20] Sobre la teoría de la guerra justa y el amor a los enemigos, ver Oliver O'Donovan, *The Just War Revisited,* Nueva York: Cambridge University Press, 2003, 1-18. Sommerfeld sigue a Carl Sch-midt, quien creía que la orden de amar a los enemigos solo se aplica a los enemigos personales, no a los políticos (*The Concept of the Political,* trad. George Schwab [Chicago: The University of Chicago Press, 1996], 51-52). Pero es evidente que no es la postura del Nuevo Testamento ni de la iglesia primitiva. Ni siquiera es la potura de Pío II, el Papa de la última Cruzada. En una carta al sultán Mehmed II, en 1461, unos ocho años *después* del brutal saqueo de Constantinopla, escribió: "No os buscamos con odio ni amenazamos a su persona, aunque sois un enemigo de nuestra religión y presiona al pueblo cristiano con sus armas. Somos hostiles a sus acciones, no a usted. Como Dios ordena, amamos a nuestros enemigos y oramos por nuestros perseguidores" (Aneas Silvius Pacco-lomini [Pío II], *Epistola ad Mahomatem II [Epistle to Mohammed II],* ed. Y trad. Albert R. Baca [Nueva York: Peter Lang, 1990], 2; ver Miroslav Volf, *Allah. A Christian Response* [Nueva York: HarperCollins, 2011], 40-47).

[21] Como se cita en Timothy Snyder, "Ivan Ilyin, filósofo del fascismo ruso de Putin", *Nueva York Review Daily,* 2/3/2019, 5.

Los dos pilares del identitarismo descansa con mayor firmeza sobre el fundamento del paganismo clásico que sobre el cimiento de la fe cristiana. Considera la primacía de la identidad nativa, el más importante de las dos columnas. Alain de Benoist, el filósofo más distinguido del movimiento identitario y un pagano confeso, escribe: "El pensamiento pagano, fundamentalmente apegado a las raíces y al lugar como centro preferido en torno al cual la identidad se puede cristalizar, solo puede rechazar todas las formas religiosas y filosóficas de universalismo. Por el contrario, el Universalismo halla su base en el monoteísmo judeocristiano".[22] Un Dios es, por definición, el Dios de todos los seres humanos, y la relación de ese único Dios con todas las personas es el fundamento de su humanidad común, que de Benoits interpreta como que la particularidad y la unicidad de cada uno es insignificante. En Génesis 1, la noción de la "imagen de Dios" expresa precisamente esa relación que niega la diferencia entre Dios y los seres humanos, según cree él: basa la igualdad y la humanidad común de todos, pero obliga a cada uno "a abolir su propia historia".[23] En contraste con este relato de las consecuencias del monoteísmo, y en línea con su paganismo, de Benoist insiste en la primacía de las historias particulares: "Goethe es universal en *primer* lugar por ser alemán; Cervantes es universal por ser *primordialmente* español".[24] Lo que todos los seres humanos tienen en común es secundario a lo que los distingue unos de otros; lo que es principal para cada uno son las raíces biológicas compartidas, el lenguaje compartido, las costumbres compartidas, el territorio compartido; en una frase, la identidad social compartida.

El versículo más ampliamente citado del Nuevo Testamento, Juan 3:16, declara que Dios amó al *mundo* con un amor abnegado para que por medio de Cristo "todos" puedan tener la vida verdadera (Jn 1:7). De Benoist quiere que los muchos dioses de los diversos grupos etnoculturales vuelvan y sustituyan a ese único Dios, y la "ideología de los Iguales" en cuyos orígenes se encuentra ese Dios, y cuya forma presente es el "régimen de los derechos" y el "mercado

---

[22] Alain de Benoist, *On Being a Pagan,* trad. John Graham, North Augusta, SC: Arcana Europa, 2018, 143. La idea de que "todos los hombres, independientemente de sus propias características, independientemente de lo que pueda indicar el contexto de su propia existencia, son portadores de un alma en igual relación a Dios" es la "ideología de los Iguales", escribe de Benoist en *View from the Right*. En ese libro también van ligadas la creencia en un Dios y la afirmación de la humanidad igual de cada ser humano: "Todos los hombres son iguales por naturaleza en la dignidad de haber sido credos a la imagen del único y exclusivo Dios" (de Benoist, *View from the Right*, xix).

[23] De Benoist, *On Being a Pagan,* 145.

[24] *Ibíd.*, 112, cursivas añadidas. Ver también de Benoist, *Wir un die anderen.*

del monoteísmo".[25] Sin embargo, si de Benoist se abre camino y "el renacimiento de los dioses"[26] se produce, no acarreará libertad del "totalitarismo de los Iguales", sino el terror de las diferencias no conciliadas. Se podría argumentar que, en cierto modo, los dioses habían regresado durante la guerra de la exYugoslavia, y había reconfigurado el patrón del monoteísmo étnico y que los dioses están volviendo ahora en muchas partes del mundo. Por esta razón he escrito *Exclusión y acogida*, y por ello sigue siendo relevante hoy.

Exclusión y acogida trata de la identidad, pero no es identitaria. La crítica identitaria del capitalismo y la cultura de las sociedades postindustriales contemporáneas se exagera. Junto con otros muchos críticos, los identitarios no reconocen la preocupación moral subyacente tanto en la economía de mercado como en el individualismo contemporáneo.[27] Aun así, el individualismo, la primacía de la razón instrumental, la forma actual de la economía de mercado y la globalización, y la caída en la superficialidad en las sociedades postindustriales son enfermedades debilitantes que necesitan un tratamiento serio. Para mí, la práctica de aceptar y la teología que la sustenta es la dimensión de la vida verdadera, una clase de vida representada y posibilitada por Jesucristo, el Verbo hecho carne. El compromiso con Cristo como la vida verdadera está en contraste con la desestimación de aquello que más importa en las sociedades contemporáneas, hiperindividualista e impulsadas por el mercado, y a la obsesión por mejorar y multiplicar los medios para la vida y la indiferencia para sus propios fines.[28] Los identitarios —al menos los europeos— y yo concordamos en que se necesita una alternativa. Coincidimos, asimismo, en la importancia de las culturas, los lenguajes y las formas de pertenecer particulares, como la familia, un grupo étnico, la comunidad religiosa o la nación. En una frase, estamos de acuerdo en la *necesidad* del "hogar". Sin embargo, existe un gran abismo entre nosotros con respecto a la naturaleza de las identidades de grupo, su pureza, sus formas de vencer conflictos centrados en la identidad y, sobre todo, su relación con la humanidad común. Estamos en desacuerdo sobre la *naturaleza* del "hogar".

Cuando estaba escribiendo *Exclusión y acogida*, la idea de la humanidad común era aceptada de forma general; en el texto yo solo pude suponerla. Ya no. Y los identitarios de la Nueva Derecha no son los únicos en defenderla;

---

[25] De Benoist, *View from the Right*, xxix.

[26] De Benoist, *On Being a Pagan*, 233.

[27] Sobre esto, ver Charles Taylor, *The Ethics of Authenticity*, Cambridge: Harvard University Press, 1991, 95-96.

[28] Ver Miroslav Volf y Matthew Croasmun, *For the Life of the World: Theology That Makes a Difference*, Grand Rapids: Brazos, 2019.

algunos de la izquierda también lo están haciendo,[29] de ahí la ausencia de un horizonte compartido y universos morales rivales, y esta derecha cuando el Nuevo Régimen Climático está barriendo nuestras fronteras con venganza.[30] Lo que pude suponer entonces necesita hoy defensa. En esta introducción no se puede realizar semejante defensa, solo un mero bosquejo de la misma. De Benoit está en lo cierto: la creencia en un Dios y la confirmación de la humanidad común, así como la misma dignidad van juntas. Pero también se equivoca: aquí la igualdad no es equivalencia, sino que presupone diferencias; cada ser humano comparte de igual manera en la humanidad común, pero cada uno es humano de un modo único.[31] Del mismo modo que la unicidad está arraigada en un Dios, la igualdad también. La afirmación simultánea de la igualdad y de las diferencias humanas es un rasgo de todos los monoteísmos, pero es especialmente congruente con las versiones del monoteísmo trinitario en el que la unidad y las diferencias divinas son equiprimordiales.[32]

Las antropologías universalistas que unen a la humanidad común con la posesión de ciertas capacidades, de forma más notable la posesión de la razón, tienden a denigrar las diferencias. Dado que estas aptitudes se ven como dimensiones de la humanidad normativa, los seres humanos que no parecen poseerlas o las tienen en una forma disminuida son estimados subhumanos. Dado que las capacidades de los humanos difieren, las antropologías universalistas basadas en las aptitudes acaban siempre negando la humanidad (igual) de algunos seres humanos.[33] Esto mismo es aún más cierto respecto a

---

[29] Para la contienda afroamericana de la humanidad común ver, por ejemplo, Calvin L. Warren, *Ontological Terror: Blackness, Nihilism, and Emancipation*, Durham: Duke University Press, 2018. La postura de Silvia Wynter, resumida bajo la rúbrica de "géneros de ser humano" posee más matices (ver *Sylvia Wynter: On Being Human as Praxis*, ed. Katherine McKittrick, Durham, NC: Duke University Press, 2015). Para la confirmación teológica afroamericana de la primacía de la humanidad común, ver por ejemplo, Howard Thurman, *Jesus and the Disinherited*, Boston: Beacon Press, 1976, 104-5.

[30] La redacción está adaptada, con alteraciones, de Bruno Latour, *Down to Earth: Politics in the New Climactic Regime*, trad. Catherine Porter, Cambridge: Polity Press, 2018, 10.

[31] Sobre una posición respecto a Dios y las naturalezas individuales influenciadas por Duns Scotus, ver John Hare, *God's Call: Moral Realism, God's Commands, and Human Autonomy*, Grand Rapids: Eerdmans, 2001, 77-78; sobre Duns Scotus mismo, ver John Hare, *God and Morality: A Philosophical HIstory*, Oxford: Blackwell Publishing, 2007, 111-15. Para una aplicación de este argumento en favor de la necesidad de "hogar", ver Natalia Marandiuc, *The Goodness of Home: Human and Divine Love and the Making of the Self*, Nueva York: Oxford University Press, 2018.

[32] Ver el apéndice.

[33] Esto también es cierto para Immanuel Kant, aunque de un modo limitado. Por capacidad de hacer elecciones racionales, que para él se basan en la dignidad equivalente, quería dar a entender la capacidad de hacer elecciones racionales, no la calidad de razonar mientras se hace una elección

aquellas antropologías, determinadas como universalistas de un modo mayormente implícito, que vinculan la humanidad a ciertas prácticas culturales. Las antropologías teístas pueden prescindir del llamado a las capacidades compartidas y, en su lugar, basan la humanidad y la igualdad común en la *relación de Dios* con los humanos. La amorosa relación de Dios, inmutable e incondicional, para con todos los nacidos de un ser humano afirma su humanidad y su igualdad común.[34] El único Dios trino es el Dios de todos los seres humanos, cada uno de ellos una criatura única y dinámica en un momento, lugar y cultura concreta, *y* cada uno formado también en igualdad a la imagen del Dios pleromático, cada uno de igual manera hermano o hermana de Cristo.

En *Exclusión y acogida* asumo parte de semejante relato del carácter y la derivación de la humanidad común. Las dos corrientes entrelazadas del principal argumento están dedicadas por entero a la naturaleza de la identidad y a los conflictos centrados en la identidad. La faceta sobre la identidad presiona *contra* las identidades "puras" y "duras", identidades de las cuales ha derivado la alteridad y en las que esta no tiene permitida la entrada, por lo que empuja *en favor* de identidades "suaves" y "formadas dialógicamente". El aspecto sobre los conflictos centrados en la identidad se afirma sobre la convicción de que amar al enemigo, representado en la acogida por parte de Dios de la humanidad pecaminosa en Cristo, es fundamental para la fe cristiana y la vida en el mundo: la incondicionalidad del amor divino exige y posibilita la correspondiente incondicionalidad del amor humano. Las dos facetas van juntas en la afirmación de que el compromiso con el Dios revelado en Jesucristo, y hecho presente por el Espíritu, debería regular el mantenimiento de la frontera que constituye la identidad y otras clases de relaciones entre las personas de diversas identidades.

Los dos hilos del argumento del libro buscan respaldar las afirmaciones de que son casi el obverso exacto de los dos pilares del identitarismo. Su principal tesis es esta: "La voluntad de entregarnos a los demás y 'darles la bienvenida'. Reajustar nuestras identidades para hacerles un espacio, es previo a cualquier juicio sobre los demás, excepto el de identificarlos en su humanidad". Sin

---

concreta (ver Allen Wood, *Kant's Ethical Thought*, Cambridge: Cambridge University Press, 1999, 132). Aun así, se puede decir que existen seres humanos sin capacidad de hacer elecciones racionales. El acercamiento de Kant basado en las capacidades no tiene recursos para afirmar su humanidad y su dignidad equivalente.

[34] Para una visión de esta postura, ver Nicholas Wolterstorff, *Justice: Rights and Wrongs*, Princeton: Princeton University Press, 2010. Para un relato evolucionario de la humanidad común, ver Nicholas Christakis, *Blueprint: Evolutionary Origins of a Good Society*, Nueva York: Little, Brown Spark, 2019.

embargo, *Exclusión y acogida* no es un tratado antiidentitario. Es el bosquejo de una visión de cómo negociar importantes tensiones constitutivas del mundo moderno —entre los individuos y entre las diversas comunidades, así como entre la localidad, la etnia, la particularidad y la globalidad, el cosmopolitismo y la universalidad— que han estallado en un mundo que parece ir rumbo a la autodisminución e incluso a la autodestrucción.[35] En el fundamento de la visión hay un horizonte universal compartido del proyecto de Dios con el mundo desvelado en Jesucristo, el Verbo y el Cordero, a través de quien se crearon los mundos y fueron reconciliados con Dios.[36] Ese proyecto consiste en hacer que el mundo entre en la casa de Dios y, de ese modo, también en casa de las criaturas de Dios; cada criatura única y "localmente arraigada", y cada una precisamente en su unicidad y arraigo delimitado, abierta de manera constitutiva a todos los demás, habitándolas ellas y siendo habitado por ellas.

---

[35] Acerca de las tensiones en la senda de la autodestrucción, ver Latour, *Down to Earth*.

[36] Sobre Cristo y la creación, ver Rowan Williams, *Christ the Heart of Creation*, Londres: Bloomsbury continuum, 2018.

CAPÍTULO I
La cruz, el "yo" y los demás

Imágenes de tres ciudades

Cuando Los Ángeles explotaron en la primavera de 1992, sobre mi escritorio en Pasadena había una carta. Debía acudir a la ciudad de "grandeza prusiana" Postdam, y hablar en la conferencia alemana "Gesellschaft für Evangelische Theologie". El tema era oportuno: "El Espíritu y el Pueblo de Dios en las convulsiones sociales y culturales de Europa". En el folleto sobre la conferencia, leí:

> La esperanza de que emergiera una "nueva democracia" en Europa que ha inspirado a muchos en Oriente y Occidente... no se ha cumplido. En su lugar, un conflicto nacional cada vez más intenso —hasta el punto de una confrontación armada— se está llevando a cabo en muchos países y sociedades del antiguo Bloque del Este. En Yugoslavia se está librando una guerra en la que las religiones y las confesiones cristianas están involucradas. Al mismo tiempo, en Occidente existe una apatía europea en expansión de la que se aprovechan los grupos neonacionalistas y neofascistas. Y en la Alemania reunida están brotando peligros para la democracia que, hasta hace poco, nadie habría creído posibles: un movimiento flagrante y franco de la derecha radical que demostraba una hostilidad militante a los extranjeros.

Al invitarme a mí, originario de la que solía ser parte de Yugoslavia y ahora es un estado independiente llamado Croacia, los organizadores buscaban una voz procedente de la parte del mundo que solía ser la Europa del Este y que seguía buscando una nueva identidad.

Cuando acepté la invitación, yo no tenía sentido de misión ni tampoco una clara idea de qué decir. En el transcurso de los ocho meses, las imágenes de tres ciudades invadieron mi mente con la clara intención de llevar allí una vida errática propia. En su mayor parte me las arreglé para controlar a los intrusos, suprimiéndolos o reflexionando de vez en cuando en ellos. Estimulado por los impulsos visuales procedentes de las pantallas de televisión y las portadas de las revistas y diarios, afloraban de manera inesperada en medio de una reunión en la facultad, en una pausa durante la conversación en una cena, en el silencio de la noche. Proyectiles cayendo sobre una multitud que aguardaba con paciencia el reparto de pan que escaseaba, y mucho. Las personas corrían por los "callejones de la muerte" para escapar a los francotiradores. Sarajevo. Escenas de Rodney King siendo golpeado por policías blancos y de Reginald Denny arrastrados fuera de su camión por unos gánsteres negros, imágenes de personas corriendo en todas las direcciones con productos saqueados como hormigas descomunales, imágenes de llamas que se tragaban bloques enteros: Los Ángeles. Y, a continuación, Berlín: cabezas rapadas neonazis que marchaban por la ciudad, alzando de vez en cuando la cabeza haciendo el saludo de Hitler, gritando "Ausländer raus!" (¡Extranjeros, fuera!").

Que las imágenes intrusivas procedieran de Sarajevo, Los Ángeles y Berlín no era casualidad. Las ciudades representaban respectivamente el país de mis orígenes, la ubicación de mi residencia y el lugar donde debía hablar sobre los conflictos culturales y sociales en Europa. Sin embargo, lo que tenían en común era más que meros accidentes de mi biografía en el año 1992. Estaban relacionadas por una despiadada historia de lucha cultural, étnica y racial.

No solo era la historia de esas ciudades, por supuesto. ¿Acaso no habían vivido los croatas católicos, los serbios ortodoxos, musulmanes y judíos pacíficamente los unos junto a los otros durante siglos en Sarajevo, igual que sus muchas iglesias, mezquitas y sinagogas? ¿No hay *cierta* verdad en el mito oficial de Los Ángeles, como ciudad en la que cada uno de sus doscientos grupos culturales y étnicos "aporta su propia ética, sus artes, sus ideas y sus aptitudes a una comunidad que acoge y alienta la diversidad y se hace más fuerte tomando lo mejor de ello", y juntos forman "un mosaico de colores distintos, vibrantes y fundamental para la totalidad"?[37] ¿No era Berlín la ciudad donde habían derrumbado el muro que separaba el Este del Oeste?

A pesar de estas narrativas de armonía, también existe una fea historia de estas ciudades, como insistían las imágenes que me acosaban. Y no había empezado ayer. Ya en la década de 1920, el laureado Nóbel croata Ivo Andric pensó que era simbólico que los relojes de las iglesias y las mezquitas de Sarajevo no concordaran al dar la hora. Esta "discrepancia" hablaba de diferencia; y, como él escribió, en Bosnia, la diferencias "siempre andaban cerca del odio, y a menudo se identificaban con él".[38] En Los Ángeles, antes de que estallara el conflicto

---

[37] "L. A. 2000: A City of the Future". El comité de Los Ángeles 2000, encargado por la Oficina del Alcalde de Los Ángeles Tom Bradley, 1988, citado por Judith Tiersma, "Beauty for Ashes", *Theology, News and Notes* 38 núm. 4 (1992): 17.

[38] Rupert Neudeck, "Europa am Ende? Das gute Beispiel: Albanien", *Orientierung* 57, núm. 10 (1993): 120.

de 1992, los disturbios de Watts de 1965, desencadenados por un policía de tráfico en una autopista de California, que arrestó a un hombre afroamericano, pero causados por siglos de prejuicios y opresión raciales. Finalmente, fue en Berlín donde los demonios del Tercer Reich maquinaron la "solución final" y empezó a ejecutarla con vehemencia, disciplina y obediencia prusiana.

Las imágenes de las tres ciudades casi me impusieron el tema de mi charla en Potsdam: Trataría los conflictos entre las culturas. Como sugerían los diversos orígenes de las imágenes, los conflictos culturales no son en modo alguno una simple característica de las sociedades que todavía no han gustado las "bendiciones" de la modernización. Yo sabía hacer algo mejor que descartarlos como estallidos del barbarismo en retirada al límite de una modernidad por lo demás pacífica. Las guerras más sutiles, aunque no por ello menos reales entre grupos culturales rivales amenazan con desgarrar la tela de la vida social en muchas naciones occidentales.

Lejos de ser aberraciones, las tres ciudades emergieron poco a poco para mí como símbolos del mundo actual. Cuando se derrumbó el muro ideológico y militar que separaba el Este del Oeste, cuando las restricciones del megaconflicto denominado "guerra fría" se disiparon, y la importancia de las esferas de influencia globales establecidas de larga tradición disminuyeron, recrudecieron un sinfín de miniconflictos reprimidos en muchas "guerras calientes". En una edición especial de *Los Angeles Times* del 8 de junio de 1992, titulada "The New Tribalism" (El nuevo tribalismo), Robin Wright informó:

> En Georgia, la pequeña Abjasia y Osetia del Sur buscan, ambas, la secesión, mientras que los curdos quieren tallarse un estado fuera de Turquía. La Quebec francesa intenta separarse de Canadá, mientras las muertes en la insurgencia musulmana de Cachemira contra la India dominada por los hindúes superan los seis mil. La jerigonza de Kazajistán enfrenta a los kazajos étnicos contra los cosacos rusos, mientras que los escoceses en Gran Bretaña, los tutsis en Ruanda, los vascos y los catalanes en España y los tuaregs en Mali y Nigeria buscan, todos ellos, diversos grados de autogobierno, o convertirse en un Estado. La vertiginosa disposición de puntos calientes étnicos del mundo... ilustra claramente cómo, de todos los rasgos del mundo posterior a la Guerra Fría, lo más perturbador está resultando ser, de forma sistemática, los odios tribales que dividen a la humanidad por raza, fe y nacionalidad. "La explosión de violencia comunal es la cuestión primordial frente al movimiento actual de los derechos humanos. Nuestro principal reto será contener los abusos cometidos

en nombre de la etnia o de los grupos religiosos en los años venideros", afirmó Kenneth Ross, director ejecutivo interino de Human Rights Watch.[39]

El artículo seguía indicando más de cincuenta puntos por todo el globo —incluidos los países occidentales— donde la violencia había arraigado entre personas que comparten el mismo territorio, pero difieren en etnia, raza, lengua o religión.[40]

El final de la Guerra Fría no produjo esos conflictos, por supuesto. Estuvieron allí todo el tiempo, jugando un papel estable en el drama global sangriento de los tiempos modernos. Los conflictos pueden experimentar ciclos de resurgencia y remisión, dependiendo principalmente de las condiciones internacionales; las sublevaciones a larga escala "crean un entorno en el que las exigencias étnicas parecen oportunas y realistas".[41] A juicio del cuidadoso estudiante de étnica y conflictos culturales, Donald L. Horowitz, estos conflictos han sido "omnipresentes" al menos a lo largo del siglo pasado.[42]

Echar una mirada al mundo confirmó mi decisión de convertir los conflictos culturales en el tema de mi charla en la conferencia de Potsdam. No concebí una forma más precisa del problema hasta que pasé seis semanas en la Croacia rota por la guerra en el otoño de 1992: sus territorios ocupados, sus ciudades y pueblos destruidos, y su gente asesinada y expulsada. Allí vi con claridad lo que, en un sentido, había sabido todo el tiempo: el problema de los conflictos étnicos y culturales forma parte de un problema mayor de identidad y alteridad. Allí, este inconveniente luchaba y sangraba, y se abrió un ardiente camino hasta mi conciencia.

Un mundo sin el otro

Estaba cruzando la frontera croata por primera vez desde que Croacia declaró su independencia. La insignia y las banderas de Estado desplegadas para que destacaran en la "puerta de entrada a Croacia" eran meras señales visibles de lo que percibí como una carga en el aire: estaba abandonando Hungría y me internaba en el espacio croata. Me sentí aliviado, algo de lo que un hispano

---

[39] Robin Wright, "The New Tribalism", *Los Angeles Times,* June 8, 1992, H1.

[40] Robert D. Kaplan, *The Ends of the Earth: A Journey at the Dawn of the 21sst Century*, Nueva York: Random House, 1996, 7s.

[41] Donald L. Horowitz, *Ethnic Groups in Conflict*, Berkeley: University of California Press, 1985, 3ss.

[42] *Ibíd.,* 5.

o un coreano debe sentir en partes del centro-sur de Los Ángeles, donde están rodeados de los suyos, algo que los negros sudafricanos deben de haber sentido una vez desmantelado el Apartheid. En lo que solía ser Yugoslavia casi se esperaba una disculpa por ser croata. Ahora me sentía libre de ser quien soy.

Sin embargo, cuanto más tiempo pasaba en el país, más constreñido me sentía. En aquel momento sentí como la expectación inexpresada de explicar por qué, como croata, todavía tenía amigos en Serbia y no hablaba con desprecio del atraso de su cultura bizantina-ortodoxa. Estoy acostumbrado al entorno colorido de la multietnicidad. Hijo de un "matrimonio mixto", tengo "sangre" checa, alemana y croata en mis venas; crecí en una ciudad que el viejo Imperio de los Habsburgos habían convertido en lugar de reunión de muchos grupos étnicos; y vivía en la ciudad multicultural (llena de tensión) de Los Ángeles. Pero la nueva Croacia, como una diosa celosa, reclamaba todo mi amor y lealtad. Debo ser croata hasta la médula o no sería un buen croata.

Resultaba fácil explicar esta excesiva exigencia de lealtad. Tras una asimilación forzada bajo el gobierno comunista, la sensación de pertenecer a una etnia y la distinción cultural estaban abocadas a reafirmarse. Más aún, la necesidad de permanecer firme contra un enemigo poderoso y destructivo, que había capturado un tercio del territorio croata, lo había arrasado de su población croata y casi destruido algunas de sus ciudades, dejando poco lugar al lujo de las lealtades divididas. Las explicaciones tenían sentido y brindan motivos para creer que la inquietante preocupación por el "yo" nacional fue una fase temporal, un mecanismo de defensa cuyos servicios ya no serían necesarios una vez pasado el peligro. Sin embargo, las desestabilizantes preguntas se quedaron: ¿No había descubierto en el rostro oprimido de Croacia algunos rasgos que los croatas menospreciaban en sus invasores? ¿Acaso el enemigo no había capturado algo del alma de Croacia con una buena cantidad de su tierra?

Durante mi estancia en Croacia leí la reflexión de Jacques Derrida sobre Europa, *The Other Heading* (El otro título). Comentaba sobre su propia identidad europea y escribía en su estilo familiar y enrevesado:

Soy europeo, sin duda soy un intelectual europeo y me gusta recordarlo; me gusta recordármelo a mí mismo, ¿por qué tendría que negarlo? ¿En nombre de qué? Pero no soy ni me siento europeo en todas partes, es decir, europeo hasta la médula... Ser parte, pertenecer como "una parte completa" debería ser incompatible con pertenecer "en cualquier lugar". Mi identidad cultural, esa en cuyo nombre hablo, no solo es europea, no es idéntica a sí misma y no soy "cultural" de la cabeza a los pies, "cultural" en todas las partes.[43]

La identidad de Europa consigo misma —prosiguió Derrida— es totalitaria. Aunque más adelante me distanciaré de las meditaciones postmodernas sobre la identidad, ¿no está bien traída la idea principal de Derrida? El pasado de Europa está lleno de lo peor de la violencia cometida en nombre de la identidad europea (¡y con el objetivo de la prosperidad europea!). Europa colonizó y oprimió, destrozó culturas e impuso su religión, y todo en nombre de su identidad consigo misma; en el nombre de su propia religión absoluta y su civilización superior. Piensa solo en el descubrimiento de América y en sus secuelas genocidas, tan magistralmente analizado en el ensayo clásico de Tzvetan Todorov, *The Conquest of America* (La conquista de América), una triste historia de deshumanización, depredación y destrucción de millones de personas.[44] Y no hace mucho tiempo que Alemania buscó conquistar y exterminar en nombre de su pureza, su identidad consigo misma. Hoy, pensé mientras leía a Derrida en la ciudad croata de Osijek, cuyas muchas casas llevaban cicatrices del bombardeo serbio, en la actualidad la región de los Balcanes estaba encendida contra sí misma y contra su imagen en el espejo en nombre de la identidad Serbia, la identidad croata consigo misma. ¿Acaso la voluntad de identidad no alimentará a muchos de esos cincuenta conflictos o más alrededor del mundo?

Diversos tipos de "limpiezas" culturales exigen que situemos la identidad y la alteridad en el centro de la reflexión teológica sobre las realidades sociales. Es lo que yo pedí en mi discurso en Potsdam,[45] y esto es lo que pretendo conseguir en el presente volumen. Pero ¿no le estaré dando demasiada importancia a la identidad? Cabría argumentar que algunos acontecimientos en mi país natal y en la ciudad donde viví —la guerra de los Balcanes y la sublevación en Los Ángeles— me produjeron miopía. Se podría incluso sugerir que estoy demasiado fascinado con algunas tendencias culturales diseñadas en los talleres de la moda intelectual parisina, en la que todo parece girar en torno "al otro" y "a lo mismo". ¿Acaso no sería mejor consejo que mantuviéramos los problemas de identidad y alteridad en los márgenes de nuestra reflexión, y

---

[43] Jacques Derrida, *The Other Heading: Reflections on Today's Europe,* trad. P. A. Brault y M. B. Naas, Bloomington: Indiana University Press, 1992, 82s.

[44] Tzvetan Todorov, *The Conquest of America: The Question of the Other,* trad. Richard Howard, Nueva York: HarperCollins, 1984.

[45] Miroslav Volf, "Exclusión y acogida. Reflexiones teológicas en los albores de la 'limpieza étnica'", *Journal of Ecumenical Studies* 29, núm. 2 (1992): 230-48.

reserváramos el lugar central para los derechos humanos, la justicia económica y el bienestar ecológico? Después de todo, ¿no es esto lo que enseña una larga y honorable tradición de pensamiento social cristiano y no cristiano?

Bueno, depende. También podría ser que los accidentes de mi biografía hallan clarificado mi visión. Y podría ser que, por mucho que los intelectuales parisinos puedan estar por completo equivocados sobre ciertas cosas, también podrían haber descubierto algo importante con su charla sobre identidad y alteridad; de hecho, podría ser que con la ayuda de estas categorías estén tratando el problema filosófico y social fundamental del "uno" y los "muchos" que ha venido ocupando a los pensadores de diversas culturas y a lo largo de muchos siglos.[46] En cuanto a los derechos, la justicia y la ecología, el tema de la identidad y la alteridad no necesita —y, en realidad no *debe*— suprimirlos. Su lugar adecuado está en el centro de nuestro interés (por medio de lo que signifique "derechos", "justicia" y "bienestar ecológico" y lo que suponga que estén en el centro dependerá siempre, en parte, de la cultura de una persona que reflexione en ellos). Pero junto con estos tres, debería hacerse espacio para una cuarta cosa —la identidad y la alteridad—, y las cuatro deberían entenderse en la relación que tienen entre sí.

Antes de que proporcione el bosquejo de cómo quiero acercarme a la cuestión, permíteme insertar brevemente mis notas autobiográficas en la estructura más amplia de algunos debates de filosofía política. Apuntan a un cambio del interés, de lo universal a lo particular, de lo global a lo local, de la igualdad a la diferencia, un cambio documentado por la realización de que la "universalidad" solo está disponible desde el interior de una "particularidad" en concreto, que las preocupaciones globales deben buscarse de forma local, que el énfasis en la igualdad solo tiene sentido como forma de tratar las diferencias.

En un importante ensayo titulado "The Politics of Recognition" (Política del reconocimiento"), Charles Taylor distingue entre la "política de igual dignidad", típicamente moderna, y la recién descubierta "política de la diferencia" (o identidad). La política de igual dignidad busca establecer lo que es "universalmente lo mismo, un cesto idéntico de derechos e inmunidades".[47] No es así en el caso de la política de la diferencia. "Con la política de la diferencia", escribe Taylor:

---

[46] Anindita Niyogi Balslev, *Cultural Otherness: Correspondence with Richard Rorty*, Shimla: Indian Institute of Advanced Study, 1991, 3.

[47] Charles Taylor, "The Politics of Recognition", *Multiculturalism: Examining the Politics of Recognition,* ed. Amy Gutmann, Princeton University Press, 1994, 38.

lo que se nos pide que reconozcamos es la identidad única de este individuo o grupo, su distinción de todos los demás. La idea es que es precisamente esta distinción la que ha sido ignorada, sobre la que se ha glosado, la que se ha asimilado a una identidad dominante o mayoritaria. Y esta asimilación es el pecado cardinal contra el ideal de la autenticidad.[48]

La política de la diferencia descanso en dos persuasiones básicas. Primero, la identidad de la persona está inevitablemente marcada por las particularidades del entorno social en el que él o ella ha nacido y se desarrolla. Al identificarse con las figuras parentales, el grupo de edad similar, maestros, autoridades religiosas y líderes de la comunidad, uno no se identifica con ellos sencillamente como seres humanos, sino también en su inversión en un lenguaje, una religión, costumbres, su construcción de género y su diferencia racial particulares, etc.[49] En segundo lugar dado que la identidad se moldea parcialmente mediante el reconocimiento que recibimos del entorno social en el que vivimos, "el no reconocimiento o un reconocimiento erróneo puede infligir daño, puede ser una forma de opresión que encarcele a alguien en un modo de ser falso, distorsionado y reducido".[50]

---

[48] *Ibíd.*

[49] Christian Bittner y Anne Ostermann, "Bruder, Gast oder Feind? Sozialpsychologische Aspekte der Fremdenbesiehung", in *Die Fremden,* ed. O. Fuchs (Düsseldorf: Patmos, 1988), 105ss. Vamik Volkan, *The Need to Have Enemies and Allies: From Clinical Practice to International Relationships* (Northvale: Jason Aronson, 1988), 49s., 90ss.

[50] Taylor, "The Politics of Recognition", 25. Tres breves comentarios en orden son sobre la naturaleza de las culturas particulares que proveen una matriz para la emergencia del Yo. Siguiendo a Michael Walzer (*Thick and Thin: Moral Arguments at Home and Abroad* [Notre Dame, IN; University of Notre Dame Press, 1994]). Denominaré estas culturas particulares aquí, de forma general, "tribus". Primero, la *complejidad:* si las identidades tribales se forjan en la interacción con otras tribus (A. L. Epstein, *Ethos and Identity: Three Studies in Ethnicity* [London: Travistock, 1978]), por tanto no existe nada llamado "esencia"" de una tribu, ninguna "identidad pura" a la que poder apelar. Así como las personas individuales con las que interactúo ("los otros relevantes") se convierten en parte de quien soy, de manera que también los grupos con los que mi grupo interactúa son parte de quien es mi grupo.

En segundo lugar está la fuerza de las identidades tribales: En situaciones de conflicto, una identidad de grupo dada puede convertirse en una identidad terminal que se subsume bajo ella e integra todo un abanico de otras identidades; cada miembro del grupo debe identificarse por completo con él. Bajo circunstancias normales, sin embargo, una identidad de grupo concreta es para la mayoría una entre varias alternativas y, posiblemente, identidades conflictivas. En las sociedades contemporáneas sobre todo, el yo se fragmenta, no solo se divide entre varias identidades de grupo (como el género, la nación, la

Las dos presuposiciones anteriores de la política de la diferencia explica su lógica interna. La creciente consciencia de la heterogeneidad cultural producida por los desarrollos económicos y tecnológicos de proporciones planetarias explica por qué la identidad "tribal" se reafirma hoy como una fuerza poderosa, en especial en casos en los que la heterogeneidad cultural se combina con los desequilibrios extremos de poder y riqueza. Podría no ser demasiado afirmar que el futuro de nuestro mundo dependerá de cómo tratemos con la identidad y la diferencia. El problema es urgente. Los guetos y los campos de batalla por todo el mundo —en los salones, en las ciudades interiores o en las cordilleras montañosas— dan un testimonio indiscutible de su importancia.

Las disposiciones y los agentes sociales

¿Cómo deberíamos acercarnos a los problemas de identidad y alteridad, así como de los conflictos que rugen a su alrededor? Se han sugerido soluciones como las siguientes:

(1) *La opción universalista:* Deberíamos controlar la proliferación descontrolada de diferencias y respaldar la propagación de los valores universales —valores religiosos o valores de la iluminación— los únicos que pueden garantizar la coexistencia pacífica de las personas; la confirmación de las diferencias sin valores comunes conducirá al caos y la guerra, y no a una diversidad rica y productiva.

---

etnia, la religión), sino también entre diversas funciones sociales, incluso entre sus distintos valores (Zygmunt Bauman, *Life in Fragments: Essays in Postmodern Morality* [Oxford: Blackwell, 1995]). En consecuencia, las tribus (post)modernas están "constantemente en *statu nascendi* y no en *essendi*, y traída de nuevo a la vida mediante rituales simbólicos repetitivos de los miembros, pero sin persistir más que el poder de atracción de estas ceremonias" (Zygmunt Bauman, *Intimations of Postmodernity* [Londres: Rotledge, 1992], 198). Cualquier identidad tribal es, por tanto y en parte, cuestión de elección. Puede ser débil o fuerte, y no solo depender de si el contexto es conflictivo, sino también en escogimientos realizados tanto por el individuo en cuestión como por su familia. Se puede abandonar en gran medida, en favor de alguna otra identidad tribal (Michel Maffesoli, "Jeux de Masques: Postmodern Tribalism", *Design Issues* 4, núm. 1-2 [1998]: 141-51).

Tercero, la permanencia de las identidades tribales: ¿Sugiere la interpretación dinámica de la pertenencia cultural que, en algunos puntos, las lealtades "tribales" podrían desaparecer por completo? Podría ser. La pregunta es si lo harán. La respuesta es que no. Las funciones psicosociales que realizan son demasiado importantes y unas alternativas viables, unas candidatas para llevar a cabo estas funciones demasiado difíciles de conseguir (Walzer, *Thick and Thin*, 81). Las "tribus" seguirán generándose y manteniéndose. De ahí que, incluso en las sociedades modernas, los "yo" seguirán situándose, y serán "tribales".

(2) *La opción comunitaria:* Deberíamos celebrar los distintivos comunes y fomentar la heterogeneidad, situándonos del lado de los ejércitos más pequeños de culturas indígenas; la divulgación de los valores universales llevará a la opresión y al aburrimiento en lugar de a la paz y la prosperidad.

(3) *La opción postmoderna:* Deberíamos huir tanto de los valores universales como de las identidades particulares, y buscar refugio de la opresión en la indeterminación radical de los individuos y de las formaciones sociales; deberíamos crear espacios en los que las personas pueden ayudar creando "un yo más amplio y más libre" adquiriendo nuevas identidades y perdiendo las viejas; vagabundos caprichosos y volubles, ambivalentes y fragmentados, siempre en movimiento y no haciendo nunca mucho más que movimientos.

Aunque en muchos aspectos son radicalmente distintas, estas tres "soluciones" comparten una concentración común en *las disposiciones sociales.* Ofrecen propuestas sobre cómo debería estar dispuesta la sociedad (o toda la humanidad) con el fin de acomodar a los individuos y los grupos con diversas identidades que conviven, una sociedad que conserva los valores universales o que fomenta la pluralidad de las identidades comunes particulares, u ofrece una estructura para que las personas individuales vayan y vengan libremente, haciendo y deshaciendo sus propias identidades. Estas propuestas entrañan importantes perspectivas sobre las personas que viven en semejantes sociedades, pero su principal interés no son los agentes sociales, sino las disposiciones sociales. Por el contrario yo me concentraré aquí en los agentes sociales.[51] En lugar de reflexionar en la clase de sociedad que deberíamos crear para acomodar la heterogeneidad individual o común, exploraré *qué tipo de persona debemos ser* para vivir en armonía con los demás. Supongo que están situadas; son mujer u hombre, judío o griego, rico o pobre, por norma más de una de esas cosas al mismo tiempo ("mujer griega rica"), con frecuencia con identidades híbridas ("judío-griego" y "hombre-mujer"), y en ocasiones migrando de una identidad a otra. Las preguntas sobre las que profundizaré respecto a tales seres situados son: ¿Qué deberían pensar de su identidad? ¿Cómo deberían relacionarse con el otro? ¿Cómo deberían actuar al hacer la paz con el otro?

¿Por qué estoy renunciando a una explicación sobre las disposiciones sociales? Dicho con sencillez, aunque tengo firmes preferencias, no tengo una propuesta definida que presentar. Ni siquiera estoy seguro de que los teólogos *qua* teólogos sean los más adecuados para tener una. Mi idea no es que la fe cristiana no tenga repercusión sobre las disposiciones sociales. Es evidente que lo tiene. Ni tampoco quiero decir que la reflexión sobre la disposición social

---

[51] Ver también el epílogo.

carezca de importancia, una visión a veces defendida basándose en las razones falaces de que las disposiciones sociales cuidarán de sí mismos si tenemos el tipo correcto de agentes sociales. Cuidar de las disposiciones sociales es fundamental. Pero son los economistas cristianos, los científicos políticos, los filósofos sociales, etc., en colaboración con los teólogos, en lugar de los teólogos mismos, quienes deberían tratar esta cuestión porque son los mejores equipados para hacerlo, un argumento que Nicholas Wolterstorff ha dejado plasmado de manera convincente en su ensayo "Public Theology or Christian Learning" (Teología pública o aprendizaje cristiano).[52] Cuando no se actúa como ayudantes de los economistas, los científicos políticos, los filósofos sociales, etc., —y es parte de su responsabilidad actuar de esta forma—, los teólogos deberían concentrarse menos en las disposiciones sociales y más en *fomentar la clase de agente sociales capaces de imaginar y crear sociedades justas, veraces y pacíficas, y de moldear un clima cultural en el que prosperarán tales agentes.*

Las características importantes de las sociedades contemporáneas, y no solo las competencias de los teólogos, exigen una reflexión teológica sostenida sobre los agentes sociales. Zygmunt Bauman ha argumentado que la *modernidad* "destaca por la tendencia a cambiar las responsabilidades y apartarlas del yo moral, y dirigirlas a las agencias supraindividuales construidas y gestionadas, o por medio de la responsabilidad indecisa dentro de un burocrático 'gobierno de nadie'?".[53] A su propia manera, el *postmodernismo* crea un clima en el que la evasión de la responsabilidad moral es una forma de vida. Al interpretar las relaciones "fragmentarias" y "discontinuas", se fomenta "la falta de compromiso y la evitación del mismo".[54] Si Bauman está en lo cierto respecto a la modernidad y la postmodernidad, entonces la reflexión sobre el carácter de los agentes sociales y de su compromiso mutuo es una necesidad urgente. Una vez más, esto no entraña en modo alguno el menosprecio de las disposiciones sociales. Sin duda, son precisamente en parte las disposiciones sociales modernas y postmodernas las que crean un contexto en el que surgen los problemas contemporáneos con el carácter de los agentes sociales y sus compromisos. Las disposiciones sociales condicionan a los agentes sociales; y los agentes sociales diseñan las disposiciones sociales.

---

[52] Nicholas Wolterstorff, "Public Theology or Christian Learning", en *A Passion for God's Reign: Theology, Christian Learning, and the Christian Self,* ed. Miroslav Volf, Grand Rapids: Eerdmans, 1998, 65-88.

[53] Bauman, *Life in Fragments,* 99.

[54] *Ibíd.,* 156.

Pero ¿qué debería moldear a los agentes sociales para que ellos, a su vez, puedan crear disposiciones sociales saludables en lugar de limitarse a ser modelados por ellas? ¿Desde qué punto de ventaja deberíamos reflexionar en el carácter del yo en el compromiso con los demás?

La cruz en el centro

En *The Politics of Jesus* (La política de Jesús), John Howard Yoder argumentaba contra "los éticos modernos que han dado por sentado que la única forma de pasar de la historia del evangelio a la ética, de Belén a Roma, Washington o Saigón era dejar la historia atrás".[55] Su caso era bueno. En la mayoría de los casos, dejar atrás la historia redunda en un parloteo estéril. Sin embargo, si decidimos no hacerlo, ¿qué debería proveer en ella "la sustancia de la dirección en la ética social"?[56] La respuesta de Yoder es: "Solo en un punto, solo en un tema —pero de manera sistemática y universal—, Jesús es nuestro ejemplo: en su cruz".[57] Por extraño que parezca, la mayoría del libro seminal de Yoder no trata sobre la cruz. Consiste en un análisis profundo de algunos textos bíblicos clave, en especial del Evangelio de Lucas. Yoder da a entender que otros aspectos de la vida de Jesús deberían servir de ejemplos para los cristianos además de su pasión, aunque la cruz es la clave para leer esos otros aspectos de la vida de Jesús. Pero ¿cómo deberíamos entender la cruz? De manera más específica, ¿qué nos dice la cruz sobre el carácter del yo cristiano en relación con los demás?[58]

Las contribuciones más relevantes en los años recientes sobre las implicaciones de la cruz para la vida en el mundo proceden de Jürgen Moltmann. Breves pasajes de *The Spirit of Life* (El Espíritu de vida, 1991) contiene su pensamiento más maduro sobre la cuestión, aunque no son un sustituto adecuado para los extensos argumentos de *The Crucified God* (El Dios crucificado, 1972), *The Trinity and the Kingdom* (1980) y *The Way of Jesus Christ* (1989). El principal empuje del pensamiento de Moltmann sobre la cruz puede resumirse en la noción de *solidaridad*. Los sufrimientos de Cristo en la cruz no solo son sus padecimientos; son "los sufrimientos de los pobres y los débiles,

---

[55] John Howard Yoder, *The Politics of Jesus. Vicit Agnus Noster*, Grand Rapids: Eerdmans, 1972.

[56] *Ibíd.*, 115.

[57] *Ibíd.*, 97

[58] Dado que aquí persigo la relación entre la cruz y el yo con respecto a los demás, no estoy sugiriendo que la cruz no tenga otra relevancia que ofrecer el *modelo* para el carácter del yo cristiano. La cruz servirá mejor como modelo si primero ha servido de *fundamento*.

que Jesús comparte en su propio cuerpo y alma, en solidaridad con ellos".[59] Y dado que Dios estaba en Cristo, "por medio de su pasión Él introduce en la historia de la pasión de este mundo la comunión eterna de Dios, la divina justicia y la rectitud que crea vida".[60] En la cruz, Cristo "identifica a Dios con las víctimas de violencia" e identifica "a las víctimas con Dios, de manera que son situados bajo la protección de Dios y con él reciben los derechos de los que han sido privados".[61]

Estos temas cristológicos y trinitarios entretejidos en torno a la "pasión de Dios" serán familiares a quienes conocen las obras anteriores de Moltmann. Sin embargo, en *The Spirit of Life* da prominencia a un aspecto de la cruz que antes se ha dejado subdesarrollado. El tema de la solidaridad con las víctimas[62] se suplementa con el tema de la *expiación* por los perpetradores.[63] Así como los oprimidos deben ser liberados del sufrimiento causado por la opresión, los opresores deben ser liberados de la injusticia cometida por medio de la opresión. Al buscar recuperar algunos aspectos de la interpretación teológica tradicional de la cruz, a la vez que permanece fiel al impulso liberacionista de su obra anterior, Moltmann argumenta que la cruz es "la expiación por el pecado, por la injusticia y por la violencia en la tierra".[64] Como la solidaridad con las víctimas, la expiación por los perpetradores surge del corazón del Dios trino, cuyo ser mismo es amor (1 Juan 4:8). Moltmann escribe:

> En la cruz de Cristo este amor (es decir, el amor de Dios) está presente para los demás, para los pecadores —los recalcitrantes— enemigos. La rendición recíproca del yo a otro dentro de la Trinidad se manifiesta en la autorrendición de Cristo en un mundo que está en contradicción con Dios; y esta entrega de sí mismo arrastra a todos los que creen en Él a la vida eterna del amor divino.[65]

Sin querer ignorar (por no decir descartar) el tema de la solidaridad divina con las víctimas, retomaré y desarrollaré aquí el tema de la donación de uno mismo por los enemigos y su acogida en la comunión de Dios. Moltmann

---

[59] Jürgen Moltmann, *The Spirit of Life: A Universal Affirmation,* trad. Margaret Kohl, Minneapolis: Fortress, 1992, 130.

[60] *Ibíd.,* 131.

[61] *Ibíd.*

[62] *Ibíd.,* 120-31.

[63] *Ibíd.,* 132-38.

[64] *Ibíd.,* 136.

[65] *Ibíd.,* 137.

mismo ha sacado las implicaciones sociales de su teología de la cruz y de la Trinidad principalmente del tema de la solidaridad divina: Como Dios sufre con las víctimas, las protege y les da derechos de los cuales han sido privados —argumentó— de modo que nosotros también deberíamos. Por el contrario, recalco más la relevancia social del tema de la autoentrega divina: como Dios no abandona a los impíos a su maldad, sino que entrega el ser divino por ellos con el fin de recibirlos en la comunión divina, por medio de la expiación, nosotros también deberíamos, sean quienes sean nuestros enemigos.[66]

Si la afirmación de que Cristo "murió por los impíos" (Rm 5:6) es "la declaración fundamental del Nuevo testamento", como asevera Jon Sobrino con acierto en *Jesus the Liberator*,[67] aunque impensable y rehabilitado con razón del descuido de Moltmann y otros, el tema de la solidaridad debe ser un subtema del tema dominante del amor abnegado. En especial cuando la solidaridad se refiere a "luchar del lado de", en lugar de limitarse a "sufrir junto a", la solidaridad no puede cortarse de la donación de uno mismo. Todos los *sufridores* pueden consolarse en la solidaridad del Crucificado; pero solo quienes luchan contra el mal siguiendo el ejemplo del Crucificado lo descubrirán a su lado. Reivindicar el consuelo del Crucificado a la vez que se rechaza su camino no solo es defender una gracia barata, sino una ideología engañosa. Sin embargo, en el tema dominante de la donación de uno mismo, el tema de la solidaridad debe confirmarse por completo, porque subraya con acierto la parcialidad de la compasión divina hacia los "desamparados y dispersos" (Mateo 9:36).

¿Qué centralidad tiene, en realidad, el tema de la donación de uno mismo por la humanidad pecaminosa y la entrega humana de los unos por los otros? En *The Real Jesus* (El Jesús real), Luke Timothy Johnson argumentaba que los Evangelios canónicos "son extraordinariamente coherentes en un aspecto esencial de la identidad y la misión de Jesús". Prosigue:

> Su enfoque fundamental no está en los hechos prodigiosos de Jesús ni en sus sabias palabras. Su perspectiva compartida está en el *carácter* de su vida y su muerte. Todos revelan los mismos *patrones* de obediencia radical a Dios y el amor sin egoísmo hacia otras personas. Los cuatro Evangelios también concuerdan en que el discipulado tiene

---

[66] En *The Gifting God: A trinitarian Ethics of Excess* (Nueva York: Oxford University Press, 1996), Stephen Webb desarrolla el tema de dar ejemplarizado en la Trinidad en el contexto de la discusión de las economías de "intercambiar" y "exceso".

[67] Jon Sobrino, *Jesus the Liberator: A Historical-Theological Reading of Jesus of Nazareth*, trad. P. Burns y F. McDonagh, Maryknoll, NY: Orbis, 1993, 231.

que seguir el mismo *patrón mesiánico*. No enfatizan la realización de ciertos hechos o del aprendizaje de ciertas doctrinas. Insisten en vivir según el mismo patrón de vida y muerte mostrado por Jesús.[68]

Johnson encuentra la misma narrativa del amor abnegado de Cristo en el centro de todo el Nuevo Testamento y no solo de los Evangelios. El significado del ministerio de Jesús radica en su final, y la historia abreviada del final es el modelo que los cristianos deberían imitar. En el conjunto del Nuevo Testamento, Johnson concluye: "Jesús es el siervo sufriente cuya muerte es un acto radical de obediencia a Dios y una expresión de amoroso cuidado por sus seguidores".[69] Y esto no es tan solo para los seguidores. Como insiste el apóstol Pablo, Cristo murió por los "impíos", "los pecadores" y "los enemigos" (Rm 5:6-10).

Una buena forma de explicar la misma idea sobre la centralidad de la donación de uno mismo sería considerar los dos rituales fundamentales de la iglesia tal como se describen en el Nuevo Testamento: el bautismo, que marca el comienzo de la vida cristiana y, por tanto, determina su totalidad; y la Santa Cena, cuya celebración reiterada representa ritualmente lo que yace en el corazón mismo de la vida cristiana. El bautismo es una identificación con la muerte de Cristo (Rm 6:3); "crucificados con Cristo" a través del bautismo, los cristianos viven "por la fe del Hijo de Dios, el cual [los] amó y se entregó a sí mismo por [ellos]" (Gá 2:20). En la Santa Cena, los cristianos recuerdan a Aquel que ofreció su cuerpo "por ellos" para que pudieran ser moldeados a su imagen (1 Cor 11:21, 24).

No hay necesidad de extenderse sobre la idea. De manera indiscutible, el amor abnegado manifestado en la cruz y exigido por ella se encuentra en el núcleo central de la fe cristiana. Como Moltmann enfatizó con razón, en última instancia, el amor abnegado de Cristo está arraigado en el amor abnegado del Dios trino.[70] La encarnación de ese divino amor en un mundo de pecado conduce a la cruz;[71] a la inversa, la cruz no tiene relevancia alguna excepto como resultado del amor divino (no tiene valor en ni por sí misma). El teólogo ortodoxo Dumitru Stăniloae habla para toda la tradición cristiana cuando resalta las "dos verdades aparte de las cuales no hay otra": "la santa

---

[68] Luke Timothy Johnson, *The Real Jesus: The Misguided Quest for the Historical Jesus and the Truth of the Traditional Gospels*, San Francisco: HarperSanFrancisco, 1996, 157s.

[69] *Ibid.*, 165s.

[70] Moltmann, *The Spirit of Life*, 137.

[71] Sobrino, *Jesús the Liberator*, 239.

Trinidad como modelo del amor supremo y de la comunión interpersonal, y el Hijo de Dios que viene, se convierte en hombre y va al sacrificio".[72]

Una reflexión genuinamente cristiana sobre las cuestiones sociales debe arraigarse en el amor abnegado de la divina Trinidad tal como se manifestó en la cruz de Cristo; todos los temas centrales de semejante reflexión tendrán que ser meditados desde la perspectiva del amor abnegado de Dios. Este libro busca explicar lo que puede significar esa entrega divina de sí para la construcción de la identidad y para la relación con el otro bajo la condición de enemistad. Una forma más general de expresar lo que persigo sería afirmar que el libro es un intento de reflexionar sobre las cuestiones sociales basándose en la misma decisión que Pablo tomó cuando proclamó el evangelio a los corintios: "no saber... cosa alguna sino a Jesucristo, y a este crucificado" (1 Cor 2:2). Declarado en forma polémica con un eco de la última línea de Nietzsche en *Ecce Homo,* mi programa es: "El Crucificado contra Dioniso", el santo de la postmodernidad,[73] "El Crucificado contra Prometeo", el santo de la modernidad.[74]

El escándalo y la promesa

El impulso de aferrarse a Prometeo, Dioniso o a algún otro dios pagano y rechazar al Crucificado será fuerte, aunque instaría al lector a no ceder antes de considerar lo que afirmo en realidad sobre la donación de sí mismo (Capítulo IV) y cómo lo relaciono con la justicia y la verdad (Capítulo V y VI). Los pensadores feministas, por ejemplo, tendrán sus buenas razones propias para sospechar. Dar era lo que se suponía que las mujeres debían hacer, como madres y esposas, para que los hombres, como hijos y maridos, pudieran tomarlo. Muchas mujeres tienden a dar tanto de sí mismas que corren el riesgo de casi perder su ser. En respuesta a tales sospechas cabría argumentar que el problema no radica en la "donación de sí", sino en que los hombres se eximen convenientemente de la abnegación que esperan de las mujeres. Y podríamos proseguir preguntando: ¿No sería un mundo de donación *recíproca* de uno mismo "un mundo como no se podría concebir otro mejor", porque sería un mundo de amor perfecto? La respuesta es buena, siempre que se cumpla

---

[72] Dumitru Stăniloae, *7 Dimineti cu Parintele Staniloae,* ed. Soriu Dumitrescu, Bucarest: Anastasi, 1992, 186.

[73] Friedrich Nietzsche, *Ecce Homo: How One Becomes What One Is,* trad. R. J. Hollingdale, Londres: Penguin, 1979, 104.

[74] Karl Marx, *Werke: Ergänzungsband,* vol. 1, Berlin: Diez Verlag, 1968, 262.

la condición de reciprocidad. Pero una de las razones por las que podemos concebir un mundo mejor que en el que habitamos es que la condición de reciprocidad rara vez se cumple. La donación de uno mismo no se compensa con abnegación sino con explotación y brutalidad. Tal vez aquello a lo que algunos pensadores feministas objetan no sea tanto la *idea* de la donación de sí mismo, sino que en *un mundo de violencia* la donación de uno mismo se presenta como el camino del cristiano. No están solos en esta objeción. Si ocurre que no nos encontramos en el lado receptor de la abnegación —si somos débiles, explotados o victimizados— todos *nosotros objetaremos*. En un mundo de violencia, la cruz, ese símbolo eminentemente contracultural que yace en el corazón de la fe cristiana es un escándalo.

Sin embargo, en su núcleo central, el escándalo de la cruz en un mundo de violencia no es el *peligro* asociado a la donación de uno mismo. La mayor agonía de Jesús no fue que sufrió. El padecimiento se puede soportar, incluso aceptar, si produce el fruto deseado, como ilustra la experiencia del alumbramiento. Lo que convirtió el dolor del sufrimiento en agonía fue el *abandono*; Jesús fue abandonado por las personas que confiaban en Él y por el Dios en quien confiaba. "Dios mío, Dios mío, ¿por qué me has abandonado?" (Mc 15:34). Dios mío, Dios mío, ¿por qué mi obediencia radical a tu camino condujo al dolor y a la vergüenza de la cruz? El escándalo supremo de la cruz es con demasiada frecuencia que la donación de uno mismo no lleve un fruto positivo: te entregas por el otro —y la violencia no se detiene, sino que te destruye; sacrificas tu vida— y refuerza el poder del perpetrador. Aunque la donación de uno mismo suele derivar en el gozo de la reciprocidad, debe contar con el dolor del fracaso y la violencia. Cuando esta última golpea, el acto mismo de la donación de sí mismo se convierte en un grito ante el rostro oscuro de Dios. Esta cara oscura que confronta el acto de la donación de sí mismo es un escándalo.

¿Es el escándalo de la cruz una razón bastante buena para renunciar a él? No existe un camino genuinamente cristiano alrededor del escándalo. En el análisis final, las únicas opciones disponibles son rechazar la cruz y con ella el núcleo central de la fe cristiana o tomar la propia cruz, seguir al Crucificado y escandalizarse siempre de nuevo por el reto. Como narra el Evangelio de Marcos, los primeros discípulos siguieron y se escandalizaron (14:26ss.). Sin embargo, siguieron contando la historia de la cruz, incluido el relato de cómo abandonaron al Crucificado. ¿Por qué? Porque *precisamente en el escándalo, han descubierto la promesa*. En el servicio y la entrega a los demás (Mc 10:45), en el lamento y la protesta ante el oscuro rostro de Dios (15:34), se encontraron en compañía del Crucificado. En su tumba vacía vieron la prueba de que el grito de desesperación se convertirá en un cántico de gozo y que el rostro de Dios "brillará" finalmente sobre un mundo redimido.

Desde el comienzo mismo, *las mujeres* parecían más capaces de descubrir la promesa en el escándalo. Justo antes de su arresto, Jesús les dicho a sus discípulos en el Evangelio de Marcos: "Todos os escandalizareis de mí" (14:27). Se estaba dirigiendo a sus discípulos *varones*. "Todos" le aseguraron que nunca lo negarían (14:31). *Todos* lo hicieron. Los discípulos que ni lo negaron ni desertaron fueron las *mujeres*. Cierto es que siendo mujeres en una cultura patriarcal no les importaban mucho a los enemigos de Jesús y, por tanto, poco tenían que temer. Pero hay algo más. Como señala Elisabeth Süssler Fiorenza, justo después Marcos nota que las "miraban de lejos" al Crucificado (15:40), escribe de las mujeres lo que nunca leemos de los discípulos varones de Jesús: así como Jesús vino al mundo a servir y dar su vida (Mc 10:45), *ellas* lo "siguieron" y "le sirvieron" (15:41); de pie junto a él a los pies de la cruz, se las describe como "los discípulos ejemplares de Jesús".[75] Ampliando esta observación, Elisabeth Moltmann-Wendel apela con razón al desarrollo del tema de la donación de uno mismo en una teología feminista de la cruz.[76] Todas las demás teologías harían bien en hacer caso al llamado, plenamente consciente de que la donación de uno mismo no solo acarrea gozo y sanidad, sino que seguirá siendo una fuente de peligro incluso después de haber levantado las protecciones necesarias contra el abuso.

El dolor y el fracaso frecuente en el camino de la cruz son un escándalo para todos los seres humanos de todos los tiempos. Sin embargo, la cruz es un escándalo peculiar en la *era moderna* con su visión de la raza humana, al final liberada del imperio del destino y de los enemigos del progreso, avanzando a paso firme y seguro a lo largo de la senda de la verdad, la virtud y la felicidad".[77] La lógica interna de la cruz exige aceptación de dos creencias interrelacionadas que están profundamente reñidas con ciertos sentimientos básicos de modernidad. En primer lugar, la modernidad se basa en la idea de que las fisuras del mundo pueden repararse y que *este puede ser sanado*. Espera que la creación del paraíso al final de la historia y niega su expulsión al principio de

---

[75] Elisabeth Schüssler Fiorenza, "The Twelve", *Women Priests: A Catholic Commentary on the Vatican Declaracion,* ed. Leonard Seidler y Ariene Swidler, Nueva York: Paulist, 1977, 119.

[76] Elisabeth Moltmann-Wenderl, "Zur kreuzestheologie heute: Gibt es eine feministische Kreuzes-theologie?" *Evangelische Theologie* 50 núm. 6, 1990: 554.

[77] Steven Lukes, *The Curious Enlightenment of Professor Caritat: A Comedy of Ideas*, Londres: Verso, 1995, 29s.

la misma.[78] Colocadas en las fisuras del mundo con el fin de llenar el hueco creado por ellas, la cruz subraya que el mal es irremediable. Antes del amanecer del nuevo mundo de Dios, no podemos eliminar el mal para prescindir de la cruz. No se puede confiar en ninguna de las grandes recetas que prometen reparar todas las fisuras. Cualquier progreso que se produzca en realidad también "sigue apilando escombros y los lanza a los pies" del ángel de la historia, como Walter Benjamin escribe en su "Theses on the Philophy of History" (Tesis sobre la filosofía de la historia).[79]

En segundo lugar, la modernidad ha puesto sus altas esperanzas en las estrategias gemelas del *control social* y *el pensamiento racional.* "El diseño adecuado y el argumento final puede, debe encontrarse, y se encontrará" en el credo de la modernidad.[80] La "sabiduría de la cruz", por el contrario, enseña que la salvación suprema no procede del "milagro" del diseño correcto ni de la "sabiduría" del argumento final (1 Cor 1:18-25). No podemos y no deberíamos prescindir del "diseño" y del "argumento". Pero si "diseño" y "argumento" no han de crear heridas mayores que las que procuran sanar, el "diseño" y el "argumento" necesitarán ser sanados por la "debilidad" y la "necedad" del amor abnegado. Esta "debilidad" es "más fuerte" que el control social y su "necedad" es "más sabia" que el pensamiento racional.

En su correspondencia con el filósofo indio Anindita Balslev, Richard Rorty ha contrastado una "cultura de resistencia" y una "cultura de esperanzas sociales"; lo uno no es moderno y lo otro es típicamente moderno. La cultura de la resistencia supone que "las condiciones de la vida humana son y siempre serán frustrante y difícil", mientras que la cultura de la esperanza social "se centrará en torno a las sugerencias de un cambio drástico en la forma en que se hacen las cosas será una cultura de revolución permanente".[81] ¿Sugiere la "sabiduría de la cruz" que yo defiendo aquí una "cultura de resistencia", porque ha cedido respecto a la "esperanza utópica"? A diferencia de Rorty, creo que la "esperanza utópica" misma debe abandonarse, no solo por sus "garantías filosóficas" como se intentaba en las filosofías marxistas de historia. Sin embargo, cuando la esperanza que reposa sobre el "control" y la "razón", y es ciega ante lo "insoportable" e "irremediable" ha muerto, en medio de un mundo "insoportable"

---

[78] Bernard-Henri Lévy, *Gefährliche Reinheit,* trad. Maribel Königer, Viena: Passagen Verlag, 1995, 91ss., 199ss.

[79] Walter Benjamin, *Illuminations: Essays and Reflections,* trad. Harry Zohn, Nueva York: Schocken, 1968, 257.

[80] Zygmunt Bauman, *Postmodern Ethics,* Oxford: Blackwell, 1993, 9.

[81] Baslev, *Cultural Otherness,* 21.

e "irremediable" puede nacer una nueva esperanza en el amor abnegado. Esta esperanza es la promesa de la cruz, basada en la resurrección del Crucificado.

Temas y pasos

Estos son los perfiles de mi intento de detallar la promesa de la cruz en este volumen. Los presento aquí siguiendo la *lógica interna* de mi argumento en lugar de trazar la senda de su presentación. El capítulo IV desarrolla el argumento básico, mejor resumido en el mandato del apóstol Pablo a los romanos: "Por tanto, recibíos los unos a los otros, como también Cristo nos recibió" (15:7). Describir el proceso de "recibir, utilicé la metáfora de "aceptar". La metáfora parece bien adaptada a reunir los tres temas interrelacionados, centrales para mi sugerencia: (1) la mutualidad de amor abnegado en la Trinidad (la doctrina de Dios), (2) los brazos de Cristo extendidos en la cruz por los "impíos" (la doctrina de Cristo), (3) los brazos abiertos del "padre" recibiendo al "pródigo" (la doctrina de la salvación). En algunas culturas la metáfora no funcionará (como fui plenamente consciente cuando, en una conferencia en Sri Lanka, donde hablé, se produjo una discusión entre un obispo africano que defendía la metáfora y un teólogo del norte del Europa que pensaba que era demasiado íntima). Sin embargo, nada de la sustancia del libro cambiaría si dejara fuera la metáfora. Para mí, esta es útil (ver la sección titulada "El drama de la acogida"), pero no esencial; el pensamiento más básico que busca expresar es importante: *la voluntad de entregarnos a los demás y "acogerlos", reajustar nuestra identidad para hacerles un hueco es anterior a cualquier juicio sobre los demás, excepto el de identificarlos en su humanidad.* La *voluntad de acoger* precede cualquier "verdad" sobre los demás y cualquier construcción de su "justicia". Esta voluntad queda absolutamente indiscriminada y estrictamente inmutable; trasciende la distribución moral del mundo social en "bueno" y "malo".

Pero ¿qué hay de la verdad y la justicia? ¿De qué forma siguen siendo relevantes? Esta es la pregunta que persigo en la Segunda Parte (Capítulos V-VII). Esos capítulos están dedicados al gran triángulo de temas que no solo dominan la filosofía social,[82] sino también la literatura bíblica profética y apostólica: verdad, justicia y paz (ver Za 8:16 y Ef 6:14-16). Pero ¿cómo debería producirse la lucha? ¿Cómo deberían identificarse la "verdad" y la "justicia"? Negativamente, mi argumento es casi uno digno de Nietzsche: existe demasiada deshonestidad en la búsqueda resuelta de la verdad, demasiada injusticia en

---

[82] Michel Foucault, *Power/Knoeledge: Selected Interviews and Other Writings 1972–1977*, trad. Colin Gordon et al. Nueva York: Pantheon Books, 1980, 93.

la lucha intransigente de la justicia. La sensación nietzscheana del argumento negativo no es, sin embargo, sino la cara B de mi argumento positivo, que descansa directamente en la "sabiduría de la cruz": En los contextos sociales, la verdad y la justicia no están disponibles fuera de la *voluntad de acoger* al otro. No obstante, prosigo de inmediato a argumentar que *el acogimiento en sí* —la reconciliación *plena*— no puede tener lugar hasta que se haya dicho la verdad y se haya hecho justicia. Existe una dialéctica asimétrica entre la "gracia" de la donación de uno mismo y la "exigencia" de la verdad y la justicia. La gracia tiene primacía: aunque la *voluntad* de acoger —el abrirle los brazos al otro— es indiscriminado, el *acogimiento* mismo es condicional. En el Capítulo VII esta dialéctica asimétrica (junto con otras razones) me lleva a insistir en la no violencia humana a la vez que se le "concede" a Dios la prerrogativa de ejercer la violencia contra los "falsos profetas" y "las bestias" si se niegan a ser redimidos por las heridas que le infligieron al Crucificado.

La práctica del "acogimiento", con su lucha concomitante contra el engaño, la injusticia y la violencia solo es inteligible contra el telón de fondo de un mal poderoso, contagioso y destructivo que denomino "exclusión" (Capítulo III) y es solo posible para los cristianos si, en el nombre del Mesías crucificado de Dios, nos distanciamos de nosotros mismos y de nuestras culturas con el fin de crear un espacio para el otro (Capítulo II).

Conforme avanzo, observo dos rasgos formales del libro. El primero concierne a mis *compañeros de diálogo* no teológicos. A lo largo del libro involucro a dos conjuntos de pensadores: los que son típicamente modernos y los que son típicamente postmodernos (aunque soy bien consciente de lo disputadas que son estas designaciones). Tras mi elección de los principales compañeros de diálogo se encuentra la creencia de que las sociedades contemporáneas están atrapadas en una ambigüedad, y que esta ambigüedad deriva por encima de todo de que precisamente la modernidad es la que sigue generando los rasgos más llamativos de la condición postmoderna: "pluralismo institucionalizado, variedad, contingencia y ambivalencia".[83] Las sociedades contemporáneas no son del todo "modernas" (si es que lo han sido alguna vez). Sin embargo, estas dos formas de pensamiento moldean profundamente el intercambio cultural del día presente, de ahí mi decisión de acoplarlas.

El segundo rasgo concierne un aspecto de mi *método*, en particular el uso de los textos bíblicos en relación con el tema teológico de "la donación de uno mismo y la acogida del otro". La mayoría de los capítulos contienen la interpretación extendida de algunos textos bíblicos clave. Esta es mi forma de

---

[83] Bauman, *Intimations of Postmodernity,* 187.

participar en el avivamiento saludable de la "teología bíblica" en el campo de la teología sistemática.[84] Como he explicado siguiendo a Luke Johnson, en el centro del Nuevo Testamento se encuentra la narrativa de la muerte y de la resurrección de Jesucristo entendida como un acto de obediencia hacia Dios y una expresión de amor abnegado por los impíos, así como el modelo a imitar para los seguidores.[85] Este relato, a su vez, solo es inteligible como parte de la narrativa más amplia de los tratos de Dios con la humanidad recogida en la totalidad de las escrituras cristianas. Esta narrativa dominante es la que provee el contexto adecuado para la interpretación de los contenidos "no sistemáticos y heterodoxos" de los textos bíblicos.[86] Sin esta narrativa dominante (o algún sustituto para ella) los textos se desmoronan", incapaces incluso de interpretar la "danza de las orientaciones que chocan entre sí",[87] y aun menos de guiar la fe y la vida cristianas de un modo normativo. De ahí que combine la reflexión sobre un tema extraído de la narrativa global ("acoger" y sus diversos subtemas ("exclusión", "arrepentimiento", "perdón", "justicia", "verdad", "paz", etc.) con análisis detallados de textos seleccionados que tratan estos temas. El resultado es una dinámica compleja e impredecible entre los temas derivados de la narrativa general y la riqueza interior de los textos bíblicos, una riqueza que no se reduce ni a la narrativa global ni a un tema único, y desde luego tampoco a algún sistema cerrado.

---

[84] Michael Welker, *God the Spirit,* trad. John F. Hoffmeyer, Minneapolis: Fortress, 1994; Michael Welker, *Schöpfung und Wirklichheit,* Neykirchen-Vluyn: Neukirchener Verlag, 1995; ver también, Miroslav Volf, *Captive to the Word of God,* Grand Rapids: Eerdmans, 2010.

[85] Sobre la imitación, ver el epílogo.

[86] John Levenson, "Why Jews Are Not Interested in Biblical Theology", *Judaic Perspectives on Ancient Israel,* ed. Jacob Neusner et al. (Filadelfia: Fortress, 1987), 296.

[87] Burke O. Long, "Ambitions of Dissent: Biblical Theology in a Postmodern Future", *Journal of Religion* 76, núm. 2 (1996): 288.

PRIMERA PARTE

CAPÍTULO II
Distancia y pertenencia

Imágenes de tres ciudades

En la introducción a *Culture and Imperialism,* Edward W. Said escribe que, en el proceso de trabajar en el libro, llegó a una percepción profundamente inquietante, a saber "qué pocos artistas británicos o franceses de los que admiro, discrepan con la noción de "sujeto" o raza "inferior" tan prevalentes entre los funcionarios que practicaban aquellas ideas como cuestión de rutina al gobernar la India o Argelia". Obras de arte y de aprendizaje estimables y admirables", prosigue, se vieron implicados "de manera manifiesta y sin disimulo" en el proceso imperial.[88] Los escritores que deberían haber sido la conciencia de la cultura no fueron sino un eco sofisticado de sus prejuicios base, a pesar de sus nobles ideales humanistas. Es muy posible que nuestro asombro no sea provocado por los escritores, sino por la sorpresa de Said. ¿Acaso no debería haber sospechado al principio que la apariencia de la autopresentación humanista elocuente de los artistas pudiera tapar una realidad más ordinaria?[89] Friedrich Nietzsche señaló en *The Genealogy of Morals,* que los artistas han sido con demasiada frecuencia "suaves aduladores con intereses personales o de fuerzas recién llegadas al poder".[90] En cualquier caso, si nos sentimos decepcionados o somos cínicos respecto a la complicidad de los artistas en el proceso imperial, como cristianos deberíamos ser lentos para señalar con el dedo. Ya hemos tenido nuestra parte de complicidad en el proceso imperial. Aunque Frantz Fanon no sea el guía más fiable en el asunto, no está del todo equivocado cuando en *The Wretched of the Earth* reprende a la iglesia de las colonias por ser "la iglesia de los extranjeros" e implantar "influencias extrañas en el núcleo central del pueblo colonizado".[91] "No llama al nativo a los

---

[88] Edward W. Said, *Culture and Imperialism,* Nueva York: Alfred A. Knopf, 1993, xiv.

[89] Como se puede leer en su *Representations of the Intellectuals,* Nueva York: Pantheon, 1994, Said es consciente de la tendencia de los artistas y los intelectuales a hacerse eco de las opiniones reinantes. Su idea es que nuestras expectativas deberían estar justificadas respecto a que los buenos lo harán mejor.

[90] Friedrich Nietzsche, *The Birth of Tragedy and The Genealogy of Morals,* trad. Francis Golffing, Garden City: Doubleday, 1956, 236.

[91] Frantz Fanon, *The Wretched of the Earth,* trad. Constance Farrington, Nueva York: Grove Weidenfeld, 1963, 43.

caminos de Dios —escribe—, sino a los caminos del hombre blanco, del amo, del opresor".[92] Por supuesto, esto no es todo lo que debemos afirmar sobre el impacto de la conducta misionera sobre las poblaciones nativas, ni siquiera lo más importante. Lamin Sanneh ha indicado con acierto la paradoja de que, al insistir en la traducción del evangelio a la lengua vernácula, los misioneros extranjeros establecieron "el proceso indígena por el cual se cuestionó la dominación extranjera".[93] Sugirió que las misiones cristianas son mejor "vistas como movimiento de traducción con consecuencias para la revitalización vernácula, el cambio religioso y la transformación social que como vehículo para la dominación cultural occidental".[94] Sin embargo, a pesar de semejantes subversiones de la dominación extranjera, la complicidad —a sabiendas o sin saberlo— de las iglesias cristianas con el proceso imperial sigue siendo un hecho innegable.

En un sentido, más alarmante que la complicidad misma es el patrón de conducta en el que está incorporado. Nuestra comodidad con la cultura que nos rodea nos ha cegado tanto a muchas de sus maldades que, en lugar de cuestionarlos, ofrecemos nuestras propias versiones de ellas, en nombre de Dios y con una buena conciencia. A quienes se niegan a ser cómplices de nuestro mimetismo los etiquetamos de sectarios. Considera la mordaz acusación siguiente que H. Richard Niebuhr hace en *The Social Sources of Denominationalism* (1929) sobre el tema de la raza:

> La línea del color ha sido dibujada de un modo tan incisivo por la iglesia misma que su proclamación del evangelio de la fraternidad de judíos y griegos, de esclavos y libres, de blancos y negros tiene en ocasiones el triste sonido de la ironía, y a veces llega a nuestros oídos como una inconsciente hipocresía, pero otras veces contiene el amargo grito del arrepentimiento.[95]

Todavía hoy, muchos bautistas o metodistas de color se sienten más cerca de los musulmanes negros que de sus hermanos cristianos blancos.[96] O piensa

---

[92] Ibíd., 42.

[93] Lamin Sanneh, "Christian Missions and the Western Guilt Complex", *The Christian Century* , 1987: 332.

[94] Ibíd., 334.

[95] H. Richard Niebuhr, *The Social Sources of Denominationalism*, Hamden: The Shoe String Press, 1954, 263.

[96] Cp. Teresa Berger, "Ecumenism: Postconfessional? Consciously Contextual?". *Theology Today* 53, núm. 2 (1996): 213s.

en el gran cisma de la iglesia, ultimado en 1054 y que sigue hoy abierto de par en par, como siempre. Sencillamente redobló y reforzó religiosamente la línea fronteriza que dividía a la cultura griega y latina, entre el Este y el Oeste. Como esclavas de su cultura, las iglesias fueron lo bastante necias como para creerse las dueñas.[97]

El compromiso primordial a su cultura sirve peor a las iglesias en situaciones de conflicto. Las iglesias, presuntos agentes de reconciliación, son en el mejor de los casos impotentes, y en el peor, cómplices en la lucha. La investigación empírica dirigida por Ralph Premdas en varios países ha demostrado "que las antipatías intercomunales presentes en la sociedad en general se reflejan en las actitudes de las iglesias y sus partidarios".[98] Aunque se suela invitar al clero a arbitrar "el impulso conciliatorio rápidamente evaporado tras el esfuerzo inicial".[99] Las razones más importantes para el fracaso son las "relaciones entrelazadas de la iglesia y la sección cultural que se extienden a las políticas partidarias marcadas por la movilización del odio colectivo y la intolerancia cultivada".[100] Junto con sus feligreses, el clero suele estar "atrapado en las afirmaciones de su propia comunidad étnica o cultural" y, así, sirve como "legitimadores del conflicto étnico", pese a su deseo genuino de tomarse en serio el llamado del evangelio al ministerio de reconciliación.[101]

En ocasiones, incluso el deseo genuino de reconciliación está ausente. La identidad cultural se insinúa con fuerza religiosa; los compromisos cristianos

---

[97] Resbalar y caer en la complicidad con lo que es malo en nuestra cultura no sería ni por asomo tan fácil si las culturas no nos moldearan de un modo tan profundo. En un sentido relevante somos nuestra cultura y por ello nos resulta difícil distanciarnos de la cultura en la que residimos con el fin de evaluar sus diversos elementos. La dificultad, sin embargo, hace que el distanciamiento de nuestra propia cultura en nombre del Dios de todas las culturas sea mucho más urgente. Los juicios que emitimos no necesitan ser siempre negativos, claro está. Como he argumentado en otro lugar, no existe una sola forma cristiana correcta de relacionarse con una cultura determinada que habitamos en conjunto; solo hay diversas formas de aceptar, transformar, rechazar o sustituir diversos aspectos de una cultura en concreto desde el interior. Miroslav Volf, "Christliche Identität und Differenz: Zur Eigenart der christilichen Präsenz in den modernen Gesellschaften", *Zeitschrift für Theologie und Kirche* núm. 3 (1995): 371 ss.; Miroslav Volf, "Theology, Meaning, and Power", en *The Future of Theology; Essays in Honor of Jürgen Moltmann*, ed. Miroslav Volf et al. (Grand Rapids: Eerdmans, 1996), 101.

[98] Ralph Premdas, "The Church and Ethnic Conflicts in the Third World", *The Ecumenist* 1, núm. 4 (1996): 55.

[99] Ibíd., 55s.

[100] Ibíd., 56. Ver también epílogo.

[101] Ibíd.

y culturales se fusionan.[102] Semejante sacralización de la identidad cultural es inestimable para las partes en conflicto, porque puede transmutar lo que en realidad es un asesinato en un acto de piedad. Ciegos a la traición de la fe cristiana representada tanto por esa sacralización de la identidad cultural como por las atrocidades que legitima, los "santos" asesinos pueden incluso verse como los valientes defensores de la fe cristiana. Las comunidades cristianas, que deberían ser "la sal" de la cultura, son con demasiada frecuencia tan insípidas como todo lo que las rodea.

"Si la sal se hace insípida, ¿con qué la sazonaréis?", preguntó Jesús de manera retórica (Mc 9:50). La sensación de fatalidad se cierne sobre la pregunta. Dado que no puedes sazonarla, la sal insípida "no sirve más para nada, sino para ser echada fuera y hollada por los hombres" (Mt 5:13). Aun así, la advertencia misma de ser tirada exige "el amargo grito de arrepentimiento", como lo expresa Niebuhr e invita a giro radical. Aquello *de* lo que deberíamos apartarnos parece claro: es la cautividad a nuestra propia cultura, unida tan a menudo a la santurronería ciega. Pero ¿*a* qué debemos volvernos? ¿Cómo deberíamos vivir hoy como comunidades cristianas que se enfrentan al "nuevo tribalismo" que está fracturando a nuestras sociedades, separando a las personas y a los grupos culturales, y fomentando crueles conflictos? ¿Cuál debería ser la relación de las iglesias con las culturas en las que viven? Sugiero que la respuesta radica en cultivar la relación adecuada entre distanciarse de la cultura y pertenecer a ella.

Pero ¿qué significa distanciarse? ¿Qué quiere decir pertenecer? ¿Distanciarse en nombre de qué? ¿Pertenecer hasta qué punto? Muchas cuestiones teológicas profundas están involucradas en la respuesta a estas preguntas. Las analizaré examinando qué tipo de relación se insinúa entre la identidad religiosa y cultural, primero, en el llamado original de Abraham y, segundo, en su apropicianismo cristiano. En la sección final debatiré qué tipos de actitudes hacia los "demás" implica la construcción cristiana de la identidad cultural y qué clase de comunidad necesita ser la iglesia si debe respaldar estas posturas.

Partir...

En el fundamento mismo de la fe cristiana se encuentra la figura destacada de Abraham.[103] Es el "padre de todos... los creyentes" (Rm 4:11). ¿Qué le hizo

---

[102] Jan Assmann, *Das kulturelle Gedächtnis: Schrift, Erinnerung und politische Identität in frühen Hochkulturen*, München: C. H. Beck, 1992, 157ss.

[103] Ver Karl-Josef Kuschel, *Abraham: Sign of Hope for Jews, Christians, and Muslims*, trad. John Bowden, Nueva York: Continuum, 1995.

merecedor de este título? "La fe" es la respuesta dada por el apóstol Pablo. Abraham investigaba el abismo de la no existencia cuando contemplaba su propio cuerpo, "que estaba ya como muerto", y la "esterilidad de la matriz de Sara". No había nada a lo que su esperanza se pudiera agarrar. Sin embargo, "delante de Dios... el cual da vida a los muertos, y llama las cosas que no son, como si fuesen" (Rm 4:17, 19), Abraham "creyó a Jehová" (Gn 15:6) respecto a que tendría un heredero, y se convertiría en "el padre de todos nosotros" (Rm 4:16).

Sin embargo, antes de que leamos que Abraham "cre[yera] (Gn 15:6), Génesis recoge que "se fue" (12:4). Dios le dijo a Abraham:

> Pero Jehová había dicho a Abram: Vete de tu tierra y de tu parentela, y de la casa de tu padre, a la tierra que te mostraré. Y haré de ti una nación grande, y te bendeciré, y engrandeceré tu nombre, y serás bendición. Bendeciré a los que te bendijeren, y a los que te maldijeren maldeciré; y serán benditas en ti todas las familias de la tierra (12:1-3).

Siendo Sara estéril (Gn 11:30), el mandamiento de "salir" colocaba a Abraham ante una elección difícil: o pertenecía a su país, su cultura y su familia y permanecía en cómoda inconsecuencia, o arriesgándolo todo se ponía en marcha y se hacía grande: una bendición para "todas las familias de la tierra".[104] Si ha de ser una bendición, no puede quedarse; debe partir, cortar los lazos que lo definían tan profundamente. La única garantía de que esta empresa no haría que se secara como una planta desarraigada era la palabra de Dios, la promesa desnuda del "Yo" divino que se insertó en su vida de un modo tan implacable y tan incómodo. Si se marchaba, tendría que emprender un viaje "sin saber a dónde iba" (Hb 11:8); la tierra de sus antepasados que él abandonó solo surge como la tierra de la expulsión, el lugar del que Adán, Eva y Caín fueron expulsados de la presencia de Dios, si la promesa divina se hace realidad. Abraham escogió irse. El valor de cortar sus vínculos culturales y familiares, y abandonar a los dioses de sus antepasados (Jos 24:2) por lealtad al Dios de todas las familias y todas las culturas, fue la revolución abrahámica original. Partir de su tierra natal, y también la confianza de que Dios le otorgará un heredero, convirtieron a Abraham en el ancestro de todos nosotros.

---

[104] Walter Brueggemann, *the Land: Place as Gift, Promise, and Challenge in Biblical Faith*, Overtures to Biblical Theology, Filadelfia: Fortress, 1977, 15ss.

La narrativa del llamado de Abraham subraya que el enmarañamiento en la red de las relaciones culturales heredadas es la correlación de la fe en el único Dios. Como señala Jacob Neusner,

> Las grandes tradiciones monoteístas insisten en la trivialidad de la cultura y la etnia, en formar comunidades transnacionales o transétnicas trascendentales... el judaísmo, el cristianismo y el islam pretenden vencer la diversidad en nombre de un único Dios al mando, que lleva un mensaje único para una humanidad que es excluyente a los ojos del Cielo.[105]

Como argumentaré más adelante, desde mi perspectiva la conversación sobre la "trivialidad de la cultura" y "vencer la diversidad" es demasiado fuerte cuando se toma al pie de la letra (y existen razones para creer que Neusner no quiere afirmar lo que dice en un sentido fuerte). Sin embargo, su idea principal está bien traída: la lealtad suprema de aquellos cuyo padre es Abraham solo puede ser al Dios de "todas las familias de la tierra", no a un país, una cultura o una familia en particular con sus deidades locales. La unicidad de Dios da a entender su universalidad, y esta última entraña trascendencia con respecto a cualquier cultura determinada. Abraham es el progenitor de un pueblo que, como explica Franz Rosenzweig, "incluso cuando tiene un hogar... no se le permite la plena posesión del mismo. Solo es 'un extranjero y un peregrino'. Dios lo afirma: 'La tierra es mía'".[106]

Ser un hijo de Abraham y Sara, y responder al llamado de su Dios significa realizar un éxodo, iniciar un viaje, convertirse en un extraño (Gn 23:4; 24:1-9). Creo que es un error quejarse demasiado respecto a que el cristianismo es estar "aislado" en una cultura concreta, como ha hecho Choan-SengSong, por ejemplo, en la introducción a su *Third-Eye Theology* sobre el lugar del cristianismo "en el mundo de Asia".[107] Existen, por supuesto, formas erróneas de ser un extranjero, como cuando una cultura extranjera (por ejemplo una de las culturas occidentales) se proclama de forma idólatra como el evangelio

---

[105] Jacob Neusner, "Christmas and Israel: How Secularism Turns Religion into Culture", en *Christianity and Culture in the Crossfire*, ed. David Hoekema et al. (Grand Rapids: Eerdmans, 1997), 51-52.

[106] Franz Rosenzweig, *The Star of Redemption*, trad. William W. Hallo (Nueva York: Holt, Rinehart, Winston, 1971), 300. Debo esta referencia a Rosenzweig al erudite judío Michael S. Kogan. En alusión a la cita de Rosenzweig, me escribió una carta: "Esto hace que el lector judío se sienta un tanto raro, en casa en ninguna parte, pero en el abrazo divino".

[107] Choan-Seng Song, *Third-Eye Theology*, rev. ed. Maryknoll, NY: Orbis, 1991, 9.

en otra cultura (por ejemplo, una de las culturas asiáticas). Pero la solución para ser un extranjero de un modo erróneo no es la naturalización plena, sino ser un extranjero en la forma *correcta*. De forma muy parecida a los judíos y los musulmanes, los cristianos no pueden ser ante todo asiáticos o estadounidenses, croatas, rusos o tutsis, y después cristianos. En el núcleo central de la identidad cristiana se encuentra el cambio global de lealtad, de una cultura concreta con sus dioses al Dios de todas las culturas. Una respuesta al llamado de ese Dios entraña el reajuste de toda una red de lealtades. Como ilustra el llamamiento de los primeros discípulos de Jesús, "las redes" (la economía) y "el padre" (la comunidad) deben dejarse atrás (Mc 1:16-20). Salir es parte integrante de la identidad cristiana. Dado que Abraham es nuestro antepasado, nuestra fe está siempre, al menos un poco "reñida con el lugar", como lo expresa Richard Sennett en *The Conscience of the Eye*.[108]

En el clima cultural de hoy, el tipo de partida de Abraham podría recibir la censura de dos frentes opuestos, aunque en los aspectos importantes estén unificados. Por una parte podría retarse por estar demasiado orientado al objetivo, por ser demasiado lineal y no lo bastante radical; por la otra, podría descartarse por considerarlo demasiado desapegado, demasiado distante, en cierto sentido demasiado radical. El primer desafío llega de los pensadores postmodernos, como Gilles Deleuze. Una forma de describir su pensamiento es afirmar que convirtió la "partida" en un programa filosófico; el "nomadismo" funciona para él como categoría filosófica central. "Los nómadas siempre están en medio", escribe Claire Parnet explicando a Deleuze.[109] No tienen ubicación fija, sino que deambulan de un lugar a otro, siempre marchándose y siempre llegando. "No hay punto de partida como tampoco existe una meta que alcanzar", subraya Deleuze;[110] Todo lugar de llegada es un punto de partida.[111] De hecho, no existe un sujeto estable, ya sea divino o humano, que pudiera dar instrucciones a la hora de partir. Uno siempre se está yendo simple y llanamente, fluyendo como un manantial por usar una de las imágenes favoritas de

---

[108] Richard Sennett, *The Conscience of the Eye: The Design and Social Life of Cities*, Londres: Faber and Faber, 1993, 6.

[109] Gilles Deleuze y Claire Parnet, *Dialoge,* trad. Bernd Schwibs, Frankfurt A. M.: Suhrkamp Verlag, 1980, 37.

[110] Ibíd., 10.

[111] Las imágenes de "vagabundo" o "trotacalles" expresaría probablemente mejor la idea que Deleuze quiere transmitir; el rumbo que los nómadas toman está mucho más trazado y es más predecible de lo que Deleuze sugiere. Zygmunt Bauman (*Life in Fragments: Essays in Postmodern Morality* [Oxford: Blackwell, 1995], 94ss.) ha usado las imágenes del "vagabundo" y el "trotacalles" junto con las del "turista" y el "jugador" para analizar el carácter de la cultura postmoderna (ibíd.., 94ss.).

Deleuze, fundiéndose con otros cursos de agua y transformándose en el proceso, desterritorializándolos como uno es desterritorializado por ellos (57).[112]

Contrasta la vida "nómada" de Abraham. Se niega a seguir el flujo y decide *salir* en respuesta al *llamado de Dios*. Tanto el llamado como la decisión de obedecerlo presuponen un agente de acción, un sujeto relativamente estable. Además, la partida de Abraham tenía un punto de salida: su país, su parentela y la casa de su padre; y tenía una meta definida: la creación de un pueblo ("una gran nación") y la posesión de un territorio ("la tierra que yo te mostraré"). La partida es aquí un estado temporal, no un fin en sí mismo; una salida de un lugar en particular, no desde todos los enclaves.[113] Y así debe ser para que hablar de partidas sea algo inteligible. Las partidas sin algún sentido de origen y meta no son tales; en su lugar, son incesantes itinerancias, como los manantiales que fluyen en todas las direcciones a la vez y que al mismo tiempo no son corrientes sino, al final, un pantano en el que todo movimiento ha llegado a un descanso mortal. Por supuesto, el intercambio social no se produce para seguir las prescripciones de la teoría de Deleuze, al menos aún no. Aunque le resulta difícil pensar en la intervención humana, las personas actúan como agentes; tienen metas, *hacen* que las cosas sucedan y, con bastante frecuencia, son cosas malas. ¿Qué hacen para resistirse al hacedor de maldad aquellos que desean partir sin querer llegar? Sin subjetividad, intencionalidad y sin estar orientado a una meta, serán llevados por el curso de la vida, adoptando con felicidad cualquier vereda que la vida tenga reservada para ellos, diciendo y aceptando siempre todas las cosas, incluidas las fechorías que quienes tienen objetivos escogen cometer.[114] En contra de su intención,[115] Deleuze tendría que decir que "sí" sin poder optar por el "no", algo así como el imbécil nietzscheano "satisfecho" que siempre dice "sí".[116] ¡No, padre Abraham, es mejor que te quedes con tu familia y en tu país que seguir el llamado de *Deleuze* a salir!

"Quédate en la red de tus relaciones", esto es lo que los críticos le aconsejarán a Abraham desde el otro lado. Esta sugerencia podría proceder de aquellas feministas que, a diferencia de Simone de Beauvoir en *The Second Sex,*

---

[112] Deleuze y Parnet, *Dialoge,* 57.

[113] Jill Robbins, *Prodigal Son/Elder Brother: Interpretation and Alterity in Augustine, Petrarch, Kafka, and Levinas,* Chicago: The University of Chicago Press, 1991, 107.

[114] Manfred Frank, *Was ist Neostrukturalismus?* Frankfurt: Suhrkamp, 1984, 404, 431.

[115] Gilles Deleuze, *Nietzsche und die Philosophie,* trad. Bernd Schwibs, Hamburg: Europaische Verlagsanstalt, 1991, 195ss.

[116] Friedrich Nietzsche, *Thus Spoke Zarathustra: A Book for Everyone and No One,* trad. R. J. Hollingdale, Londres: Penguin, 1969, 212.

consideran que los males de la separación y de la independencia son males a vencer y no beneficios por los que luchar.[117] Para ellos, Abraham podría aparecer como el varón paradigmático, ansioso por separarse ("salir"), por asegurar su independencia y gloria ("gran nación"), aplastando a aquellos que se resisten a él ("maldición"), siendo benevolente con aquellos que lo alaban ("bendición") y finalmente extendiendo su poder a los confines de la tierra ("todas las familias"). Abraham es todo trascendencia, no inmanencia, la trascendencia de un "Yo" separado y vencedor suscrito por la trascendencia imponente del "Yo" divino. Un ser tan trascendente es "fálico" y destructor, parecería indicar el argumento. ¿No debería contar cada hijo de Abraham con la posibilidad de que su padre sea llamado a llevarlo "a la tierra de Moríah y ofrece[rlo] allí en holocausto" (Gn 22:2), sin garantías de que Dios proveerá un cordero como sustituto?[118] Una revolución "antifálica" debe echar abajo el yo desapegado y violento, situarlo en la red de las relaciones y ayudarlo a recuperar su inmanencia. En *From a Broken Web*, Catherine Keller escribe: "La inmanencia es la forma en que las relaciones son parte de quien yo soy".[119] Sugiere que lo nuevo no se produce por medio de la historia heroica de los "yo" separados que responden a un llamado trascendente ("una itinerancia masculina incesante"), pero creada "con y en el seno del campo de las relaciones".[120]

¿Debería Abraham haberse quedado "dentro del campo de las relaciones"?[121] Observa primero que la partida de Abraham no representa la negación de la relacionalidad. No es un "yo" moderno solitario, que vaga sin cesar. La modernidad busca una "emancipación sin atadura con los demás";[122] Abraham está *vinculado a Dios* de la forma más radical. En marcado contraste con los constructores de la torre de Babel que querían engrandecerse (Gn 11:4), Abraham será *engrandecido por Dios,* cuyo llamado ha obedecido (12:2).[123] Además, relacionado con Dios, Abraham no es "un animal que ha recibido

---

[117] Simone de Beauvoir, *The Second Sex,* trad. H. M. Parshley, Nueva York: Vintage Books, 1952.

[118] Jean-François Lyotard y Eberhard Gruber, *Ein Bindestrich: Zwischen "Jüdischem" und "Christlichem",* Düsseldorf: Parerga, 1995, 22

[119] Catherine Keller, *From a Broken Web: Separation, Sexism, and Self,* Boston: Beacon, 1986, 18.

[120] Ibíd.

[121] En *From a Broken Web,* Catherine Keller no comenta sobre la historia de Abraham, y no tengo forma de saber lo que ella habría dicho de haber elegido comentar al respecto. Lo que sigue *no* es la defensa de Abraham contra Keller. Su propia propuesta, arraigada como está en el proceso de pensamiento, no consiste en negar la trascendencia, sino en desafiar "la polarización épica de nuestras espontaneidades creativas en el hilado femenino sedentario (inmanencia sin trascendencia) y la itinerancia masculina incesante (trascendencia sin inmanencia)" (ibíd., 45).

[122] Lyotard y Gruber, *Ein Bindestrich,* 20.

[123] Brueggemann, *The Land,* 18.

alas de Dios y que planea sobre la vida, sin darse cuenta", como escribe Nietzsche del ideal ascético de los filósofos.[124] En su lugar, está *rodeado de una comunidad deambulante.* A diferencia de la Penélope de *La odisea* de Homero, Sara no está en casa esperando y tejiendo mientras Abraham viaja y lucha. Como Abraham abandonó su tierra para "siempre", sin intención de regresar al "punto de partida",[125] Sara lo acompañó, y su relación con ella aun estando subordinada a él ayudó a definir a Abraham. Sara no es sencillamente el otro inmanente a la trascendencia de la deambulación de Abraham; si de alguna manera ella representa la inmanencia, entonces es la inmanencia de *su* trascendencia *común*. Finalmente, Abraham y Sara deben salir "del campo de sus relaciones ancestrales" si quieren hallarse *al principio de la historia* de un pueblo peregrino, el cuerpo del pueblo judío. Sin partida, no habrían sido posible esos *nuevos* comienzos. La novedad, la resistencia y la historia exigen, todas ellas, trascendencia.

Aun admitiendo que la partida abrahámica fue necesaria y saludable, sigue quedándonos la pregunta de cómo ese pueblo que traza sus orígenes a la salida de Abraham, debería relacionarse con los pueblos y las culturas circundantes. Trataré esta pregunta como cristiano y no simplemente como un partícipe más de la fe abrahámica, por lo que pasaré de la destacada figura del patriarca, el antepasado común de judíos, cristianos y musulmanes, al apóstol Pablo y su reflexión sobre el cumplimiento en Jesucristo de la promesa que Dios le hizo a Abraham (Gá 3:16). El cambio de interés de la historia de Abraham a su temprana apropiación cristiana significa que exploraré la relación de los hijos cristianos de Abraham a la cultura mediante el análisis de la transformación de la salida abrahámica original.

...sin abandonar

Al contrario que Abraham, al apóstol Pablo *no* "tra[ía] con[sigo] una hermana por mujer" (1 Cor 9:5), *no* fue progenitor de un pueblo y mucho menos de un pueblo con un territorio. En su lugar, insistió en la irrelevancia religiosa de los vínculos genealógicos y en la suficiencia única de la fe. Su horizonte era el mundo entero, y él mismo era un misionero itinerante que proclamaba el evangelio de Jesucristo —la simiente de Abraham que cumplió la promesa de Dios

---

[124] Nietzsche, *The Birth of Tragedy and The Genealogy of Morals,* 243.

[125] Emmanuel Lévinas, "The Trace of the Other", en *Deconstruction in Context: Literature and Philosophy,* ed. Marc C. Taylor, Chicago: The University of Chicago Press, 1986, 348.

respecto a que en Abraham "serán benditas todas las naciones" (Gá 3:8)— y estableció los fundamentos para una comunidad multiétnica.

¿Por qué el traslado de la corporeidad de la genealogía a la espiritualidad de la fe, de la particularidad de "la condición de pueblo" a la universalidad de la multiculturalidad,[126] de la localidad de una tierra a la globalidad del mundo? Así es como, en *A Radical Jew*, el erudito judío Daniel Boyarin describe el dilema original de Pablo, que se resolvió a través de la conversión:

> Un judío entusiasta del siglo I, de habla griega, un Saulo de Tarso, desciende por una calle con la mente muy turbada. La Torá, en la que cree tan firmemente, afirma ser el texto del único Dios verdadero de todo el mundo, quien creó el cielo, la tierra y a toda la humanidad, y sin embargo su contenido principal es la historia de un Pueblo en particular —casi una familia— y las prácticas que prescribe son, muchas de ellas, prácticas que marcarán la particularidad de esa tribu, su tribu.[127]

Dejando a un lado la pregunta de si esta es una narrativa ficticia adecuada de la conversión de Pablo, la descripción que Boyarin hace de un problema que su propia tradición religiosa venerable le ha legado a él, un ciudadano bicultural de un mundo multicultural, es correcta. Creer en un Dios entraña una creencia en la unidad de la raza humana como receptora de las bendiciones de

---

[126] Jacob Neusner (*Children of the Flesh, Children of the Promise: A Rabbi Talks with Payl* [Cleveland: Pilgrim, 1995]) ha argumentado que, entendido del modo adecuado, Israel es una entidad transcendental, sobrenatural y no "una religión circunscrita y étnica como tampoco lo es el cristianismo"; está "formado por el mandato y la acción de Dios, y se hayan unido sus miembros por nacimiento o por elección, el uniforme y único" (xii). En el lenguaje del judaísmo, argumenta, *Israel* alude a "una entidad precisamente del mismo tipo que *la iglesia* o *el cuerpo místico de Cristo* en el lenguaje del cristianismo" (5). El argumento parece plausible, aunque siguen quedando preguntas. Que un rabí diga "somos Israel por razón de nacimiento (corporal) de Israel" (41) mientras que un teólogo cristiano no podría afirmar jamás que "somos cristianos por razón de nacimiento (corporal) en una familia cristiana" ¿no indica una diferencia importante entre Israel y la iglesia que hace que esta última sea mucho más distinta de un "grupo étnico" de lo que lo es Israel? Neusner no ha ofrecido explicación alguna respecto a cómo la membresía por nacimiento, aun acompañada por la membresía por elección, no resultará en una comunidad que de manera relevante es "étnica" aunque pueda hablar muchas lenguas y divergir en sus costumbres.

[127] Daniel Boyarin, *A Radical Jew: Paul and the Politics of Identity*, Berkeley: University of California Press, 1994, 39.

este Dios,[128] aunque para disfrutar de las bendiciones plenas de este Dios una persona tuviera que ser miembro de una "tribu" en particular.[129]

Una salida al dilema, no disponible para un hijo de Abraham y Sara, era considerar las distintas religiones como meras manifestaciones de una deidad, como era normal entre los hombres y las mujeres cultos en el período helenístico.[130] La particularidad no necesitaría, pues, ser un escándalo; cada cultura podría hallar tanto al Dios único como la base de una unidad más profunda con otras culturas, sumiéndose en las profundidades de sus propios recursos culturales; cuanto más hondo llegara, más cerca estaría de Dios y los unos de los otros, una visión no distinta a la que John Hick sugirió en *An Interpretation of Religion.*[131] No obstante, como muestra su ejemplo, si la solución ha de funcionar debe operar con un Dios inconocible, siempre subyacente a todas y cada una de las manifestaciones concretas culturales y religiosas de Dios.[132] El problema es que un dios al que no se puede conocer es un dios vano, exaltado tan alto en el trono (o tan escondido en los fundamentos del ser) que debe tener a las deidades tribales para que hagan la obra que cualquier dios que se respete debe hacer. Creer en un dios que está detrás de todas las manifestaciones concretas no se acerca, por tanto, a creer en uno: cada cultura acaba adorando a sus propias deidades tribales, lo que significa que cada una termina, como Pablo lo expresa "[sirviendo] a los que por naturaleza no son dioses" (Gá 4:8).

La solución a la tensión creada por la universalidad de Dios y la particularidad cultural de la revelación divina tuvo que buscarse en un Dios que es a la vez *uno* y que *no está escondido* tras las religiones concretas. El único dios que Pablo, el judío, podía considerar el Dios de Abraham y Sara. Y, sin embargo, fue precisamente el creer en este Dios único y verdadero lo que creó el problema original: este Dios estaba vinculado a las particularidades de una entidad social concreta, los judíos. En su núcleo central, esta entidad social

---

[128] Es cierto que las implicaciones sociales de esta unidad humana teórica no siempre "llega a cumplirse", y en su lugar el monoteísmo se usa para justificar la exclusión étnica; no obstante, el monoteísmo debería —y a menudo lo hace— conducir a reconocer la igualdad humana. Robert Gnuse, "Breakthrough or Tyranny: Monotheism's Contested Implications", *Horizons* 34, núm. 1 (2007): 91.

[129] N. T. Wright, *the Climax of the Covenant. Christ and the Law in Pauline Theology*, Minneapolis: Fortress, 1992, 170.

[130] Martin Hengel, *Judaism and Hellenism: Studies in Their Encounter in Palestine During the Early Hellenistic Period,* trad. John Bowden, Londres: SCM, 1974, 261.

[131] John Hick, *An Interpretation of Religion: Human Responses to the Transcendent*, New Haven: Yale University Press, 1989.

[132] Ibíd., 246-49.

concreta está formada "apelando al origen común con Abraham y Sara" y confiando en la Torá como la revelación de la voluntad de Dios.[133]

Como lo resolvió en Gálatas 3:1–4:11, la solución de Pablo al problema que tocaba el núcleo mismo de su creencia religiosa contiene tres movimientos simples, aunque trascendentales interrelacionados (que he extrapolado del análisis de N. T. Wright en *The Climax of the Covenant*). Primero, *en nombre del único Dios, Pablo relativiza la Torá*: es incapaz de producir la familia humana unida exigida por la creencia en el Dios único,[134] no puede "ser la expresión final y permanente de la voluntad del Dios Único".[135] Aunque sigue siendo importante, la Torá no es necesaria para la membresía en el pacto. En segundo lugar, *por el bien de la igualdad Pablo descarta la genealogía*: la promesa "tenía que ser por fe, de manera que pudiera ser según la gracia: de otro modo habría alguien que no heredaría por gracia, sino por derecho, por raza".[136] En tercer lugar, *por el bien de todas las familias de la tierra Pablo acepta a Cristo*: Cristo el crucificado y resucitado es la "semilla" de Abraham en quien "ya no hay judío ni griego; no hay esclavo ni libre; no hay varón ni mujer" (Gá 3:28). En Cristo, todas las familias de la tierra son bendecidas en igualdad de condiciones, al ser introducidos en "la familia prometida única de Abraham".[137]

---

[133] Neusner, *Children of the Flesh, Children of the Promise*, xii.

[134] Para mis propósitos no es fundamental aquí entrar en el debate de por qué, precisamente, en la opinión de Pablo la Torá es incapaz de producir una única familia humana. En el capítulo "The Seed and the Mediator" de *The Climax of the Covenant*, Wright ha argumentado que esto se debe a que la Torá mosaica fue "dada a los judíos y solo a ellos" (173). En contra de este criterio, Neusner ha subrayado con razón que la Torá es "la voluntad de Dios para la humanidad" (*Children of the Flesh, Children of the Promise*, 6). En consecuencia, desde la perspectiva judía "no es el pueblo de Dios —lo que constituimos nosotros— el que forma un canal exclusivo de gracia divina. Es Dios quien adopta una presencia donde vive su palabra. Israel no es elegido porque Dios escogió a Israel. Es seleccionado, porque la Torá define a Israel, y es el medio de la gracia divina para la humanidad. Israel es la contrapartida de Adán, como Cristo es la contrapartida de Adán para el cristianismo" (62). En otro lugar de *The Climax of the Covenant*, Wright ha argumentado que la Torá no puede ser "el medio a través del cual él [Israel] retiene su membresía en el pacto de bendición *o* se convierte... en el medio de bendecir al mundo de acuerdo con la promesa de Abraham", porque "Israel en su conjunto no cumplió la Torá perfecta" (146). Siguiendo la dirección de una escuela de interpretación más tradicional, Hans-Joachim Eckstein ha argumentado que, en opinión de Pablo, ni Israel ni los gentiles podían cumplir la Torá, en realidad esa Torá no fue dada originalmente en modo alguno como forma de salvación (*Verheißung und Gesetz: Eine exegetische Untersuchung zu Galater 2:15–4:7* [Tübingen: J. C. B. Mohr, Paul Siebeck, 1996]). Para una de las dos interpretaciones cristianas, la Torá tenía que relativizarse si la bendición de Abraham tenía que llegar a todas las naciones.

[135] Wright, *The Climax of the Covenant*, 170.

[136] Ibíd., 168.

[137] Ibíd., 166.

La solución de Pablo a la tensión entre la universalidad y la particularidad es genial. Su lógica es simple: la unicidad de Dios exige su universalidad; esta última entraña la igualdad humana; a su vez, esta implica un acceso igual para todos a las bendiciones del único Dios; igual acceso incompatible con la adscripción de la relevancia religiosa a la genealogía; Cristo, la simiente de Abraham, es al mismo tiempo el cumplimiento de la promesa genealógica a Abraham y el final de la genealogía como locus privilegiado de acceso a Dios;[138] la fe en Cristo sustituye el nacer en un pueblo. Como consecuencia, todos los pueblos pueden tener acceso al único Dios de Abraham y Sara en iguales condiciones, ninguno por derecho y todos por gracia. Expresado de un modo abstracto, la irrelevancia religiosa de los vínculos genealógicos, así como la necesidad de la fe en la "simiente de Abraham" son correlatos de creer en el único Dios de todas las familias de la tierra, quien llamó a Abraham para que saliera.

La solución de Pablo podría ser genial, pero ¿cuál es el precio de la ingenuidad? ¿Acaso no nos quedamos con la trascendencia abstracta de un sujeto, más distanciado de lo que el padre Abraham estuvo jamás de todos los lazos comunales y corporales, y apegado tan solo al único Dios trascendente? ¿No se deshace Pablo de la diferencia y la particularidad con el fin de ganar la igualdad y la universalidad, haciendo que la particularidad quede vacía y la universalidad sea abstracta? Esto es de lo que Boyarín acusa a Pablo, aunque al mismo tiempo reconoce la *necesidad* de la clase de movimiento realizado por el apóstol. En lugar de limitarse a objetar que Pablo no forzó el proyecto igualitario hasta el final,[139] consciente de la relevancia de las identidades comu-

---

[138] Para Pablo esto no implica que no haya ahora la más mínima distinción entre Israel y los gentiles. En Romanos, Pablo argumenta que "la gracia de Dios se extiende a los gentiles" y, al mismo tiempo, "que Dios no ha quebrantado el pacto con Israel", Richard Hays, *New Testament Ethics: Community, Cross, New Creation*, Harper: San Francisco, 1996, 583s.

[139] La objeción estándar dirigida contra Pablo en décadas recientes es que sigue siendo demasiado particularista, que incluso en el mejor de los casos —en Gálatas 3:28— su igualitarismo se detiene en la frontera de la fe cristiana. Está privilegiando indebidamente el camino cristiano de salvación y, de este modo, negando la igualdad radical. El problema con esta objeción es que, hasta aquí, no se ha sugerido alternativa persuasiva alguna para vencer el particularismo. Nadie ha demostrado cómo se puede uno aferrar de forma inteligente a un universalismo no particularista. Y esto por una buena razón. Da la casualidad que cada afirmación de universalidad debe hacerse desde una perspectiva particular. De ahí que sea comprensible por qué para los cristianos y también para los judíos "la implementación del *agape* universal de Dios entraña necesariamente la particularidad. Esta es siempre un 'un escándalo', pero también es la única forma de llegar a lo universal", como lo ha recalcado con acierto Douglas J. Halla en su polémica con Rosemary Radford Ruether (*God and the Nations* [Minneapolis: Fortress, 1995], 107).

nales, Boyarin censura a Pablo por confirmar la igualdad a expensas de la diferencia.[140] Argumenta que la solución paulina se afirmó sobre el "dualismo de la carne y el espíritu, de modo que aunque el cuerpo es particular, marcado a través de la práctica como judío o griego, y mediante la anatomía como varón o hembra, el espíritu es universal".[141] Comentando sobre Gálatas 3:26-28, la Carta Magna del igualitarismo y el universalismo paulinos, Boyarin escribe: "En el proceso del bautismo en el espíritu las marcas de etnia, género y clase quedan todas borradas en la ascensión a una univocidad y universalidad de la esencia humana que está más allá y fuera del cuerpo".[142] No importa que Pablo afirme de vez en cuando las particularidades culturales; las razones sobre las que las confirma —la universalidad del espíritu incorpóreo— llevarán en última instancia al borrado de las particularidades, porque todas están basadas en la corporeidad. Aunque la solución paulina ofrecía la "posibilidad de escapar de las lealtades tribales... también contenía las simientes de una práctica imperialista y colonizadora";[143] "el universalismo de Pablo, incluso en su lado más liberal y benevolente, ha sido una fuerza poderosa para los discursos coercitivos de uniformidad, que niegan los derechos de los judíos, las mujeres y otros a retener su diferencia".[144]

Sin embargo, Boyarin exagera los paralelos entre Pablo y algunos temas culturales platónicos, notablemente la creencia de que "el compromiso con 'Aquel' implicaba desdén por el cuerpo, y este entrañaba el borrado de la 'diferencia'".[145] El "Aquel" que Pablo busca para ubicar la unidad de toda la humanidad *no es la trascendencia desencarnada, sino Jesucristo crucificado y resucitado*. El "principio" de la unidad tiene un *nombre*, y el nombre designa a una persona con un *cuerpo que ha sufrido en la cruz*. En los siglos posteriores, los teólogos cristianos han convertido probablemente la particularidad del cuerpo de Cristo en el fundamento de la reinterpretación de la tradición platónica. Como lo expresa San Agustín, descubrió en los neoplatonistas que "En el principio era el Verbo, y el Verbo estaba con Dios, y el Verbo era Dios", pero

---

[140] La crítica que Boyarin hace de Pablo no debería ubicarse tanto en el seno de los movimientos estadounidenses de liberación de la década de 1960, que trataban de igualdad como en la "política de identidad" concierne la década de 1990, que tienen que ver con el respeto por las culturas discretas (Louis Menand, "The Culture Wars", *The New York Review of Books* 41 [1994]: 18). El subtítulo de su libro es certero: "Pablo y la política de la identidad".

[141] Boyarin, *A Radical Jew*, 7.

[142] Ibíd., 24.

[143] Ibíd., 234.

[144] Ibíd., 233.

[145] Ibíd., 231.

no encontró allí que "el Verbo se hizo carne y habitó entre nosotros".[146] La base sólida de la unidad y la universalidad en la escandalosa *particularidad del cuerpo sufriente* del Mesías de Dios es lo que hace que el pensamiento paulino sea, en su estructura, tan profundamente diferente de las clases de creencias en la suma importancia del espíritu universal indiferenciado que provocaría que alguien "se avergonzara de estar en el cuerpo" y fuera incapaz de "soportar el hablar sobre su raza, sus padres o su país natal".[147]

Considera en primer lugar el fundamento de la comunidad cristiana, la cruz. Cristo une "cuerpos" diferentes en uno solo, no solo en virtud de la unicidad de su persona ("un líder—un pueblo") o de su visión ("un principio o ley—una comunidad"), pero por encima de todo a través de su sufrimiento. Es profundamente relevante que, como escribe Ellen Charry, "los judíos y los gentiles sean hechos un cuerpo de hijos de Dios sin tener en cuenta la etnia, la nacionalidad, el género, la raza o la clase" justo en "la cruz de Cristo".[148] Cierto es que el apóstol Pablo afirma: "Siendo uno solo el pan, nosotros, con ser muchos, somos un cuerpo; pues todos participamos de aquel mismo pan" (1 Cor 10:17). A primera vista, la unicidad del pan parece basar la unidad del cuerpo. Y, sin embargo, el pan representa el cuerpo *crucificado* de Jesucristo, el cuerpo que se ha negado a mantenerse en la singularidad encerrada en sí misma, sino que se ha abierto para que otros puedan participar libremente de él. La sola voluntad personal y el solo principio o ley impersonal —dos variaciones del "Uno" trascendente— imponen la unidad suprimiendo y subsumiendo la diferencia; el Mesías crucificado crea unidad entregando su propio ser. Lejos de ser la aseveración del uno contra los muchos, la cruz es la *autoentrega del uno por muchos*. Aquí la unidad no es el resultado de la "violencia sagrada" que elimina la particularidad de "los cuerpos", sino el fruto del autosacrificio de Cristo que derriba la enemistad entre ellos. Desde la perspectiva paulina, el muro que divide no es tanto "la diferencia" como *enemistad* (cp. Ef 2:14). De ahí que la solución no pueda ser "el Uno". Tampoco la imposición de la voluntad individual ni el gobierno de una ley única quita la enemistad. La hostilidad solo puede "matarse" a través de la autoentrega. La paz se consigue "mediante la cruz" y "por la sangre" (Ef 2:13-17).

Considera, en segundo lugar, la designación central para la comunidad creada por la autoentrega de Cristo, "el *cuerpo de Cristo*":

---

[146] San Agustín, *Confessions*, VII, 59.

[147] Boyarin, *A Radical Jew*, 229.

[148] Ellen T. Charry, "Christian Jews and the Law", *Modern Theology* 11, núm. 2 (1995): 190.

Porque así como el cuerpo es uno, tiene muchos miembros, pero todos los miembros del cuerpo, siendo muchos, son un solo cuerpo, así también Cristo. Porque por un solo Espíritu fuimos todos bautizados en un cuerpo, sean judíos o griegos, sean esclavos o libres; y a todos se nos dio a beber de un mismo Espíritu (1 Cor 12:12-13).

El Cristo resucitado, en quien judíos y griegos están unidos por medio del bautismo no es un refugio espiritual de la corporeidad pluralizante, un espacio espiritual puro en el que solo se admite la uniformidad indiferenciada de la esencia humana universal. En su lugar, el bautismo en Cristo crea un pueblo como el cuerpo diferenciado de Cristo. Las diferencias inscritas en el cuerpo se juntan, no se eliminan. El cuerpo de Cristo vive como una interacción compleja de cuerpos diferenciados —judíos y gentiles, mujeres y hombres, esclavos y libres— de quienes han participado del autosacrificio de Cristo. El movimiento paulino no es desde la particularidad del cuerpo a la universalidad del espíritu, sino desde cuerpos separados a la comunidad de cuerpos interrelacionados: el único *cuerpo en el Espíritu* con muchos *miembros discretos*.

El Espíritu no borra las diferencias plasmadas en el cuerpo, pero sí permite el acceso al cuerpo único de Cristo, en igualdad de condiciones, a aquellas personas con tales diferencias. Lo que el Espíritu borra (o al menos afloja) es una correlación estable y socialmente construida entre las diferencias y las funciones sociales. Los dones del Espíritu se dan sin tener en cuenta dichas desigualdades. Contra la expectativa cultural de que las mujeres guarden silencio y se sometan a los hombres, en las comunidades paulinas hablan y dirigen porque el Espíritu les imparte dones para ello. El Espíritu crea igualdad sin tener en cuenta las diferencias cuando bautiza a las personas en el cuerpo de Cristo o reparte los dones espirituales. Los asuntos del cuerpo se diferencian pero no para el acceso a la salvación ni para la intervención en la comunidad. En consecuencia, a diferencia de Plotino, Pablo no se avergüenza de su genealogía (ver Rm 9:3); tan solo está poco dispuesto a adscribirle una relevancia religiosa.

Las consecuencias del alejamiento paulino de los cuerpos (diferenciados aunque de forma interna sin diferenciar) para pasar al cuerpo (que unifica pero diferencia internamente) de Cristo, con el fin de entender las identidades, son inmensas. Al explorar aquí brevemente estas consecuencias, sacaré la discusión del contexto específico de las relaciones judeocristianas.[149] En la teología cristiana, el judaísmo y el pueblo judío ocupan un lugar único —los cristianos gentiles no son sino una "rama de olivo silvestre" injertado para ser

---

[149] Hays, *New Testament Ethics*.

hecho "participante de la raíz y de la rica savia del olivo [judío]" (Rm 11:17)— y, por tanto, no puede ser tratado bajo la rúbrica general de la relación entre la fe cristiana y los grupos de identidades que son aquí mi interés específico.

¿Cuáles son las implicaciones del tipo paulino de universalismo? Cada cultura puede retener su propia especificidad cultural; los cristianos no necesitan "perder su identidad cultural como judío o gentil, y convertirse en una nueva humanidad que no es ni lo uno ni lo otro".[150] Al mismo tiempo, ninguna cultura puede retener sus propias deidades tribales; la religión debe ser des-etnizada para que la etnia pueda ser de-sacralizada. Pablo privó a cada cultura de la ultimidad con el fin de proporcionarles toda legitimidad en la familia más amplia de las culturas. A través de la fe uno debe "salir" de la cultura propia porque la lealtad suprema se le da a Dios y al Mesías de Dios que trasciende toda cultura. Y, sin embargo, precisamente por la lealtad suprema a Dios de *todas* las culturas y a Cristo que ofrece su "cuerpo" como hogar para todas las personas, los hijos cristianos de Abraham pueden "salir" de su cultura sin tener que abandonarla (al contrario que Abraham mismo que tuvo que abandonar su "país" y su "parentela"). La partida ya no es una categoría espacial; puede producirse *dentro del espacio cultural que uno habita*. Y no involucra ni el intento típicamente moderno para construir un nuevo cielo a partir del infierno mundano, ni un movimiento postmoderno típicamente incesante que teme llegar al hogar. La partida genuinamente cristiana nunca es una simple distancia, siempre es también una presencia; no obra ni lucha jamás de un modo sencillo, ya es un descanso y un gozo persistente.[151]

¿Acaso el resultado de esta clase de partida es, en cierto modo una "tercera raza", como sugirió el apologista paleocristiano Arístides, cuando dividió la humanidad en gentiles judíos y, ahora, cristianos? Pero entonces, como señala Justo L. González en *Out of Every Tribe and Nation*, nos enfrentaríamos a "la noción paradójica de que, en medio de un mundo dividido por el racismo, Dios ha creado una nueva raza más".[152] No, la internalidad de la partida *excluye* una tercera raza cosmopolita, exactamente a la misma distancia de toda cultura. La distancia adecuada con una cultura no saca a los cristianos de ella. No son los de dentro quienes han volado a una nueva "cultura cristiana" y se han convertido en gente externa a su propia cultura; en su lugar, cuando

---

[150] "William S. Campbell, *Paul's Gospel in an Intercultural context: Jew and Gentile in the Letter to the Romans*, Studies in the Intercultural History of Christianity, ed. Richard Friedli et al. Frankfurt; Peter Lang, 1991, vi.

[151] Lyotard and Gruber, *Ein Binderstrich*, 16.

[152] Justo L. González, *Out of Every Tribe and Nation: Christian Theology at the Ethnic Roundtable*, Nashville: Abingdon, 1992, 110.

han respondido a la llamada del evangelio han dado un paso adelante, por así decirlo, y han sacado un pie de su propia cultura mientras el otro permanecía firmemente plantado en ella. Están a cierta distancia, pero siguen perteneciendo. *Su diferencia es interna a la cultura.*[153] Por su internalidad —su inmanencia, su pertenencia— las particularidades plasmadas en el cuerpo no se borran; por su diferencia —su trascendencia, su distancia— la universalidad puede confirmarse.

Tanto la distancia como la pertenencia son esenciales. Pertenecer sin distancia destruye: Confirmo mi identidad exclusiva como croata y quiero moldear a todos a mi propia imagen o eliminarlos de mi mundo. Pero la distancia sin la pertenencia asila: Niego mi identidad croata y me retiro de mi propia cultura. Sin embargo, la mayoría de las veces me quedo atrapado en los ardides de la contradependencia. Niego mi identidad croata tan solo para confirmar de forma más enérgica aún mi identidad como miembro de esta o aquella secta anticroata. Por tanto, una "distancia sin pertenencia" aislacionista resbala hasta caer en un destructivo "pertenecer sin distancia". Distanciarse de una cultura no debe degenerar nunca en huir de ella, sino que debe ser una forma de vivir en una cultura.

Esta fue, pues, la reapropiación creativa de Pablo de la revolución abrahámica original. En nombre del Dios único de Abraham, Pablo inauguró un pueblo particular para que se convirtiera en la familia multicultural universal de personas. Un elocuente testimonio de esta reinterpretación radical de la relación entre la religión y la identidad cultural es la sustitución, al parecer insignificante, de una sola palabra en el texto de Génesis: la promesa de que Abraham heredará la *tierra* (12:1) se convierte, en Pablo, en la promesa de que heredará el *mundo* (Rm 4:13).[154] Un nuevo universo de significado implícito en el cambio de "tierra" a "mundo" lo hizo posible en palabras de Boyarin "para que el judaísmo se volviera una religión del mundo".[155] La llamada abrahámica original para salir de su país, de su parentela y de la casa de su padre permaneció; lo que Pablo hizo posible fue partir sin abandonar. De ahí que, aun viviéndose la salida original de Abraham en el cuerpo único del pueblo judío, la salida cristiana se vive en los muchos cuerpos de distintas personas situadas en el cuerpo exclusivo de Cristo.

---

[153] Miroslav Volf, "Soft Difference: Theological Reflections on the Relation Between Church and Culture in 1 Peter", *Ex Auditu* 10 (1994): 18s.

[154] Wright, *The Climax of the Covenant*, 174.

[155] Boyarin, *A Radical Jew*, 230.

Cultura, catolicidad y ecumenicidad

Supongamos que los cristianos pueden partir sin abandonar, que su distancia siempre involucra el pertenecer, y que su forma de hacerlo adopta la forma de distancia. ¿Qué servicios positivos provee la distancia? En respuesta, consideremos las razones por las que los cristianos deberían distanciarse de su propia cultura. La respuesta sugerida por las historias de Abraham y su simiente, Jesucristo, es esta: en el nombre de Dios y el nuevo mundo prometido por Dios. Existe una realidad más importante que la cultura a la que pertenecemos. Es Dios y el nuevo mundo que Él está creando, un mundo en el que las personas de toda nación y tribu, con sus bondades culturales, se reunirán en torno al Dios trino, un mundo en el que toda lágrima será enjugada y ya no habrá más dolor (Ap 21:4). Los cristianos se distancian de su propia cultura, porque dan su lealtad suprema a Dios y su futuro prometido.

La distancia nacida de la lealtad a Dios y a su futuro, una distancia que debe vivirse del modo adecuado como una diferencia interna presta dos servicios importantes. En primer lugar, *crea espacio en* nosotros para recibir al otro. Considera lo que sucede cuando una persona se hace cristiana. Pablo escribe: "Si alguno está en cristo, nueva criatura es" (2 Cor 5:17). Cuando Dios viene, trae todo un nuevo mundo. El Espíritu de Dios irrumpe en los mundos encerrados en sí mismos que habitamos. El Espíritu nos recrea y nos pone en el camino hacia la conversión de lo que me gusta denominar "una personalidad católica", un microcosmo personal de la nueva creación escatológica.[156] Una personalidad católica es una personalidad enriquecida por la alteridad, una personalidad que es lo que es solo porque los muchos otros se han reflejado en ella de una manera particular. La distancia de mi propia cultura, que resulta de haber nacido del Espíritu, crea una fisura en mí a través de la cual otros pueden entrar. El Espíritu desbloquea las puertas de mi corazón, diciendo: "Tú no solo eres tú; los demás también forman parte de ti".

Una personalidad católica requiere una *comunidad católica*. Como el evangelio se ha predicado a muchas naciones, la iglesia ha echado raíz en muchas culturas, cambiándolas y, a la vez, siendo profundamente moldeadas por ella. Sin embargo, las muchas iglesias en las diversas culturas son una, como lo es el Dios trino. Ninguna iglesia de una cultura concreta se puede aislar de otras iglesias en otras culturas, declarándose suficientes para sí y para su propia cultura. Cada iglesia debe estar abierta a todas las demás. Con frecuencia

---

[156] Miroslav Volf, "Catholicity of 'Two or Three': Free Church Reflections on the Catholicity of the Local Church", *The Jurist* 52, núm. 1 (1992): 525-46.

pensamos en una iglesia local como parte de la iglesia universal. Bien haríamos en invertir la afirmación. Cada iglesia local es una comunidad católica porque, en un profundo sentido, todas las demás iglesias son parte de esa, todas moldean —o deberían moldear— su identidad. Como todas las iglesias juntas forman una comunidad ecuménica mundial, así cada iglesia en una cultura concreta es una comunidad católica. Cada iglesia debe afirmar, por tanto: "Yo no soy solo yo; todas las demás iglesias arraigadas en las diversas culturas también forman parte de mí". Cada una de ellas las necesita a todas para ser ella misma del modo adecuado.

Tanto la personalidad como la comunidad católica en las que están incorporadas sugieren una *identidad cultural católica*. Una forma de concebir la identidad cultural es postular un "nosotros" cultural estable en oposición al "ellos" igualmente estable; ambos están completos en y de por sí. Interactuarían entre sí pero solo como conjuntos encerrados en sí mismos, ya que sus relaciones mutuas son externas a la identidad de cada uno. Sin embargo, un entendimiento tan esencialista de la identidad cultural no solo es opresivo —se debe usar la fuerza para mantener todo lo extraño a raya—, pero también es insostenible. Como apunta Edward Said, todas las culturas son "híbridas... y están obstaculizadas, o enredadas y se solapan con los que solían considerarse elementos extraños".[157] La distancia de nuestra propia cultura, nacida del Espíritu de la nueva creación, debería soltar el agarre que nuestra cultura tiene sobre nosotros y capacitarnos para vivir con su fluidez necesaria y confirmar su inevitable hibridez. Otras culturas no son una amenaza a la pureza prístina de nuestra identidad cultural, sino la fuente potencial de su enriquecimiento. Habitadas por personas lo bastante valientes como para no limitarse a pertenecer, las culturas que se cruzan y se solapan pueden contribuir mutuamente a la vitalidad dinámica da cada una de ellas.

La segunda función de la distancia forjada por el Espíritu de la nueva creación no es menos importante: *entraña un juicio contra el mal en toda cultura*. En una personalidad católica, dije, es una personalidad enriquecida por muchos otros. Pero ¿debería integrar una personalidad católica toda alteridad? ¿Se puede sentir uno en casa con todo lo que hay en cada cultura? ¿Con el asesinato, la violación y la destrucción? ¿Con la idolatría nacionalista y la "pureza étnica"? Cualquier noción de personalidad católica que solo fuera capaz de integrar, pero no de discriminar, sería grotesca. Existen perspectivas inconmensurables que se niegan de manera obcecada a ser disueltas en una síntesis

---

[157] Said, *Culture and Imperialism,* 317.

pacífica;[158] hay malas acciones que no se pueden tolerar. A la práctica del "juicio" no se puede renunciar (ver Capítulo III). Ahora no puede haber nueva creación sin juicio, sin la expulsión del diablo, de la bestia y del falso profeta (Ap 20:10), sin que la luz se trague la noche y que la vida absorba la muerte (Ap 21:4; 22:5).[159]

No obstante, el juicio debe comenzar "con la casa de Dios" (1 P 4:17), con uno mismo "y" con su propia cultura. En el curso de su explicación del ideal asceta, Nietzsche señaló que los que desean hacer una nueva partida tienen que "subyugar primeramente la tradición y a los dioses que hay en ellos mismos".[160] De manera similar, los que procuran vencer el mal deben luchar primero en sus propios seres. La distancia creada por el Espíritu abre los ojos al autoengaño, la injusticia y la destructividad del "yo". También nos hace conscientes de que, como señaló Richard Sennett, las identidades de grupo "no contribuyen a uso "yoes" coherentes y completos, ni pueden hacerlo; surgen de las fisuras en el tejido social más amplio; contienen sus contradicciones y sus injusticias".[161] Una personalidad verdaderamente católica debe ser una *personalidad evangélica*; una personalidad guiada al arrepentimiento y moldeado por el evangelio y que participan en la transformación del mundo.

La lucha contra la falsedad, la injusticia y la violencia tanto en el "yo" como en el otro es imposible sin distancia. "Cómo se puede evitar hundirse en el barro del sentido común, si no convirtiéndose en un extranjero para el propio país, el lenguaje, el sexo y la identidad propios?", pregunta Julia Kristeva retóricamente.[162] Por supuesto, siendo pura y simplemente un extranjero es una postura bastante patética, que raya con la insensatez. Si corto todos los vínculos que me atan a cualquier tradición moral y lingüística, me convierto en un "yo" indeterminado, abierto a cualquier contenido arbitrario. Como consecuencia, me limito a flotar, incapaz de resistirme a nada porque no estoy afirmado en ninguna parte.[163] Sin embargo, los hijos de Abraham no son extranjeros

---

[158] Richard J. Mow, "Christian Philosophy and Cultural Diversity, *Christian Scholar's Review* 17 (1987): 114ss.

[159] Miroslav Volf. *Work in the Spirit: Toward a Theology of Work*, Nueva York: Oxford University Press, 1991, 120s.

[160] Nietzsche, *the Birth of Tragedy and The Genealogy of Morals*, 251.

[161] Richard Sennett, "Christian Cosmopolitanism", *Boston Review* 19, núm. 5 (1994): 13.

[162] Julia Kristeva, "A New Type of Intellectual: The Dissident", en *The Kristeva Reader*, ed. Toril Moi, Oxford: Blackwell, 1986, 298.

[163] Tzvetan Todorov ha señalado con razón que ser un exiliado solo es productivo "si se pertenece a ambas culturas a la vez, sin identificarse uno con ninguna". Si toda una sociedad consiste en exiliados, el diálogo de culturas cesa: queda sustituido por el eclecticismo y el comparatismo, por la capacidad de amarlo todo un poco, o empatizar con laxitud con cada opción sin aceptar jamás

simple y llanamente. Su "condición de extraños" no resulta principalmente del acto negativo de cortar todos los vínculos, pero desde la acción positiva de prestar lealtad a Dios y a su futuro prometido. Cuando salen de su cultura, no flotan en un espacio indeterminado, contemplando el mundo desde todos los lugares. En su lugar, con un pie plantado en su propia cultura y el otro en el futuro de Dios —la diferencia interna— tienen una posición ventajosa desde la cual percibir y juzgar el "yo" y el otro, no solo sobre sus propios términos, pero también a la luz del nuevo mundo de Dios, un mundo en el que una gran multitud "de todas naciones y tribus y pueblos y lenguas" se reúne "delante del trono y en la presencia del Cordero" (Ap 7:9; 5:9).

En la batalla contra el mal, en especial contra el mal en la cultura propia, la personalidad evangélica necesita una *comunidad ecuménica*. En la lucha contra el régimen nazi, la Declaración de Barmen llamó a las iglesias a rechazar a todos los "demás señores" —el estado racista y su ideología— y prestar lealtad solo a Jesucristo, "quien es el Verbo de Dios al que tenemos que escuchar y en quien debemos confiar, y a quien obedecer en la vida y en la muerte". El llamado es tan importante hoy como entonces. Sin embargo es demasiado abstracto. Subestima nuestra capacidad de tergiversar la "Palabra única de Dios" para servir a nuestras ideologías comunales y nuestras estrategias nacionales. Las imágenes de la supervivencia comunal y la prosperidad de la que nuestra cultura nos alimenta nublan con demasiada facilidad nuestra visión de la nueva creación de Dios; Estados Unidos es una nación cristiana, pensamos, por ejemplo, y la democracia es la única disposición política verdaderamente cristiana. Ignorando que nuestra cultura ha subvertido nuestra fe, perdemos un lugar desde el cual juzgar nuestra propia cultura. Con el fin de mantener pura nuestra lealtad a Jesucristo, necesitamos nutrir el compromiso con la comunidad multicultural de las iglesias cristianas. Necesitamos vernos a nosotros mismos y nuestra propia comprensión del futuro de Dios con los ojos de los cristianos desde otras culturas, escuchar las voces de los cristianos de otras culturas para asegurarnos de que la voz de la nuestra no haya ahogado la voz de Jesucristo, "la exclusiva Palabra de Dios". El compromiso de Barmen con el señorío de Cristo debe ser suplementado con el compromiso respecto a la comunidad ecuménica de Cristo. Las dos cosas no son lo mismo, pero ambas son necesarias.

---

ninguna. Concluye: "La heterología que marca la diferencia de las voces que se oyen es necesaria; la polilogía es insípida". *The Conquest of America: The Question of the Other,* trad. Richard Howard, Nueva York: HarperCollins, 1984, 251.

Permíteme sugerir un texto que confiesa la necesidad de una comunidad ecuménica en la lucha contra el "nuevo tribalismo". Seguiré el formato de la Declaración de Barmen:

> "Tú fuiste inmolado, y con tu sangre nos has redimido para Dios, de todo linaje y lengua y pueblo y nación" (Ap 5:9). "Ya no hay judío ni griego; no hay esclavo ni libre; no hay varón ni mujer; porque todos vosotros sois uno en Cristo Jesús" (Gá 3:28).
>
> Todas las iglesias de Jesucristo, dispersadas por diversas culturas, han sido redimidas para Dios por la sangre del Cordero, para formar una sola comunidad multicultural de fe. La "sangre" que los vincula como hermanos y hermanas es más preciosa que la "sangre", el lenguaje, las costumbres, las lealtades políticas o lo intereses económicos que puedan separarlos.
>
> Rechazamos la falsa doctrina, como si una iglesia debiera colocar la lealtad a la cultura en la que habita y la nación a la que pertenece por encima del compromiso con los hermanos y hermanas de otras culturas y naciones, siervos del único Jesucristo, su Señor común y miembros de la nueva comunidad de Dios.

En situaciones de conflicto, los cristianos suelen descubrir que son cómplices de la guerra, y no agentes de paz. Nos resulta difícil distanciarnos de nosotros mismos y de nuestra propia cultura, y por ello nos hacemos eco de sus opiniones reinantes e imitamos sus prácticas. Cuando mantenemos viva la visión del futuro de Dios necesitamos llegar a las líneas de fuego y unimos las manos con nuestros hermanos y hermanas del otro lado. Precisamos dejar que nos saquen a tirones del encierro de nuestra propia cultura y su propio conjunto peculiar de prejuicios para poder leer de nuevo la "única Palara de Dios". De este modo, podríamos convertirnos de nuevo en la sal para el mundo desgarrado por las luchas.

Las dos funciones positivas de distanciarse de la propia cultura que he resaltado provocan dos objeciones. La primera concierne a la noción de la "identidad híbrida". ¿Acaso no llegamos a un punto en el que debemos cerrar las puertas, no solo a lo que es malo sino también a lo que es extraño, porque si las mantenemos abiertas nuestro hogar no tardará en dejar de ser nuestro y ya no seremos capaces de distinguir nuestra casa de la calle? Expresado de un modo más abstracto, ¿no presupone la identidad —incluso la identidad híbrida— el mantenimiento de los límites? Una segunda opción va en la dirección opuesta y tiene que ver con la lucha contra el mal: aunque la primera objeción insistía en que soy demasiado flexible con la identidad cultural, la segunda hacía hincapié en que soy demasiado rígido con la responsabilidad moral. ¿Qué derecho tengo para insistir en que alguien tiene que distinguir entre la oscuridad y la luz, y que ese alguien debe luchar contra las tinieblas en nombre de la luz? Si operamos con distinciones tan severas, ¿no estaremos en peligro de demonizar y destruir cualquier cosa que resulte no gustarnos? Yo no discutiría la preocupación subyacente a la primera objeción y argumentaría contra la segunda que es a la vez imposible e indeseable distinguir entre la oscuridad y la luz. En el siguiente capítulo desarrollaré estas afirmaciones.

CAPÍTULO III
Exclusión

La guerra en la antigua Yugoslavia (1991–1995) aumentó el ya sobredimensionado vocabulario del mal con la expresión "limpieza étnica". La alteridad étnica es suciedad que se debe lavar del cuerpo étnico, contaminación que amenaza la ecología del espacio étnico. Los demás serán detenidos en campos de concentración, matados y echados a palazos en una fosa común o sacados fuera; los monumentos de su identidad cultural y religiosa serán destruidos, borradas las inscripciones de sus recuerdos colectivos; los lugares de su habitación serán saqueados, quemados y arrasados. Para los expulsados, no hay regreso posible. La tierra pertenecerá exclusivamente a aquellos que han desterrado a los demás, fuera de su construcción colectiva de sí mismos así como del territorio. Las personas de "sangre" y "cultura" puras vivirán en una tierra que ha sido limpiada de los otros. Una compañía de "depuradores" políticos, militares y académicos "de la familia étnica" disfrutarán de sus fregonas, sus mangueras y sus rascadores comunicacionales, marciales e intelectuales, para desinfectar de nuevo "el 'yo' étnico" y reorganizar su propio espacio. El resultado: una palabra sin la otra. El precio: ríos de sangre y lágrimas. La ganancia: excepto por los abultados libros de bolsillo de guerreros y especuladores de la guerra, solo pérdidas por todas partes.

En este capítulo examinaré la práctica de la "exclusión", para la cual "la limpieza étnica" se ha convertido en la metáfora actual más poderosa. Sin embargo, el capítulo no trata tanto sobre "los que están por ahí afuera" como de "nosotros que estamos justo aquí" dondequiera que estemos, no tanto del otro como del "yo". Este capítulo no solo es sobre exclusión de la "etnia" y otras clases de comunidades, sino también sobre la supresión del situacionismo del *yo,* sin el cual las exclusiones de las comunidades no sería ni por asomo tan problemático. Mi primer paso será señalar una tensión interna trascendental en la narrativa de inclusión típicamente moderna, una narrativa que sirve de telón de fondo para gran parte de la crítica contemporánea de la exclusión.

El dudoso triunfo de la inclusión

Considera las reacciones típicas en Occidente a la limpieza étnica. Como observa Michael Ignatieff, el discurso occidental ha tendido a "redescribir a todos los combatientes como salvajes no europeos".[164] La mojigatería que se pronuncia con el término "salvajes" es profundamente perturbador, pero dada la intensidad y la destructividad de la voluntad balcana de exclusión, el uso del epíteto podría ser comprensible. Claramente, el ultraje moral que expresa es adecuado. No obstante, hay algo insidioso respecto al epíteto "salvajes". Y es que no solo describe cómo "ellos" y "nosotros" no deberíamos comportarnos, sino que también "los" retrata de manera implícita como la clase de persona que "nosotros" no somos. El adjetivo "no europeo" (en el sentido de "no occidental") subraya el distanciamiento de "ellos" respecto a "nosotros" ya contenía la palabra "salvajes": somos morales y civilizados; ellos son los bárbaros perversos. El ultraje moral legítimo ha mutado y se ha convertido en un engreimiento moral autoengañoso.

El deseo de distanciar "Europa" —"Occidente" y la "modernidad"— de la práctica de la limpieza étnica está, sin embargo, impulsada por algo más que el simple mecanismo de desplazamiento por el cual ubicamos el mal y la barbarie con los demás de manera a adscribirnos la bondad y la civilización. Tiene tanto que ver con ciertos aspectos de nuestra filosofía de la historia como con nuestra percepción moral de nosotros mismos. Lo que hace que la limpieza étnica parezca tan "poco moderna" y "no occidental" es que está fuertemente reñida con una historia pública importante que nos gusta contar sore el Occidente democrático moderno, una historia de "inclusión" progresiva. Esta es una versión de semejante narrativa de las democracias liberales modernas tal como las describe Alan Wolfe:

> Érase una vez, según se cuenta, que dichas sociedades estaban gobernadas por las élites privilegiadas. Los círculos gobernantes se restringían a los pertenecientes al género, crianza, educación y exclusividad correctos. Todo esto cambia como resultado de esas fuerzas múltiples que se suelen identificar con el término democracia. Primero las clases medias, a continuación los obreros, las mujeres y después las minorías raciales, no solo ganaron todos ellos unos derechos económicos, sino también políticos y sociales.[165]

---

[164] Michael Ignatieff, "Homage to Bosnia", *The New York Review* 41, núm. 8 (1994): 5.

[165] Alan Wolfe, "Democracy versus Sociology: Boundaries and Their Political Consequences", en *Cultivating Differences: Symbolic Boundaries and the Making of Inequality,* ed. Michele Lamont y Marcel Fournier, Chicago: The University of Chicago Press, 1992, 309.

Por expresarlo de un modo ligeramente distinto, las sociedades que una vez estuvieron "jerárquicamente segmentadas" dieron paso a lo que los sociólogos llaman sociedades "funcionalmente diferenciadas", la inclusión se convirtió en la norma general: toda persona debe tener acceso a todas las funciones y, por tanto, todas las personas deben tener igual acceso a la educación, a todos los empleos disponibles, a la toma de decisiones políticas y cosas por el estilo.[166] La historia de las democracias modernas trata sobre la inclusión progresiva siempre en expansión, sobre "aceptar en lugar de... no dejar entrar".[167] Por el contrario, las historias de limpieza étnica tienen que ver con las formas más brutales de exclusión, sobre expulsar en vez de incluir. De ahí que nos tachen de "no modernos", "no europeos", "no occidentales".

Pero ¿en qué medida es adecuada la historia moderna del triunfo de la inclusión? Formulo esta pregunta como alguien de dentro que quiere ayudar a construir y mejorar, y no alguien de fuera que desea destruir y sustituir por completo. A una persona como yo mismo, que experimentó "todas las bendiciones" del gobierno comunista, la sugerencia de que no hay verdad en la narrativa liberal de la inclusión y la afirmación de que sus consecuencias son principalmente lamentables no solo suena poco persuasiva, sino también peligrosa. De manera similar, la mayoría de las mujeres y las minorías no querrían renunciar a los derechos que ahora tienen; y la mayoría de las críticas de las democracias liberales preferirían vivir en una democracia y en ninguna otra de las alternativas disponibles. El progreso de "inclusión" es algo importante que celebrar sobre la modernidad.

Sin embargo, aunque la narrativa de la inclusión sea en un sentido verdad, como un espejo mágico que le proporciona un estiramiento facial a la imagen de quien lo sostiene, también fue creado en parte "para hacernos sentir que la historia tiene un propósito que, en cierto modo, corresponde a un entendimiento más positivo del potencial humano", como lo subraya con acierto Alan Wolfe.[168] Pero ¿cómo se vería el rostro en un espejo que no hubiera sido hecho por nosotros con el fin de cortejar nuestra vanidad? En los espejos hechos en los talleres clandestinos de la "submodernidad"[169] sostenidos por la mano explotada y demacrada del "otro", aparece una vena mezquina en el rostro de la modernidad, adquirido a través de la práctica prolongada del mal. Los que, de forma conveniente, han quedado fuera de la narrativa moderna de la inclu-

---

[166] Ver Niklas Luhmann, *Funktion der Religion*, Frankfurt: Suhrkamp, 1977, 234ss.

[167] Wolfe, "Democracy versus Sociology", 309.

[168] Ibíd.

[169] Jürgen Moltmann, *Public theology and the Future of the Modern World*, Pittsburgh: ATS, 1995.

sión, porque perturban la integridad de su plan de "final feliz" exigen una larga y espantosa contranarrativa de exclusión.

En *The Invention of the Americas,* Enrique Dussel argumentaba que el nacimiento mismo de la modernidad entrañaba una exclusión de proporciones colosales. Aunque sea sin duda un cambio de época europeo, la modernidad es impensable sin la larga y vergonzosa historia de Europa con la no Europa que empezó en el año 1492.[170] No hay necesidad de volver a contar esa historia aquí; basta con considerar brevemente a sus víctimas más maltratadas, los esclavos africanos. Dussel escribe:

> En el famoso triángulo de la muerte, los barcos abandonaban Londres, Lisboa, La Haya o Ámsterdam con productos europeos como armas y herramientas de hierro, e intercambiaban estas mercancías en las costas occidentales de África por esclavos. Después los vendían en Bahía, Cartagena Hispánica, La Habana, Puerto Príncipe y en los puertos de las colonias al sur de Nueva Inglaterra a cambio de oro, plata y productos tropicales. Los empresarios acababan depositando todo ese valor, o la sangre humana coagulada de la metáfora de Marx, en los bancos de Londres y en las alacenas de los Países Bajos. Así, la modernidad siguió su curso civilizador, modernizador, humanizador y cristianizador.[171]

La conquista bárbara, la colonización y la esclavización del otro no europeo, legitimado por el mito de expandir la luz de la civilización es una contranarrativa no europea de exclusión suprimida por la narrativa moderna de la inclusión. Y no se trata de una trama lateral poco acertada que, de ser suprimida, dejaría intacto el ritmo y la forma de la narrativa de inclusión. El innegable progreso de inclusión se alimentó de la práctica persistente de la exclusión.[172]

---

[170] Enrique Dussel, *The Invention of the Americas: Eclipse of "the Other" and the Myth of Modernity,* trad. M. D. Barber, Nueva York: Continuum, 1995.

[171] Ibíd., 122-23.

[172] Mi opinión no es que haya algo distinto amente moderno respecto a la narrativa de la exclusión, por ejemplo, algo en la "lógica" de la modernidad que hacía que la historia moderna de la exclusión fuera cualitativamente diferente de muchas historias premodernas de exclusión. En *the Discourse of Race in Modern China,* Frank Dikötter proporciona abundantes pruebas de "una mentalidad que integró el concepto de civilización con la idea de humanidad, describiendo a los grupos extranjeros que viven fuera del palio de la sociedad china como salvajes distantes que planean sobre el límite de la bestialidad. Los nombres de los exogrupos se escribieron en caracteres con un animal radical, hábito que continuó hasta la década de 1930: los Di, una tribu norteña, compartía los atributos de los reptiles" (Frank Dikötter, *The Discourse of Race in Modern China* [Stanford: Stanford

Deberíamos resistir a la tentación de intentar redimir la narrativa moderna de la inclusión apuntando a prácticas exclusivistas en otros lugares, como el sistema indio ancestral de las castas, la práctica moderna de los eugenistas en China,[173] o la "limpieza cultural" en Sudán donde los musulmanes acorralan a los hijos de las regiones cristianas y animistas y los reubican, por citar solo tres ejemplos bastantes dispares. Y no podemos redimir la narrativa de la inclusión señalando que la conquista, la colonización, la esclavitud pertenecen, todas ellas, a un pasado lejano de Occidente. La "segregación", el "holocausto", el "apartheid" son equivalentes occidentales de la "limpieza étnica de los Balcanes, en un pasado más reciente que se corresponden en inhumanidad con cualquier cosa que encontremos fuera de las fronteras de Occidente. Existe demasiada "limpieza" en la historia de Occidente para que el horror respecto a la limpieza étnica en los Balcanes exprese con legitimidad algo que no sea el ultraje moral sobre *nosotros mismos*. La exclusión señalada en la "limpieza étnica" como metáfora no tiene que ver con la barbarie de "entonces" en oposición a la civilización de "ahora", no es sobre el mal "allí" en contraste con el bien "aquí". La exclusión es la barbarie *dentro* de la civilización, el mal *entre* lo bueno, el crimen contra el otro *justo dentro de los muros del "yo"*.

Cabría argumentar que la barbarie en el seno de la civilización y el mal en medio del bien surge de la incoherencia. Sencillamente necesitamos insistir con el programa de la inclusión, el argumento podría seguir hasta haber vencido el último foco de exclusión. La exclusión sería, pues, una enfermedad y la inclusión un medicamento no diluido. Sin embargo, ¿podría ser que el remedio mismo está enfermando al paciente con una nueva forma de la dolencia misma que busca curar? Pienso que este es el caso. Una larga mirada a un buen espejo —uno que se niegue a reflejar lo que el ojo vano desea ver— no solo revelaría una vena mezquina en un rostro inocente, sino también una cierta aura de maldad que exuda de su inocencia misma. Como han indicado Friedrich Nietzsche y neo-nietzscheanos (como Michel Foucault), la exclusión suele ser el mal perpetrado por "*lo bueno*" y la barbaridad producida por la *civilización*.

En una profunda lectura de los Evangelios en *Thus Spoke Zarathustra,* Nietzsche subrayó la conexión entre la "bondad" autopercibida de los enemigos de Jesús y cómo procuraron matarlo; la crucifixión fue un acto de "los buenos y

---

University Press, 1992], 4). Mi criterio es, sencillamente, que existe algo que confunde profundamente si el relato de la modernidad se presenta como un progreso de inclusión sin prestar atención a la narrativa sombra de la exclusión.

[173] Frank Dikoter, "Throw-Away Babies", *Times Literary Supplement*, January 12, 1996: 4-5.

los justos", no de los impíos, como podríamos haber pensado. "Los buenos y los justos" no podía entender a Jesús porque su espíritu estaba "encarcelado en su buena conciencia" y lo crucificaron porque interpretaron como maldad su rechazo a la noción que ellos tenían del bien.[174] Nietzsche insiste en que "los buenos y justos *han* crucificado a aquel que concibe una virtud alternativa, porque ya poseen el conocimiento del bien; *tienen* que ser hipócritas porque, al verse como buenos, deben suplantar la ausencia del mal. Como moscas venenosas "pican" y lo hacen "en toda inocencia".[175] La exclusión puede ser también, en la misma medida, un pecado de "buena conciencia" como de "un corazón malo". Y la advertencia de Nietzsche de que cualquiera que sea el daño que los calumniadores del mundo puedan hacer, *el daño que los buenos hacen es el más perjudicial*", podría no estar del todo fuera de lugar.[176]

Y, ¿qué hay de "lo racional" y de lo "civilizado"? ¿Acaso son mejores que "los buenos y los justos"? Gran parte de la obra de Michel Foucault consiste en un intento de explicar la sombra excluyente que obcecadamente arrastra la historia de inclusión de la modernidad. *Madness and Civilization,* su primer libro, rastrea la historia de la no razón en la era de la razón.[177] Como explica Foucault, es una historia de "la subyugación de la no razón por parte de la razón, que le arrebata su verdad por considerarla locura, crimen o enfermedad",[178] una narrativa de asignar lo no razonable —"pobres vagabundos, criminales y 'mentes perturbadas'"[179]— a las regiones de los no humanos excluidos cuyo habitante simbólico es el leproso.

Más tarde, en *Discipline and Punish* resume su idea así: el mecanismo de exclusión funciona a través de una doble estrategia represiva de "división vinaria" (loco/cuerdo; anormal/normal) y la "asignación coercitiva" (dentro/fuera).[180] En el mismo libro, cuyo enfoque es "el nacimiento de la prisión", pero cuyo tema es el "poder de la normalización social general", subrayó sin embargo que la exclusión no es sencillamente una cuestión de expulsión repre-

---

[174] Friedrich Nietzsche, *Thus Spoke Zarathustra: A Book for Everyone and No One,* trad. R. J. Hollingdale, Londres: Penguin, 1969, 229. Merold Westphal, *Suspicion and Faith: The Religiousness of Modern Atheism,* Grand Rapids: Eerdmans, 1993, 262s.

[175] Nietzsche. *Thus Spoke Zaratrustra,* 204.

[176] Friedrich Nietzsche, *Ecce Homo: How One Becomes What One Is,* trad. R. J. Hollingdale, Londres: Penguin, 1979, 100.

[177] Michel Foucault, *Madness and Civilization: A History of Insanity in the Age of Reason,* trad. Richard Howard, Nueva York: Random House, 1988.

[178] Ibíd., ix-x.

[179] Ibíd., 7.

[180] Michel Foucault, *Discipline and Punish: The Birth of the Prison,* trad. Alan Sheridan, Nueva York: Vintage Books, 1979, 199.

sora, sino de formación productiva. "A diferencia del alma representada por la teología cristiana —escribe Foucault, el individuo moderno— no nace en pecado ni está sujeto a castigo, sino que más bien nace de los métodos de castigo, de supervisión y de restricción".[181] Una serie de "mecanismos carcelarios" que funciona en toda la sociedad ejerce "un poder de normalización"[182] y vuelve a las personas dóciles y productivas, obedientes y útiles. Como poder de normalización, la exclusión reina a través de todas estas instituciones que podríamos asociar con la civilización incluyente, por medio del aparato del estado, las instituciones educativas, los medios informativos y las ciencias. Todo ello moldea a los ciudadanos "normales con el conocimiento, los valores y las prácticas "normales" y, así, asimilar o expulsar al otro "anormal". El "yo" moderno, afirma Foucault resumiendo su propia obra, está indirectamente constituido por medio de la exclusión del otro.[183] Por supuesto, no era diferente en lo referente al "yo" premoderno; también estaba constituido por una serie de exclusiones.

Si para Nietzsche "los buenos y justos" son los asesinos hipócritas de sus rivales, para Foucault la "civilización" es un destructor blando de esas cosas dentro y fuera de sí mismas que interpreta como barbarie. Aunque no se esté del todo persuadido por Nietzsche y Foucault —como es ciertamente mi caso— atraen con razón la atención a que el "yo" "inmoral" y "bárbaro" descansa con demasiada frecuencia en la exclusión de lo que considera el otro "inmoral" y "bárbaro". El otro lado de la historia de la inclusión es la historia de la exclusión. El espacio mismo en el que la inclusión celebra su triunfo se hace eco de la risa burlona de la exclusión victoriosa. El ultraje moral en la brutal exclusión constante en lugares como la antigua Yugoslavia o Ruanda es adecuado; la censura moral de múltiples formas de exclusión en todas partes —también en las mejores prácticas de Occidente— es asimismo apropiada.

La lógica de la historia moderna de la inclusión sugiere que "mantener fuera" es malo y que "acoger" es bueno. Pero ¿es esto siempre correcto? Considera la crítica de la modernidad de Foucault desde otro ángulo. Se puede argumentar de forma plausible que Foucault no es, en primer lugar, una crítica del proyecto moderno de inclusión, sino su defensor sistemático. El patetismo de su crítica de la narrativa sombra de la exclusión es el anverso de un profundo anhelo de inclusión, su propio y radical tipo de inclusión. El

---

[181] Ibíd., 29.

[182] Ibíd., 308.

[183] Michel Foucault, "The Political Technology of Individuals", *Technologies of the Self*, ed. Luther H. Martin et al. Amherst: University of Massachusetts Press, 1988, 146.

desenmascaramiento de las "divisiones binarias", de las "asignaciones coercitivas" y del "poder de la normalización" todos buscan ampliar el espacio del "interior" asaltando los muros que lo protegen. Foucault comparte el desagrado por las fronteras con otros pensadores postmodernos como Jacques Derrida o Gilles Deleuze. Al comentar sobre la naturaleza del postmodernismo, Alan Wolfe observa, con razón, que:

> La esencia del acercamiento es cuestionar las presuntas fronteras entre los grupos: de los significantes, personas, especies o textos. Lo que parece ser a primera vista una diferencia se reinterpreta, se descubre ser poco menos que una distinción arraigada en el poder o en un movimiento en un juego retórico. En otras palabras, las diferencias nunca tienen un estatus fijo en y de por sí mismos; no hay *una cosa u otra* (ni tampoco lo contrario).[184]

Un impulso coherente hacia la inclusión busca nivelar todas las fronteras que dividen, y para neutralizar a todos los poderes de fuera que forman y moldean el "yo". En consecuencia, el "programa" social que documenta la obra teórica de Foucault consiste estrictamente hablando en una *ausencia de programa* expresado como el objetivo de demostrar "que las personas son mucho más libres de lo que sienten".[185] La indeterminación radical de la libertad negativa es la correlación estable del impulso coherente hacia la inclusión que nivela todas las fronteras.

¿Acaso una indeterminación tan radical socava, de algún modo, la idea de la inclusión desde el interior? Creo que sí. Sin fronteras solo seremos capaces de saber contra qué estamos luchando, pero no para qué lo estamos haciendo. La lucha inteligente contra la exclusión exige categorías y criterios informativos que nos capacitan para distinguir entre identidades y prácticas represoras que deberían ser trastocadas y no represoras que deberían ser confirmadas.[186] En segundo lugar, "ninguna frontera" no solo significa "ninguna intermediación inteligente" sino también al final "ninguna vida" en sí misma. Dirigiéndose a Foucault, Manfred Frank escribe en *Neostrukturalismus:*

---

[184] Wolfe, "Democracy versus Sociology", 310.

[185] Rex Martin, "Truth, Power, Self: An Interview with Michel Foucault", en *Technologies of the Self,* ed. Luther H. Martin et al. Amherst: University of Massachusetts Press, 1988, 10.

[186] Allison Weir, *Sacrificial Logics: Feminist Theory and the Critique of Identity,* Nueva York: Routledge, 1996.

Es imposible (e incluso poco atractivo incluso para la pura fantasía) luchar contra todo orden y defender una falta de orden pura y abstracta. Porque, de un modo muy parecido al mítico *tohuwabohu,* la falta de orden sería una "criatura" sin atributos, un lugar donde no se podría distinguir nada y donde ni la felicidad, ni el placer, ni la libertad ni la justicia podría identificarse.[187]

La ausencia de fronteras crea la falta de orden, y esta no es el final de la exclusión sino de la vida. Por supuesto, Foucault podría no llegar a permitir que las aguas del caos se precipiten; podría negarse a nivelar *todas* las fronteras. Pero si todas ellas son arbitrarias y si necesariamente entrañan la opresión como Foucault parece sugerir, este movimiento equivaldría a tejer la dominación en la tela misma de la vida social y una trágica aquiescencia a la permanencia de la opresión. *La sistemática persecución de la inclusión lo sitúa a uno ante la elección imposible entre un caos sin fronteras y la opresión con ellas.* Esta es una de las importantes lecciones del pensamiento de Foucault.[188]

Si es plausible, mi relato de las contradicciones internas en la persecución de la inclusión sugiere que la lucha contra la exclusión se ve acosada por dos peligros principales. El primero es el de generar nuevas formas de exclusión por parte de la oposición misma de las prácticas excluyentes: nuestro celo "moral" y "civilizador" hace que erijamos nuevas fronteras opresoras a la vez que nos ciega al hecho de que estamos actuando así. El segundo peligro surge del intenta de escapar al primero. Consiste en caer en el abismo de la falta de orden en la que la lucha contra la exclusión implosiona sobre sí misma porque, en ausencia de todas las limitaciones, somos incapaces de mencionar aquello

---

[187] Manfred Frank, *Was ist Neostrukturalismus?* Frankfurt: Suhrkamp, 1984, 237.

[188] Para eludir la alternativa, uno podría interpretar la deconstrucción de las fronteras de Foucault como una estrategia social y no como una postura filosófica basada en fuertes principios. En un mundo en el que "los jueces de la normalidad están presentes en todas partes" (Foucault, *Discipline and Punish,* 304) y "el poder de la normalización" se ha normalizado (296). Foucault lucha contra las fronteras, nada más; no está peleando contra todas las limitaciones sino contra estas específicas, las fronteras innecesarias y opresivas. La respuesta inmediata podría preguntar si un problema más fundamental en las sociedades contemporáneas que juzgar demasiado es la incapacidad para que la *clase justa* juzgue. De no estar entrando "en una reversión curiosa y sentimental de *Trial* de Kafka, donde el *tribunal* siempre está en contra y es culpable", como expresa Michael Wood en *America in the Movies* ([Nueva York: Columbia University Press, 1989], 145). ¿Acaso no se ha abierto un abismo entre la visibilidad deslumbrante del mal y nuestra incapacidad frustrante de mencionarlo, como ha argumentado Andrew Delbanco en *The Death of Satan*, Nueva York: Farrar, Straus y Girous, 1995? ¿No somos testigos de una normalización paradójica de lo *estrafalario,* hasta tal punto que "normal" se ha convertido en una palabra sucia (185)?

que es excluido o por qué no debería serlo. Por el bien de las víctimas de la exclusión, debemos procurar evitar ambos riesgos. La adecuada reflexión sobre la exclusión debe satisfacer dos condiciones: (1) debe ayudar a hablar de la exclusión con confianza como si de un mal se tratara, porque nos capacita para imaginar las fronteras no excluyentes que señalan identidades no excluyentes; al mismo tiempo, (2) no debe entorpecer nuestra capacidad de detectar las tendencias excluyentes en nuestros propios juicios y prácticas.

Este capítulo es una contribución a dicho entendimiento de exclusión. En el cuerpo principal exploraré la anatomía, la dinámica, la ubicuidad y el poder de la exclusión. En conclusión, analizaré el primer y paradigmático acto de exclusión registrado en la Biblia, cuando Caín asesina a su hermano Abel. Pero antes que nada necesito hacer algunas distinciones importantes sin las que nuestro ultraje en la exclusión no descansaría sobre algo más firme que la arbitrariedad y la inconstancia de nuestro propio desagrado.

La diferenciación, la exclusión y el juicio

Vilipendiar todas las fronteras, pronunciar cada identidad discreta opresiva, poner la etiqueta "exclusión" en cada diferencia estable, e irás a la deriva sin objetivo en lugar de intermediar de forma perspicaz y, a la larga, un letargo de muerte en lugar de una danza de libertad. Esto es lo que argumenté con anterioridad. Lo que no haré es indicar cómo involucrarse en la lucha contra la exclusión sin vender nuestra alma a los demonios del caos. Quiero tratar esta pregunta ahora estableciendo la distinción entre la *diferenciación* y la *exclusión* que, a su vez, conducirá a la distinción entre *exclusión* y *juicio,* y a continuación sugerir un perfil de alguien autocapaz de emitir juicios no excluyentes. Estos, por parte de personas deseosas de aceptar al otro son lo necesario para luchar con éxito contra la exclusión.

En primer lugar, *la diferenciación.* Al principio de su "breviario de pecado" titulado *Not the Way It's Supposed to Be,* Cornelio Plantinga llama la atención a la forma en que Génesis 1 retrata la actividad creadora de Dios como patrón de "separar" y "unir".[189] En primer lugar existe un "desorden vacío" (Gn 1:2); "todo en el universo está mezclado" escribe Plantinga, y a continuación prosigue:

De modo que Dios empieza a hacer una especie de separación creativa: aparta la luz de la oscuridad, el día de la noche, el agua de la

---

[189] Cornelius Plantinga, *Not the Way It's Supposed to Be: A Breviary of Sin,* Grand Rapids: Eerdmans 1995, 29.

tierra, las criaturas del mar de las terrestres... Al mismo tiempo, Dios une las cosas: ata a los seres humanos al resto de la creación como administradores y cuidadores de ella, a sí mismo como portadores de su imagen, y los unos a los otros como complementos perfectos.[190]

Aunque existe más "separación" y "vinculación" en Génesis 1 de lo que Plantinga menciona, y que no solo es algo que Dios emprende, sino también sus criaturas. El autor ha explicado su idea. Esta visión es buena: tal como se describe en Génesis, la creación existe como un patrón complejo de entidades que "separan-y-vinculan". Expresado de un modo más abstracto aunque preciso, la creación significa, en palabras de Michael Welker, "formación y mantenimiento de una red de las relaciones de interdependencia".[191] En la siguiente discusión, que se centrará en los seres humanos, usaré el término *diferenciación* para describir la actividad creativa de "separar y vincular" que resulta en patrones de interdependencia.

Nótese que la *diferenciación,* tal como la he definido, difiere de la *separación* pura y simple. La diferenciación consiste en "separar *y* vincular". Por sí misma, la separación resultaría en seres encerrados en sí mismos e idénticos. Los pensadores feministas rechazaron, con razón, la separación como ideal. Las feministas relacionales, como Nancy Chodorow, argumentan que la separación siempre entraña represión de las relaciones existentes (en especial con la madre) y, por tanto resulta en la dominación de los demás.[192] Las feministas, como Judith Butler y Luce Irigaray, subrayaron que la separación resulta en un "yo" "unitario" e "idéntico a sí mismo" que solo puede ser formado por sacar de uno mismo todo lo que es no unitario y no idéntico.[193] A su propia manera, estas dos corrientes bastante diversas del pensamiento feminista rechazan la "identidad" porque se basa en la separación. Si el análisis de Allison Weir en *Sacrificial Logics* es correcto, lo que también une estas dos corrientes del pensamiento feminista es una incapacidad de concebir la "identidad" de un modo que no reprime ni las relaciones con los demás ni las diferencias dentro

---

[190] Ibíd.

[191] Michael Welker, *Schöpfung und Wirklichkeit* /Neukirchen-Vluyn: Neukirchener Verlag, 1995, 24. La traducción es mía.

[192] Nancy Chdorow, *The Reproduction of Mothering: Psychoanalysis and the Sociology of Gender,* Berkeley: University of California Press 1978.

[193] Judith Butler, *Gender Trouble: Feminism and the Subversion of Identity,* Nueva York: Routledge, 1990; Luce Irigaray, *This Sex Which is Not One,* trad. Catherine Porter with Carolyn Burke, Ithaca, NY: Conrell University Press, 1985.

del "yo".[194] ¿Es posible una noción más compleja de la identidad, una que no es "pura" pero que incluye al otro?

El relato de la creación como "separar y vincular" en lugar de "separar" sencillamente sugiere que la "identidad" incluye conexión, diferencia y heterogenia. El ser humano no está formado por medio del simple rechazo del otro —mediante una lógica vinaria de la oposición y la negación—, sino a través de un complejo proceso de "aceptar" *y* "mantener fuera". Somos quiere no somos porque estamos separados de los demás que están cerca de nosotros, pero porque *ambos* estamos separados *y* conectados, *ambos* somos distintos *y* estamos relacionados, las fronteras que marcan nuestras identidades son a la vez barreras y puentes. Yo, Miroslav Volf, soy quien soy *a la vez* porque soy distinto de mi hermana Vlasta, *y* porque a lo largo de más de sesenta y dos años he sido moldeado por una relación con ella. De manera similar, ser "negro" en los Estados Unidos significa estar en una cierta relación —con demasiada frecuencia una relación desagradable— con los "blancos".[195] La identidad es el resultado de la distinción del otro *y* de la internalización de la relación con el otro; surge de la historia compleja de la "diferenciación" en la que tanto el "yo" como el otro toman parte negociando sus identidades en la interacción el uno con el otro. De ahí que, como ha argumentado Paul Ricoeur en *Oneself as Another*, "la yoidad de uno mismo implica la alteridad en un grado tan íntimo que no cabría pensar en el uno sin el otro".[196]

En segundo lugar, la *exclusión*. Si el proceso de creación tiene lugar por medio de la actividad de "separar y vincular", ¿no debería describirse el pecado como un "tornado devastador" que "explosiona e implosiona la creación, empujándola hacia 'el vacío sin forma' del que procede", como sugiere Plantinga?[197] El "vacío sin forma" podría ser el resultado supremo del pecado si queda fuera de control, pero el objetivo más inmediato de la transgresión no es tanto deshacer la creación, sino reconfigurar de manera violenta el patrón de su interdependencia, "hacer pedazos lo que Dios ha unido y unir lo que Dios ha destrozado", como declara Plantinga de un modo más correcto.[198] Le atribuiré el nombre de "exclusión" a esta actividad pecaminosa de reconfigurar la creación con el fin de distinguirla de la actividad creativa de la "diferenciación".

---

[194] Weir, *Sacrificial Logica*.

[195] K. Anthony Appiah, "Identity, Authenticity, Survival: Multicultural Societies and Social Reproduction", en *Multiculturalism: Examining the Politics of Recognition*, ed. Army Gutmann, Princeton: Princeton University Press, 1994, 154 ss.

[196] Paul Ricoeur, *Oneself as Another*, Chicago: The University of Chicago Press, 1992, 3.

[197] Pantinga, *Not the Way It's Supposed to Be*, 30.

[198] Ibíd.

¿Qué es, pues, la exclusión? En una forma preliminar y bastante esquemática, se puede apuntar a dos aspectos interrelacionados de la exclusión, una que transgrede el "vincular" y la otra el "separar". Primero, la exclusión puede entrañar cortar los lazos que conectan, retirándose uno mismo del patrón de la interdependencia y colocarse en una posición de independencia soberana. La otra emerge, entonces, como un enemigo que debe ser empujado fuera del "yo" y expulsado de su espacio o como una no entidad —un ser superfluo— que puede ser ignorado y abandonado. En segundo lugar, la exclusión puede provocar el borrado de la separación, no reconociendo al otro como alguien que, en su alteridad, pertenece al patrón de interdependencia. El otro que surge como un ser inferior, que debe ser asimilado siendo hecho como el "yo" o subyugado a él. La exclusión tiene lugar cuando la violencia de la expulsión, la asimilación o la subyugación y la indiferencia del abandono sustituyen la dinámica de aceptar y mantener fuera, así como la mutualidad de dar y recibir.

Este un esquema escueto de la exclusión. Más tarde añadirá carne sobre el esqueleto. Aquí solo necesito observar brevemente cómo la exclusión es diferente de marcar y mantener las fronteras. Como sugerí con anterioridad, las fronteras son parte del proceso creativo de la diferenciación. Porque sin límites no había identidades discretas, y sin ellas no podría haber relación con el otro. Como lo expresa Elie Wiesel en *From the Kingdom of Memory*, el encuentro con un extraño solo podría ser creativo si "sabes cuando dar un paso atrás".[199] Escribe: un extraño solo puede ser de ayuda como tal a menos que estés dispuesto a convertirte en su caricatura. Y en la tuya".[200] Para evitar convertirse en la caricatura los unos de los otros, y atrapado en el vértice de la desdiferenciación, acabando finalmente en un "vacío sin forma", debemos negarnos a considerar las fronteras como excluyentes. En su lugar, lo excluyente son las barreras impenetrables que impiden un encuentro creativo con el otro.

En tercer lugar, *el juicio*. En la cultura popular, ir a juicio suele estimarse como acto de exclusión. Un firme desacuerdo con un estilo de vida, con el sistema de creencia religioso, o con un curso de acción —una discrepancia que emplea adjetivos como *incorrecto, equivocado* o *erróneo,* y entiende que son más que expresiones de preferencia personal o comunal— se siente excluyente. Richard Rorty atribuye una expresión sofisticada a tan populares actitudes, y sugiere que una "actitud de ironía" debería sustituir la "norma del juicio". En lugar de creer de forma ingenua que uno puede saber lo que está bien y lo que

---

[199] Elie Wiesel, *From the Kingdom of Memory: Reminiscences*, Nueva York: Summit Books, 1990, 73.
[200] Ibíd., 65.

está mal, según él lo expresa en *Contingency, Irony, and Solidarity,* la persona debería enfrentarse "a la contingencia de sus creencias y deseos más centrales, al hecho de que no "aluden a algo que supera el alcance del tiempo y de la casualidad".[201]

Desde mi perspectiva, la distinción entre la *diferenciación* y la *exclusión* pretenden subrayar que la contingencia no va "cuesta abajo", como él indica, que hay valores que el "tiempo y el cambio" no pueden alterar porque no fueron producidos por ellos. Yo no rechazo la exclusión por una preferencia contingente para una cierta clase de sociedad, por ejemplo aquella en la que las personas son "capaces de trabajar sus salvaciones privadas, crear sus autoimágenes privadas, volver a tejer sus redes de creencia y deseo a la luz de lo que cualquier pueblo o libros nuevos con los que se puedan encontrar".[202] Rechazo la exclusión porque los profetas, los evangelistas y los apóstoles me dicen que es un forma incorrecta de tratar a los seres humanos, a cualquier ser humano, en cualquier lugar, y estoy convencido de tener buenas razones para creerles. Una postura irónica podría ser todo lo que las personas mimadas por la riqueza, porque legitima su obsesión con "crear sus autoimágenes privadas" y "volver a tejer sus redes de creencia y deseo". Pero una postura irónica no es claramente lo que se pueden permitir las personas que sufren hambre, persecución y opresión.[203]

Y es que saben que solo pueden sobrevivir si aquellos que los explota, los persigue y los oprime son llevados a juicio. En cualquier caso, en mi vocabulario *expresión* no representa una preferencia; menciona a un objetivo perverso.

Un juicio que menciona la exclusión como un mal y la diferenciación como un posible bien no es, pues, en sí mismo un acto de exclusión. Por el contrario, semejante juicio es el principio de la lucha contra la exclusión. Por supuesto, emitimos juicios excluyentes y lo hacemos con demasiada frecuencia. Los colonizadores europeos quieren más tierra y por ello consideran "bárbaros" a las poblaciones indígenas con el fin de justificar su masacre y expulsión;[204] los hombres buscan la justificación de gobernar a las mujeres y, por tanto, juzgarlas de "irracionales" e "inestables". Aquí, el juicio conduce a la exclusión y es

---

[201] Richard Rorty, *Contingency, Irony and Solidarity*, Cambridge: Cambridge University Press, 1989, xv.

[202] Cornel West, "The New Cultural Politics of Difference", *The Identity in Question,* ed. John Rajchman, Nueva York: Routledge, 1995, 153s.

[203] Ronald Takaki, *A Different Mirror: A History of Multicultural America*, Boston: Little, Brown and Company, 1993, 39.

[204] Ronald Takaki, *A Different Mirror: A History of Multicultural America*, Boston: Little, Brown and Company, 1993, 39.

en sí mismo un acto de exclusión. Pero el remedio para los juicios excluyentes no son, desde luego, "posturas irónicas". En su lugar, necesitamos juicios más adecuados basados en una distinción entre la "diferenciación" legítima y la "exclusión" ilegítima, y hacerse con una humildad que cuente con nuestra proclividad a percibir y juzgar mal, porque deseamos excluir.

El "yo" y su centro

Pero ¿cómo hacemos semejantes juicios no excluyentes? ¿Qué tipo de persona será capaz de hacerlos? ¿Qué clase de persona será capaz de luchar contra la exclusión sin perpetuarla por la lucha misma contra ella?

El argumento de Rorty para la "ironía" tiene muchos aspectos, uno de los cuales concierne la naturaleza del "yo". Escribe: "Si no hay centro para el "yo", entonces solo hay diferentes formas de entretejer a nuevos candidatos para creer y desear en los verbos de creencia y deseo que ya existían con anterioridad".[205] La postura irónica es la de un "yo" sin centro. Sería tentador argumentar en favor del "juicio" y en contra de la "ironía", insistiendo en que existe un centro para el "yo" y que, por tanto, existen creencias y deseos *correctos* e *incorrectos*, no solo *antecedentes* y *posteriores*, y que hay formas *correctas* e *incorrectas* de entretejer las creencias y los deseos, y no solo formas *distintas* de hacerlo. Desde mi perspectiva, este sería un buen argumento, aunque está cargado de peligro. Dirige toda la atención a la pregunta de si el "yo" posee un centro, mientras que no respeta la pregunta mucho más importante de la *clase* de centro que debería tener. Me concentraré en esta segunda interrogante mediante el examen de una declaración clave del apóstol Pablo sobre el carácter de la vida cristiana: "Con Cristo estoy juntamente crucificado, y ya no vivo yo, mas vive Cristo en mí; y lo que ahora vivo en la carne, lo vivo en la fe del Hijo de Dios, el cual me amó y se entregó a sí mismo por mí" (Gá 2:20).

Pablo supone un "yo" centrado, de manera más precisa, un "yo" *erróneamente* centrado que necesita descentrarse siendo clavado a la cruz: "Con Cristo estoy Crucificado". Aunque el yo pueda carecer de un centro "objetivo" e "inamovible", *el "yo" nunca* está *sin un centro*; siempre está involucrado en la producción de su propio centro. "Entretejer" sería una forma bastante inocente de describir esta producción, posiblemente una imagen apropiada de cómo están escritos los libros de Rorty, pero no para cómo están moldeados los "yoes" humanos. La "lucha" y la "violencia" se acercan más a ser una

---

[205] Richard Rorty, *Contingency, Irony, and Solidarity*, 83s.

descripción adecuada.[206] Los psicólogos nos indican que los seres humanos se producen y se reconfiguran mediante el proceso de identificarse con los demás y rechazarse, reprimiendo los impulsos y los deseos, a través de imágenes del "yo" y del otro que se interponen y se proyectan externalizando los temores, fabricando enemigos y sufriendo animosidades, formando lealtades y quebrantándolas, amando y odiando, buscando dominar y dejándose dominar, y todo esto sin una división pulcra, todo mezclado con "virtudes" a menudo cabalgando sobre "vicios" ocultos, y "vicios" que intentan encontrar una redención compensatoria en "virtudes" preconcebidas. Por medio de este proceso enrevesado el centro del "yo" se está reproduciendo siempre, en ocasiones imponiéndose frente al otro (un "yo" masculino estereotipado, y otras veces adhiriéndose estrechamente al otro (un "yo" femenino estereotipado", de vez en cuando atraído por el señuelo de los placeres vibrantes e inquietos, y otras empujado por el gobierno de una ley rígida a implacable.

Cualquiera que sea la forma en que se produzca el "centrado" y cualquiera que sea su resultado, el "yo" debería estar descentrado, afirma Pablo. El término que usa para describir el acto es *crucificado,* un término que narra una historia cuyos puntos álgidos son el Viernes Santo y la Pascua. *Destruir* es la palabra que Reinhold Niebuhr usó en *The Nature and Destiny of Man* para traducir el *crucificar* de Pablo.[207] Sin embargo, este término es demasiado global, porque Pablo tiene claramente en vista una vida continuada de ese mismo "yo" tras su "crucifixión". El "descentrado" radical podría ser mejor porque después puede tener lugar un recentrado de ese mismo "yo".

"Vive Cristo en mí", escribe el apóstol Pablo tras entregar el informe de su propia crucifixión. Esto sugiere que el descentrado era la única cara B. El yo está, a la vez, "descentrado" y "centrado de nuevo" en un único proceso, al participar en la muerte y la resurrección de Cristo por medio de la fe y del bautismo. "Porque si fuimos plantados juntamente con él en la semejanza de su muerte, así también lo seremos en la de su resurrección" (Rm 6:5). Al ser "crucificado con Cristo" el "yo" ha recibido un nuevo centro: el Cristo que vive en él y con quien vive. Nótese que el nuevo centro del "yo" no es una "esencia" atemporal, profundamente escondido en el interior del ser humano, bajo los sedimentos de la cultura y la historia, sin tocar por "el tiempo y el cambio", una esencia que solo espera ser descubierta, desenterrada y liberada. En centro tampoco es una narrativa interna que el eco reverberante del "vocabulario

---

[206] Vamik Volkan, *The Need to Have Enemies and Allies: From Clinical Practice to International Relationships*, Northvale: Jason Aronson, 1988.
[207] Reinhold Niebuhr, *The Nature and Destiny of Man*, Nueva York: Scribner's, 1964, 2:108.

final" y del "narrador principal" ha programado en el libro del "yo" y cuya integridad debe protegerse de las intrusiones editoriales mediante "vocabularios" rivales e "historias" conflictivas. El centro del "yo" —un centro que está a la vez dentro y fuera— es la historia de Jesucristo, que se ha convertido en la historia del "yo". De manera más precisa, el centro es Jesucristo crucificado y resucitado que se ha convertido en parte integrante de la estructura misma del "yo".

¿Qué le sucedió al yo en el proceso de re-centramiento? ¿Ha sido sencillamente borrado? ¿Acaso ha sido una mera sustitución de su centro propio por otro ajeno: Jesucristo, el crucificado y el resucitado? No exactamente. Porque si Cristo "vive *en mí*" como Pablo afirma, entonces *yo* debo tener un centro distinto de "Cristo, el centro". Por consiguiente, Pablo prosigue: "Y lo que ahora vivo en la carne, *[yo]* lo vivo...". Mediante el proceso de descentramiento, el "yo" no perdió un centro suyo, sino que recibió otro nuevo que a la vez transformó y reforzó el antiguo. Volver a centrar no entraña una negación autodestructiva del "yo" que lo disuelve en Cristo y, de ese modo, legitima posiblemente otras disoluciones semejantes en el "padre", el "marido", la "nación", la "iglesia" y cosas por el estilo. Por el contrario, el re-centramiento establece el centro más propio e inexpugnable que permite que el "yo" se enfrente a las personas y a las instituciones que podrían amenazar con asfixiarlo.

Sin embargo, de manera bastante relevante, el nuevo centro es un *centro descentrado*. A través de la fe y del bautismo, el "yo" se ha hecho de nuevo a la imagen del "Hijo de Dios, el cual me amó y se entregó a sí mismo por mí", escribe Pablo. En el centro del "yo" se encuentra el amor abnegado. Ninguna "centralidad hegemónica" cierra el "yo", conservando su misma identidad y expulsando cualquier cosa que amenace su pureza. Por el contrario, el nuevo centro abre el "yo" lo capacita y hace que esté disponible de entregarse por los demás y recibirlos en su interior. En el capítulo anterior, argumenté que Pablo no sitúa la unidad de la iglesia en la trascendencia desencarnada de un espíritu puro y universal, sino en la escandalosa particularidad del cuerpo sufriente del Mesías de Dios. Por consiguiente, Pablo no ubica el centro del "yo" en cierta "esencia" única e inmutable —porque está encerrado en sí mismo—, sino en el amor abnegado hecho posible por el Mesías sufriente y según el patrón de este.

Para los cristianos, este "centro descentrado" de amor abnegado —centrado con mayor firmeza y abierto de la forma más radical— es el portero que decide sobre el destino de la alteridad y el guardián del "yo".[208] Desde este centro, los

---

[208] La metáfora de la puerta es útil porque implica una demarcación necesaria, pero también es engañosa porque sugiere una frontera definida y estática. Al analizar la categoría "cristiana", el

juicios sobre la exclusión deben hacerse y las batallas contra la exclusión deben librarse. Y, con esta clase de "yo", la oposición a la exclusión no es nada más que la cara B de la práctica de la acogida. Pero antes de proceder a analizar la acogida (Capítulo IV), echaré un vistazo más de cerca a la exclusión. ¿Qué es la exclusión? ¿Qué forma adopta? ¿Qué lo impulsa? ¿Por qué es tan penetrante? ¿Por qué es tan irresistible?

La anatomía y la dinámica de la exclusión

En la teología cristiana existe una larga tradición de rastrear todos los pecados hasta una forma básica; algunos candidatos destacados son la "sensualidad",[209] "el orgullo",[210] y, de forma más reciente, "la violencia".[211] Cada una de estas propuestas puede ser criticada por no explicar todas las transgresiones concretas de todos los seres humanos. Por ejemplo, "el orgullo" no parece capturar con precisión la experiencia de la mayoría de las mujeres,[212] y todo el esfuerzo de remontarse hasta la raíz común de las transgresiones sufre de ser demasiado abstracta.[213] Teniendo en mente los peligros de la falsa universalidad y de la abstracción, no perseguiré aquí la búsqueda del pecado más básico. "Exclusión" pone nombre a aquello que impregna a buen número de los pecados

---

misionólogo Paul Hiebert sugiere que usemos las categorías matemáticas de "limitado", "confuso" o "conjuntos centrados" Los conjuntos limitados funcionan según el principio "o/o": una manzana es una manzana o no lo es; no puede ser una manzana en parte y en parte pera. Por otra parte, los conjuntos borrosos no tienen fronteras claras; las cosas son fluidas sin punto estable de referencia y con diversos grados de inclusión, como cuando un monte emerge en las planicies. Un conjunto centrado se define por un centro y la relación de las cosas con este centro, mediante un movimiento que va hacia él o que se aparta de él. La categoría del "cristiano", sugiere Hiebert, debería entenderse como un conjunto centrado. Existe una línea de demarcación, pero el enfoque no está en "mantener la frontera", sino "en reafirmar el centro". Paul Hiebert, "The Category 'Christian' in the Mission Task", *International Review of Mission* 72, julio 1983: 424.

[209] Gregorio de Niza, *On the Making of Man*, en *Nicene and Post-Nicene Fathers*, vol. 5, ed. Philip Schaff, trad. H. A. Wilson, Buffalo: Christian Literature Publishing House, 1893, §18

[210] Niebuhr, *The Nature and Destiny of Man*, 1:178ss.

[211] Marjorie Hewitt Suchoki, *the Fall to Violence: Original Sin in Relational Theology*, Nueva York: Continuum, 1995.

[212] Daphne Hampson, "Reinhold Niebuhr on Sin: A Critique", *Reinhold Niebuhr and the Issues of Our Time*, ed. R. Harries, Grand Rapids: Eerdmans, 1986; Judith Paskow, *Sex, Sin and Grace: Women's Experience and the Theologies of Reinhold Niebuhr and Paul Tillich*, Washington: University Press of America, 1980.

[213] Jürgen Moltmann, *The Spirit of Life: A Universal Affirmation*, trad. Margaret Kohl, Minneapolis: Fortress, 1992, 127.

que cometemos contra nuestros vecinos, no en lo que se encuentra al fondo de todos ellos.[214]

La ventaja de concebir el pecado como la práctica de la exclusión es que menciona como pecado a lo que con frecuencia pasa por virtud, en especial en los círculos religiosos. En la Palestina de la época de Jesús, los "pecadores" no eran sencillamente "los impíos" que, por consiguiente estaban en la bancarrota religiosa,[215] sino también a los marginados sociales, a las personas que practicaban oficios despreciados, los gentiles y los samaritanos, así como quienes no cumplían la ley tal como la interpretaba una secta en particular.[216] Una persona "justa" tenía que apartarse de este tipo de gente; su sola presencia contaminaba a la persona "justa" porque estaban contaminados. Jesús compartió mesa con los "publicanos y pecadores" (Mc 2:15-17), una comunión que pertenecía indiscutiblemente a los rasgos centrales de su ministerio, y esta es la compensación del concepto de pecado. Dado que él, que era inocente, sin pecado y estaba plenamente en el lado de Dios transgredía las fronteras sociales que excluían a los marginados, estas limitaciones mismas eran malas, pecaminosas y estaban fuera de la voluntad de Dios.[217] Al acoger a los "marginados", Jesús subrayó la "pecaminosidad" de las personas y de los sistemas que los echan fuera.

Sin embargo, sería un error concluir por la compasión de Jesús hacia quienes transgredieron las fronteras sociales, que su misión consistía tan solo en desenmascarar los mecanismos que creaban "pecadores" adscribiendo falsamente la pecaminosidad a aquellos que la sociedad consideraba inaceptables.[218] Él no era un profeta de "inclusión",[219] para quien la virtud principal era la aceptación y el vicio cardenal la intolerancia. En su lugar, debía ser el que traía la "gracia", quien no solo incluía de forma escandalosa a "cualquiera" en la comunión de

---

[214] Para los interesados en explorar la conexión entre la "exclusión" y el "orgullo" —ese frecuente candidato al pecado más básico— se podría señalar que la exclusión debería considerarse, en palabras de Reinhold Niebuhr, como "la cara inversa del orgullo y su concomitante necesario en un mundo en el que la autoestima es retada constantemente por los logros de los demás". *The Nature and Destiny of Man*, 2:211.

[215] E. P. Sanders, *Jesus and Judaism*, Filadelfia: Fortress, 1985.

[216] James D. G. Dunn, "Pharisees, Sinners, and Jesus, *The Social World of Formative Christianity: In Tribute to Howard Clark Kee*, ked. Jacob Neusner et al. Filadelfia: Fortress, 1988, 276-80.

[217] Jerome Neyrey, "Unclean, Common, Polluted, and Taboo: A Short Reading Guide", *Foundations and Facets Forum*, 45, núm. 4, 1988: 79.

[218] *Pace* Marcua J. Borg, *Meeting Jesus Again for the First Time: The Historical Jesus and the Heart of Contemporary Faith*, San Francisco: HarperSanFrancisco, 1994, 46-61.

[219] Luke Timothy Johnson, *The Real Jesus: The Misguided Quest for the Historical Jesus and the Truth of the Traditional Gospels*, San Francisco: HarperSanFrancisco, 1996, 43s.

la "comensalía abierta",[220] sino que también presentaba la "intolerante" exigencia de arrepentimiento y el ofrecimiento "condescendiente" de perdón (Mc 1:15; 2:15-17). La misión de Jesús no consistía simplemente en *cambiar el nombre* a la conducta que se había etiquetado de manera equivocada como "pecaminosa", sino también *rehaciendo* a las personas que han pecado en realidad o que han sufrido infortunio. La doble estrategia de renombrar y rehacer, arraigado en el compromiso del marginado *y* del pecador, de la víctima *y* del perpetrador, es el telón de fondo adecuado contra el cual puede emerger la noción adecuada del pecado como exclusión.

En primer lugar, *el cambio de nombre*. Jesús declaró que no había comida inmunda (Mc 7:14-23); la división entre alimentos puros e impuros crea falsas fronteras que separa a las personas de un modo innecesario. El flujo de sangre del cuerpo de una mujer no es impuro (Mc 5:25-34, de manera implícita); las leyes de la pureza para las mujeres son falsas fronteras que las marginaliza.[221] Dicho de un modo más abstracto, por el simple acto de renombrar, Jesús compensa la severa lógica vinaria que regula una parte tan grande de la vida social: la sociedad se divide en X (endogrupo superior) y no-X (exogrupo inferior), y después todo lo que no sea X (pongamos, gente que come alimentos distintos o que tienen cuerpos diferentes) se convierte en "no-X" y, por lo tanto, asignado al exogrupo inferior. La misión de renombrar lo que se etiquetó como "impuro" de manera errónea, dirigido a la abolición del deformado sistema de exclusión —lo que todos "llaman puro"— en nombre de un orden de cosas que Dios, el creador y sustentador de la vida, ha "hecho limpio" (cp. Hch 10:15).

En segundo lugar, *rehacer*. Además de quitar la etiqueta de *impuro* colocado en las cosas limpias, Jesús hizo cosas limpias de las cosas impuras. Las personas poseídas por espíritus inmundos —espíritus que cortaban a las personas de la comunidad, los hacía estar profundamente reñidos consigo mismos, y los impulsaba a buscar la compañía de los muertos; estas personas eran liberadas de la opresión y reintegradas a la comunidad (Mc 5:1-20). Las personas atrapadas en los ardides de la maldad, personas que como los recaudadores de impuestos perjudican a otros con el fin de beneficiarse ellos a personas que, como prostitutas, se degradan para sobrevivir, o personas que, como la

---

[220] John Dominic Crossan, *the Historical Jesus: The Life of a Mediterranean Jewish Peasant*, San Francisco: Harper-San Francisco, 1991, 261-64; y *Jesus: A Revolutionary Biography*, San Francisco: Harper-San Francisco, 1994, 66-70.

[221] Judith Romney Wegner, *Chattel or Person? The Status of Women in the Mishnah*, Nueva York: Oxford University Press, 1988, 162-67.

mayoría de nosotros, tienen tendencia a perder su propia alma con el fin de ganar un poco del mundo; estas personas eran perdonadas y transformadas (Mc 2:15-17). La misión de convertir a las personas impuras en puras dirigidas a romper las barreras creadas por la maldad en el nombre de Dios, el redentor y restaurador de la vida, cuyo amor no conoce fronteras. Mediante la doble estrategia de renombrar y rehacer, Jesús condenó al mundo de la exclusión, un mundo en el que a los inocentes se les etiquetas de malos y son expulsados, y un mundo en el que no se busca a los culpables ni se les trae a la comunión.

Central para ambas estrategias para luchar por la exclusión es la creencia de que la fuente del mal no se encuentra fuera de la persona, en cosas impuras, sino en su interior, en el corazón impuro (Mc 7:15). Contra el telón de fondo de las dos estrategias, la *persecución de la falsa pureza* emerge como aspecto central del pecado, la forzada pureza de una persona o una comunidad que se establece aparte del mundo contaminado en una no pecamiosidad hipócrita, y excluye al otro que quebranta la frontera desde su corazón y su mundo. El pecado es aquí la clase de pureza que quiere que el mundo esté limpio del otro en lugar de que se limpie el corazón del mal que saca a las personas llamando a los puros "impuros", y negándose a ayudar a limpiar a los que son impuros. Dicho de un modo más formal, el pecado es "la voluntad de pureza" apartada de la vida "espiritual" del "yo" al mundo cultural del otro, transmutado desde la espiritualidad a la "política" ampliamente concebida, como lo expresa Bernahrd-Henri Lévy.[222]

Considera la lógica aplastante de la "política de la pureza". La sangre debe ser pura: solo la sangre alemana debería recorrer las venas alemanas, libres de toda contaminación no aria. El territorio debe ser puro: el territorio serbio debe pertenecer tan solo a los serbios, limpia de todo intruso no serbio. Los orígenes deben ser puros: debemos regresar a la pureza prístina de nuestro pasado lingüístico, religioso o cultural, sacudir la suciedad de la alteridad recogida durante nuestra marcha por la historia.[223] La meta debería ser pura: debemos permitir que la luz de la razón brille en cada rincón oscuro o debemos crear un mundo de virtud total de manera a hacer que todo esfuerzo moral sea innecesario. El origen y el objetivo, el interior y el exterior, todo debe ser puro: la pluralidad y la heterogeneidad deben dar paso a la homogeneidad y la unidad. Una persona, una cultura, una lengua, un libro, una meta; lo que no

---

[222] Berhand-Henri Lévy, *Gefährliche Reinheit*, trad. Maribel Königer, Viena: Passagen, 1995, 77.

[223] Donald L. Horowitz, *Ethnic Groups in Conflict*, Berkeley: University of California Press, 1985, 72.

entre en este "uno" global es ambivalente, contaminante y peligroso.[224] Debe ser eliminado. Queremos un mundo puro y empujar a los demás fuera de él; queremos ser puros nosotros y expulsar la "alteridad" de nuestro interior. La "voluntad de pureza" contiene todo un programa para disponer nuestros mundos sociales, desde los mundos internos de nuestro "yo" a los mundos externos de nuestras familias, vecindarios y naciones.[225] Es un programa peligroso porque es un programa totalitario, gobernado por una lógica que reduce, expele y segrega.

En los casos extremos mataremos y expulsaremos. Para asegurarnos de que la venganza de los muertos no será infligida sobre nosotros en su progenie, destruimos sus habitaciones y sus monumentos culturales. Como los ladrones en la historia del Buen Samaritano, despojamos, golpeamos y tiramos a las personas medio muertas en algún lugar fuera de nuestro propio espacio (Lc 10:30). Esta exclusión como *eliminación* en funcionamiento con una brutalidad tan desvergonzada en lugares como Bosnia, Ruanda, Sudán y Mianmar. El lado más benigno de la exclusión por eliminación es exclusión por *asimilación.* Puedes sobrevivir, incluso prosperar, entre nosotros si te vuelves como nosotros; puedes conservar la vida si cedes respecto a tu identidad. Usando la terminología empleada por Claude Lévi-Strauss en *Tristes Tropique,* podemos afirmar que la exclusión por asimilación descansa sobre un trato: nos contendremos y no te vomitaremos (estrategia antropógena) si dejas que te engullamos (estrategia antropofágica).[226]

De manera alternativa, nos satisface asignar a "otros" el estatus de seres inferiores. Nos aseguramos de que no puedan vivir en nuestros vecindarios, que no consigan ciertos tipos de empleos, que reciban igual paga u honor; deben quedarse en su propio lugar, que equivale a decir el sitio que les hemos asignado; como lo expresan los vecinos de Lucas Beauchamp en la obra de William Faulkner, *Intruder in the Dust,* deben ser primero "negros", y después podríamos estar preparados para tratarlos como seres humanos.[227] Los subyugamos para poder explotarlos, con el fin de aumentar nuestra riqueza o simplemente inflar nuestros egos. Esto es exclusión como *dominación,* extendido por

---

[224] Julia Kristeva, *Powers of Horror: An Essay on Abjection,* trad. Leon S. Roudiez, Nueva York: Colombia University Press, 1982, 76.

[225] Lévy, *Gefährliche Reinheit.*

[226] Claude Lévi-Strauss, *Tristes Tropiques*, Paris: Libraire Plon, 1955, 417ss.

[227] William Faulkner, *Intruder in the Dust,* Nueva York: Random House, 1948, 18, 22.

todo el globo en formas más o menos difusas, pero más patente en el sistema de las castas de la India y la anterior política del Apartheid en Sudáfrica.[228]

Una tercera forma de exclusión se está volviendo cada vez más prevalente no solo a la manera en que el rico de Occidente y del Norte se relaciona con el pobre del resto del mundo,[229] sino también en la manera en que los suburbios se relacionan con el centro de las ciudades, o cómo se corresponde la jet-set, "creadora del alto valor," con la chusma que está por debajo de ellos. Es exclusión como *abandono*. Igual que el sacerdote y el levita de la historia del Buen Samaritano, simplemente nos pasamos al otro lado sin mirar, ocupándonos de nuestros propios asuntos (Lc 10:31). Si otros no tienen bienes que queramos ni pueden realizar los servicios que necesitamos, nos aseguramos de que están a una distancia segura y nos cerramos a ellos para que sus cuerpos demacrados y torturados no pueden reivindicarnos nada desmedido.

La mayoría de las prácticas excluyentes no funcionarían en absoluto ni obrarían de una forma mucho menos suave, de no ser porque nos respalda un lenguaje y una cognición excluyente. Antes de dejar a los demás fuera de nuestro mundo social, los expulsamos por así decirlo de nuestro mundo simbólico. Comentando en *The Conquest of America* sobre el genocidio de los españoles contra los nativos americanos, Tzvetan Todorov escribe:

> El deseo de riqueza y el impulse de dominar, ciertamente estas dos formas de aspiración al poder motivan la conducta española; pero este comportamiento también está condicionado por su noción de que los indios son seres inferiores, a mitad de camino entre los hombres y las bestias. Sin esta premisa esencial, la destrucción no habría podido ocurrir.[230]

Con algo más de matiz que en las orillas del Nuevo Mundo del siglo XVI, el patrón de degradación se está repitiendo hoy por todo el mundo.

---

[228] Incluso cuando la exclusión explícita y pública está prohibida por las normas formales, la exclusión implícita y privada seguirá, a menudo en forma de aversión inconsciente aunque no por ello menos eficaz. Iris Marion Young, *Justice and the Politics of Difference*, Princeton: Princeton University Press, 1990, 130ss.

[229] Elsa Tamez, *The Amnesty of Grace: Justification by Faith from a Latin American Perspective*, trad. Sharon H. Ringe, Nashville: Abingdon, 1993, 37ss.

[230] Tzvetan Todorov, *The Conquest of America: The Question of the Other*, trad. Richard Howard, Nueva York: HarperCollins, 1984, 146.

Con un flujo de "disfemismos",[231] los demás son deshumanizados para que puedan ser discriminados, dominados expulsados o destruidos. Si ellos son los de afuera, son "sucios", "perezosos" y "moralmente poco fiables"; si son mujeres son "zorras" y "perras"; si son minorías, son "parásitos", "sabandijas" y "bacilos perniciosos".[232] En un sentido, el peligro de los "disfemismos" se minimiza cuando uno afirma, como hace Zygmunt Bauman, que estas etiquetas sacan al otro fuera "de la clase de objetos de responsabilidad moral potencial".[233] De manera más insidiosa, insertan al otro en el universo de las obligaciones morales de tal manera que no solo la exclusión se justifica, sino que también es perceptiva, porque no excluir parece moralmente culpable. La retórica de la inhumanidad del otro *obliga* al "yo" a practicar la inhumanidad. Los tutsis son *agentes corruptores* y, por tanto, *deberían* ser destruidos; las mujeres son "irracionales" y, por consiguiente, *deberían* ser controladas.

Si de verdad el lenguaje y la cognición excluyentes —podemos llamar a esto "exclusión simbólica"— sirven moralmente para subscribir la práctica de la exclusión, deberíamos estar advertidos contra el rastrearlos de regreso a la "ignorancia" contra ver en ello "una falta de conocimiento", "torpeza" o "una pobreza de imaginación".[234] El mal como ignorancia presupone demasiada falsa inocencia y genera demasiadas esperanzas vanas. Implica que la corrupción de los malvados es, en el fondo, una postura noética que solo necesita la iluminación adecuada para ser vencida. Tanto la tradición como la experiencia cristianas nos dicen que este es rara vez el caso. La exclusión simbólica es, a menudo, una distorsión del otro y no simple ignorancia a su respecto; es una mala interpretación voluntaria, no un mero fallo de conocimiento No demonizamos ni bestializamos, no porque no sepamos más sino porque *nos negamos* a saber lo que es manifiesto y *escoger* saber que sirve a nuestros intereses. Que no obstante creamos nuestras distorsiones como verdades claras no es un contraargumento; solo subraya que el mal es capaz de generar un entorno ideacional en el que pueda prosperar sin ser reconocido.

La "práctica de la exclusión" y el "lenguaje de la exclusión" van de la mano con toda una serie de respuestas *emocionales* al otro, que van desde el odio a la indiferencia; estas exclusiones motivan respuestas y son respaldadas por ellas. Antes de que Itzaak Rabin fuera asesinado en 1995, los manifestantes de la

---

[231] Dwight Bollinger, *Language, The Loaded Weapon*, White Plains: Longman, 1980.

[232] Herbert Hirsch, *Genocide and the Politics of Memory: Studying Death to Preserve Life*, Chapel Hill: The University of North Carolina Press, 1995, 97-108.

[233] Zygmunt Bauman, *Postmodern Ethics*, Oxford: Blackwell, 1993, 167.

[234] Andrew Delbanco, *The Death of Satan: How Americans Have Lost the Sense of Evil*, Nueva York: Farrar, Straus and Giroux, 1995, 232.

derecha israelí llevaron grandes pancartas en las que se le retrataba como a Yasser Arafat, con un *kefijeh* en la cabeza y sangre goteando de sus manos. La imagen se generó en odio y fue diseñado para generar *odio*, esa repugnancia por el otro que se alimenta en el sentido de perjuicio o el mal sufrido y es alimentado por la humillación de no haber sido capaz de impedirlo.[235] Algunos de los actos más brutales de exclusión dependen del odio, y si la historia común de las personas y las comunidades no contienen suficientes razones para odiar, los maestros de la exclusión volverán a escribir las historias y fabricar injurias con el fin de elaborar odios.

Por extraño que parezca, el estrago causado por la *indiferencia* podría incluso ser "mayor que lo que provoca el odio sentido, vivido, practicado".[236] En *Modernity and the Holocaust*, Zygmunt Bauman observa que la destrucción masiva de los judíos "no fue acompañada por el alboroto de las emociones, sino por el silencio sepulcral de la indiferencia".[237] En especial en un entorno a gran escala, donde los demás viven a cierta distancia, la indiferencia puede ser más mortal que el odio. Considerando que el fuego del odio estalla en la proximidad del otro y después se apaga, la fría indiferencia puede sostenerse a lo largo del tiempo, en especial en las sociedades contemporáneas. Un "sistema" —político, económico o cultural— se insinúa entre yo mismo y el otro. Si este último es excluido, es el sistema el que está efectuando la exclusión, un sistema en el que participo, porque debo sobrevivir y contra el cual no me rebelo porque no se puede cambiar. Aparto mis ojos (o enfoco mi cámara a cierto ejemplar exótico de sufrimiento, lo que equivale a alejar la vista porque satisface mi perverso deseo de ver el sufrimiento y, a la vez, aplaca mi conciencia por haber distanciado el corazón del sufridor). Yo sigo ocupándome de mis propios asuntos. Entumecido por la aparente inevitabilidad de la exclusión que tiene lugar fuera de mi voluntad aunque con mi colaboración, empiezo a contemplar el horror y mi implicación en ella como algo normal. Razono: el camino desde Jerusalén a Jericó siempre estará lleno de personas golpeadas y abandonados medio muertos; puedo pasar —*debo* pasar— junto a cada una de ellas sin preocuparme demasiado. La indiferencia que creó la profecía también se cuida de su cumplimiento.

¿Por qué odiamos a los demás o apartamos los ojos de ellos? ¿Por qué los asaltamos con la retórica de la humanidad? ¿Por qué buscamos eliminar,

---

[235] Arne Johan Vetlesen, *Perception, Empathy, and Judgment: An Inquiry into the Preconditions of Moral Performance*, University Park: The Pennsylvania State University Press, 1994, 252ss.

[236] Ibíd., 252.

[237] Zygmunt Bauman, *Modernity and the Holocaust*, Ithaca: Cornell University Press, 1989, 74.

dominar o sencillamente los abandonamos a su propia suerte? A veces, la deshumanización y el maltrato consiguiente de los demás son una proyección de nuestro propio odio individual o colectivo; perseguimos a otros porque nos sentimos incómodos con la extrañeza de nuestro interior.[238] Los demás se convierten en chivos expiatorios, inventados a partir de nuestras propias sombras como repositorios por nuestros pecados y debilidades, de manera a poder saborear la ilusión de nuestra pureza y fuerza.[239]

Excluimos asimismo porque nos sentimos incómodos con cualquier cosa que difumine las fronteras aceptadas, que perturbe nuestras identidades y descomponga nuestros mapas culturales simbólicos.[240] Otros nos golpean como objetos que están "fuera de lugar" como "suciedad" que tiene que ser eliminada con el fin de restaurar el sentido de propiedad de nuestro mundo. En palabras de Bauman, otros se convierten pues en:

> el punto de reunión para los riesgos y temores que acompañan a los espacios cognitivos. Epitomizan el caos con todos los objetivos del espacio social que sustituyen, de un modo incondicional aunque vana, con el orden y la falta de fiabilidad de las normas en las que se han invertido las esperanzas de la reposición.[241]

Asimilamos o rechazamos a los extranjeros con el fin de protegerse contra la amenaza percibida de las aguas caóticas que entran a toda velocidad.

Estos dos relatos de exclusión son importantes, porque ayudan a explicar por qué se podía linchar a los negros solo por su color, y perseguir a los judíos solo por serlo. Sin embargo, no basta con ninguna de estas dos historias. No solo excluimos porque nos gusta que las *cosas* estén como están (las identidades estables fuera) o porque odiamos cómo *estamos nosotros* (sombras de nuestra propia identidad), sino porque deseamos *lo que otros tienen*. La mayoría de las veces excluimos porque en un mundo de escasos recursos y de poder disputado queremos asegurarnos posesiones y luchar contra el poder de los demás. En *A Different Mirror,* Ronald Takaki señala que la demonización y

---

[238] Julia Kristeva, *Fremde sind wir uns selbst,* trad. Xenia Rajewsky, Frankfurt: Suhrkamp, 1990.

[239] Volkan, *The Need to Have Enemies and Allies.*

[240] Mary Douglas, *Purity and Danger: An Analysis of the Concepts of Pollution and Taboo,* Londres: Routledge, 1966.

[241] Bauman, *Postmodern Ethics,* 162.

la deportación de la población indígena de Norteamérica "sucedió dentro del contexto económico de la rivalidad por la tierra".[242]

El sino de la población indígena a manos de los colonizadores no es único; es el ejemplo extremo de un patrón estable. Hace siglos, el profeta Isaías anunció juicio contra lo que desposeían y expulsaban a otros para poder ser los únicos amos de la tierra (5:8):

> ¡Oh tú que unes casa a casa
> Que añades campo a campo,
> Hasta que no queda espacio sino para ti
> Y quedas solo en medio de la tierra!
> [Versión bíblica Common English Bible (CEB)]

Excluimos porque queremos estar en el centro y estar allí solos, controlando "la tierra" sin ayuda. Para alcanzar semejante "centralidad hegemónica", añadimos conquista a conquista, y posesión a posesión. Colonizamos el espacio vital de los demás y los expulsamos. Penetramos con el fin de excluir, y excluimos para controlar, si es posible todo, solos.

La necesidad de control y el descontrol con la "suciedad" interna y externa llegan lejos en la explicación de la práctica de la exclusión. Sin embargo, incluso después de dar las explanaciones, la pregunta del "por qué" sigue aflorando con obcecación. ¿Por qué queremos controlarlo todo solos en lugar de compartir nuestras posesiones y poder, y hacer hueco para otros en una familia común? ¿Por qué otros nos golpean como si fuéramos "suciedad" en lugar de "ornamento"? ¿Por qué no podemos aceptar nuestras sombras para ser capaces de acoger a los demás en lugar de proyectar sobre ellos nuestro propio mal indeseado? En última instancia, no hay respuesta disponible a estas preguntas, como no la hay a la pregunta sobre el origen del mal. Desde el principio, la respuesta se perdió en el intratable laberinto del "deseo del corazón que atiesa la voluntad contra todas las consideraciones rivales".[243]

Inocencia artificial

El descenso al inframundo del mal, plagado de conflicto, revela una anomalía extraña pero persistente. Si escuchamos lo que sus habitantes nos cuentan

---

[242] Ronald Takaki, *A Different Mirror: A History of Multicultural America*, Boston: Little, Brown, 1993, 39.

[243] Plantinga, *Not the Way It's Supposed to be,* 62.

sobre sus enemigos nos abruma la fealdad y la magnitud de la impiedad. Sin embargo, si dejamos que sean esos mismos enemigos quienes hablen sobre sí mismos, la fealdad se transforma en belleza y la impiedad en inocencia; la magnitud sigue siendo la misma. Las perspectivas opuestas dan lugar a una incongruencia flagrante: en un mundo tan manifiestamente empapado de mal, todos son inocentes a sus propios ojos. Los que aceptan la culpa se apresuran a acumular una culpa igual o mayor sobre los hombres de otros. Y, dada la retorcida aritmética del pecado, culpa de un lado y culpa del otro no adiciona, sino que se anulan entre sí; la aceptación de la culpa se transforma en una proclamación clandestina de inocencia. Sin embargo, todos saben y están de acuerdo en que alguien debe ser culpable; alguien está dejando que sus ojos lo engañen de mala manera. Pero ¿quién? ¿Los perpetradores? ¿Las víctimas? Quiero argumentar sobre ambas cosas, y además declarar cómplice a un "tercero" en la generación de inocencia artificial, esa bondad quimérica del yo que es, en gran medida, la cara B del mal que proyecta sobre los demás.

"Queda claro que los perpetradores rara vez asumen la responsabilidad de sus actos; niegan sus ofensas", escribe Sharon Lamb en *The Trouble with Blame*.[244] Cuando se les confronta con la maldad cometida, los perpetradores responden negándolo directamente ("¡Yo no lo hice!") u ofrecen excusas, como insistir en la imposibilidad de haber actuado de otro modo ("¡No lo pude evitar!"), o descartando en su explicación el mal de su conducta ("¡Ella lo pidió!"). En ocasiones, las disculpas incluso transmutan a los perpetradores en víctimas: es *el perpetrador* quien está defendiéndose y protegiendo sus intereses vitales contra el agresor inteligente, cruel y malicioso ("Es un lobo con piel de oveja"; "Yo soy una oveja vestida de lobo").[245] Confirmando una y otra vez la sabiduría teórica de la antigüedad respecto que en el corazón del pecado radica "la persistente negativa a *tolerar* un sentido de pecado",[246] los perpetradores generan, incansables, su propia inocencia y lo hacen mediante la doble estrategia de negar la maldad y reinterpretar la relevancia moral de sus actos. Esta doble maniobra es un suelo fértil para las ideologías por las cuales los sistemas y las naciones buscan enmascarar la violencia y la opresión que perpetran. Y esta misma doble negación es aquello a partir de lo cual se trama la mezcla peculiar del fraude y el autoengaño por el cual los individuos buscan evadir la responsabilidad de su maldad.

---

[244] Sharon Lamb, *The Trouble with Blame: Victims, Perpetrators, and Responsibility*, Cambridge: Harvard University Press, 1996, 57.

[245] Vetlesen, *Perception, Empathy, and Judgment*, 256.

[246] Plantinga, *Not the Way It's Supposed to Be*, 99.

Nadie discutirá que los perpetradores son culpables; lo son por definición. Pero ¿qué hay de las víctimas? ¿Acaso no son *ellas* inocentes? Sin duda, muchas personas han sido violadas sin culpa por su parte. Sin embargo, aunque no se les deba culpar por la agresión sufrida, ¿deberíamos calificarlas como inocentes? Supongamos que *fueran* inocentes antes de ser violadas. ¿Seguirán siendo inocente después de ese acto? ¿Permanecerán inocentes al ser arrastradas a un conflicto y cuando este cobre fuerza? Podría ser el caso de algunas almas heroicas, pero ¿y el resto? Además, en lugar de entrar en los conflictos en sus inicios, a menudo las personas se ven absorbidas en una larga historia de maldades en las que las víctimas de ayer son los perpetradores de hoy, y a la inversa. ¿Existe inocencia en semejante historia? Con los grupos sociales grandes y pequeños enzarzados entre sí, ¿no será dejado de lado "el inocente" y proclamado "culpable" precisamente porque buscan ser el "inocente"? La batalla más fiera consigue más si la rige la norma: "Cualquiera que no está luchando contigo está peleando contra ti". ¿Pueden las víctimas mantener la inocencia en un mundo de violencia?

En *The Fall to Violence,* Marjorie Suchocki argumenta que existe "un entrelazamiento de la víctima y el violador a través de la naturaleza misma de la violación".[247] La violencia entrampa la psique de la víctima, propulsa su acción en la forma de la reacción defensiva y le roba su inocencia. Escribe: "Dividir el mundo claramente entre víctimas y violadores ignora las profundidades de la participación de cada persona en el pecado cultural. Sencillamente no hay inocentes".[248] Negando la realidad de la inocencia absoluta, Suchocki no está sugiriendo en absoluto que se deba culpar a la víctima de ser victimizada. En su lugar, está llamado la atención a uno de los aspectos más insidiosos de la práctica del mal. Además de infligir daño, la práctica del mal sigue recreando un mundo sin inocencia. El mal genera nuevo mal cuando los malvados moldean a sus víctimas a su propia imagen desagradable.

Nos sentimos incómodos respecto a negar la inocencia de las víctimas. Al menos, ofende nuestro sentido de la propiedad: la carga de culpa no debería añadirse a la pesada carga del sufrimiento. La descripción que hace Nietzsche del lado sórdido del "débil" y del "desfavorecido" nos tacha de no tener corazón y de insultar. Considera lo que escribió sobre los "fallos" y las "víctimas" en *The Genealogy of Morals:*

---

[247] Suchocki, *the Fall to Violence,* 147.
[248] Ibíd., 149.

En el terreno pantanoso de semejante autodesprecio crecerá toda planta venenosa, ¡aunque toda ella sea insignificante, tan furtiva, tan deshonesta, tan empalagosa! Aquí abundan los gusanos de la venganza y de los *segundos pensamientos*, el aire apesta de secretismo y de emoción contenida; se teje una red perenne de maliciosa conspiración... ¡Y qué disimulo para no traicionar que esto es odio! ¡Qué exhibición de grandes actitudes y palabras grandiosas![249]

El desdén de Nietzsche, que sale del autodesprecio, por los "débiles" es profundamente no cristiano, tanto como cualquier cosa que el gran "Anticristo" escribiera jamás. No obstante, ¿no es una extraña sinceridad en sus insultantes caricaturas de los "débiles", de la mayoría de nosotros cuando somos victimizados o cuando se niegan sistemáticamente nuestros derechos? Nada sugiere la inocencia de las víctimas excepto nuestro profundo deseo de que la persona ofendida no esté equivocada, y que su tenue sentido propio de inocencia por la errónea suposición de que el pecado del que sufren es un vicio peculiar de sus opresores.[250]

Desde la distancia, el mundo podría parecer claramente dividido entre perpetradores culpables y víctimas inocentes. Sin embargo, cuando más te acercas más se difumina la línea entre culpables e inocentes, y vemos una maraña intratable de pequeños y grandes odios, deshonestidades, manipulaciones y brutalidades, cada una reforzándose a la otra. Cuanto más atentos estamos, más preciso es el retrato que el apóstol Pablo pinta de la humanidad —del "todos" del que "nadie" está exento (Rm 3:9, 20)— nos impresiona. Haciéndose eco de las palabras del salmista, Pablo desmonta las simulaciones de inocencia y desvela a aquellos cuya garganta "sepulcro abierto", que con su lengua "engañan", cuyos labios esconden "veneno de áspides", cuya boca está "llena de maldición y amargura", cuyos pies "se apresuran para derramar sangre" y en cuyos caminos hay "quebranto y desventura" (Rm 3:9ss.). Entrelazados por medio de la maldad cometida y sufrida, la víctima y el violador están unidos

---

[249] Friedrich Nietzsche, *The Birth of Tragedy and The Genealogy of Morals,* trad. Francis Golffing, Garden City: Doubleday, 1956, 259.

[250] Niebuhr, *The Nature and Destiny of Man,* 1:226. A las explicaciones anteriores sobre la tendencia a considerar a las víctimas como inocentes, podemos añadir la tentación a cometer lo que Merold Westphal (*Suspicion and Faith: The Religious Users of Modern Atheism* [Grand Rapids: Eerdmans, 1993], 230) denomina "la falacia de Fonda", entretener la expectativa de que "si un lado es malo, el otro ha de ser bueno" (así llamado en honor al famoso viaje que Jane Fond hizo a Hanoi, realizado con la persuasión de que los males manifiestos de los gobiernos estadounidense y survietnamita eran una razón lo bastante buena como para canonizar a Ho Chi Minh).

en la trágica y viciosa solidaridad del pecado. "Por cuanto todos pecaron, y están destituidos de la gloria de Dios", concluye el apóstol Pablo después de hacer inventario de pecados (Rm 3:23). Con valentía, el "Rito de la reconciliación" (1996) del South African Council of Churches ha hecho suya la doctrina de la solidaridad en el pecado. Tras citar 1 Juan 1:8, "Si decimos que no tenemos pecado, nos engañamos a nosotros mismos, y la verdad no está en nosotros", el Rito sigue mencionando y confesando pecados concretos tanto de los perpetradores blancos como de las víctimas negras.[251]

"La solidaridad en el pecado" es perturbadora, porque parece borrar las distinciones y unir precisamente donde las diferencias y las disyunciones es lo que más importan cuando se niega la dignidad, se pisotea la justicia y se derrama sangre. La solidaridad en el pecado parece insinuar *igualdad de pecados,* y esta permite que los perpetradores se salgan con la suya. El mundo de pecados iguales es un mundo diseñado por los perpetradores. La lógica es simple: si todos los pecados son iguales, entonces la acción del perpetrador no es peor que la reacción de la víctima; todos son perpetradores y todos son víctimas, todos igualmente malos, y los perpetradores pueden marcharse de la escena del crimen y son libres para repetir los hechos con impunidad. Pero ¿implica la solidaridad en el pecado una *igualdad de pecados*?

Reinhold Niebuhr, que escribió en el siglo XX, contribuyó más a la reafirmación de la doctrina del pecado, así lo creía; todas las distinciones entre los pecados "deberían desaparecer en el nivel supremo de juicio religioso", argumentaba en *The Nature and Destiny of Man.*[252] Sin embargo, procuró equilibrar la igualdad de los pecados con la desigualdad de la culpa.[253] Si alguien confirma la igualdad de los pecados, este acto de equilibrado es necesario. Pero, para empezar, ¿por qué afirmar la igualdad de los pecados? De "Todos son pecadores" *no resulta* que "Todos los pecados sean iguales";[254] del "No hay justo ni aun uno" no se puede concluir "Los pecados de ambos son iguales". La destrucción de los agresores de una aldea y que los refugiados saqueen un camión (y, de esta forma dañen a sus compañeros refugiados) son igualmente pecado, pero *no* son pecados iguales; la agresión del violador y el odio de la mujer son pecados idénticos, pero queda claro que *no* son pecados equivalentes. La igualdad de pecados disuelve todos los pecados concretos en un océano

---

[251] Brigalia Holphe Bam, ed., *Rite of Reconciliation*, Johannesburg: South African Council of Churches, 1996, 2s.

[252] Niebuhr, *The Nature and Destiny of Man,* 1:220.

[253] Ibíd., 221ss.

[254] William John Wolf, "Reinhold Niebuhr's Doctrine of Man", *Reinhold Niebuhr: His Religious, Social, and Political Thought,* ed. C. W. Kegley y R. W. Bretall, Nueva York: Macmillan, 1956, 240.

de pecaminosidad indiferenciada. Es precisamente lo que los profetas y Jesús no hicieron. Sus juicios no fueron generales, sino específicos. No condenaron a todos y cada uno, sino a los poderosos y los crueles que oprimían a los débiles y aplastaban a los necesitados. Sacar a una persona de su posesión, de su trabajo, de su medio de vida o el pecado de empujarlo hacia los márgenes de la sociedad y más allá, son cosas de gran peso. ¿Cómo podría haber solidaridad general en *este* pecado? Los perpetradores son los pecadores y las víctimas son aquellos contra los que se peca, a pesar de su no inocencia.

Ya he argumentado que ni los perpetradores ni las víctimas; a su manera, cada uno de ellos es un transgresor. ¿Acaso no podría la "tercera parte" —espectadores o activistas— ser los mejores candidatos a la inocencia? Es posible. Pero ¿*son* inocentes? ¿Se encuentran en algún terreno neutral, suspendidos sobre el mundo agónico de la no inocencia, contemplando la lucha y después involucrarse en ella por considerarlo adecuado? ¿No están más bien inmersos en el mismo mundo general habitado por las partes en conflicto? Ellos mismos son perpetradores y víctimas, y a menudo al mismo tiempo, y proyectan sus propias luchas, intereses y expectativas sobre el conflicto que observan o intentan resolver.

La tendencia de las partes en el conflicto de verse inocentes y a los demás culpables compagina con la tendencia de la tercera parte de ver una parte buena y la otra mala. Como lo expresa Sharon Lamb, los que están en los márgenes quieren "ver a las víctimas como algo absolutamente puro y a los perpetradores como absolutamente malos".[255] O podrían invertir los papeles: la víctima es responsable en última instancia y el perpetrador es, en realidad, una víctima. La tendencia de poner lo moralmente puro frente a lo moralmente corrupto es comprensible. Necesitamos narrativas moralmente claras para suscribir moralmente un compromiso responsable. Sin embargo, el acto mismo de trazar el mapa del mundo de la no inocencia en las categorías excluyentes de lo "puro" frente a lo "corrupto" entraña corrupción; lo "puro" y lo "corrupto" son constructos que suelen malinterpretar al otro. La razón no es sencillamente la falta de información adecuada sobre las partes en conflicto. La razón más profunda es que cada construcción de inocencia y culpa comparte la corrupción de quien emprende la construcción porque cada intento de escapar a la no inocencia ya está atrapado en ella. Así como no hay punto de vista absoluto desde el cual los seres humanos relativos pueden emitir juicios absolutos, tampoco existe un espacio "puro" desde el cual los seres humanos corruptos puedan hacer juicios puros sobre la pureza y la corrupción.

---

[255] Lamb, *The Trouble with Blame*, 88s.

De vez en cuando, los protagonistas se niegan a dejarse insertar en el mundo moral construido en torno a la cruda polaridad de la "corrupción" y la "pureza". La "tercera parte" tiende, pues, a retirarse asqueada; inmoviliza a ambos protagonistas en el turbio mundo de la no inocencia y los abandona a la consecuencia de su propio mal irredimible. Este abandono es también una expresión de no inocencia. Para el uno, tiende a apoyarse en la malinterpretación de los demás que no se "acomodaron" lo bastante para encajar en las polaridades morales preconcebidas. Lo más importante es que el abandono fluye desde el desdén por aquellos a los que sentimos justificados al excluirse de nuestra preocupación a causa de su conducta inmoral. Tan "piadoso" desdén por los malvados en nombre de la "bondad" es tan poco cristiano como el desdén de la "impiedad" de Nietzsche por los débiles en nombre de la "fuerza". Retirarse de la preocupación por *cualquier* ser humano es culpable. Tanto la división moral del mundo en categorías excluyentes de "puro" e "impuro", como el desdén por lo que hemos estimado corrupto surgen de la no inocencia.

No hay escapatoria de la no inocencia, ni para los perpetradores ni para las víctimas, ni para una "tercera parte". La pureza prístina es irrecuperable; ni se puede recuperar regresando a los comienzos, ni hundiéndose en las profundidades, ni saltando al futuro. El corazón de cada persona está manchado de pecado; cada ideal y cada proyecto está infectado de corrupción; cada atribución de culpa e inocencia va cargada de no inocencia. Creo que esto es lo que enseña la doctrina del pecado original. En los albores de la creencia de la modernidad en el progreso, la doctrina se fue desmantelando poco a poco. Como argumentó Bernhard-Henri Lévy, con acierto,[256] las obcecadas sombras de la modernidad, producidas en parte precisamente por su optimismo ciego, exigen una recuperación sensata de la doctrina del pecado original.

¿Dónde nos deja la perspectiva de la "no inocencia"? ¿Contemplando paralizados un mundo en el que "lo justo es feo y lo feo es justo"? ¿Retirándonos con indiferencia de un mundo en el cual no hay mejora posible, porque toda acción es un tiro en la noche? ¿Qué ganancia proporciona el reconocimiento de la solidaridad en el pecado? Además de liberarnos "de los engaños respecto a la perfectibilidad de nosotros mismos y nuestras instituciones",[257] pincha los globos de la santurronería del perpetrador y de la víctima por igual, y lo protege todo del mal que se perpetúa en nombre de la bondad fingida. La solidaridad en el pecado subraya que no se puede esperar salvación alguna de un acercamiento que reposa de manera fundamental en la asignación moral de la

---

[256] Lévy, *Gefährliche Reinheit*, 91s., 199ss.
[257] Walter Wink, *Engaging the Powers*, Minneapolis: Fortress, 1992, 71.

culpa y de la inocencia.[258] La pregunta no puede ser cómo ubicar "la inocencia" en el mapa intelectual o social y abrirnos camino hacia él. En su lugar, la pregunta es cómo vivir con integridad y traer sanidad a un mundo de no inocencia ineludible, que suele hacer alardes como su oponente. La respuesta: en nombre de la única víctima verdaderamente inocente y lo que representó, el Mesías crucificado de Dios, deberíamos desenmascarar al mundo construido en torno a la polaridad moral excluyente porque es pecaminoso sin posibilidad de escape —aquí, de nuestro lado, "lo justo", "lo puro", "lo inocente", "lo verdadero", "lo bueno" y allí, del otro lado, "lo injusto", "lo corrupto", "lo culpable", "los mentirosos", "lo malo"— y, después, buscar transformar el mundo en el que la justicia y la injusticia, la bondad y el mal, la inocencia y la culpa, la pureza y la corrupción, la verdad y el engaño se entrecruzan y se intersecan, guiado por el reconocimiento de que *la economía de la gracia inmerecida tiene primacía sobre la economía de los desiertos morales.*[259] Bajo las condiciones de la no inocencia dominante, la obra de reconciliación debería proceder bajo la suposición de que, aunque la conducta de una persona pueda ser juzgada como deplorable, incluso demoníaca, *nadie debería ser excluido jamás de la voluntad de acoger,* porque, en el nivel más profundo, la relación con los demás no se apoya en su realización moral y, por tanto, no puede deshacerse por la falta de ella.

Elaine Pagels concluyó *The Origin of Satan* afirmando que "en el seno de la tradición cristiana" se encuentra la lucha "entre la opinión profundamente humana de que la 'alteridad' es mala y las palabras de Jesús respecto a que la reconciliación es divina".[260] No deseo discutir esta declaración, al menos no en lo tocante a la tradición cristiana en su conjunto. Quiero sugerir, sin embargo, que en vez de situar una línea de fractura entre la afirmación de que algunos son "hijos del infierno" (Mt 23:15) y la exigencia de "amar a [nuestros] enemigos (Mt 4:44) como hace Pagels,[261] es más productivo preguntar por qué la aseveración y la exigencia afloran juntas como una sola y el en el mismo evangelio, y por qué coexisten declaraciones similares a lo largo del Nuevo Testamento. Espero que la respuesta sea que, en el núcleo central de la fe

---

[258] En su *Systematic Theology* (trad. Geoffrey W. Bromiley [Grand Rapids: Eerdmans, 1991], 2:238), Wolfhart Pannenberg subrayó con razón la función antimoralista de la doctrina de la universalidad del pecado.

[259] En *God the Spirit* (trad. John F. Hoffmeyer [Minneapolis: Fortress, 1994], 48), Michael Welker ha criticado acertadamente el moralismo social "que confunde la realidad de Dios con la constitución de un mercado moral".

[260] Elaine Pagels, *The Origin of Satan*, Nueva York: Random House, 1995, 184.

[261] Ibíd., xvii, 182s.

cristiana se encuentra la persuasión de que los "otros" no necesitan ser percibidos como inocentes para ser amados, sino que deberían ser acogidos *incluso cuando sean percibidos como malvados*. Cuando la leo, la historia de la cruz trata sobre Dios que desea acoger precisamente a los "hijos y las hijas del infierno". "Por cuanto todos pecaron... —argumentaba el apóstol Pablo— [ahora son] justificados gratuitamente por... la gracia [de su Dios], mediante la redención que es en Cristo Jesús" (Rm 3:23-24). La reflexión sobre las cuestiones sociales, arraigada en la cruz de Cristo, tendrá que explorar lo que podría significar esa interdependencia de la "universalidad del pecado" y de la "primacía de la gracia", cuando se saca de la esfera de la "salvación" y se llevan al ámbito donde nosotros —muchos de nosotros "hijos del infierno"— luchar y librar guerras los unos contra los otros (ver Capítulos IV-VII).

El poder de la exclusión

En *The Killing of Sarajevo,* un soldado del ejército serbio le dice a su mejor amiga que vivía en Sarajevo, ciudad que estaba siendo, y sigue estando ahora cuando escribo, machacada por las bombas serbias: "No hay elección. No hay inocentes".[262] Ambas afirmaciones parecen inseparables: dado que "no hay elección" —dado que, el mismo amigo dirá más tarde, es "nosotros o ellos"— no puede haber "inocentes" y como no los hay no debe de haber habido "elección". Aunque posee un matiz de verdad, la lógica es defectuosa. Dentro de la inmensa expansión de la no inocencia, cuyas fronteras disminuyen con el horizonte, *hay* elecciones que hacer, importantes elecciones sobre la justicia y la opresión, la verdad y la decepción, la violencia y la no violencia, sobre la voluntad de acoger o excluir; en última instancia, escogimientos de vida o muerte. El mundo de la "no elección" en el que la conducta de las personas se *determina* por los entornos sociales y las victimizaciones pasadas *no* es el mundo que habitamos; es un mundo donde los *perpetradores querrían* que nosotros viviéramos, porque concede por adelantado la absolución por cualquier maldad que desean cometer. Surge la sospecha cuando, desde detrás de un obús humeante oímos las palabras "No hay elección".

Como es innegable que "*hay* elección", también es innegable que nuestras elecciones se hacen bajo nuestras coacciones, presiones y cautividades internas y externas. Escogemos lo malo; pero el mal también nos "escoge" a nosotros y ejerce su terrible poder sobre nosotros. Considera un ejemplo ciertamente extremo: la guerra en la antigua Yugoslavia. (Las masacres en Ruanda [1994] e

---

[262] Željko Vuković, *Ubijanje Sarajeva (The Killing of Sarajevo)* (Beograd: Kron, 1993), 41.

incluso las revueltas en Los Ángeles [1992] podrían ilustrar mi idea también). *Erupción* parece la palabra correcta para describirla. Me estoy refiriendo menos a lo repentino de su irrupción que a su poder no suprimible. Nadie parecía estar en control. Reconozco que los movimientos grandes y estratégicos que iniciaron la guerra y la mantuvieron en marcha fueron todos cuidadosamente calculados y decididos en los centros del poder intelectual, político y militar. Pero aparte de todo esto, parecía haber un apetito insaciable de brutalidad entre la gente ordinaria. Una vez empezó la guerra y se mantuvieron las condiciones correctas, la cadena de reacción incontrolable estaba en camino.[263] Eran, en su mayoría, personas decentes, tanto como la mayoría de nosotros tendemos a ser. Estrictamente hablando, muchos no *eligieron* saquear y quemar, violar y torturar o disfrutar en secreto de ello. La bestia durmiente que había en ellos se despertó de su sueño incómodo. Y no solo en ellos. Los motivos de quienes empiezan a luchar contra los agresores brutales eran la autodefensa y la justicia. Sin embargo, la bestia en los otros enrabiaron a la bestia en ellos. Las barreras morales que la mantenían controlada se rompieron y buscó la venganza. Al resistirse al mal, quedaron atrapados por el mal. En "After The Catastrophe", escrito tras la II Guerra Mundial, Carl Gustav Jun escribió: "Es un hecho que no puede negarse: la impiedad de los demás se convierte en la nuestra propia, porque enciende algo malo en nuestros corazones".[264] El mal engendra el mal, y como los restos piroclásticos de la boca de un volcán, hace erupción de la boca del agresor y de la víctima por igual.

En *Engaging the Powers,* Walter Wink aborda el problema del poder del mal considerando lo que denomina los "Poderes" y su perversión en el "Domination System"[265] (el Sistema de Dominio). Afirma que los Poderes no son simplemente instituciones y estructuras humanas ni un orden de seres angelicales (o demoníacos). Son, a la vez institucionales y espirituales; "poseen una manifestación externa, física... y una espiritualidad interior o cultura corporativa".[266] Wink afirma que los poderes son esencialmente buenos, pero que cuando se empeñan en que su "control se incline hacia el infierno" degeneran en el Sistema de Dominio. Este sistema en sí no es solamente institucional ni

---

[263] La víspera de la II Guerra Mundial, Carl Gustav Jung escribió: "Lo impresionante sobre el fenómeno alemán es que un hombre, obviamente 'poseído' ha infectado a toda una nación hasta tal punto que todo se pone en movimiento y ha empezado a seguir su rumbo hacia la perdición". "Wotan", *Collected Works of C. G. Jung,* ed. H. Read et al. Nueva York: Pantheon Books, 1964, 185.

[264] Carl Gustav Jung, "After the Catastrophe", Collected Works of C. G. Jung, ed. H. Read et al. Nueva York: Pantheon Books, 1964, 198.

[265] Wink, *Engaging the Powers,* 33-104.

[266] Walter Wink, "All Will Be Redeemed", *The Other Side* 28 (nov-dic 1992): 17.

espiritual; más bien, las "fuerzas de estas tinieblas de este siglo" (Ef 6:12) son la interioridad de las instituciones, estructuras y los sistemas deformados que oprimen a las personas.

Dejando a un lado aquí si Wink interpreta el lenguaje bíblico de "los Poderes" del modo correcto, apunta con acierto a una realidad transpersonal y sistémica compleja que domina, entrampa y atrae a unas personas y domina a otras. Modificaré su terminología y sustituiré "Exclusión" por su "Dominio" porque a modo de regla, el propósito del dominio es excluir a otros de los bienes escasos, sean económicos, sociales o psicológicos. Sin embargo, conservaré su idea clave: el poder del mal se impone de manera tan irresistible a través de la operación de un "sistema" transpersonal que es a la vez "institucional" y "espiritual". Como si de una trampa se tratara, las personas atrapadas en el sistema de exclusión se comportan según su lógica pervertida.

¿Cómo funciona el sistema? Considera primero lo que podría denominarse "cacofonía del mal en segundo plano". Impregna las instituciones, las comunidades y las naciones, épocas enteras y se sostiene, como lo expresa Marjorie Suchocki, mediante "una intencionalidad de múltiples matices, reflejadas y repetidas del propósito que ejerce su influencia corporativa".[267] Esta es el mal de baja intensidad del modo en que las "cosas funcionan" o la manera como "son las cosas sencillamente", los vapores excluyentes de las culturas institucionales o comunales bajo las cuales muchos sufren, pero de la que nadie es responsable y por las que todos se quejan, pero nadie puede fijar como objetivo. Todo este mal de baja intensidad que todo lo impregna se rejuvenece engendrando creencia en su propia inmortalidad e imponiéndose mediante la generación de un sentido de su propia inevitabilidad.

En situaciones extraordinarias y bajo directores extraordinarios, se toman ciertos temas de la "cacofonía en segundo plano", se orquestan y se interpretan en un musical belicoso. "Los historiadores" —nacionales, comunales o los intérpretes personales del pasado— pregonan el doble tema de la antigua gloria y la victimización pasada; "los economistas" se unen con los relatos de la explotación presente y los grandes potenciales económicos; "los científicos políticos" añaden el tema del creciente desequilibrio de poder, de una constante cesión de terreno y de pérdida de control sobre lo que es nuestro por derecho; "los antropólogos culturales" introducen los peligros de la pérdida de identidad y ensalzan el valor de nuestros dones personales o culturales, capaces de enriquecer de forma genuina el mundo exterior; "los políticos" retoman los cuatro temas y los entretejen en un aria aguda sobre las amenazas

---

[267] Suchocki, *The Fall to Violence*, 122.

a los intereses vitales presentadas por el otro que es, por tanto, la encarnación misma del mal; finalmente, "los sacerdotes" entran en una solemne procesión y acompañan todo esto con un canto relajante de fondo que le ofrece a cualquiera, cuya conciencia podría haberse sentido inquieta, la seguridad de que Dios está de nuestro lado y que nuestro enemigo es también el suyo y, por tanto, un adversario de todo lo que es verdadero, bueno y hermoso.

A medida que los medios de comunicación emiten este musical belicoso, con temas reforzantes, se crean resonancias con la cacofonía del mal en segundo plano que impregna la cultura de una comunidad, y esta acaba entonando la música y marchando al son que le tocan. Negarse a cantar y desfilar, para protestar por la locura del espectáculo, parece irracional e irresponsable, ingenuo y cobarde, traicionero hacia uno mismo y peligrosamente sentimental hacia el malvado enemigo. Ya está colocado el escenario para "la limpieza étnica" y similares "erupciones" del mal, personal así como comunal. Solo hay que hacer el primer disparo y toda la reacción en cadena empezará.

Ahora, rebobina la película de los acontecimientos que conducen a levantar el escenario y detenlo pronto, mucho antes de que se haya producido la erupción. Olvida que conoces el final, deja el lugar desde el que puedes observar trabajar a los directores siniestros, y entrar al principio del segmento. ¿Qué ves? La fe en uno mismo se genera por los cuentos de gloria histórica y las explicaciones plausibles de los fracasos pasados; la esperanza en el futuro ha nacido, un futuro en el que ya no sufriremos injusticia y discriminación, un futuro suscrito por las promesas infalibles de nuestro dios. "La fe" y la "esperanza" movilizan las energías y empezamos a realizar milagros económicos y a hacer importantes logros culturales. Un sentido de pertenencia y de ser alguien en el mundo sustituye el ir a la deriva sin objetivo y a la autodenigración. ¡Es innegable que un renacimiento verdadero está en camino, nacional, comunal o personal! Sin embargo, ¡todo este bien indiscutible está creado por un proyecto inhumano e impío y canalizado por él! ¡En el seno de este bienestar manifiesto existe una corrupción no reconocida!

Con frecuencia se ha señalado que el poder del mal descansa en el poder del "habla imperial", el poder por el cual los malvados buscan crear la ilusión de que "todo está bien"[268] cuando, en realidad, dista mucho de estar bien; la ruina está a punto de producirse (cp. Jr 6:13-15; Ez 13:8-16). Pero podríamos preguntarnos, ¿por qué creen las personas a los malvados? ¿Por qué creen "al espíritu mendaz de una comunidad, de un pueblo, que determina la opinión

---

[268] Dale Aukerman, *Reckoning with Apocalypse: Terminal Politics and Christian Hope*, Nueva York: Crossroad, 1993, 53.

pública", por citar a Michael Welker?[269] ¿Por qué han sido cegados por un "espíritu maligno"? Esto forma parte de la respuesta. La otra parte, más importante, es que el mal no solo es capaz de crear una ilusión de bienestar, sino también de *moldear la realidad* de tal manera que la mentira sobre el "bienestar" parece una clara verdad. Gran parte del poder del mal radica en *la perversa verdad que dice sobre el retorcido bienestar que crea.* Jesús se estaba refiriendo a este sentido real del bienestar de las personas que, no obstante, están profundamente enfermas cuando declaró: "Los que están sanos no tienen necesidad de médico" (Mc 2:17). La *verdad* sobre su sensación de bienestar los mantiene cautivos a la mentira sobre su enfermedad.[270]

¿Por qué esta discrepancia entre sentirse bien y estar enfermo? ¿Por qué somos tan dóciles e incluso nos entusiasma estar cautivos del sistema de exclusión? ¿Por qué hay tan poca necesidad de supervisión y fuerza? ¿Por qué son tan eficaces los sutiles mecanismos disciplinarios, por usar una frase de Michel Foucault?[271] Porque nuestro propio ser ha sido formado por el clima del mal en el que vivimos. El mal se ha insinuado en nuestra alma misma y nos gobierna desde la ciudadela misma erigida para protegernos contra él.

En Romanos 7:14-20 Pablo habla de la incapacidad de los seres humanos a hacer el bien que quieren, y de su esclavitud a hacer el mal que no quieren. El "yo" está dividido entre el ser más débil que conoce y quiere el bien, y el ser más fuerte dominado por el pecado, que hace el mal. Una persona es, pues, capaz de querer lo correcto y no hacerlo. Nuestra más profunda tragedia frente al mal es, sin embargo, que con demasiada frecuencia, al contrario que el Séneca ficticio de la obra de Steven Luke *The Curious Enlightenmento of Professor Caritat,* "queremos querer lo que queremos" precisamente cuando lo que queremos es malo.[272] El mal particular no solo "habita" en nosotros de manera que hacemos aquello que odiamos (Rm 7:15); nos ha colonizado hasta un punto tan minucioso que aquí parece no quedar espacio moral dentro del ser en el que podría suceder que odiáramos aquello que queremos porque es malo.[273] El mal no solo nos hace caer en la trampa con pleno consentimiento,

---

[269] Walker, *God the Spirit,* 85.

[270] Ibid, 112ss.

[271] Maurice Blanchot, *Michel Foucault,* trad. Barbara Wahlster, Tübingen: Edition Diskord, 1987, 38; Michel Foucault, *Discipline and Punish.*

[272] Steven Lukes, *The curious Enlightenment of Professor Caritat: A Comedy of Ideas,* Londres: Verso, 1995, 238.

[273] En la sección presente no estoy ofreciendo la descripción de un fenómeno general del pecado y su poder (como Pablo hace en Romanos 7), más bien, reflexionando en el poder de las manifestaciones concretas del mal. De ahí que no esté sugiriendo que el mal particular que ha venido a habitar

sino también sin un pensamiento de disentimiento y sin un suspiro por ser liberado. Con los funcionamientos internos de nuestra voluntad en sus garras el mal puede prescindir de la fuerza y del gobierno mediante la seducción. Y, así, de manera paradójica, solo nos sentimos libres en la casa prisión del mal no reconocido.

¿Por qué no hemos ofrecido una resistencia más enérgica al colonizador? ¿Por qué le permitimos capturar la ciudadela de nuestras voluntades? Si nos negamos y resistimos, subvertiríamos el poder del mal consagrado en el sistema de exclusión. Aunque los vapores malignos de las culturas pueden entrar en el "yo", y aunque las estructuras —instituciones, comunidades, naciones— son más pecaminosas que los individuos que las componen,[274] el sistema necesita personas que lo hagan "respirar" con el espíritu del mal. Si las personas consienten no es porque se ven *forzadas* a ello, sino porque hay algo en la textura de sus seres que resuena con la lógica de la exclusión.

Una razón sugerida para tales resonancias es la ansiedad por nuestra mortalidad.[275] Sin embargo, como ha señalado Suchocki, los jóvenes son capaces de los actos más brutales de violencia sin pensar en la mortalidad.[276] En su lugar, propone que la angustia surge de la propensión más fundamental a la violencia.[277] Pero ¿por qué la violencia? Lo explica llamando la atención a la agresividad innata (o asertividad) necesaria en la lucha por la supervivencia. Pero la pregunta es por qué muta la asertividad en violencia. En su *Systematic Theology*, Wolfhart Pannenberg ha sugerido al buscar la raíz del pecado en el deseo de identidad la voluntad instintiva de ser uno mismo, que está escrita en la estructura misma de nuestro ser.[278] Aunque esencialmente saludable, la voluntad de ser uno mismo conlleva el germen de su propia enfermedad. Pannenberg describe ese germen como la tendencia del yo "en realidad [para] convertirse en la base infinita y el punto de referencia para todos los objetos, usurpando así el lugar de Dios".[279] Está en lo cierto respecto al deseo de iden-

---

en el "yo" no pueda diagnosticarse en absoluto, salvo desde la perspectiva de la fe (pongamos que mediante la apertura de los ojos por el Espíritu Santo), sino más bien que a menudo no puede ser percibido por aquellos cuyo ser está moldeada por ese mal en particular. Una tercera parte podría percibir este mal tal como es.

[274] Reinhold Niebuhr, *Moral Man and Immoral Society: A Study in Ethics and Politics*, Nueva York: Scribner's, 1960.

[275] Jürgen Moltmann, *The Coming of God: Christian Eschatology*, trad. Margaret Kohl, Minneapolis: Fortress, 1996, 112s.

[276] Suchocki, *The Fall to Violence*, 83s.

[277] Ibíd., 82-99.

[278] Pannenberg, *Systematic Theology*, 2:260s.

[279] Ibíd., 261.

tidad, aunque pienso que el problema empieza mucho antes de que el "yo" comience a entretener pensamientos de "infinidad" y "totalidad" (a menos que uno vea por error la búsqueda de la infinidad implícita en *cada* transgresión de una frontera).

La formación y la negociación de la identidad entraña siempre el establecimiento de fronteras, la configuración de un "yo" distinto al otro. Como lo expresa Gillian Rose en *Love's Work,* "un alma que no tiene límite es tan loca como otra con fronteras de cemento".[280] Caer en la pecaminosa exclusión es algo que ya tiene lugar en el proceso de "poner fronteras en torno al alma" sin las cuales el "yo" es impensable, y no solo en el punto en que insiste en ser "la totalidad de la realidad" y en usarlo "todo" solo como medio de imponerse, como afirma Pannenberg en *Anthropology.*[281] Para que ocurra la exclusión, basta con que el "yo" se esfuerce con proteger la integridad de su territorio, mientras les concede a los demás —sobre todo a los lejanos— el pleno derecho a hacer lo que quieran con el resto del universo. Trazar y mantener fronteras exige asertividad. En un entorno de bienes escasos, habitados por una pluralidad de actores cuyas vidas están entrelazadas, la asertividad de uno confronta a la del otro y, por tanto, aquel que se convierte en una amenaza percibida o real para el otro. Mayormente, la amenaza no es tanto para la vida del otro como de sus fronteras y, por tanto, también para su organización interna del "yo".[282] Este es el punto en el que la asertividad saludable del "yo" cae a menudo en la violencia hacia el otro.

La tendencia hacia la violencia está, además, reforzada por una ambigüedad ineludible del "yo". Este está construido dialógicamente. El otro ya forma parte del "yo" desde el comienzo. Soy quien soy en relación con el otro; ser croata es, entre otras cosas, tener a los serbios como vecinos; ser blanco en los Estados Unidos es entrar en toda una historia de relación con los afroamericanos (aunque seas un inmigrante reciente). De ahí que la voluntad de ser uno mismo, si esto significa ser saludable, deba entrañar la voluntad de permitir que el otro habite el "yo"; el otro debe ser parte de quien yo soy cuando deseo ser yo mismo. Como resultado, la tensión entre el "yo" y el otro está integrada en el deseo mismo de identidad: el otro frente a quien yo afirmo ser es el mismo que debe seguir siendo parte de mí mismo si quiero ser yo. Pero con frecuencia el otro no es como quiero que sea (es decir, que sea agresivo o simplemente más talentoso) y me está empujando a ser el "yo" que no quiero

---

[280] Gillian Rose, *Love's Work: A reckoning with Life,* Nueva York: Schocken, 1996, 105.

[281] Pannenberg, *Systematic Theology,* 85.

[282] Wilfried Härle, *Dogmatik,* Berlin: Walter de Gruyter, 1995, 460s.

ser (sufriendo sus incursiones o mi propia inferioridad). Y, sin embargo, debo integrar al otro en mi propia voluntad para ser yo mismo. De ahí que caiga en la violencia: en lugar de reconfigurarme para dejarle espacio al otro, procuro remodelarlo a él o ella como yo quiero que sea, a fin de que en relación con la otra persona yo pueda ser quien quiero ser.

Las amenazas a la organización del "yo" por parte del otro, así como la naturaleza antípoda de la voluntad de ser uno mismo, explican por qué es tan fácil caer en la exclusión, aunque *no* se reciba con la naturaleza misma de nuestra humanidad.[283] La separación necesaria de constituir y mantener una identidad dinámica del "yo" en relación con el otro cae en la exclusión que busca afirmar la identidad a expensas del otro. El poder del pecado desde afuera —el sistema de exclusión— prospera tanto en el poder como en la impotencia desde dentro, el poder irresistible de la voluntad de ser uno mismo y el de resistirse a caer en la exclusión del otro. El deseo de identidad podría explicar también por qué tantas personas permiten que se peque contra ellos de manera tan pasiva, porque se dejan ser excluidos. No es simplemente porque carezcan de una voluntad lo bastante fuerte de ser ellos mismos, sino porque uno puede satisfacer la voluntad de ser uno mismo *rindiéndose al otro*. Su problema no consiste tanto en la exclusión del otro de su voluntad de ser uno mismo, sino una exclusión paradójica de su *propio* ser de dicha voluntad, lo que los teólogos feministas denominan "difusión del ser".[284] Como norma, la exclusión del ser de la voluntad de ser uno mismo se produce como resultado de actos de exclusión que sufrimos. De ahí que no sea tanto un pecado sino un mal que clama pidiendo un remedio. La exclusión del "yo" de la voluntad de ser uno mismo no solo perjudica al "yo", sino que también provoca la caída en la exclusión por parte del otro y, por tanto, perjudica con mayor facilidad y en mayor medida al "yo".

El ataque de Caín

Ningún otro texto bíblico describe mejor la anatomía, la dinámica y el poder de la exclusión que la historia de Caín y Abel (Gn 4:1-16). A primera vista es el relato de un hermano que mata al otro. Pero se puede entender que Caín alude a los quenitas, sus descendientes y los vecinos de Israel, al sur. La historia

---

[283] Christoph Gestrich, *Die Wiederkehr des Glanzes in der Welt: Die christliche Lehre von der Sünde und ihrer Vergebung in gegenwärtiger Verantwortung* (Tübingen: J. C. B. Mohr [Paul Siebeck], 1989), 74s.

[284] Valerie Saiving, "The Human Situation: A Feminine View", *Womanspirit Rising: A Feminist Reader in Religion,* ed. Carol A. Christ y Judith Plaskow, San Francisco: Harper, 1979, 27s.

de Caín y Abel no solo es, pues, un ejemplo de rivalidad entre dos hermanos, sino que narra la estructura del encuentro entre "ellos" y "nosotros", los quenitas que no estaban dispuestos a aceptar la gracia especial que los israelitas habían recibido de Dios, como se manifiesta en las bendiciones del reinado de David.[285]

Si, como parece probable, "Caín" alude a los quenitas, la historia podrá funcionar fácilmente como la narrativa de autofelicitación de unos orgullosos vecinos en la cumbre de su gloria que buscan incriminar a otros: la difícil vida nómada de los quenitas por la árida planicie sureña es una señal del juicio de Dios por las ofensas que habían cometido contra el inocente Israel. Sin embargo, como ha argumentado Walter Dietrich, la idea de la historia es precisamente minar la autofelicitación.[286] Esto no es una parábola libre que "nosotros" podamos contar sobre nuestra relación con "ellos" y, de ese modo, retirarnos como "Abel" y a ellos endilgarles la imagen de "Caín". La narrativa está ambientada dentro de la historia primitiva. Como ha argumentado Claus Westermann, la intención de la historia primigenia es subrayar que *todo ser humano* es potencialmente Caín y Abel, como todos son Adán y Eva.[287] La envidia de Caín y el asesinato que perpetró no prefiguran cómo se comportan "ellos" (los quenitas o, en la interpretación cristiana clásica, los judíos) en distinción con "nosotros" (Israel o la iglesia), sino *cómo todos los seres humanos* tienden a comportarse hacia los demás.

En *Things Hidden Since the Foundation of the World,* René Girar sugería que la relevancia plena de la historia surge cuando reconocemos que, a diferencia de los típicos textos mitológicos que adoptan la perspectiva de los perpetradores para legitimar sus hechos, la historia de Caín y Abel toma la perspectiva de la víctima y condena al asesino.[288] Girard tiene razón, aunque su forma de exponer las cosas se salta una de las dimensiones más importantes de la historia. Y es que, dentro de la historia primitiva, la historia sobre un "ellos" asesino es el relato de un "nosotros" asesino. Caín es "ellos" *y* "nosotros; "Caín"

---

[285] Thomas Willi, "Der Ort von Genesis 4:1-16 innerhalb der althebräischen Geschichtschreibung", *Isaac Leo Seeligmann Volume: Essays on the Bible and the Ancient World,* ed. Alexander Rofé y Yair Zakovitch, Jerusalén: E. Rubenstein's 1983.

[286] Walter Dietrich, "'Wo ist dein Bruder?' Zu Tradition und Intention von Genesis 3", *Beträge ur Alttestamentlichen Theologie: Festschrift für Walter Zimmerli zum 70. Geburstag,* ed. Herbert Donner et al. Göttingen: Vandenhoeck & Ruprecht, 1977.

[287] Claus Westermann, *Genesis1-11: A Commentary,* trad. John J. Scullion, Minneapolis: Augsburg, 1984, 318.

[288] René Girard, *Things Hidden Since the Foundation of the World,* trad. S. Bann and M. Metteer, Stanford: Stanford University Press, 1987, 146ss.

es todos los hijos de Adán y Eva en relación con sus hermanos y hermanas. La historia es desde el punto de vista de la víctima, y su propósito no es tan solo condenar al perpetrador, como afirma Girard, sino al mismo tiempo oponerse a la tendencia de la víctima a convertirse en el criminal. Su grandeza radica precisamente en que *combina* un claro juicio contra el delincuente con el compromiso de protegerle de la ira de la víctima "inocente". Dios pregunta de manera incesante a Caín y lo condena (4:6-12) y, por gracia, coloca una marca protectora sobre él (4:15).

Antes, Caín y Abel eran iguales. Dos hermanos nacidos de unos mismos padres; acometen dos ocupaciones igualmente respetables, las vocaciones complementarias de un cuidador de ovejas y de un labrador de la tierra; ofrecen dos sacrificios igualmente adecuados a Dios, la ofrenda animal y la ofrenda de frutos. La igualdad de los hermanos se subraya incluso mediante un elemento literario: en 4:2-5 los nombres de ambos se alternan cuatro veces: Abel, Caín, Caín, Abel, Abel, Caín. El efecto es que ninguno de ellos ocupa el escenario central.[289]

Sin embargo, la igualdad forma de ambos esconde a la vez que destaca una desigualdad que define su relación desde el principio. La madre recibió el nacimiento del primer hijo con una exclamación de orgullo y gozo: "Por voluntad de Jehová he adquirido varón", e inscribió su exuberancia en el nombre de su primogénito: Caín, el nombre de honor, que significa "producir", "dar a luz". El nacimiento del segundo fue cuestión de rutina y recibió un nombre cuyo significado lo señalaba como inferior: Abel, "aliento", "vapor", "pura transitoriedad", "inútil", "nada". La ocupación de ambos fue igualmente respetable, pero Caín era un rico granjero, un gran terrateniente, mientras que Abel era un pobre hombre, tan solo con la suficiente tierra infértil para alimentar a un pequeño rebaño.[290] Cada uno de ellos presentó una forma de ofrenda igualmente aceptable a Dios, pero el "gran" Caín se limitó a sacrificar "el fruto de la tierra" (4:3), mientras que el pobre Abel (¿muy consciente de su dependencia de Dios?) trajo las mejores partes ("de los trozos más gordos") de los mejores animales ("las primeras crías", NTV) (4:4).[291] Como era de espe-

---

[289] Ellen van Wolde, "The Story of Cain and Abel: A Narrative Study", *Journal for the Study of the Old Testament* 52, 1991: 29.

[290] Así lo sugiere el profesor Harmut Gese de la Universidad de Tübingen en una transcripción no publicada de sus conferencias sobre Génesis.

[291] Junto con muchos eruditos contemporáneos (Pinchas Lapide, *Von Kain bis Judas: Ungewhonte Einsichten zu Sünde un Schuld* [Gütersloh: Gutersloher Verlagshaus], 1994), 12; Gordan J. Wenham, *Genesis 1–15*. Word Biblical Commentary, Vol. 1, [Waco: Word Books, 1987], 103: Willi: "Der Ort von Genesis 4:1-16", 101), sigo a los antiguos comentaristas, tanto judíos

rar, Dios notó la diferencia, y le agradó la ofrenda de Abel, pero no la de Caín (vv. 4-5). Delante de Dios, no habría sido difícil ser iguales (el agrado divino por uno no excluye en modo alguno su agrado por el otro). Sin embargo, fue exactamente allí donde surgió la más profunda desigualdad entre ellos. Que Dios reconociera *esta* desigualdad invirtió el "orden de las inequidades" entre Caín y Abel que Eva y Caín habían establecido: *Abel* (y no solo su ofrenda) fue considerado por Dios, Caín no lo fue (4:4-5). La reacción de este a la inversión divina compone el corazón de la historia.

El problema inicial del relato es la equidad primera y la pertenencia común (hermanos con vocaciones complementarias) en relación con la ineludible diferencia de ser primero y segundo, rico y pobre, honrado y despreciado, considerado y no tenido en cuenta. Desde el principio, todas las relaciones humanas están cargadas de tensión entre la igualdad y la diferencia en el contexto en el cual tiene que negociarse dicha relación entre uno mismo y el otro. Fuera del Jardín de Dios, la rivalidad se establece por cuando lleva a los protagonistas más al "oriente del Edén" (3:24; 4:16). Como la obra humana se ve amenazada por el fracaso, como las etiquetas de valor están colocadas de forma indiscutible sobre las diferencias, y dado que el juez supremo puede dar o retener el reconocimiento, el "yo" entablará una lucha al procurar mantener su identidad e intenta hacerse valer a expensas del otro. Esta tendencia abre la puerta a la tierra de exclusión, un lugar donde las exclusiones se perpetran y los que excluyen viven ellos mismos excluidos, —"desterrados"[292]— "de la presencia", aunque nunca del cuidado continuado de Dios (v. 16).

Primero llegó la envidia de que Abel, quien a todas luces no era "nadie" fuera considerado y él, Caín, claramente "alguien" fuera ignorado, y encima por Dios, cuyo juicio es indiscutible. Entonces llegó el enojo, ese "deseo vehemente de estar en contra de alguien",[293] dirigido tanto a Dios como a Abel.

---

como cristianos (ver He 11:4; 1 Jn 3:12), quienes consideran relevante la mención de las "primeras crías" y de las "porciones gordas" en la ofrenda de Abel (V. Aptowitzer, *Kain und Abel in der Agada, den Apokryphen, der hellenistischen, christlichen und muhammedanischen Literatur* [Viena: R. Lövit, 1922], 37ss.). La diferencia en la clase de relación con Dios sugerida por la ofrenda de Abel de lo mejor de su rebaño explica la conducta de Dios que, de otro modo, sería inexplicable porque como juez justo no puede limitarse a tener una caprichosa consideración por Abel y su ofrenda y no por Caín y la suya (Gn 4:4-5). Para rastrear la inequidad entre Caín y Abel en la acción "inexplicable" de Dios hacia ellos (Westermann, *Genesis 1-11,* 297) subraya con acierto la "inaplicabilidad" de la desigualdad —sencillamente, así es la forma de vivir—, pero sitúa incorrectamente lo inexplicable en la elección de Dios.

[292] J. J. Rabinowitz, "The Susa Tablets, the Bible, and the Aramaic Papyri", *Vetus Testamentum* 11, 1961: 56.

[293] Plantinga, *Not the Way It's Supposed to Be,* 165.

No lo dirige contra Dios porque hubiera tratado de un modo injusto hacia Caín,[294] sino porque fue precisamente la *justicia* la que disminuyó su grandeza. Hace objeto de ella a Abel, no porque tuviera alguna culpa —aunque existe una forma no inocente de ser inocente, como señala Joaquín Monegro de la obra de Miguel de Unamuno *Abel Sánchez*[295]—, sino porque la ofrenda de Abel *fue* verdaderamente aceptable y la de Caín no. Caín fue confrontado con la medida divina de lo que importa de verdad y de lo que realmente es grande. Como no podía cambiar la medida y se negó a cambiar él mismo, excluyó tanto a Dios como a Abel de su vida. El enojo fue el primer eslabón de una cadena de exclusiones. En lugar de alzar sus ojos a Dios, su rostro "cayó" en la ruptura de la comunión con Dios (4:5); en lugar de escuchar a Dios, hizo oído sordo a la advertencia divina (4:6-7); proponiendo "salir al campo" desterró a la comunidad ejerciendo juicio sobre su acto (4:8); finalmente, llevó a cabo el acto supremo de exclusión cuando "se levantó contra su hermano Abel" y lo mató (4:8).

El asesinato cometido por Caín se ha descrito como "un sinsentido".[296] No lo fue; los homicidios rara vez lo son. Fue impulsado por una lógica perfecta siempre que las premisas de Caín fueran correctas. Premisa 1: "Si Abel es quien Dios declaró que era, entonces yo no soy quien entiendo ser". Premisa 2: "Yo soy quien entiendo ser". Premisa 3: "No puedo cambiar la declaración de Dios sobre Abel". Conclusión: "Por tanto, Abel no puede seguir siendo". La identidad de Caín se construyó desde el principio en relación con Abel; él era grande en relación con la "nada" de Abel. Cuando Dios pronunció que Abel era "mejor" que Caín, este tuvo que reajustar radicalmente su identidad o eliminar a Abel. El acto de exclusión tenía sus propias "buenas razones". El poder del pecado se apoya sobre la urgencia imperiosa de un efecto que sobre la persuasión de las buenas razones generadas por un "yo" pervertido con el fin de mantener su propia identidad falsa. Por supuesto, estas razones solo son convincentes para el "yo". A Dios no se le habría convencido, y por ello Caín guarda silencio cuando le pregunta: "¿Por qué estás enojado?" (v. 6). Para Dios, Caín tendría que haber dado la respuesta que no contenía razones, la misma que el protagonista mucho más malo de la obra de Thomas Harris, *el Silencio de los Corderos* intentó persuadir a la agente Starling de que aceptara

---

[294] Westermann, *Genesis 1-11*, 297.

[295] Miguel de Unamuno, *Abel Sanchez and Other Stories,* trad. Anthony Kerrigan, Chicago: Henry Regnery Company, 1956, 58s.

[296] Erich Zenger, "'Das Blut deines Bruders schreit zu mir' (Gn 4:19): Gestalt und Aussageabsicht der Erzählung von Kain und Abel", *Kain und Abel-Rivalität und Brudermord in der Geschichte des Menschen,* ed. Dietmar Bader, Münschen: Schnell & Steiner, 1983, 17.

como explicación de sus propios crímenes horribles: Estoy enfadado "porque soy malo".[297]

Caín es insensible a la advertencia de Dios contra ceder al enojo. La lógica del pecado demuestra ser más fuerte que la orden de hacer el bien. Esto es exactamente lo que deberíamos esperar, porque la lógica del pecado fue diseñada desde el origen para el propósito mismo de vencer la obligación de hacer el bien. El conocimiento del pecado es impotente frente al pecado. Como un peligroso animal, el pecado "acecha", "merodea", desea atacar y destruir;[298] para protegerse uno mismo, no basta con saber del animal, sino que hay que proponerse "domesticarlo" (v. 7), como sugiere el que Caín no lo hiciera. De ahí que ni siquiera saber que se conoce el pecado basta para vencerlo. Como legislador y consejero solamente, Dios era impotente. El pecado no es tanto una falta de conocimiento sino un mal manejo de la voluntad, que genera su propio contraconocimiento. En un sentido importante, Caín solo fue capaz de vencer el pecado. Y, sin embargo, sería un error pensar que "eligió libremente" pecar, sin que nada lo restringiera más que la libertad de su propia voluntad. Cometer pecado no es sencillamente hacer una mala elección, sino sucumbir a un poder maligno. Antes del crimen Caín ya era una presa potencial y un potencial maestro depredador llamado "pecado"; Caín mató, porque cayó presa de aquello que se negó a dominar.

La voluntad de pecar no solo provee "buenas razones" para el acto, sino que también crea las condiciones bajo las cuales este quedaría sin detectar; y, de descubrirlo, la culpa se podría eludir. Primero, existe la *geografía del pecado*. La escena del crimen es "el campo" fuera de la esfera pública (4:8), donde no se puede procurar ayuda alguna, no hay testigos disponibles ni se puede emitir juicio comunal. Podría ser que "el rostro que enfrenta un rostro" sea "atravesado por un momento de compromiso", como argumenta Arne Vetlesen, haciéndose eco de Emanuel Lévinas.[299] Sin embargo, un rostro frente al rostro que le ha ofendido en un lugar desierto es atravesado por la tentación suprema; el "ahora es tu oportunidad" eclipsa al "no matarás" escrito en la cara del otro.[300] La geografía preferida del pecado es "el exterior", donde la maldad puede pasar inadvertida y sin trabas.

---

[297] Thomas Harris, *El silencio de los corderos*, Nueva York: St. Martin's, 1988, 21.

[298] Victor P. Hamilton, *The Book of Genesis: Chapters 1-17*, NICOT, Grand Rapids: Eerdmans, 1990, 227.

[299] Vetlesen, *Perception, Empathy and Judgment*, 202.

[300] Emmanuel Lévinas, *Ethics and Infinity*, trad. Richard A. Cohen, Pittsburg: Duquesne University Press, 1985, 87, 89.

En segundo lugar, existe la *ideología* del pecado. Caín responde a la pregunta divina: "¿Dónde está tu hermano Abel?" con una mentira, "No lo sé" (4:9). De manera implícita niega el crimen. Después añade que no siendo el "guardián de su hermano" (v. 9) no es responsable de saber dónde está su hermano. Como colofón, el comentario de no ser "el guardián de su hermano" es el sutil intento de ridiculizar la pregunta para desviar su reto: "¿Acaso el cuidador (de ovejas) necesita a un guardián?"[301] La ideología del pecado funciona para negar tanto el acto como la responsabilidad por él, preferiblemente con un toque de humor. Sin embargo, la ideología del pecado" rara vez es tan solo un instrumento de evasión diseñado para acallar la voz externa que acusa; los perpetradores la utilizan también como elemento de autoengaño para silenciar la conciencia interior.

En cierto modo, las consecuencias del asesinato le corresponde al hecho mismo. Por su crimen, Caín no solo se robó a sí mismo un hermano, sino también la posibilidad de la pertenencia.[302] La tierra empapada con la sangre fraternal es inhóspita y ya no da fruto (4:12); ha matado y ahora lo pueden matar a él (4:14); se niega a levantar sus ojos a Dios (4:6), y ahora está escondido del rostro divino (4:14). Por su propio acto de exclusión se ha excluido a sí mismo de todas las relaciones: de la tierra bajo sus pies, de Dios arriba, de las personas a su alrededor. No hay pertenencia posible, solo distancia. Esta no marca aquí el estilo de vida de un nómada corriente, sino que denota absoluta trascendencia ("deambulador") y ser un "fugitivo" angustiado. Y podríamos preguntar, ¿por qué ese vagabundeo? ¿Por qué desterrarlo en una tierra de imprevisibilidad y temor, gobernada por la práctica de la exclusión que raya en el caos? Porque pertenecer es hogar, y hogar es el hermano, que ya no está.

Para tener un hermano se debe *ser* un hermano y *cuidar* al hermano. ¿Existe esperanza para Caín que tuvo un hermano, pero que él mismo no lo fue[303] y que mató al hermano al que debería haber "cuidado"? En la historia la esperanza radica en Dios, y en su inserción en los asuntos de Caín. La inserción divina antes de la maldad —"¿Por qué estás enojado?" (4:6)— fue ineficaz; Caín se apartó de Dios, sin embargo, la intromisión de Dios subrayó, no obstante, que aunque Caín podría haber tenido "buenas razones" *no* tenía *derecho* a enfadarse. Después de la maldad, la segunda inserción de Dios —"¿Dónde

---

[301] Wenham, *Genesis 1-15*, 106.

[302] Zenger, "Das Blut deines Bruders schreit zu mir", 19.

[303] Como ha señalado Ellen van Wolde, a Abel se le suele llamar el hermano de Caín, mientras que nunca es a la inversa. Caín tiene un hermano, pero no es un hermano, mientras que Abel sí es un hermano, pero no tiene hermano (van Wolde, "The Story of Cain and Abel", 33, 36).

está tu hermano Abel?" (4:9)— tampoco pareció conseguir gran cosa; solo provocó una negación para autojustificarse. Pero, una vez más, la pregunta de Dios dejó claro que la vida en comunidad significa compartir un espacio social común y asumir responsabilidad por el otro. La tercera inserción de Dios fue una palabra enojada de juicio: "¿Qué has hecho?" (4:10). Aquí sabemos por qué Dios siguió preguntándole a Caín. Yahvé, el Dios que escucha los gemidos de los oprimidos, vio venir el asesinato y advirtió contra él; Dios, que asiste a los acosados y brutalizados, oyó el clamor de la sangre inocente y juzgó al perpetrador.

El juicio divino logró lo que no consiguieron las preguntas de Dios; provocó la respuesta de Caín. Los comentaristas están divididos respecto a si Caín se quejó del peso de la sentencia ("mi castigo es mayor de lo que puedo soportar") o si admitió la enormidad de su transgresión ("mi iniquidad es demasiado grande para ser perdonada"), o ambas cosas. En cualquier caso, además de observar el peligro de la tierra caótica de exclusión a la que fue consignado por culpa de su maldad, Caín reconoció su responsabilidad delante de Dios. La cuarta y última inserción de Dios fue la respuesta de reconocer la responsabilidad y el peso de su castigo. En la tierra de la exclusión, el "Señor puso una marca sobre Caín", no para señalarlo como perpetrador, sino para protegerlo de ser una víctima potencial.[304] La "marca" podría simbolizar un sistema de diferenciación que protege de la "violencia mimética" de todos contra todos, como Girard ha sugerido.[305] Pero más importante que la diferenciación es la *gracia* subyacente. El mismo Dios que no consideró la ofrenda insuficiente de Caín, concedió bondad al asesino cuya vida estaba en peligro. Dios no abandonó a Caín al ciclo de exclusiones que él mismo ha puesto en marcha. Etiquetado por la marca de Dios, le pertenecía a él y estaba protegido por él aunque se estableciera fuera "de la presencia del Señor" (4:16).

Dejamos a Caín protegido en la historia primitiva; el Viernes Santo lo veremos redimido. Caín, aquel que actuó de la forma exactamente opuesta al acogimiento, cuyo cuerpo "se levantó contra el otro cuerpo con la intención de... matarlo",[306] será acercado y recibido por el Crucificado. ¿Sanará el abrazo del Crucificado a Caín de la envida, el odio y el deseo de matar? En la obra de Unamuno, *Abel Sánchez*, Joaquín Monegro le dice a su esposa Antonia, una santa, que no podía curarlo porque él no la amaba (de Unamuno 1956, 175).

---

[304] Lapide, *Von Kain bis Judas,* 14.

[305] Girard, *Things Hidden Since the Foundation of the World,* 146.

[306] Z. D. Gurevitch, "The Embrace: On the Element of Non-Distance in Human Relations", *The Sociological Quarterly* 31, núm 2 (1990): 199.

En un sentido se puede afirmar lo mismo de cada Caín: el abrazo del Crucificado no lo sanará si no aprende a amar a aquel que lo acogió. Caín, el antitipo que "asesinó a su hermano" solo será sanado por Cristo, el tipo "que puso su vida por nosotros", si empieza a caminar siguiendo las pisadas de Cristo (cp. 1 Jn 3:11-17).

CAPÍTULO IV
Acogimiento

Un hombre que abandonó Sarajevo antes de la guerra, en 1992, y se unió al ejército serbio que estaba bombardeando la ciudad, comentó durante una conversación telefónica con su mejor amigo, que se había quedado y cuyo apartamento fue destruido en un bombardeo: "No hay elección. Somos nosotros o ellos".[307] Quería decir: "O vivimos nosotros en este lugar, o lo harán ellos; o los destruimos o nos destruirán; no hay otra opción disponible".

En todas las guerras, grandes o pequeñas, en campos de batallas, calles de la ciudad, salas de estar o salones de la facultad nos encontramos la misma polaridad excluyente básica: "nosotros contra ellos", "su ganancia—nuestra pérdida", "nosotros o ellos". Cuanto más fuerte el conflicto, la textura más rica del mundo social desaparece y surge la estricta polaridad excluyente en torno a la cual se alinean todo pensamiento y práctica. Ninguna otra elección parece disponible, no hay neutralidad posible y, por tanto, no hay inocencia sostenible. Si alguien no sale de todo ese mundo social, queda absorbido en su horrenda polaridad. Resulta bastante trágico, a lo largo del tiempo, la polaridad tiene una forma macabra de mutar en justo lo opuesto, en "nosotros y ellos a la vez" que une a las partes divididas en una comunión perversa de odio mutuo y lamento por la muerte.

"No hay elección", afirma el hombre de Sarajevo, haciéndose eco de la lógica interna de las polaridades excluyentes. Pero ¿está en lo cierto? ¿Es irresistible la lógica interior de las polaridades excluyentes? Podría haber sin duda situaciones en las que "no hay elección", aunque no deberíamos olvidar que destruir al otro en lugar de ser destruido uno mismo *es en sí mismo una elección*. En la mayoría de los casos, sin embargo, la elección no está forzada por un ineludible "nosotros o ellos". Si hay voluntad, valor e imaginación, la estricta polaridad puede ser vencida. Aquellos atrapados en el vértice de la exclusión mutua puede resistir su empujón, redescubrir sus pertenencias comunes, y hasta caer los unos en los brazos de los otros. Las personas que tienen intereses conflictivos, perspectivas chocantes y culturas diferentes *pueden* evitar caer en el ciclo de la escalada de violencia y, en su lugar, mantener vínculos e incluso hacer que su vida juntos florezca. En el presente capítulo analizaré lo que se requiere para vencer la polaridad del "nosotros o ellos" y vivir como una

---

[307] Željko Vocović, *Ubijanje Sarajeva*, Beograd: Kron, 1993, 42.

comunidad. Examinaré las cuestiones interrelacionadas de cómo hacer y sustentar la paz entre el "yo" y el otro en un mundo amenazado por la enemistad. En términos ligeramente diferentes, buscaré delinear una forma de vida bajo la amenaza del enemigo, y usar la metáfora "acoger" para designarla.

La tesis central del capítulo es que Dios recibe a la humanidad hostil en la comunión divina, es un modelo de cómo deberían relacionarse los seres humanos entre sí. En cuatro secciones centrales explicaré esta tesis mediante el análisis del "arrepentimiento", el "perdón", "hacer la paz en uno mismo por el otro" y "sanar la memoria" como momentos esenciales en el movimiento de la exclusión al acogimiento. A continuación describiré los elementos estructurales clave de un acogimiento de éxito. Finamente, tras explicar en detalle la relevancia política del acogimiento, acabaré el capítulo con una reflexión teológica sobre la historia del Hijo Pródigo, una historia de acogimiento (Lc 15:11-32). Antes de presentar mi tema mediante la explicación de por qué pienso que las formas típicamente moderna y posmoderna de construir la vida social en torno a la "libertad" tienen una sola cara y, por tanto son inadecuadas, es necesario hacer un comentario explicativo sobre el ángulo desde el que me acerco al tema.

Cuando leo las Escrituras cristianas, gran parte de su mensaje está escrito desde abajo, desde la perspectiva de aquellos que en cierto sentido sufren a manos de los poderosos. Los profetas hebreos traen la injusticia soportada por "los pequeños" bajo la lente principal por medio de la cual ven a los poderosos y, en el nombre de Dios, exigen que estos enmienden sus caminos. Los evangelistas y los apóstoles dan instrucciones a sus hermanos cristianos marginados respecto a cómo relacionarse unos con otros y con el mundo inhóspito y hostil como seguidores del Crucificado. Intentaré seguir esta tradición, en parte porque creo que esto es lo que debería hacer un teólogo cristiano y en parte porque empiezo a trabajar en este proyecto con el fin de rendirme cuentas a mí mismo sobre cuál debería ser mi reacción como miembro de un pueblo que ha sufrido una agresión brutal. Ampliando principalmente el pensamiento de los evangelistas y los apóstoles, en el presente capítulo hablaré sobre todo de aquellos de nosotros que nos vemos como "víctimas" sobre el por qué tiene sentido imitar el amor abnegado del Dios trino en un mundo de enemistad. A continuación, en los capítulos V y VI tendré a los "perpetradores" en vista de manera principal: regresaré a la tradición profética que apelaba a la verdad y la justicia, cuyas afirmaciones contra los engañadores y los opresores no pueden ser ignorados si se quiere conseguir una paz duradera. No obstante, en un sentido importante, mi texto se basa en la creencia de que es mejor no darle demasiada importancia a la polaridad entre "víctima" y "perpetrador". Esta innegablemente horrenda polaridad indiscutible —la polaridad que hace que nos preguntemos si puede haber peor infierno que el que los agresores crean para sus víctimas— se trata mejor practicando la abnegación de la que fue modelo la vida del Dios trino e involucrándose en la lucha por la verdad y la justicia en el contexto de esa clase de amor.

Las ambigüedades de la liberación

En décadas recientes, las categorías dominantes en la reflexión teológica sobre las realidades sociales han sido las nociones correlativas de la "opresión" y la "liberación". Los que están familiarizados con la escena teológica las asocian de inmediato con las diversas teologías de la liberación. Sin embargo, también los teólogos que trabajan con diferentes metodologías y prefieren respaldar programas sociales más conservadores, operan al menos de forma tácita con las mismas categorías, aunque de un modo un tanto diferente. Las categorías fueron diseñadas para asegurarse de que se respetara la dignidad humana y se defendiera la justicia para todos. Ambas cosas se interpretan hoy en términos de libertad, la idea social más potente de los tres últimos siglos.[308]

Con las Revoluciones Americana y Francesa, la idea de libertad surgió como pilar de las democracias liberales modernas. Todas las personas son iguales y todas son libres de perseguir sus intereses y desarrollar sus personalidades a su manera, siempre que respeten la misma libertad en los demás. Esta libertad es inalienable; no la confieren otros ni la pueden quitar. En su lugar, si el ejercicio de la libertad no interfiere con la libertad de otros ciudadanos, debe ser respetada aun cuando la sociedad en general opine que las búsquedas de sus miembros individuales son repugnantes. La libertad es el bien más sagrado. Cuando esta libertad inalienable es negada por un estado totalitario o suprimida por una cultura dominante, hablamos de opresión; cuando se desmantela la jaula que retiene a las personas impidiéndoles hacer y ser lo que prefieren, hablamos de liberación.[309]

Esto es al menos un bosquejo de cómo muchos Occidentales (y un número cada vez mayor de no Occidentales) piensan de la opresión y la liberación.

---

[308] Charles Taylor, *Philosophy and the Human Sciences,* Philosophical Papers, vol. 2, Cambridge: Cambridge University Press, 1985, 318ss.

[309] En el ensayo "What Is Wrong with Negative Liberty", Charles Taylor ha argumentado de forma persuasiva contra la teoría de que "la noción moderna de libertad negativa que da peso a asegurarle el derecho de cada persona a realizarse a su manera" no puede conformarse con la noción de libertad como la "ausencia de obstáculos externos" (ibíd.., 211ss.).

Existe otra tradición en la actualidad, más marginal de pensamiento sobre la libertad. Iniciada por pensadores socialistas, es particularmente atractiva hoy en el mundo no Occidental. Esta tradición pregunta: ¿Qué puede significar la libertad de ser mi propio dueño y perseguir mis intereses, si no encuentro trabajo para no morir de hambre ni yo ni mi familia? ¿Qué puede significar la libertad de desarrollar mi personalidad, si tengo que trabajar de sol a sol hasta que me expriman la última gota de mi fuerza? ¿La libertad de ser explotado o abandonado a morir de hambre? De ahí que los pensadores socialistas declararan que la noción liberal de la libertad estaba vacía. Insistían en que la concentración de la noción negativa de libertad crea la clase de dinámica social que vacía la libertad de significado. Por lo tanto, la libertad nunca puede significar simplemente la ausencia de la interferencia externa con la voluntad individual de hacer o no lo que quiera, como afirma la tradición hobbesiana; la libertad es el poder real de vivir la vida con dignidad, de ser el artesano del destino propio. Cuando se mantiene a las personas en una pobreza abyecta y en el analfabetismo mientras otros se hacen más ricos y "desarrollan sus personalidades" a expensas de los primeros hablamos de opresión; cuando las estructuras y las personas que perpetúan la impotencia son sustituidas por otras que permiten que las personas se afirmen sobre sus pies y tengan su propia voz, hablamos de liberación.[310]

Tanto los proyectos liberales como los sociales —las dos visiones principales para organizar la vida social bajo las condiciones de modernidad— se centran en la idea de la libertad. Como observó Zygmunt Bauman observó en *Postmodern Ethics:*

> La Gran Idea en el núcleo central de la inquietud moderna, (la) linterna que guía colgada en la proa del barco de la modernidad, era la idea de la emancipación: una idea que saca su significado de lo que niega y aquello contra lo que rebela —desde las cadenas que quiere romper, las heridas que quiere sanar— y debe su encanto a la promesa de negación.[311]

Las puertas de hierro de las mazmorras sociales deben destrozarse; los esclavos deben convertirse en sus propios amos. Todo proyecto social construido

---

[310] Las dos nociones de Libertad bosquejadas aquí corresponden más o menos a las libertades "negativa" y "positiva" tal como se analiza en el famoso ensayo de Isaiah Berlin, "Two Concepts of Liberty" (*Four Essays on Liberty* [London: Oxford University Press, 1969], 118-72).

[311] Zygmunt Bauman, *Postmodern Ethics*, Oxford: Blackwell, 1993, 225.

en torno a la noción de libertad tiende, por tanto, a funcionar con la pareja estable de la "opresión" y la "liberación". La opresión es la negatividad, la liberación su negación, y la libertad la positividad resultante.

Intenta, sin embargo, aplicar las categorías de la opresión y la liberación a muchas situaciones concretas de conflicto, como en los estados multiétnicos como la antigua Yugoslavia o en las metrópolis multiculturales como Los Ángeles. En cierto modo, encajan demasiado bien. Parecen casi hechos a medida para los croatas, los musulmanes y los serbios, para los afroamericanos, los coreanos, los latinos y los anglosajones. Si el complot está escrito alrededor del esquema de los "oprimidos" (las "víctimas") y los "opresores" (los "perpetradores"), cada parte encontrará buenas razones para reivindicar la más alta razón moral de una víctima; cada una se percibirá como oprimida por la otra y todas se verán como involucradas en la lucha por la liberación. Las categorías de la opresión y la liberación proveen un equipo de combate, no un traje de raya diplomática o un vestido de noche; son buenos para pelear, pero no para negociar o celebrar, al menos no hasta que los opresores hayan sido vencidos y los prisioneros liberados.

Cabría objetar que nos hemos situado por encima de los intereses inmediatos de las partes en conflicto, podríamos distinguir quienes son las víctimas oprimidas y quienes los victimarios opresores. ¿No sería perverso argumentar que "opresor" no es sino la etiqueta incriminadora que a la supuesta víctima le gusta colocar sobre su enemigo, o que "víctima" es solo el nombre que a la persona que es tan opresora como cualquier otro al que le guste usarlo para conseguir una ventaja social? ¿No serían las categorías difuminadas de "oprimidos" y "opresores" ser la burla de los millones que han sufrido a manos de los violentos, mujeres maltratadas, esclavos explotados y deshumanizados, disidentes torturados, minorías perseguidas? Ciertamente. No se puede renunciar a las categorías. Y, sin embargo, el *esquema* "opresión/liberación" persiste con los problemas no resueltos y profundamente perturbador.

Dejando a un lado la tendencia paradójica del lenguaje de victimización para minar la operación de la agencia humana y a las víctimas mermadas de poder,[312] y encarceladas en las narrativas de su propia victimización,[313] quiero subrayar dos problemas adicionales con el esquema de "opresión/liberación". Primero, en la mayoría de los casos los conflictos son turbulentos. En

---

[312] Roberta C. Bondi, *To Pray and to Love*, Minneapolis: Fortress, 1991, 82; Jean Bethke Elshtain, *Democracy on Trial*, Nueva York: BasicBooks, 1995, 50s.

[313] Ellen Charry, "Literature as Scripture: Privileged Reading in Current Religious Reflection", *Soundings* 74, núm. 1-2 (1991): 65-99.

realidad, son muy desordenados. Sencillamente no es el caso que se pueda construir narrativas del encuentro entre partidos en conflicto como historias de mal manifiesto de un lado y de un bien indiscutible del otro. ¿No vemos con demasiada frecuencia a Efraín celoso de Judá y a Judá hostil a Efraín (Is 11:13)? ¿Acaso las personas no "se oprimen las unas a las otras, unas en contra de otras, vecino contra vecino" con demasiada frecuencia (Is 3:5)? ¿Cómo desenredaremos a los que son inocentes de los culpables en las historias anudadas de individuos, por no hablar de las narrativas de culturas y naciones enteras? Cuanto más tiempo continúe el conflicto más se ven las partes absorbidas por el vértice de la mutuamente reforzante victimización en la que un lado parece más virtuoso solo porque, al ser más débil, tiene menos oportunidades de ser cruel. Si organizamos nuestro compromiso moral en torno a las categorías de "opresión/liberación" necesitaremos narrativas claras de culpa e inocencia.[314] No obstante, al no encontrar a una víctima sin culpa, nos quedaremos con dos elecciones igual de poco atractivas: retirarse del compromiso con indignación moral (y, de esta forma da apoyo tácito al partido más fuerte) o imponer narrativas morales bien definidas con partidismo moral (y, por tanto, compartir el autoengaño ideológico de una de las partes).

Pero ¿qué hay de los casos en los que derechos y ofensas están claramente inscritas en la historia común de las partes en conflicto (como entre los nazis y los judíos durante la II Guerra Mundial)? ¿No deberíamos entender aquí las categorías de la "opresión/liberación"? ¿No es el equipo de combate proporcionado por las categorías precisamente lo que *necesitamos*? Esto me lleva al segundo problema con las subdivisiones de "opresión/liberación". ¿Qué sucede cuando, armado con la creencia en lo correcto de su propia causa, uno de los lados gana? ¿Cómo vivirán los oprimidos liberados con sus opresores vencidos? "La liberación de los opresores" es la respuesta que sugiere el esquema de "opresión/liberación"? ¿Pero es convincente? ¿Acaso no traiciona una ceguera ideológica, porque no piensa que cuando las víctimas se convierten en *liberadores* son ellos y no solo los opresores quienes podrían necesitar cambiar? E. M. Cioran, este "aristócrata de la duda" observó de un modo perceptivo el

---

[314] En su polémica contra el énfasis de la "Teología de la Iglesia" sobre la "reconciliación" el *Documento de Kairos* subraya que existen "conflictos en los que una parte está en lo correcto y la otra en lo equivocado"; "hay conflictos que solo pueden describirse como la lucha entre la justicia y la injusticia, el bien y el mal, Dios y el diablo". Desde luego no lo discutiría. Solo deseo ilustrar la idea principal que estoy exponiendo. Argumentando que el conflicto racial en Sudáfrica fue un conflicto entre "el bien" y "el mal", el *Documento de Kairos* recalca que tan claras categorizaciones son necesarias si el lenguaje de "opresión/liberación" ha de tener sentido. Robert McAfee Brown, ed., *Kairos: Three Prophetic challenges to the Church*, Grand Rapids: Eerdmans, 1990, 38.

hecho perverso de que los grandes perseguidores son a menudo "reclutados entre los mártires que no fueron decapitados del todo".[315] Por expresarlo de un modo un tanto más positivo, los liberadores son conocidos por no despojarse de los uniformes de sus soldados. En *Life in Fragments,* Bauman escribe:

> A medida que la historia progresa, la injusticia tiende a compensarse por la injusticia con la inversión de papeles. Mientras su victoria sigue sin desafiar, solo los vencedores se equivocan o dan la imagen falsa de esa compensación como el triunfo de la justicia. La moralidad superior es demasiado a menudo la moralidad del superior.[316]

Las *categorías* "opresión/liberación" parece inadecuada para producir la reconciliación y sustentar la paz entre las personas y los grupos de personas. Aunque las categorías mismas son indispensables, debemos resistirnos a convertir el esquema "oprimido/opresor" en el esquema dominante por el cual alinear nuestro compromiso social. En consecuencia, es necesario que rechacemos la "libertad" como meta social suprema.[317]

Se podría argumentar que, en algunos casos, la reconciliación no es lo que se precisa, al menos no *antes* de hacer justicia, como ha insistido el *Documento de Kairos*[318] Aunque el argumento tiene fuerza, ¿progresaremos hacia la justicia si el objetivo supremo no es la reconciliación? ¿No es esta la percepción básica que conduce a la formación de la Comisión en favor de la Verdad y la Reconciliación después de que el régimen del Apartheid hubiera sido abolido?

El padre de la Teología de la Liberación Latinoamericana, Gustavo Gutiérrez, estaba en lo cierto al insistir en que el amor, y no la libertad, es supremo. La "raíz más profunda de toda servitud —recalcó en la introducción a la edición revisada de su *Theology of Liberation*— es la ruptura de la amistad con Dios y con otros seres humanos y, por tanto, no puede ser erradicada salvo mediante el amor redentor no merecido del Señor a quien recibimos por fe y en comunión los unos con los otros".[319] De manera similar, para el abuelo de

---

[315] E. M. Cioran, *A Short History of Decay,* trad. Richard Howard, Londres: Quartet books, 1990, 4.

[316] Zygmunt Bauman, *Life in Fragments: Essays in Postmodern Morality,* Oxford: Blackwell, 1995, 183s.

[317] Stanley Hauerwas, *After Christendom? How the Church Is to Behave If Freedom, Justice, and a Christian Nation Are Bad Ideas,* Nashville: Abingdon, 1991, 50ss.

[318] Brown, *Kairos,* 38; ver también Capítulos IV y V más abajo.

[319] Gustavo Gutiérrez, *A Theology of Liberation: History, Politics, and Salvation,* 2ª ed. Trad. Caridad Inda y John Eagleson (Maryknoll, NY: Orbis, 1988), xxxviii; Nicholas Wolterstorff, *Until Justice and Peace Embrace* (Grand Rapids: Eerdmans, 1983), 51ss.

todas las teologías de la liberación, Jürgen Moltmann, el objetivo supremo de la libertad es un *proceso* hacia el reino de Dios, que es el reino del *amor*. Como argumentó en *The Trinity and the Kingdom*, la Libertad del Dios trino no es simplemente la ausencia de interferencias ni el autocontrol, sino "el amor vulnerable".[320] No es diferente en lo que concierne a la libertad humana auténtica. Consiste en ser amigo de Dios y participar de la gloria del Dios trino que no es nada sino puro amor.[321]

Sin embargo, hacer que el amor se eleve por encima de la libertad no significa abandonar el *proyecto* de la liberación. El Santo de Israel, El Dios de Jesucristo, está de parte de los oprimidos y los pobres, un Dios que escucha los suspiros de quienes no tienen voz y los clamores de los impotentes, un Dios que libera. Pero insistir en la primacía del amor sobre la libertad significa transformar el proyecto de liberación, liberarlo de la tendencia a ideologizar las relaciones de los actores sociales y perpetuar sus antagonismos. Es necesario que insertemos el proyecto de liberación en una estructura mayor de lo que en otro lugar he llamado "la teología del acogimiento".[322]

Adiós a las grandes narrativas

¿No he sido demasiado impaciente con la primacía de la "libertad"? ¿No podría ser que la culpa no sea la preminencia de la libertad, sino la Gran Idea de la Emancipación? En lugar de poner en cuestión la primacía de la libertad, ¿no deberíamos criticar la búsqueda de la emancipación *universal*? Un coro de pensadores postmodernos, a pesar de sus disonancias, ha entonado melodías complejas que comunican este mensaje.

Toma, por ejemplo, el análisis y la crítica de la modernidad de Jean-François Lyotard (aunque Michel Foucault o Gilles Deleuze podrían haber servido también a mis propósitos aquí). Escribe:

El pensamiento y la acción de los siglos XIX y XX están gobernados por una Idea (en el sentido kantiano): La Idea de la emancipación. Está, por supuesto, enmarcada de distintas formas, dependiendo de lo que llamamos las filosofías de la historia, las grandes narrativas que intentan organizar esta masa de acontecimientos: la narrativa cristiana

---

[320] Jürgen Moltmann, *The Trinity and the Kingdom: The Doctrine of God*, trad. Margaret Kohl, San Francisco: HarperCollins 1981, 56.

[321] Ibíd, 219ss.

[322] Miroslav Volf, "Exclusion and Embrace. Theological Reflections in the Wake of 'Ethnic Cleansing'". *Journal of Ecumenical Studies* 29, núm. 2 (1992): 230-48.

de la redención del pecado original, por medio del amor; la narrativa de emancipación de los *Aufklärer* (observadores) desde la ignorancia y la servidumbre, a través del conocimiento y el igualitarismo; la narrativa especuladora de la realización de la idea universal a través de la dialéctica de lo concreto; la narrativa marxista de la emancipación de la explotación y la alienación, por medio de la socialización del trabajo; y la narrativa capitalista de emancipación de la pobreza a través del desarrollo tecnológico. Entre estas narrativas están las razones para la litigación hasta para la diferencia. Pero, en todas ellas, los datos conocidos que surgen de los acontecimientos están situados en el curso de una historia a cuyo final, aun cuando permanezca fuera de alcance se le llame libertad universal, el cumplimiento de toda la humanidad.[323]

Nótese la función de las versiones de la "gran idea" o de la "gran narrativa". Establece la libertad como la meta única de la historia universal y, a continuación, fuerza las múltiples corrientes de la historia en un gran río que fluye hacia dicha meta. Para la Gran Idea, la promesa de libertad es, a la vez, la fuente de legitimación y el horizonte del progreso.[324]

Si la modernidad se alimenta de la promesa de libertad contenida en las grandes narrativas, la postmodernidad se define por la incredulidad respecto a tales narrativas.[325] En primer lugar, cada una de las grandes narrativas ha fracasado. Por tomar solo dos ejemplos, la gran narrativa dominante afirma que el mercado, si se le deja operar solo sin la interferencia de los bien intencionados reformadores sociales, aunque desatinados, liberará a la humanidad de la pobreza, pero los crecientes millones de indigentes demuestran lo contrario; otra gran narrativa afirma que todos los proletarios eran comunistas y a la inversa, pero los tanques en Budapest (1956), Praga (1968) y Beijing (1989) demuestran lo opuesto. En segundo lugar, las grandes narrativas hablan de la liberación universal, pero están todas formuladas desde un punto de vista particular. La declaración de los derechos humanos proclama el ideal universal de la ciudadanía, por ejemplo, pero se promulga en nombre de una entidad cultural particular: "Nosotros, el pueblo francés...".[326]

---

[323] Jean-François Lyotard, *The Postmodern Explained: Correspondence 1982–1985,* trad. Don Barry et al. Minneapolis: University of Minnesota Press, 1993, 24s.

[324] Ibíd., 81s.

[325] Jean-François Lyotard, *The Postmodern Condition: A Report on Knowledge,* trad. Geoff Bennington y Brian Massumi, Minneapolis: University of Minnesota Press, 1984, xxiv.

[326] Lyotard, *The Postmodern Explained,* 31.

La *universalidad* de las grandes narrativas es la razón principal de su fallo, insiste Lyotard. Las culturas y las subculturas —haciéndonos eco de Ludwig Wittgenstein, las denomina "juegos del lenguaje"— son intrínsicamente plurales, heterogéneas, inconmensurables. Las grandes narrativas buscan efectuar la reconciliación final entre ellos y, por tanto, suprimir la riqueza de los "juegos del lenguaje" —las pequeñas narrativas— y presionarlos en un único molde. Todos estos intentos de "totalizar" los juegos del lenguaje en una "unidad real" son ilusiones universalistas cuyo terrible precio es un reinado de terror.[327] En lugar de guionizar las grandes narrativas que alimentan la nostalgia para el reinado "del conjunto y de la singularidad", es necesario proteger la heterogeneidad de los juegos de lenguaje: a través de la práctica del "disentimiento permanente" deberíamos asegurar que todo consenso permanezca fluido, nunca final ni universal, siempre temporal y local.[328] "Libremos una guerra a la totalidad", escribe Lyotard en *The Postmodern Condition,* "seamos testigos de lo impresentable; activemos las diferencias y salvemos el honor del nombre".[329]

Cuando se le preguntó en nombre de qué deberíamos librar la guerra sobre la totalidad, Lyotard apela a la "justicia", un valor que, según él afirma "no está ni obsoleto ni es sospechoso".[330] Pero ¿no dominan la justicia los juegos del lenguaje heterogéneo?, podríamos protestar. ¿Qué le sucedió a su inconmensurabilidad llena de principios? ¿No tiene cada juego del lenguaje su propio relato de justicia? Andar a tientas en busca de una idea de justicia no universal ni consensual, Lyotard insiste en "el reconocimiento de la especificidad y la autonomía de la multiplicidad y la intraducibilidad de los juegos del lenguaje enredado, la negación a reducirlos; con una norma que, no obstante sería una norma general, 'juguemos... y dejemos jugar en paz'".[331] Cuando escuchamos la llamada a reconocer la autonomía de la heterogeneidad, oímos cómo chirría la puerta trasera al abrirse, y lo que Lyotard ha sacado por la puerta principal se

---

[327] Lyotard, *The Postmodern Condition,* 81,

[328] Lyotard sugiere que ha aprendido la estrategia de la disensión permanente —o "para-logía"— de la forma en que funciona la ciencia moderna; teoriza "su propia evolución como discontinua, catastrófica, no rectificable y paradójica" (ibíd., 60). El modelo de ciencia sería el de una revolución *permanente.* Richard Rorty ha objetado, y con razón, que "afirmar que la 'ciencia apunta' a acumular paralogía sobre paralogía es como decir que 'la política tiene por objetivo' apilar revolución sobre revolución. Ninguna inspección de la preocupación de la ciencia o la política contemporáneas podría mostrar nada así". "Habermas y Lyotard sobre la Postmodernidad", *Praxis International* 4, núm. 1 (1984): 33.

[329] Lyotard, *The Postmodern Condition,* 81s.

[330] Ibíd., 66.

[331] Jean-François Lyotard, *Das postmoderne Wissen,* trad. Otto Pfersmann, Bremen: Passagen Verlag, 1982, 131.

apresura a volver. ¿Acaso no está vendiendo algo muy parecido a la gran narrativa de la liberta de la Ilustración bajo la etiqueta de la justicia no universal?

Al final de *The Postmodern Condition,* Lyotard sueña en tecnología de ordenador que provea "libre acceso a la memoria y a los bancos de datos", proporcionándoles así a todos los jugadores de los juegos del lenguaje "una información perfecta en cualquier momento dado".[332] "Un medio de producción" sustituto para la "información" y el proyecto de Lyotard de crear una esfera pública para la discusión verdaderamente libre parece sospechosamente como el "reino de la libertad" de Karl Marx, ese incorregible guion de las grandes narrativas.[333] Empezar a borrar todas las grandes narrativas de la emancipación, Lyotard acaba guionizando una "anti-gran narrativa" que parece una cierta combinación de proyectos liberales y socialistas.

Puede que ni siquiera nos importe esta anomalía —estrictamente hablando, no es una incoherencia[334]—, de no ser por problemas más graves que asaltan la idea de emancipación de Lyotard. Considera lo que sucede cuando uno intenta sustituir el esquema moderno de "opresión/liberación" con un modelo postmoderno de inconmensurables "juegos del lenguaje". Como ha argumentado Jürgen Habermas, los "juegos del lenguaje" que se intersecan y son secuenciales tienen la infortunada característica de que los juicios de valor no son posibles *entre* ellos.[335] Nos quedamos con un panteón de dioses sin esperanza de saber cómo decidir entre sus afirmaciones conflictivas, porque no hay criterio que lo trabe todo (aunque cada dios podrá proveer sus buenas *razones* propias para acometer la lucha). En palabras de Richard Rorty, que coincide en este punto con Lyotard, no podemos dar "una razón 'teórica' para avanzar en una dirección social en lugar de otra".[336]

Incapaces de zanjar sus diferencias mediante el razonamiento, los dioses luchan invariablemente. Dada la inconmensurabilidad de los juegos del lenguaje no nos sorprende encontrar a Lyotard argumentando que "hablar es pelear", y asignando actos de expresión al "dominio de una agonística general".[337] Interpreta, sin embargo, esta lucha como "juego", y coloca todos los

---

[332] Lyotard, *The Postmodern Explained,* 67.

[333] Allbrecht Wellmer, "On the Dialectic of Modernism and Postmodernism", *Praxis International* 4, núm. 4 (1984): 338.

[334] Es posible fomentar los mismos fines legitimados por las grandes narrativas de emancipación sin recurso a una gran narrativa para legitimar estos fines.

[335] Jürgen Habermas, "The Entwinement of Myth and Enlightenment: Re-reading *Dialectic of Enlightenment*", *New German Critique* 26 (1982): 29.

[336] Rorty: "Habermas and Lyotard on Postmodernity", 40.

[337] Lyotard, *The Postmodern Condition,* 10.

juegos bajo la norma general de que deberían hacerse "en paz".[338] El problema es que los niños no permanecerán en sus habitaciones separadas; juegan juntos y pelean. Cuando el juego se pone serio, cuando una parte rompe lo que la otra cree ser las normas del juego limpio y los jugadores son sacados del terreno, ¿seguir jugando "en paz" no equivaldría a perpetuar la injusticia? ¿Cómo convencer a los jugadores que (desde su perspectiva) sufrieron la injusticia, para que sigan jugando "en paz"? ¿Por qué *deberían* ser persuadidos? ¿No acaba el pacífico juego de las diferencias con "grandes diferencias" que se tragan a las "pequeñas"? ¿La llamada a "jugar en paz" no se acerca demasiado a la clase de afirmación de vida nietzscheana, que es un paraíso para los fuertes, pero un infierno para los débiles, porque celebra cómo son las cosas, es decir, lo que los fuertes han hecho de ellas?

Lyotard empieza a vencer la violencia de que las grandes narrativas infligen a las pequeñas, pero acaban sin recursos para impedir que los pequeños y grandes dictadores violenten a sus muchas víctimas. "La perfecta información en cualquier momento dado"[339] para cualquier jugador ciertamente no es tal recurso. La perfecta información permanecerá para siempre como una meta inalcanzable, e incluso si un día se tuviera que lograr, quedaría una disparidad entre la capacidad de las personas para emplear semejante información para su ventaja. De ahí que la lucha entre el fuerte y el débil permanezca, y en la ausencia del criterio dominante para aplicar a la lucha, los débiles seguirán siendo los perdedores. Contra la voluntad de Lyotard, un perverso tipo de emancipación asoma su fea cabeza tras haber deconstruido las grandes narrativas de emancipación: la emancipación del poderoso para oprimir a los impotentes con impunidad.

Sin embargo, Lyotard echa por tierra los intentos de una reconciliación final basada en la totalización sistemática. La pluralidad de las culturas y las subculturas, la pluralidad de "las formaciones de poder/discurso" y "los juegos del lenguaje" es irreductible. Pero esto no se debe a que los juegos del lenguaje sean, en principio, inconmensurables como él afirma. No lo son. Dado que actores sociales habitan en un mundo común, sus juegos de lenguaje son permeables y la comunicación entre ellos es posible.[340] La *inconmensurabilidad* no es universal, sino siempre local, temporal y parcial, como lo es la conmensurabilidad. No, lo que se interpone en el camino de la reconciliación no es alguna limitación inherente, sino un hecho profundamente más perturbador: junto

---

[338] Lyotard, *Das Postmoderne Wissen,* 131.

[339] Lyotard, *The Postmodern Condition,* 67.

[340] Walter Reese-Schäfer, *Lyotard zur Einführung* (Wien: Junius Verlag, 1989), 96.

a nuevos entendimientos y acuerdos de paz se generan de forma permanente nuevos conflictos y desacuerdos.

Por tanto, la pregunta crucial no es cómo conseguir la reconciliación final. El problema mesiánico no debería tomarse fuera de las manos de Dios. ¡Lo único peor que el fracaso de algunas grandes narrativas modernas de emancipación habría sido su éxito! Intentar meramente llevar a cabo la tarea mesiánica, no le han hecho demasiado caso a la obra del anticristo. El desenmascarar los proyectos antimesiánicos que ofrecen la salvación universal, Lyotard nos ayuda a formular el tipo adecuado de pregunta, que no es cómo obtener la reconciliación final, sino *qué recursos necesitamos para vivir en paz en ausencia de la reconciliación final.*

De la crítica postmoderna de emancipación ("Adiós a las grandes narrativas") podemos aprender que debemos involucrarnos en la lucha contra la opresión, pero renunciar a todos los intentos de reconciliación final; de otro modo, acabaremos perpetuando la opresión. De las limitaciones inherentes en los proyectos de liberación ("Las ambigüedades de la liberación") podemos aprender que la lucha contra la opresión debe guiarse por una visión de reconciliación entre oprimidos y opresores; de no ser así, acabará en "injusticia con inversión de funciones". Tanto el proyecto moderno de emancipación como su crítica postmoderna sugieren que una *reconciliación no definitiva en medio de la lucha contra la opresión* es lo que una teología responsable debe ser designada para facilitar. Cualquier otra cosa equivaldría a ideología seductora de una falsa liberación que demostraría ser precisamente más inútil para aquellos en cuyo nombre se ha promulgado y que más lo necesitan.

Si el *proyecto* de reconciliación final es claramente erróneo, ¿se debería abandonar la *esperanza* para la reconciliación final? ¿Es la "gran narrativa" sobre la "gran Cena del Cordero" una ilusión peligrosa que alimenta los sueños totalitarios y, por tanto, sustenta la práctica totalitaria? Pero ¿cómo podría vivir la fe cristiana sin una metáfora como "el reino de Dios", "la nueva creación", o "el cielo"? Y, ¿qué otra cosa podrían designar tales metáforas si no una paz y un bienestar universales y eternos —el shalom—, cuya pérdida proveería la prueba final de que los "fingimientos" vergonzosamente inmodestos de estas metáforas son falsos? Para la fe cristiana, abandonar la *esperanza* de una reconciliación final —por una reconciliación que no puede superarse ni deshacerse— significaría darse por vencido. Todo depende, sin embargo, de cómo entendamos la reconciliación final y sus implicaciones para la vida en un mundo de enemistad. Solo ofreceré aquí tres breves descargos de responsabilidad. En primer lugar, la reconciliación final no es obra de los seres humanos, sino del Dios trino. Segundo, no es un final apocalíptico del mundo, sino el nuevo comienzo escatológico de este mundo.[341] En tercer lugar la reconciliación final no es una "totalidad" autoencerrada, porque descansa en un Dios que es perfecto amor. La esperanza de semejante reconciliación final "no totalitaria" es el telón de fondo contra el cual los cristianos se implican en la lucha por la paz, bajo las condiciones de enemistad y opresión.

Inspirándose en los recursos hallados en la proclamación que Jesús hizo del reino de Dios, en su muerte en la cruz, y en el carácter del Dios trino, defenderé aquí la lucha para una *reconciliación no final basada en la visión de reconciliación que no puede deshacerse.* Argumentaré que la reconciliación con el otro solo tendrá éxito si el "yo", guiado por la narrativa del Dios trino, está preparado para recibir al otro en sí mismo y acometer el reajuste de su identidad a la luz de la alteridad de los demás. La idea de "reajuste" podría sugerir una aceptabilidad igual de todas las identidades y una simetría de poder entre ellos. Pero asumir semejante aceptabilidad universal y simetría como algo sobreentendido sería caer en la trampa de una ideología perniciosa. Por consiguiente explorará lo que cuesta luchar por una reconciliación no final, reajustando identidades dinámicas bajo la condición de una desigualdad dominante y un mal manifiesto.

La política del corazón puro

Una de las historias más angustiantes de la guerra en la antigua Yugoslavia procede de una mujer musulmana. Así es como ella lo cuenta:

Soy musulmana y tengo treinta y cinco años. A mi segundo hijo que acababa de nacer, le puse el nombre "Jihad". Así no olvidaría el testamento de su madre: venganza. La primera vez que lo acerqué a mi pecho, le dije: "Que esta leche te ahogue si te olvidas". Así sea. Los serbios me enseñaron a odiar. Durante los dos últimos meses no había nada en mí. Ningún dolor o amargura. Solo odio. Les enseñé a esos niños a amar. Lo hice. Soy profesora de literatura. Nací en Ilijash y casi morí allí. Mi estudiante, Zoran, único hijo de mi vecina, orinó en mi boca. Mientras, los hooligans con barba allí de pie, reían, me dijo: "No vales para nada más, apestosa mujer musulmana...". No sé si primero oí el grito o si sentí el disparo. Mi excolega, maestra de física, gritaba como loca: "Ustasha, ustasha...". Y siguió golpeándome.

---

[341] Jürgen Moltmann, *The Coming of God: Christian Eschatology,* trad. Margaret Kohl, Minneapolis: Fortress, 1996, 11ss.

Donde podía. Me he vuelto insensible a los golpes. Pero ¿y mi alma? Duele. Le enseñé a amar y, mientras tanto, ellos estaban preparándose para destruir todo lo que no fuera la fe ortodoxa. Jihad… guerra. Es el único camino…[342]

Un periodista serbio, Željko Vukovic, de cuyo libro *The Killing of Sarajevo* tomo esta historia, comenta: "¡Cuántas madres en Bosnia han jurado enseñar a sus hijos a odiar y vengarse! ¿Cuántos musulmanes, serbios y croatas crecerán escuchando estas historias y aprendiendo estas lecciones?"[343] ¿Cuántos hijos alrededor del mundo —podríamos seguir preguntando— están creciendo con "jihad", "guerra", "cruzada", "venganza", "odio" no solo inscritos en sus nombres, sino entretejidos en la tela misma de sus vidas? Para que se produzca la reconciliación, las inscripciones del odio deben ser cuidadosamente borradas y los hilos de la violencia suavemente eliminadas. Creo que esta es una importante lección de la proclamación del reino de Dios por parte de Jesús. Permíteme explicarme.

Aunque la audiencia del mensaje de Jesús no eran evidentemente tan solo las masas de los indigentes e impotentes que formaban la capa inferior de la sociedad palestina, existe poca duda de que la mayoría de ellos tuvieran buenas razones para considerarse "víctimas" inocentes de la opresión.[344] Políticamente, la población palestina sufrió bajo la pérdida de la soberanía nacional a manos de los romanos, así como bajo la tensa relación entre la aristocracia judía, la monarquía herodiana y las fuerzas de ocupación romanas. En cuanto a lo económico, la mayoría quedó atrapada entre las fuerzas de ocupación romanas y las élites domésticas, cada una compitiendo con la otra para expandir su fortuna, en parte explotando a amplios segmentos de la población mediante una tasación onerosa y pesada. Finalmente, con el gobierno político de los romanos llegó también la presión para asimilar una cultura extranjera. Los judíos se jactaban, con razón de una tradición religiosa duradera y noble, y esteraban la conversión futura de todos los gentiles, debieron de haberse resentido profundamente de las incursiones de la cultura helenistas en un espacio religioso y cultural. Dominados, sintiendo que se aprovechaban de ellos y amenazados en su identidad cultural, la mayoría de los habitantes de Palestina fueron victimizados pertenecieran o no a las clases inferiores o medias.

---

[342] Vuković, *ubijanje Sarajeva,* 134.

[343] Ibíd.

[344] Gerd Theisse, *Sociology of Early Palestinian Christianity,* trad. John Bowden, Filadelfia: Fortress, 1978, 31–76.

Dado el contexto de la opresión dominante, no es de sorprender que la proclamación que Jesús hizo del reino de Dios encontrara un eco extraordinario. Las frustraciones políticas, económicas y culturales, y las aspiraciones unidas a llenar el concepto del reino de Dios, con una potencia social extraordinaria. Dios hará caer a los ocupadores extranjeros y a las élites domésticas de sus tronos; Él liberará al pueblo de toda opresión y pondrá fin a todo gobierno terrenal. Lo sueños de un futuro en el que solo Dios reinará en verdad y justicia se alimentaron de las duras realidades de la dominación, la explotación y la supresión cultural. Al convertir al "reino de Dios" en el rasgo central de su mensaje y a los "pobres" en los principales receptores de sus buenas nuevas,[345] Jesús proporcionó un borde político inequívoco al conjunto de su ministerio. ¿Cómo podrían haber fallado sus oyentes y no registrar los matices políticos de su sermón programático en el que aseveró que el espíritu de Dios lo había ungido para "pregonar libertad a los cautivos y vista a los ciegos, a poner en libertad a los oprimidos, a predicar el año favorable del Señor" (Lc 4:18-19)?

Sin embargo, lo verdaderamente sorprendente y lo nuevo en el ministerio de Jesús no eran ni los matices políticos de su mensaje ni el interés especial que manifestó hacia "los pobres". Semejante interés es precisamente lo que podríamos esperar de un líder político tonto de entre los marginales; para ser un líder necesitas poder social, y para ello es preciso un seguimiento y, con este fin, debes asumir la causa de los descontentos, que en el caso de Jesús habría sido la gran mayoría en la parte más baja del montón de la sociedad. Pero Jesús no tenía aspiraciones de liderazgo político[346], e hizo más, mucho más, de lo que se habría esperado en un político. Sin duda, encendió la esperanza en los corazones de los oprimidos y exigió un cambio radical de los opresores, como lo haría cualquier reformador social. Sin embargo, también va integrado en el núcleo mismo de su "plataforma" el mensaje del amor incondicional de Dios y la necesidad de arrepentimiento de las personas.[347] Desde la perspectiva de las

---

[345] Joachim Jeremias, *New Testament Theology: The Proclamation of Jesus,* trad. John Bowden, Nueva York: Scribners, 1971, 103-21.

[346] Gerd Theissen, *The Shadow of the Galilean: The Quest for the Historical Jesus in Narrative Form,* trad. John Bowden, Londres: SCM Press, 1987, 95.

[347] E. P. Sanders ha argumentado que el "arrepentimiento" no era parte de la proclamación original de Jesús, sino que "debe leerse en su mensaje" (*Jesus and Judaism* [Filadelfia: Fortress, 1985], 111). Bruce Chilton y J. I. H. McDonald respondió que "la renuncia penitente" está "implícita en la respuesta positiva al Reino como algo supremamente valioso" (*Jesus and the Ethics of the Kingdom* [Grand Rapids: Eerdmans, 1987], 41). Mi punto teológico más amplio sobre la relevancia del arrepentimiento no depende, sin embargo, del lugar del arrepentimiento en la predicación del Jesús histórico. Siempre que uno pueda interpretar *la audiencia de los Evangelios* como "oprimidos", los

sensibilidades occidentales contemporáneas, estas dos cosas juntas —el amor divino *y* el arrepentimiento humano— *dirigidas a las víctimas* representan lo más sorprendente y, como declaraciones políticas, lo más indignante y (al mismo tiempo) los aspectos más esperanzadores del mensaje de Jesús.

Lo que nos molesta no es, por supuesto, el amor incondicional que hemos llegado a esperar, sino el llamado al *arrepentimiento*.[348] ¿Estaba Jesús exigiendo simplemente "una alteración radical del curso y de la dirección de la vida propia, sus motivaciones básicas, sus actitudes, sus objetivos"?,[349] como el arrepentimiento se describe en ocasiones, ni siquiera podríamos objetar aunque insistiríamos que debería haber escatimado a los desgraciados y retado a los poderosos. Sin embargo, él exigió algo más que una alteración radical. Arrepentirse significa hacer un giro de moral profunda y de trascendencia religiosa. El arrepentimiento no solo implica el reconocimiento de haber hecho un grave error, sino que se ha *pecado.* Jesús declaró de forma explícita que "no [había] venido a llamar a justos, sino a pecadores" (Mc 2:17) y los evangelistas informan que estaba involucrado en la práctica de "perdonar pecados" (Mc 2:5).

A pesar de la afirmación de Jesús respecto a que el reino pertenece de forma exclusiva a los pobres, su alusión a ellos como pecadores desencadena en nosotros una erupción de sospecha. ¿Acaso no tiene nada más reconfortante y constructivo que decirles a "los pobres" que insultarlos llamándolos pecadores? ¡Qué diferente es del "sacerdote asceta" de la obra de Nietzsche, *Genealogy of Morals,* quien se hace sanador "del rebaño enfermo" envenenando sus mentes con la creencia de que no son culpables de sus desgracias![350] ¿Acaso el primer paso adecuado para curar a *esta* manada no habría sido el mensaje resonante de que el rebaño *ha sido* enfermado? En lugar de llamar a los pecadores al arrepentimiento, ¿no debería haber desenmascarado Jesús las interpretaciones ideológicas de "los pobres" como pecadores y retado las prácticas opresoras que estas explicaciones contribuyen a legitimar?

Nótese que Jesús no fracasó e hizo precisamente eso: arremetió contra los mecanismos religiosos que producían pecadores donde no había ninguno. Su

---

mismos tipos de implicaciones teológicas se producirían en la inserción editorial posterior del arrepentimiento en la proclamación de Jesús.

[348] El llamado al arrepentimiento no ha perturbado a los contemporáneos de Jesús como a nosotros en el siglo XXI, ya que el arrepentimiento era "un aspecto de la teología convencional del judaísmo primitivo" (McDonald, *Jesus and the Ethics of the Kingdom,* 41).

[349] James D. G. Dunn, *Jesus Call to Discipleship*, Cambridge: Cambridge University Press, 1992, 20.

[350] Friedrich Nietzsche, *The Birth of Tragedy and The Genealogy of Morals,* trad. Francis Golffing, Graden City: Doubleday, 1956, 262ss.

rechazo hacia las leyes de la pureza (Mc 7:1-23), por ejemplo, "cortar por lo sano la clasificación sectaria en justos y pecadores".[351] Jesús insistía: Las fronteras simbólicas inspiradas por las falsas creencias religiosas, que atribuyen la pecaminosidad a lo que es inocente, deben caer. Además, demostró una sensibilidad extraordinaria al hecho de que las personas no solo sufren porque cometen pecado, sino también porque la transgresión se perpetra contra ellas. Su sermón programático, por ejemplo, menciona de manera explícita a los "cautivos" que necesitan ser liberados (porque estaban encarcelados *por error*) y a los "oprimidos" a los que había que dejar ir (porque eran tratados *injustamente*). No añadió a la miseria de los sufridores cargándolos con la culpa por su propio padecimiento. Por usar la terminología de Nietzsche, Jesús no era un astuto "sacerdote asceta" que explotaba los infortunios de los demás, sino un profeta que denunciaba la opresión y sus legitimaciones ideológicas (cp. Mt 23). En un sentido limitado, aunque importante, el evangelio que Jesús proclamó eran buenas nuevas para aquellos "contra los que se pecaba".[352]

Sin embargo, Jesús no llamó al arrepentimiento tan solo a aquellos que declaraban pecaminosos en falso a aquellos que eran inocentes, y transgredían contra sus víctimas, sino *a las víctimas de la opresión mismas*. No servirá para dividir a los oyentes de Jesús con claridad en dos grupos y afirmar que, para los oprimidos, el arrepentimiento significa nueva esperanza mientras que para los opresores es un cambio radical. Nada sugiere semejante catalogación de personas en el ministerio de Jesús, aunque distintas personas deberían arrepentirse de diferentes clases de pecados. El carácter verdaderamente revolucionario de la proclamación de Jesús radica precisamente en la *conexión entre la esperanza que él da a los oprimidos y el cambio radical que él exige de ellos*. Aunque algunos pecados les han sido imputados, otros pecados suyos eran reales; aunque sufrían en las manos pecaminosas de otros, también cometían pecados propios. Fue a *ellos* por encima de todos a quienes ofreció perdón divino. De manera bastante relevante, también son ellos y no los miembros santurrones del gobierno quienes respondieron a su ofrecimiento. Y es que, por regla general, el reino de Dios entra al mundo por la puerta trasera de las chabolas de los siervos y no por la puerta principal de las mansiones de los señores.

¿Por qué incluye el llamado al arrepentimiento a los oprimidos (además de los opresores que son incomparablemente mayores transgresores)? ¿Por qué hablar del *pecado* de ellos y del perdón? Porque pequeños "Jihads" junto con

---

[351] Dunn, *Jesus' Call to Discipleship*, 75.

[352] Raymond Fung, "Good News to the Poor—A Case for a Missionary Movement", *Your Kingdom Come: Mission Perspectives*, Geneva: World Council of Churches, 1980, 85ss.

sus madres y sus padres no solo necesitan ayuda material y psicológica, sino ser liberados del odio comprensible, aunque inhumano, en el que sus corazones son mantenidos cautivos. De un modo más general y más teológico, es necesario que las víctimas se arrepientan, porque el cambio social que corresponde a la visión del reinado de Dios —el nuevo mundo de Dios— no puede producirse sin un *cambio de su corazón y su conducta.* De acuerdo, muchos falsos profetas usaron el mensaje del arrepentimiento para estabilizar el orden de la opresión: "la religión del alma pecaminosa" servía para desviar la atención de "la economía de los tratos sucios" y de la "política del poder despiadado". Sin embargo, seríamos poco sabios si dejáramos que este abuso escandaloso nos cegara ante la relevancia social extraordinaria del arrepentimiento de la víctima. De ser así, seríamos culpables a nuestra manera del mismo pecado que los falsos profetas; perpetuaríamos el viejo orden de opresión a la vez que nos declararíamos, con santurronería, la vanguardia del nuevo orden de libertad. Permíteme desarrollar lo que se podría llamar "la política del corazón puro".

Es difícil saber de qué tenían que arrepentirse los oyentes de Jesús; con frecuencia habla de pecadores, pero rara vez de sus pecados. El consenso social de sus contemporáneos sobre lo que contaba como pecado no es de gran ayuda; no podemos suponer que compartía las nociones generalizadas del pecado, porque sabemos que él retó a sus contemporáneos sobre esta misma cuestión. De modo que tenemos que deducir de qué quería que se arrepintieran las personas considerando cómo quería que vivieran; el pecado aparece aquí como no vivir la vida del discipulado como se describe en el Sermón del Monte.[353] Este no es el lugar para proporcionar la teología del pecado implícita del relato que Jesús hizo de pleno derecho. Dos focos prominentes de su mensaje ilustra bien, sin embargo, la relevancia social del arrepentimiento, su enseñanza sobre la riqueza y la violencia. Jesús declaró: "No podéis servir a Dios y a las riquezas", y "Amad a vuestros enemigos... y orad por los que os ultrajan y os persiguen" (Mt 6:24; 5:44). La devoción a la riqueza y el odio al enemigo son pecados de los cuales los seguidores de Jesús deben arrepentirse. En especial para las víctimas impotentes de opresión —que tienen medios limitados de servir a la riqueza porque no poseen ninguna y apenas pueden usar una espada porque no hay suficientes a su alrededor— los dos mandatos traducen la crítica de la *envidia* y la *enemistad.* Se podría sentir la tentación de objetar: ¿Qué posible relevancia política podrían tener estas actitudes al parecer privadas de los que no tienen privilegios ni poder? Un psiquiatra podría aconsejar que estas personas desafortunadas podrían ser "más sanas" si se deshacen de sus

---

[353] Joachim Gnilka, *Jesus von Nazaret: Botschaft und Geschichte,* Freiburg: Herder, 1993, 212.

sentimientos negativos. Pero ¿por qué exhortaría un profeta a los desfavorecidos a que *se arrepientan* de ellas? De manera más específica, ¿qué posible trascendencia social podría tener este arrepentimiento?

En el transcurso de su crítica del carácter de la modernidad que se autoperpetúa, Zygmunt Bauman apunta a la tendencia de los conflictos nacidos bajo las condiciones de la desigualdad, a engendrar celos en los privilegiados y envidia en los desfavorecidos. Comentando en *Postmodern Ethics* sobre la relevancia social de la *envidia*, escribe:

> El impacto más fundamental de la envidia consiste... en transformar "las ideas de lo dominante" en las "ideas dominantes". Una vez el vínculo entre la posición privilegiada y ciertos valores se han construido socialmente, los desfavorecidos son forzados a solicitar compensación por su humillación mediante la exigencia de semejantes valores para sí mismos y, de este modo, realzar el poder seductor de estos valores.[354]

La astuta observación de Bauman sobre la envidia se aplica igualmente bien a la enemistad. El impacto más fundamental de la enemistad —podríamos argumentar— usando el vocabulario de Bauman, consiste en transformar las prácticas violentas de lo dominante en prácticas dominantes. Una vez establecido el vínculo entre la violencia y el estatus social, las víctimas se ven obligadas a buscar compensación por su opresión con medios violentos. En primer lugar, el impacto social de la envidia y la enemistad, por separado y en combinación, consiste en reforzar los valores y las prácticas dominantes que causan y perpetúan la opresión. La envidia y la enemistad mantienen a los desfavorecidos y a los débiles encadenados al orden dominante, aun cuando consigan derribarlo; como afirma Bauman, "exigen que se vuelvan a repartir los naipes, no un nuevo juego. No culpan a este, solo a la mano más fuerte del adversario".[355] Los valores y las prácticas dominantes solo pueden ser transformadas si su agarro en los corazones de quienes sufren bajo ellos está roto. Aquí es donde entra el arrepentimiento. Arrepentirse significa resistir a la seducción de los valores y las prácticas pecaminosas y dejar que el nuevo orden del reino de Dios sea establecido en el corazón propio.[356] Para una víctima, arrepentirse

---

[354] Bauman, *Postmodern Ethics*, 216.

[355] Ibíd.

[356] La iglesia primitiva tuvo un éxito sorprendente a la hora de resistir a los valores dominantes como la obsesión por la riqueza y el poder. Gerd Theissen ha observado una "democratización" de las antiguas prácticas de la caridad en dicha iglesia: los más pobres de los pobres no solo actuaban como receptores sino como *sujetos* de ayuda caritativa. Se esforzaban mucho, incluso ayunaban, para

significa no permitir que los opresores determinen los términos bajo los cuales se lleva a cabo el conflicto social, los valores en torno a los cuales ruge el conflicto, y el medio por el cual se lucha contra él. El arrepentimiento empodera, pues, a las víctimas y quita poder a los opresores. "Humaniza" a las víctimas precisamente protegiéndolas de imitar o deshumanizar a los opresores. Lejos de ser una señal de aquiescencia al orden dominante, el arrepentimiento crea el remanso del nuevo mundo de Dios en medio del antiguo, y de esta forma posibilita la transformación de lo antiguo. ¿De qué pecados, pues, deberían ser liberadas las víctimas? ¿De qué debería arrepentirse la mujer musulmana que llamó a su hijo "Jihad"? Ciertamente no debería arrepentirse de la violencia y la humillación sufridas, como si fuera culpable de haber sido brutalmente violada y humillada por completo; los perpetradores, y solo ellos, deben arrepentirse de esos terribles hechos. Si acaso, junto con la mayoría de las víctimas, podría necesitar ayuda para aprender cómo resistir a la tendencia de autoculparse. Pero ella y otras muchas víctimas —la mayoría de nosotros cuando somos víctimas— necesitan arrepentirse de lo que los perpetradores le hacen a nuestra alma. Es necesario que las víctimas se arrepientan de imitar con demasiada frecuencia la conducta de los opresores, se dejan moldear en la imagen del espejo del enemigo. También necesitan arrepentirse del deseo de excusar su propia conducta reactiva afirmando que no son responsables de ello o que dichas reacciones son la condición necesaria de liberación. Sin arrepentimiento por estos pecados, la plena dignidad humana de las víctimas no será restaurada y el cambio necesario no ocurrirá.

Se podría objetar que las víctimas no deberían arrepentirse más por lo que los perpetradores le han hecho al maquillaje moral de sus almas que por lo que los perpetradores han infligido a la integridad de sus cuerpos. ¿Acaso no "le enseñaron... los serbios" el odio a la mujer musulmana, tal como ella lo expresa? En un sentido importante, lo hicieron; la clase de violencia e infortunio que ha sufrido crea odio. Y, así, incluso bajo la masacre de extrema brutalidad, una esfera interior de libertad para moldear el "yo" propio debe ser defendido como el santuario de la humanidad de una persona. Aunque las víctimas puedan no ser capaces de impedir que el odio salte a la vida, por su propio bien pueden y deben negarse a alimentarlo y luchar por arrancarlo. Si las víctimas

suplir las necesidades de *los demás,* un logro imposible sin la libertad soberana de la seducción de la riqueza. Las mismas señales extraordinarias del reinado de Dios son visibles en muchas comunidades cristianas empobrecidas por todo el mundo actual. "'Geben ist seliger als nehmen' (Apg 20:35): Zur Demokratisierun antiker Wholtätermentalität im Urhristentum", *Kirche, Recht und Wissenschaft: Festschrift für Oberkirchenrat i. R. Prof. Dr. Albert Stein zum siebzigsten Gebrutstag,* ed. Andrea Boluminski (Neuwied: Luchterhand Verlag, 1995).

no se arrepienten hoy, se convertirán mañana en perpetradores que, en su autoengaño, buscarán exculpar sus fechorías a causa de su victimización.[357]

Por supuesto, en los corazones de los perjudicados tiene que suceder mucho más que un cambio para que el orden dominante cambie. ¿Cómo podríamos olvidar las lecciones sobre las dimensiones estructurales del pecado descubiertas por la tradición marxistas y que ahora se han convertido ahora en sabiduría social recibida? Además, la pinza de presión de los valores y las prácticas dominantes deben romperse también en los corazones de los privilegiados; *ellos* tienen que arrepentirse sí o sí. Sin embargo, esto parece tan obvio que casi podría quedar sin decir de no ser por la maquinaria ideológica que los privilegiados usan para guionizar narrativas que apartan la culpa de sí mismos. Los Evangelios insisten que el arrepentimiento no solo es necesario para el opresor, sino que para ellos significa más que el mero deseo purificador y formas de reparar, incluso más que hacer restitución a aquellos a los que han ofendido. Como declara la historia de Zaqueo de manera hiperbólica, el arrepentimiento entraña para ellos devolver por "cuadriplicado" y dar la mitad de sus posesiones a los pobres (Lc 19:8). El arrepentimiento genuino de los opresores conducirá a la "injusticia" de restitución superabundante, que busca compensar la injusticia de la violación original.

Desde la perspectiva aquí desarrollada, hablar sobre la pecaminosidad y el arrepentimiento de las víctimas no tiene nada que hacer con la adscripción de la culpa que legitima las acciones políticas correspondientes. Claramente *no* implica, por ejemplo, que sean sencillamente "malos valores familiares" los que mantienen a los pobres esclavizados a la pobreza (como si las estructuras económicas y políticas no tuvieran nada que ver con el ciclo de la pobreza), o que al ayudar a los pobres deberíamos distinguir entre los dignos, que deberían ser ayudados, y los indignos, que no deberían serlo (como si las personas necesitaran merecer su propia supervivencia por la calidad de su carácter). En su lugar, hablar de la necesidad de arrepentimiento de la víctima tiene que ver con la creación de la clase de agentes sociales moldeadas por los valores del

---

[357] Sharon Lamb, *The Trouble with Blame: Victims, Perpetrators, and Responsibility* (Cambridge: Harvard University Press, 1996), 54. En conjunto, Lamb no se concentra en lo que la violación del perpetrador le hace al carácter moral de la víctima, como yo hago aquí, sino en recuperar la capacidad de perpetradores y víctimas por igual de tomar la responsabilidad y la culpa. Su argumento, basado en la creencia de que "no responsabilizamos lo bastante a los perpetradores por los daños infligidos" es que "cuando empezamos ha hacerlo (y ellos empiezan a verse responsables) las víctimas pueden echarse entonces una mirada realista a sí mismas, y podemos sentirnos libres de reconocer algunas de las aseveraciones, de la libre voluntad y sí, la culpa que también pertenece a las víctimas" (ibíd., 8).

reino de Dios y, por tanto, son capaces de participar en el proyecto de transformación social auténtica.[358] La relevancia del carácter de los agentes sociales es una lección *política* importante que podemos aprender de la afirmación teológica de Jesús respecto a que el primer acto de cualquier ser humano en respuesta al reino venidero de Dios es tener su corazón purificado, una respuesta cuyo efecto podría ser un cambio político saludable, pero cuya razón profunda radica en la gracia salvadora de Dios.

En *The Scapegoat* René Girard argumentaba que la identificación de la víctima como chivo expiatorio inocente en los Evangelios tiene la relevancia de revelación.[359] Sin querer minimizar la importancia singular del descubrimiento de que los opresores suelen tomar parte en la inculpación, quiero sugerir que, desde la perspectiva de los Evangelios, el argumento más general de Girard sobre la inocencia de la víctima tiene la categoría de ofuscación. Lo que tiene la relevancia de una revelación es la insistencia de Jesús sobre la necesidad del arrepentimiento *tanto por parte de los opresores como de los oprimidos,* al menos su insistencia tiene esa relevancia en las sociedades contemporáneas. Jesús combina el profundo compromiso de ver "liberados a los oprimidos" con una intensa conciencia de que los oprimidos —que ¡*nosotros!*— necesitan arrepentimiento, una reorientación radical de las actitudes básicas y las acciones en respuesta a la salvación inminente de Dios. "Bienaventurados los pobres" y "Bienaventurados los puros" van inseparablemente juntos (Mt 5:3, 8). Sin una "política del corazón puro" toda política de liberación tropezará con sus propios pies: el hijo llamado "Jihad" infundirá a otra madre un odio tan puro que ella también inscribirá "venganza" en la identidad misma de su descendencia.[360]

La práctica del perdón

El arrepentimiento genuino podría ser uno de los actos más difíciles de realizar para una persona, por no hablar de una comunidad. Por buenas razones, la

---

[358] La idea de que la transformación de las personas y no la adscripción en sí de la culpa se encuentra en el corazón del arrepentimiento refleja que la proclamación de arrepentimiento de Jesús no estuvo tan motivada por el temor del juicio final venidero somo por el gozo por la cercanía del reinado de Dios (ver Mt 13:44). Pedro Stuhlmacher, *Biblische Theologie des Neuen Testamjents. Grundlegung: Von Jesus zu Paulus,* vol. 1 (Göttingen: Vandenhoeck & Ruprecht, 1992), 95.

[359] René Girar, *The Sacepegoat,* trad. Yvonne Freccero, Baltimore: Johns Hopkins University Press, 1986. Ver también más abajo, Capítulo VII.

[360] Geiko Müller-Fahreholz, *Vergebung macht frei: Vorschliige für eine Theologie er Versähnung* (Frankfurt: Otto Lemberck, 12996), 12ss. Müller-Fahrenholz usa esta historia para señalar la necesidad de perdón, no de arrepentimiento, como hago yo.

tradición cristiana no piensa en el arrepentimiento genuino como una posibilidad humana, sino como don de Dios. No es tan solo que no nos gusta equivocarnos, sino que los demás tampoco están siempre del todo en lo cierto. Como observó Carl Gustav Jung después de la II Guerra Mundial, la mayoría de las confesiones llegan como una mezcla de arrepentimiento, autodefensa e incluso algún deseo de venganza.[361] Admitimos la maldad, nos justificamos y atacaos, todo al mismo tiempo.

Cuando somos claramente los agresores, independientemente de lo grande que sea nuestra ofensa —si es que la admitimos— querremos señalar la no inocencia de la parte a la que hemos victimizado y procurado arrastrar a la ciénaga de la pecaminosidad común no diferenciada que exige una confesión de pecado recíproca equilibrada. La dificultad con la que la Iglesia Evangélica en Alemania hizo su confesión, bastante floja, tras la II Guerra Mundial (La Declaración de Culpa de Stuttgart, adoptada el 18-19 de octubre de 1945) es un buen ejemplo. La resistencia al arrepentimiento será incluso mayor si nos vemos como víctimas desfavorecidas y sin poder. ¿Cómo seremos capaces de confesar nuestra maldad sin buscar justificarnos señalando las ofensas sufridas, el agravio que empequeñece cualquier felonía que pudiéramos haber cometido y, a la vez, provee una buena cantidad de explicación respecto a por qué la cometimos? Seamos agresores o víctimas, el arrepentimiento genuino exige que nos saquemos a nosotros mismos, por así decirlo, de la red de pequeños y grandes actos malos que tanto caracterizan nuestras relaciones sociales que nos negamos a explicar nuestra conducta y acusamos a otros, y que sencillamente cargamos con nuestra propia maldad: "*[Yo]* he pecado de pensamiento, de palabra y de obra" como lo expresa el Libro de Oración Común.

Comentando sobre la Declaración de Culpa de Stuttgart, Jürgen Moltmann señala tanto el dolor como la promesa de una confesión genuina:

> La persona que admite así su culpa y su complicidad se vuelve indefensa, fácil de atacar y vulnerable. Está ahí, embarrada y abrumada. Todos pueden señalarlo y despreciarlo. Pero él queda libre de la alienación y de que sean otros quienes determinen sus acciones; viene a sí mismo y entra en la luz de una verdad que lo hace libre...[362]

---

[361] Carl Gustav Jung, "Epilogue to 'Essay on Contemporary Events'", Collected Works of C. G. Jung, ed. H. Read et al. (Nueva York: Panthen Books, 1964), 240s.

[362] Jürgen Moltmann, "Forty Years after the Stuttgart Declaration", *Case Study 2: The Forgiveness and Politics Study Project,* ed. Brian Frost, Londres: New World Publications, 1987, 43.

La liberación a través de la confesión, la liberación de la "supresión de la culpa, y de una creencia obtusa en el destino", de "la armadura de insensibilidad y desafío en la que nos habíamos encastrado", como lo describe Moltmann,[363] podría hallarse entre las más dolorosas de todas las liberaciones. Pero cuando hemos dado este primer paso difícil de arrepentimiento, ya hemos recorrido una buena distancia en el camino de la reconciliación. El siguiente paso es el perdón.[364]

Pero ¿es el perdón más fácil? En lo profundo del corazón de cada víctima el enojo se hincha contra el perpetrador, ruge inflamado por el sufrimiento no redimido. Los salmos imprecatorios parecen acudir a los labios de las víctimas con mucha más facilidad que la oración de Jesús en la cruz. En todo caso, orarían más bien: "Padre, ¡no los perdones porque sí saben lo que hicieron!". Sin embargo, el poderoso tirón emocional de la venganza no es la única razón por la que nos resistimos a perdonar. Nuestro indiferente sentido de justicia envía el mismo mensaje: El perpetrador *no merece* el perdón; sería injusto perdonar. Como lo expresa Lewis Smedes en *Forgive and Forget,* el perdón es un ultraje "contra la moralidad cuadriculada de pagar cuotas."[365] Si los perpetradores se arrepentían, el perdón llegaría con mayor facilidad. Sin embargo, con demasiada frecuencia no lo son. Y, por tanto, tanto la víctima como el perpetrador están encarcelados en el automatismo de la exclusión mutua, incapaz de perdonar o arrepentirse, y unido a una comunión perversa de enemistad mutua. En lugar de querer perdonar, instintivamente buscamos la venganza. Una mala acción no puede quedar tanto tiempo sin pagar; exige un reembolso instantáneo. El problema con la venganza es, sin embargo, que nos esclaviza. Como Hannah Arendt señaló en *The Human Condition,* la venganza:

---

[363] Ibíd.

[364] No estoy sugiriendo que haya una secuencia temporal necesaria entre el arrepentimiento y el perdón como tal, es decir, uno se arrepiente primero y después ofrece o recibe perdón. En realidad, teológicamente uno hará bien en insistir en la prioridad del perdón: el perdón debe estar ya en funcionamiento antes de que el arrepentimiento pueda producirse, como ha argumentado Kyle A. Pasewark en su revista de Shriver, *An Ethic for Enemies* ("Remembering to Forget: A Politics of Forgiveness", *Christian Century* 112 [julio 5-12, 1995]: 685). Mi interés aquí no es tanto analizar la secuencia de los pasos en el ciclo de reconciliación, como indicar diversos elementos de este ciclo. Además, la terminología de "pasos" no debería confundir a nadie a pensar que el arrepentimiento y el perdón son actos puntuales, realizados una vez y para siempre. En *Embodying Forgiveness: A Theological Analysis* (Grand Rapids: Eerdmans, 1995), L. Gregory Jones ha argumentado, y con razón, en favor del perdón como un "artesanía", "una forma de vida".

[365] Lewis B. Smedes, *Forgive and Forget: Healing the Hurts We Don't Deserve,* San Francisco: Harper & Row, 1984, 124.

actúa en la forma de reaccionar contra una transgresión original, por la que lejos de ponerle fin a las consecuencias de la primera maldad, todos permanecen sujetos al proceso, permitiendo la reacción en cadena contenida en cada acción para adoptar su rumbo sin obstáculo; …[venganza] encierra tanto al perpetrador como al sufridor en el automatismo incesante del proceso de la acción que, por sí misma, necesita no llegar nunca a un fin.[366]

El giro sin fin de la espiral de venganza —"la violencia se alimenta de la venganza; la venganza de la violencia"[367]— tiene sus propias buenas razones que parecen entretejidas en la tela misma de las realidades sociales. La única razón tiene que ver con la falta de sincronización entre las perspectivas de los actores sociales. Cuando una parte se ve como buscando simplemente la justicia o incluso conformándose con menos que la justicia, el otro podría percibir la misma acción como venganza o perpetrar la injusticia. Cuando la pretendida justicia se traduce por la otra parte en injusticia real, una venganza "justa" conduce a una contravenganza "justa". Podemos denominar esta primera razón para la espiral de venganza "la incapacidad de las partes bloqueadas en el conflicto para concordar sobre la relevancia moral de sus acciones.

La otra razón para la espiral de venganza radica en la secuencia temporal en la que nuestros actos están necesariamente incorporados. Hannah Arendt lo ha llamado "el aprieto de la irreversibilidad" —una incapacidad de "deshacer lo que se ha hecho, aunque no se supiera, o no se pudiera saber, lo que se estaba haciendo.[368] Si nuestros hechos y sus consecuencias pudiera deshacerse, la venganza no sería necesaria. Volver atrás en ellos, si hubiera voluntad para ello, bastaría. Pero nuestras acciones son irreversibles. Ni siquiera Dios puede alterarlos, Y, por tanto, la urgencia a la venganza parece irreprensible. La única salida del apuro de la irreversibilidad, como insiste Arendt, es por medio del *perdón*. Me gustaría añadir que el perdón también es la única forma para salir del apuro de la parcialidad. Un acto genuinamente libre que "no relaciona meramente",[369] el perdón rompe el poder del pasado recordado y trasciende las afirmaciones confirmadas de justicia y, de este modo, hace que la espiral de venganza se pare en seco. Es la interpretación social del perdón.

---

[366] Hannah Aredt, *The Human Condition: A Study of the Central Dilemmas Facing Modern Man*, Garden City: Doubleday, 1959, 216.

[367] Donald W. Shriver Jr., An Ethic for Enemies: Forgiveness in Politics, Nueva York: Oxford University Press, 1995, 19.

[368] Arendt, *The Huma Condition,* 212 S.

[369] Ibíd., 216.

"El descubrimiento de la función del perdón en la esfera de los asuntos humanos era Jesús de Nazaret, afirmó Hannah Arendt.[370] Adecuado o no, el título de "descubridor" subraya correctamente la centralidad del perdón en la proclamación de Jesús. El clima de opresión dominante en lo que predicó estaba impregnado del deseo de venganza. El principio: "Si alguien te golpea, ¡devuélvele el golpe! ¡Si alguien toma tu capa, quema su casa! Parecía la única forma de sobrevivir;[371] el tipo de venganza de Lamec, que devuelve setenta y siete golpes por cada uno recibido parece, de manera paradójica, la única forma de arrancar la injusticia (Gn 4:23-24). Dándole la vuelta, sin embargo, a la lógica de Lamec Jesús les exigió a sus seguidores que no se limitaran a renunciar a la venganza, sino que perdonaran tantas veces como Lamec buscó vengarse (Mt 18:21-22). Se debe pelear contra la injusticia de la opresión con la "injusticia" creativa del perdón, no con la diletante injusticia de la venganza.

Colgando de la cruz a la que fue enviado por un juez injusto, Jesús se convirtió en el ejemplo supremo de su propio alcance. Oró: "Padre, perdónalos..." (Lc 23:34). Comentando esta oración, Jürgen Moltmann escribe:

> Con esta oración de Cristo se vence la religión universal de la venganza y la ley universal de la represalia queda anulada. En el nombre del Crucificado, desde ahora en adelante solo gobierna el perdón. El cristianismo que tiene el derecho a apelar a él es una religión de reconciliación. Perdonar a los que nos han ofendido es un acto de la más elevada soberanía, y de gran libertad interna. Al perdonar y reconciliar, las víctimas son superiores a los perpetradores y se liberan de la compulsión a los malos actos.[372]

¿No está Moltmann estableciendo, sin embargo, falsas alternativas? ¿Acaso no hay nada aparte de la elección entre la venganza y el perdón? ¿Por qué no renunciar sencillamente y optar, a la vez, a la justicia, reembolsando a los ofensores, ni más ni menos (como querría la venganza y como exigiría el perdón) que por su ofensa? ¿Por qué no ojo por ojo y diente por diente como afirma la *lex talionis,* ese principio que busca limitar el conflicto imponiendo la extensión exacta del "reembolso"? Nótese, sin embargo, que la idea misma del perdón implica una confirmación de la justicia. El Padrenuestro lo deja

---

[370] Ibíd., 214ss.

[371] Theissen, *The Shadow of the Galilean,* 88.

[372] Jürgen Moltmann, *Das Kommen Gottes: Chrisliche Eschatologie,* Gütersloh: Chrisian Kaiser, 1995, 29.

claro. Cuando oramos "perdónanos nuestras deudas como nosotros también perdonamos a nuestros deudores" (Mt 6:12) queremos decir que le *debemos* algo a Dios y que otras personas nos *deben* algo a nosotros. Lo que debemos y lo que se nos debe solo puede estableceros aplicando el principio de la justicia, de ahí que si no hay justicia, no hay perdón.

Pero si hay justicia, entonces ¿por qué perdonar? Porque la estricta justicia reparadora no puede ser nunca satisfecha. Si el apuro de la parcialidad pone la tapa sobre el ataúd de semejante justicia, el apuro de la irreversibilidad atornilla fuertemente la tapadera. Dado que "ningún hecho puede ser aniquilado", como afirma Nietzsche, al menos permanece la ofensa original. Dentro de la estructura de la justicia, la culpa es eterna y, por tanto, concluye Nietzsche, "todos los castigos también deben ser eternos".[373] Y, sin embargo, el infierno eterno que se exigía para los torturadores, según la lógica de Nietzsche, no podía enderezar las cosas para aquellos que han sido atormentados como percibió la sagacidad de Dostoevsky.[374] No se nos ocurre nada que pueda rectificar la ofensa original. Además, tan pronto como salimos de la esfera del pensamiento puro y entramos en el de la relación social concreta, como norma queda mucho más sin rectificar que la ofensa original. En este terreno, las ofensas existen y no hay restitución posible, y aun cuando se pudiera hacer, las disputas sobre el tipo de restitución aprobado hace que sea insólita y su justicia será controvertida. En el marco de la justicia restauradora estricta, ninguna reconciliación es posible. Por el contrario, la búsqueda de dicha justicia profundizará el conflicto y restaurará la "compulsión por las malas acciones". De ahí la necesidad de perdón.

Una vez más, el perdón no es sustituto de la justicia. No es la mera descarga del enojado resentimiento de una víctima ni el mero apaciguamiento de la angustia llena de remordimiento de un perpetrador, algo que no exige cambio alguno en el perpetrador ni corregir las ofensas. Por el contrario, cada acto de perdón entroniza la justicia; atrae la atención de su violación precisamente sin ofrecer renunciar a sus afirmaciones.[375] Además, el perdón proporciona el marco en el cual la búsqueda de la justicia entendida como es debido puede perseguirse de un modo productivo. "Solo aquellos que están en un estado de

---

[373] Friedrich Nietzsche, *Thus Spoke Zarathustra: A Book for Everyone and No One,* trad. R. J. Hollingdale, Londres: Penguin 1969, 162.

[374] Fyodor Dostoevsky, *The rothers Karamazov,* trad. R. Pevear y L. Volokhonsky, San Francisco: North Point, 1990, 245.

[375] Michel Welker, "Gewaltverzicht und Feindesliebe", *Einfacn von Gott reden: Ein theologischer Diskurs. Festschrift für Friedrich Mildenberger zum 65.* Geburtstag, ed. Jürgen Roloff y Hans G. Ulrich, Stutgart: W. Kohlhammer, 1994, 246.

veracidad por medio de la confesión de su pecado a Jesús no se avergüenzan de decir la verdad dondequiera que sea preciso", sostenía Dietrich Bonhoeffer en *The Cost of Discipleship*.[376] Solo quienes son perdonados y están dispuestos a perdonar serán capaces de perseguir la justicia sin descanso, sin caer en la tentación de pervertirla en injusticia, podríamos añadir.

No obstante, ¿cómo encontramos la fuerza de perdonar? ¿Deberíamos intentar persuadirnos de que el perdón es invariablemente bueno para la salud mental y espiritual, mientras que el revanchismo es malo? ¿Deberíamos decirnos a nosotros mismos que, dada la naturaleza de nuestro mundo, es más sabio perdonar que caer presa de la espiral giratoria de la venganza? Aunque fuera válido, ¿llegarán estos argumentos a tan poderosa emoción como el deseo de venganza? De manera más significativa, toman suficiente nota de que lejos de ser tan solo la pasión irracional de una psique enferma o desajustada, el deseo de venganza fluye "de la necesidad de restaurar 'algo que falta', un sentido de integridad físico y emocional que la violencia ha hecho pedazos", como argumenta con razón Susan Jacoby en *Wild Justice*?[377] ¿Cómo satisfaremos nuestra sed de justicia y calmaremos nuestra pasión por la venganza con el fin de practicar el perdón?

En los salmos imprecatorios, se permite que torrentes de rabia fluyan libremente, canalizados tan solo por la robusta estructura de una oración ritual.[378] Por extraño que parezca, esto podría señalar la salida de la esclavitud de la venganza y la entrada a la libertad del perdón. Esta sugerencia no funcionará, claro está, si vemos los salmos imprecatorios como amenazas indirectas pronunciadas en público a los poderosos enemigos que no pueden ser confrontados de un modo directo; momentos "en una red más amplia de palabras y acciones intrigantes en la que el salmista está involucrado por completo", como ha argumentado Gerald T. Sheppard.[379] En parte por una falsa preocupación de que estos salmos puedan "disipar y neutralizar el deseo verdadero de tomar represalias, de castigar, o de retirarle el poder a otra persona",[380] Sheppard malinterpreta el carácter específico de los salmos como discurso. Son *oraciones*. Y todos, excepto los modernos a quienes no les importa Dios, saben que el principal destinatario de las oraciones es Dios. Cualquier otra cosa que esos

---

[376] Dietrich Bonhoeffer, *The cost of Discipleship,* trad. R. H. Fuller, Nueva York: MacMillan, 1964, 155.

[377] Susan Jacoby, *Wild Justice: The Evolution of Revenge*, Nueva York: Harper & Row, 1983, 298. *Cost of Discipleship*, trad. R. H. Fuller, Nueva York: Macmillan, 1963.

[378] Christoph Barth, *Introduction to the Psalms*, Nueva York: Scribners, 1966, 43ss.

[379] Gerald T. Sheppard, "'Enemies' and the Politics of Prayer in the Book of Psalmas", *The Bible and the Politics of Exegesis,* ed. D. Jobling et al. Cleveland: Pilgrim, 1992, 74.

[380] Ibíd., 71.

salmos puedan haberles hecho a quienes escuchaban (y no dudo de que también funcionaban a ese nivel), provocaron perplejidad y rabia en los oprimidos por la injusticia en la presencia de Dios, que es el Dios de los oprimidos.[381]

Para los seguidores del Mesías crucificado, el mensaje principal de los salmos imprecatorios es este: la ira pertenece cuando se está ante Dios[382], no en la forma reflexiva, controlada y cuidada de una confesión, sino como un arrebato desde las profundidades del alma. Esto no es una mera descarga catártica de agresión reprimida delante del Todopoderoso a quien le debería preocupar. De manera mucho más relevante, al traer ante Dios la ira desatendida, presentamos a nuestro enemigo injusto y nuestro propio cara a cara vengativo con un Dios que ama y hace justicia. Oculto en las cámaras oscuras de nuestros corazones y alimentado por el sistema de tinieblas, el odio crece y busca infectarlo todo con su infernal voluntad de excluir. A la luz de la justicia y del amor de Dios, sin embargo, el odio retrocedía y se planta la semilla para el milagro del perdón. Este se revuelve porque excluyo al enemigo de la comunidad de los seres humanos como me excluyo de la comunidad de los pecadores. Pero nadie puede estar en la presencia del Dios del Mesías crucificado durante mucho tiempo sin haber vencido esta doble exclusión, sin transponer al enemigo desde la esfera de la monstruosa inhumanidad al ámbito de la humanidad compartida, y a él o ella desde el terreno de la inocencia orgullosa al campo de la pecaminosidad común. Cuando uno sabe que el torturador no triunfará eternamente sobre la víctima (Capítulo VII), es libre para redescubrir la humanidad de esa persona e imitar el amor de Dios por él o ella. Y, cuando se sabe que el amor de Dios es mayor que todo pecado, uno es libre de verse a la luz de la justicia divina y, así, redescubrir la pecaminosidad propia.[383]

En la presencia de Dios nuestra ira por la injusticia podría dar paso al perdón que, a su vez, posibilitará la búsqueda de la justicia para todos (ver Capítulo V). Si el perdón tiene lugar, no será sino un eco del perdón concedido

---

[381] Patrick D. Miller, *They Cried to the Lord: The Form and Theology of Biblical Prayer* (Minneapolis: Fortress, 1994), 106ss. Bernd Janowski ha argumentado de forma persuasiva que el "enemigo" en Salmos no es tan solo "un oponente personal, sino "un representante de un poder caótico" ("Dem Löven gleich, gerig nach Raub: Zum Feindbild in den Psalmen", *Evangelische Theologie* 55, núm. 2 [1995]: 163ss.). Los salmos imprecatorios tratan menos, por tanto, de una venganza personal que de ir tras la justicia.

[382] Ibíd., 173.

[383] Situarnos en la presencia de Dios no es, por supuesto, todo lo que necesitamos hacer con el fin de aprender a perdonar. También necesitamos situarnos en una comunidad de perdón, una comunidad que nos ayudará a aprender el ate del perdón (Jones, *Embodying Forgiveness*). La oración de los salmos realiza, de hecho, parte de esta colocación comunal, porque son las oraciones rituales del pueblo de Dios.

por el Dios justo y amoroso; el único perdón que importa en última instancia porque, aunque debemos perdonar, en un sentido muy real nadie puede perdonar ni retener los pecados "sino solo Dios" (Mc 2:7).

Espacio para los demás: Cruz, Trinidad, Eucaristía

"El perdón" resume gran parte de la relevancia de la cruz[384]; para los cristianos el símbolo absoluto al mismo tiempo de la destructividad del pecado humano y de la grandeza del amor de Dios. Aunque Jesús pudiera no haber pronunciado nunca la oración: "Padre, perdónalos, porque no saben lo que hacen" (Lc 23:34),[385] estas palabras están escritas de forma indeleble en la historia de su pasión; de hecho, en toda su vida que conduce a la cruz. Como deja claro la oración, la crucifixión de Cristo no fue un simple caso más de un inocente que sufre. El padecimiento del inocente *como tal* no tiene valor redentor ni para los que sufren, ni para nadie más; es trágico, no redentor, porque solo hincha los ríos de sangre, ya rebosantes, y las lágrimas que recorren toda la historia humana. Más que el mero sufrimiento pasivo de un inocente, la pasión de Cristo es la agonía de un alma torturada y un cuerpo destruido ofrecido como *una oración que pide que los torturadores sean perdonados*. No cabe duda que esta oración añade a la agonía de la pasión. Como Dietrich Bonhoeffer vio con claridad, el perdón mismo es una forma de sufrimiento;[386] cuando perdono no solo he sufrido una violación, sino también la supresión de las reivindicaciones de pleno derecho de una justicia retributiva. Sin embargo, sabemos que al pie de la cruz, en un mundo de hechos irreversibles y juicios partidarios no puede producirse la redención del sufrimiento pasivo de la victimización sin el padecimiento activo del perdón.

El perdón es necesario, ¿pero será suficiente? El perdón es la frontera entre la exclusión y el acogimiento. Sana las heridas que los actos del poder de la exclusión han infligido y derriba el muro divisorio de la hostilidad. Sin embargo, deja una distancia entre las personas, un espacio vacío de neutralidad que les permite ir por caminos separados en lo que a veces se denomina "paz" o caer en los brazos los unos de los otros y restaurar la comunión rota.

---

[384] No es lugar aquí para desarrollar una teología completa de la cruz; solo puedo basarme en algunos rasgos del testimonio del Nuevo Testamento sobre la muerte de Cristo. En particular, evitaré todo intento de explicar la "lógica de la redención (ver Capítulo VII). Lo que me interesa aquí al desarrollar la relevancia social de algunos aspectos de lo sucedido en la cruz, no explica por qué y de forma precisa cómo ocurrió.

[385] Importantes manuscritos antiguos o contienen las palabras.

[386] Bonhoeffer, *The Cost of Discipleship*, 100.

"Ir por el camino propio" es el sueño más atrevido que muchas personas atrapadas en el vértice de la violencia pueden reunir la fuerza de acariciar. "Se hizo demasiada injusticia para que fuéramos amigos: demasiada sangre se derramó para que viviéramos juntos" son las palabras que se repiten con mucha frecuencia en las regiones hundidas por el conflicto. Una clara línea los separara a "ellos" de "nosotros". Seguirán siendo "ellos" y nosotros permaneceremos "nosotros", y jamás los incluiremos a "ellos" cuando hablemos de "nosotros". Tan "limpias" identidades, viviendo a distancias seguras unos de otros, podría ser toto lo posible o incluso lo deseable en algunos casos en ciertas coyunturas de la historia mutua de las personas. Pero separar los caminos claramente no es todavía la paz. Mucho más que la mera ausencia de hostilidad sustentada por la ausencia de contacto, *la paz es la comunión entre antiguos enemigos*. Aparte de ofrecer el perdón, la pasión de Cristo apunta a restaurar esa comunión, aun con los enemigos que se niegan con persistencia a ser reconciliados.

En el corazón de la cruz está la postura de Cristo de no permitir que el otro siga siendo un enemigo y de crear espacio en él para que el ofensor entre. Lee la culminación de la narrativa más amplia del trato de Dios con la humanidad, la cruz dice que a pesar de su enemistad manifiesta a Dios, la humanidad le pertenece a él; Dios no será Dios sin la humanidad. "Porque si siendo enemigos, fuimos reconciliados con Dios por la muerte de su Hijo", escribe el apóstol Pablo (Rm 5:10). La cruz es la entrega del ser de Dios para no tirar la toalla con la humanidad; es la consecuencia del deseo de Dios de romper el poder de la enemistad humana sin violencia y recibir a los seres humanos en la comunión divina. El objetivo de la cruz es que los seres humanos vivan "en el Espíritu", "en Cristo" y "en Dios". El perdón no es, por tanto, la culminación de la relación de Cristo con el otro ofensor; es un pasaje que conduce a acoger. Los brazos del crucificado están abiertos, la señal de un espacio en el ser de Dios y una invitación para que el "enemigo" entre.

Como expresión de la voluntad de acoger al enemigo, la cruz es sin duda un escándalo en un mundo inundado de hostilidad. Instintivamente alargamos la mano para agarrar un escudo y una espada, pero la cruz nos ofrece brazos extendidos y un cuerpo desnudo con un costado traspasado; sentimos que necesitamos la astuta sabiduría de las serpientes, pero la cruz nos invita a la insensatez de las inocentes palomas (1 Cor 1:18ss.). Por escandaloso que pueda ser, esta vulnerabilidad e inocencia cruciforme no habla, sin embargo, de "la *incapacidad* para la enemistad", como sugirió Nietzsche en *The Anti-Christ*.[387]

---

[387] Friedrich Nietzsche, *Twilight of the Idols and The Anti-Christ*, trad. R. J. Hollingdale, Londres: Penguin, 1990, 153.

En su lugar, denotan la clase de *enemistad* hacia la enemistad, que rechaza todos sus servicios. En vez de imitar el acto de violencia y rechazo del enemigo, Cristo, la víctima que se niega a ser definida por el perpetrador, perdona y hace espacio en sí mismo para el enemigo. De ahí precisamente como víctima Cristo es el juez verdadero: ofreciendo acoger a los ofensores, juzga tanto la maldad inicial de los perpetradores como la ofensa reactiva de muchas víctimas. La enemistad hacia la enemistad logra lo que ni la enemistad misma ni la incapacidad para la enemistad podrían conseguir. Acoger *transforma* la relación entre la víctima y el perpetrador, mientras que la enemistad lo invertiría simplemente y la incapacidad para la enemistad la deja sin tocar.[388]

Sin embargo, incluso como juicio contra la enemistad, la cruz permanece como ofensa en un mundo de violencia. ¿No conducirá tan apacible agonía a la agonía insoportable de los seguidores de Cristo?[389] La carga pesada de la cruz aplasta a los débiles, aquellos que no tienen plataforma de poder sobre la que subirme cuando falla la estrategia de hacer espacio en el "yo" para el enemigo. ¿Acaso esa "palabra de la cruz" no será una noticia demasiado buena para el perpetrador? En otros lugares del libro trataré estas preguntas profundamente perturbadoras (ver Capítulos V-VII). Aquí quiero subrayar que la ofensa de la cruz —y cualquiera que piense que la cruz *no* es una ofensa nunca ha seguido al Crucificado de Getsemaní, por no decir del Gólgota— se encuentra a mayor profundidad que la teología de la cruz. Si el destino del Crucificado y su exigencia de caminar en sus huellas nos perturba, entonces también nos molestará el *Dios* del Crucificado. Porque la naturaleza misma del Dios trino se refleja en la cruz de Cristo. A la inversa, la cruz de Cristo está grabada en el corazón del Dios trino; la pasión de Cristo es la pasión de Dios.[390] Como lo expresa Rowan Williams, "el autovaciado inconcebible de Dios en los acontecimientos del Viernes Santo y del Sábado Santo no es una expresión arbitraria de la naturaleza de Dios: esto es la vida de la Trinidad, traducida al mundo".[391] La teología trinitaria de la cruz nos lleva a preguntar, por tanto, qué es "la vida

---

[388] Ver Rowan Williams, *Resurrection: Interpreting the Easter Gospel*, Londres: Darton, Longman & Todd, 1982, 11ss.

[389] Sobre la cuestión de la "vulnerabilidad" ver el importante ensayo de Sarah Coakley, *Kenosis* and Subversion: On the Repression of 'Vulnerability' in Christian Feminist Writing" (*Powers and Submissions: Spirituality, Philosophy, and Gender* [Oxford]: Blackwell, 2002)9; argumenta en favor de "la concurrencia normativa en Cristo de no acosar el 'poder' divino *con* su humanidad 'humilde'" (31).

[390] Moltmann, *The Trinity and the Kingdom*, 21ss.

[391] Rowan Williams, "Barth on the Triune God", *Karl Barth: Studies of His Theological Method*, ed. S. W. Sykes, Oxford: Clarendon, 1979, 177.

de la Trinidad" no traducida al mundo, y cómo moldearía nuestras relaciones con los demás.

Nótense primero las dos dimensiones de la pasión de Cristo: amor de entrega que vence a la enemistad humana y la creación de espacio en sí mismo para recibir a la humanidad distanciada. Esta misma entrega del "yo" y el acogimiento del otro son los dos momentos esenciales en la vida interna de la Trinidad; de hecho, con el Dios trino de perfecto amor son idénticos. Tanto los que abrazan una visión jerárquica de las relaciones trinitarias, siguen la tradición y los que se unen a corrientes más recientes y defienden la opinión de relaciones trinitarias no jerárquicas, concuerdan en que la vida de Dios es una vida de autoentrega y de recibir a otros en amor. Como consecuencia, la identidad de cada persona trinitaria no puede definirse aparte de las demás personas. El Jesús juanino declara: "El Padre está en mí y yo en el Padre" (Jn 10:38). La persona divina no es solo esta persona, sino que incluye a las demás personas divinas en sí misma; es lo que es solo mediante la residencia de los demás. El Hijo es el Hijo porque el Padre y el Espíritu moran dentro de él; sin esta interioridad del Padre y del Espíritu no habría Hijo. Cada persona divina *es* las otras tres, pero él es las otras personas a su propia manera particular. Esto es lo que la idea patrística de la *perichoresis* divina buscó expresar: "co-herencia el uno en el otro sin coalescencia ni mezcla".[392]

En la *perichoresis* —o "interioridad mutua" como prefiero denominarla— todo depende del éxito en resistir y no caer en la identidad pura. Ampliando sobre la comprensión agustiniana y tomista de las personas trinitarias como relaciones, Joseph Ratzinger ha argumentado que la personalidad consiste en *relaciones puras*[393]: "persona est relatio".[394] Apelando a declaraciones como las del Jesús juanino, por ejemplo "Mi doctrina no es mía, sino de aquel que me envió" (Jn 7:16), Ratzinger afirma que en el Hijo "no hay nada en lo que sea solo él, ninguna clase de terreno privado cercado",[395] sino que la totalidad de su ser consiste en ser completamente transparente para el Padre. De ahí que Jesús pueda decir: "El que me ha visto a mí ha visto al Padre" (14:9). Pero ¿en qué difiere una transparencia tan radical del Hijo para el Padre de la disolución del Hijo en el Padre? Más aún, si *ninguna* de las personas tiene algo suyo propio, las tres personas divinas se derrumban en una sustancia divina no

---

[392] G. L. Prestige, *God in Patristic Thought*, Londres: SPCK, 1956, 298.

[393] Joseph Ratzinger, *Introduction to Christianity*, trad. J. R. Foster, Nueva York: Herder and Herder, 1970, 131.

[394] Aquino, *Summa Theologica*, trad. Fathers of the English Dominican Province, Nueva York: Benzinger, 1948, I, 40, 2.

[395] Ratzinger, *Introduction to Christianity*, 134.

diferenciada y su "interioridad mutua" se ha perdido. En lugar de identificar "personas" y "relaciones" parece mejor, con Jürgen Moltmann, para entenderlos "en una relación recíproca".[396] El Hijo no es ahora completamente transparente para el Padre, sino que se les concibe a ambos como uno "en" el otro: "el Padre está en mí y yo en el Padre" (Jn 10:38). Esta interioridad mutua nacida del amor —"Yo no soy solo yo, los otros también me pertenecen"— describe a la vez la identidad y las relaciones de las personas divinas desde la eternidad hasta la eternidad.[397]

Cuando la Trinidad se gira hacia el mundo, El Hijo y el Espíritu se convierten, en la hermosa imagen de Ireneo, los dos brazos de Dios por los que fue creada la humanidad y tomados en el abrazo de Dios.[398] Ese mismo amor que sustenta a las identidades encerradas en un "no-yo" en la Trinidad busca hacer espacio "en Dios" para la humanidad. No obstante, la humanidad no es tan solo el otro de Dios, sino el otro amado que se ha convertido en enemigo. Cuando Dios empieza a acoger al enemigo, el resultado es la cruz. Allí, el círculo danzante de autoentrega y la residencia mutua de las personas divinas se abre para el enemigo; en la agonía de la pasión, el movimiento se detiene durante un breve momento y aparece una fisura para que la humanidad pecaminosa pueda unirse (ver Jn 17:21). Nosotros, los otros —nosotros, los enemigos— son acogidos por las divinas personas que nos aman con el mismo amor con el que se aman unos a otros y, por tanto, hacen espacio para nosotros en su propio acogimiento eterno.[399]

La Eucaristía es el tiempo ritual en el que celebramos este divino "hacer sitio para nosotros e invitarnos a entrar". Al comer el pan y beber el vino, recordamos el cuerpo roto "por nosotros" que éramos enemigos de Dios, y la sangre derramada para establecer un "nuevo pacto" con nosotros, que hemos quebrantado el acuerdo (1 Cor 11:24-25). Sin embargo, entenderíamos de un modo profundamente erróneo la Eucaristía si pensáramos en ella tan solo como un sacramento de la acogida de Dios, de la que somos sencillamente los

---

[396] Moltmann, *The Trinity and the Kingdom,* 172.

[397] Ibíd., 191s.; Jürgen Moltmann, *In der Geschichte des dreieinigen Gottes: Beträge zur trinitarischen Teologie* (München: Kaiser, 1991); Miroslav Volf, *After Our Likeness: The Church as the Image of the Trinity* (Grand Rapids: Eerdmans, 1998), cap. 4.

[398] Ver Ireneo, *Against Heresies,* 5, 6, 1.

[399] Aquí el plural no es en modo alguno una caída en el politeísmo. Como sugiere el plural de Juan 17:21 ("ellos" —los que creerán— en "nosotros"— el Padre y el sujeto de la oración sumosacerdotal), no se puede hablar del Dios trino simplemente en singular (aunque, por supuesto, una de las reglas básicas del lenguaje sobre el Dios cristiano es que tampoco se puede hablar del Dios trino sencillamente en plural).

beneficiarios afortunados. Inscrita en el corazón mismo de la gracia de Dios está la norma de que podemos ser sus receptores, solo si no nos resistimos a ser hechos sus agentes; lo que nos sucede a nosotros debe ser hecho por nosotros. Habiendo sido acogidos por Dios, debemos hacer espacio para otros en nosotros e invitarlos a entrar, aunque sean nuestros enemigos. Esto es lo que representamos cuando celebramos la Eucaristía. Al recibir el cuerpo roto de Cristo y la sangre derramada, nosotros, en un sentido, recibimos a todos aquellos a los que Cristo recibió mediante el sufrimiento.

La teología católica y la ortodoxa tienen una larga tradición de reflexionar en lo que ellos llaman una "personalidad católica", centrada en torno al misterio de la Eucaristía. Tomemos la formulación de John Zizioulas de esta noción, aunque se podría tomar igualmente, por ejemplo la de Hans Urs von Balthasar.[400] Dado que en la Eucaristía cada comulgante recibe la "totalidad de Cristo" —la cabeza y el cuerpo—, cada uno de ellos se convierte en una *persona eclesial* y todos son *internos al ser mismo de cada uno*.[401] Aunque se objete al carácter organicista del pensamiento de Zizioulas —el único Cristo completo, formado por la cabeza y el cuerpo está presente en cada miembro—[402] la idea de una *persona eclesial* o *personalidad católica* (como Zizioulas prefiere formularlo) es profunda y fructífera a la vez. Al partir el pan no solo participamos del cuerpo del Señor crucificado y resucitado, sino también del cuerpo de la iglesia formado de muchos miembros. La Eucaristía nos indica que cada miembro no es externo a los demás. Una persona individual discreta también es un punto nodal único, el sedimento de las relaciones internalizadas con otros miembros del cuerpo de Cristo. Como he argumentado con anterioridad (Capítulo III), entendido del modo adecuado, la noción de la personalidad católica nos lleva incluso más allá de las fronteras de la iglesia. Por el Espíritu no solo somos bautizados en el cuerpo único, sino que también somos hechos "una nueva creación". De ahí que el Espíritu nos abra para anticipar la reunión final del pueblo de Dios en el mundo nuevo de Dios y nos pone en el camino de convertirnos en personalidades verdaderamente católicas, microcosmos personales

---

[400] Hans Urs von Balthasar, *Katholisch: Aspekte des Mysteriums*. Kriterien 36, Einsiedeln: Johannes, 1975, 8.

[401] John Zizioulas, "L'eucharistie: quelques aspects bibliques", *L'Eucharistie*, ed. J. Zizioulas et al. Paris: Marne, 1970, 69; Zizioulas, «Die pneumatologische Dimension der Kirche», *Communio* 2 (1973): 142; Zizioulas, *Being as Communion: Studies in Personhood and the Church* (Crestwood: St. Vladimir's Seminary Press, 1985), 58.

[402] Una explicación más extensa de esta cuestión en la tradición católica y ortodoxa, así como el intento de su adecuación dentro del marco del pensamiento protestante se encuentra en mi *After Our Likeness: The Church as the Image of the Trinity* (Grand Rapids: Eerdmans, 1998).

de la nueva creación escatológica. En la Eucaristía celebramos, pues, la entrega de uno mismo al otro y el acogimiento del otro en el "yo" que el Dios trino asumió en la pasión de Cristo y que somos llamados y empoderados a vivir semejante entrega y acogimiento de un mundo gobernado por el conflicto.

En la plenitud de la vida litúrgica de la iglesia ortodoxa, durante la celebración del "banquete de banquetes", al final de los maitines pascuales y justo antes de empezar la Liturgia Divina, el coro canta las palabras siguientes:

> Pascha de hermosura
> La Pascha del Señor
> Una Pascha digna de todo honor ha amanecido para nosotros.
> ¡Pascha!
> Abracémonos unos a otros con gozo.
> Oh Pascha, rescate de la aflicción.

Y, otra vez, después de que el versículo de gloria al Dios trino, "al Padre, y al Hijo y al Espíritu Santo, ahora y siempre, y por los siglos de los siglos", el coro canta de nuevo:

> Este es el día de la resurrección.
> Seamos iluminados por el banquete.
> Aceptémonos unos a otros.
> Llamémonos "Hermanos" aun aquellos que nos odian,
> Y perdonemos a todos por la resurrección.[403]

Gran parte del significado de la muerte y la resurrección de Cristo se resume en este mandato: "Abracémonos unos a otros". Como el coro declara con claridad, el otro, que debería ser aceptado por aquellos para quienes "una Pascha digna de todo honor ha amanecido" no solo es el "hermano" o la "hermana" dentro de la comunidad eclesial encerrada en sí misma. El otro también es el enemigo de fuera —"los que nos odian" y "todos"— tomado en el abrazo siendo perdonado y *llamado* "hermano" y "hermana".

En un sentido, este llamado litúrgico a aceptarnos unos a otros, marca la frontera entre el espacio y el tiempo del ritual Pascual, así como el espacio y el tiempo de la vida diaria. En obediencia al llamado "a aceptarnos unos a otros" el misterio pascual se vive en el mundo. Nosotros, que hemos sido aceptados

---

[403] John Erickson y Paul Laraz, eds., *The Paschal Service*, Wayne: Orthodox Christian Publications Center, 1990.

por los brazos extendidos del crucificado, Dios abre nuestros brazos incluso para los enemigos —para hacer sitio en nuestro interior para ellos e invitarlos a entrar— de manera que juntos podamos regocijarnos en el abrazo eterno del Dios trino.

El Paraíso y la aflicción de la memoria

Después de habernos arrepentido y perdonado a nuestros enemigos, una vez hayamos hecho espacio dentro de nosotros para ellos y dejado la puerta abierta, nuestra voluntad de acogerlos debe permitir que el acto único final, y tal vez el más difícil, tenga lugar, si el proceso de reconciliación debe completarse. Es el acto de olvidar el mal sufrido, un *cierto tipo de olvido*, me apresuro a añadir.[404] Es un olvido que supone que se han tratado los asuntos de "verdad" y "justicia" (ver Capítulos V y VI), que los perpetradores han sido nombrados, juzgados y (esperemos) transformados, que las víctimas están a salvo y que sus heridas están sanadas (ver Capítulo VII), un olvido que puede producirse, en última instancia, *solo junto con* la creación de "todas las cosas nuevas".

¿Podría sugerir en serio que "olvidar" es el acto final de la *redención*? ¿No tienen las víctimas excelente razones para *no olvidar jamás* las injusticias sufridas y los daños soportados? No hay necesidad de mirar lejos para hallar razones. El moderado gozo de los perpetradores por la pérdida de memoria es el mejor argumento para inscribir las narrativas de sus delitos en piedra. Ampliar en parte la obra de Elie Wiesel, más adelante en el libro, argumentaré con rotundidad en favor de la obligación de saber, recordar y no guardar silencio (ver Capítulo VI). Si las víctimas recuerdan correctamente, la memoria de las inhumanidades pasadas las escudará a ellas y a todos nosotros contra futuras inhumanidades; si los perpetradores recuerdan del modo adecuado, los recuerdos de sus fechorías ayudarán a restaurar su culpa pasada y transformarla en la tierra en la que puede crecer un futuro más esperanzador.[405] Sin embargo, si debemos recordar las felonías para estar a salvo en un mundo inseguro, debemos soltar también sus memorias con el fin de ser finalmente redimidos, o al menos así lo quiero argumentar aquí y sugerir que solo quienes estén deseando olvidar en el fondo, serán capaces de recordar del modo adecuado.

---

[404] En *Forgive and Forget: Healing the Hurts We Don't Deserve* (San Francisco: Harper & Row, 1984), Lewis B. Smedes, uno de los pocos escritores contemporáneos que no descarta sencillamente el olvidar por considerarlo inhumano, tiene ciertas cosas pastorales sensibles que decir sobre por qué y cómo deberíamos olvidar (38-40, 108, 134-37).

[405] Ver Williams, *Resurrection,* 28-51.

Mi argumento solo tendrá sentido si renunciamos al prejuicio de que "recordar" siempre es bueno y "no recordar" siempre es malo. El prejuicio es comprensible porque recordar hace por nosotros la clase de trabajo en el día a día que el olvido nunca podría hacer. "¿No te acuerdas?" podría ser un reproche legítimo, mientras que "¿No has sido *capaz de recordar?*, nos golpea como algo que no tiene sentido. ¿Deberíamos concluir que cuanto menos olvidemos mejor? Cuando se trata de cosas como los nombres de nuestros conocidos o artículos en la lista del supermercado, desde luego que es así. Pero cuando tiene que ver con la relación compleja y constante entre amigos, la completa restitución del pasado no solo es imposible; solo con pensarlo es aterrador. La memoria es mucho más compleja que la simple retención, su opuesto no es el olvido. En su lugar, la retención y el olvido funcionan como dos aspectos interrelacionados del fenómeno más amplio de la memoria; recordar algunas cosas entraña olvidar otras, y olvidar algunas cosas suele suceder al traer otras a la memoria. Recordamos lo que nos importa y olvidamos lo que no; y solo aquello que recordamos nos puede importar, mientras que lo que olvidamos no puede hacerlo. Dentro del marco de la memoria histórica, "recordar" y "no recordar" son formas entrelazadas de reconstruir nuestro pasado y, de este modo, forjan nuestras identidades.[406] El olvido no es, pues, tanto nuestro enemigo; en su lugar, son los que querrían robarnos el derecho de decidir por nosotros mismos qué olvidar y qué recordar, así como cuándo hacerlo.[407]

¿Cómo podría moldear "el olvidar" (el mal sufrido) nuestra identidad y nuestra relación con el otro? ¿De qué manera puede ser redentor? El recuerdo del mal es un escudo contra el mal, decía. Nótese, sin embargo, la doble función del escudo: protege de la violencia insertándose entre yo y el enemigo; refugia redoblando la frontera entre el "yo" y el otro. El recuerdo de la fechoría superpone en la imagen del otro una narrativa de transgresión; incluso un pecador perdonado *sigue siendo* un pecador *pasado* si sus pecados no son perdonados. Si el delito no es recurrente, la narrativa de la transgresión retrocede al segundo plano, y permite que el ser humano se enfrente al otro para emerger, y esto a su vez pone la narrativa del pecado pasado en una nueva luz. Pero tan pronto como se produce una nueva felonía, la narrativa de la transgresión saltará al primer plano, con sus grandes letras escritas en negrita, eclipsando el rostro humano del otro. Vívida o nublada, la memoria de la exclusión sufrida es en sí misma una forma de exclusión, protectora claro está, pero de todos

---

[406] Jan Assmann, *Das kulturelle Gedächtnis: Schrift, Erinnerung und politische Identität in frühen Hochkulturen*, München: C. H. Beck, 1992, 29-86.

[407] Tzvetan Todorov, "The Abuses of Memory", *Common Knowledge* 5, núm. 1 (1996): 326.

modos exclusión. En mi memoria de la transgresión del otro, él está bloqueado en la no redención y estamos unidos en una relación de no reconciliación.

La memoria de la ofensa sufrida también es una fuente de mi propia no redención. Mientras sea recordado, el pasado no solo es el pasado; sigue siendo un aspecto del presente. Una herida recordada es una herida no experimentada. Las heridas profundas del pasado pueden causar tanto dolor en nuestro presente que, como lo expresa Toni Morrison en *Beloved*, el futuro se convierte en "una cuestión de mantener el pasado a raya".[408]

"Todas las cosas y todo este tipo de cosas" no pueden irme bien hoy, si no están bien en mi memoria de ayer. Incluso volviendo a hacer el mundo entero y eliminar todas las fuentes de sufrimiento, no traerá redención si no detiene las incursiones del pasado no redimido en el presente redimido por la puerta de la memoria. Dado que los recuerdos moldean las identidades presentes, ni yo ni el otro podemos ser redimidos sin la redención de nuestro pasado recordado. "Redimir el pasado... solo a eso llamo yo redención", observó Nietzsche profundamente en *Thus Spoke Zarathustra*.[409]

Pero ¿ahora el pasado puede ser redimido cuando "el tiempo no va hacia atrás"? ¿Cómo podemos deshacer nuestras heridas *pasadas* como para transformar nuestros "yoes" hechos pedazos en unos enteros? ¿Cómo podemos separar a los malhechores de sus malas obras *pasadas*, y ser reconciliados con ellos? "Impotentes contra lo que se ha hecho", ¿cómo rodaremos la piedra llamada "Lo que era" para apartarla?, podríamos preguntar usando la imagen de Nietzsche[410] Para realizar la redención del pasado, Nietzsche mismo sugirió el acto sobrehumano de transformar cada "fue" en un "lo quiero así" por la fuerza de "la voluntad creativa".[411] Sin embargo, el tipo de milagro metafísico que Nietzsche tiene que realizar con el fin de enseñarle a la voluntad a "regresar atrás" y "ser reconciliado con el tiempo" impresionará más que el truco fallido de un mago. Con el fin de capacitar la voluntad a "romper el tiempo y el deseo del tiempo"[412] debe idear toda una teoría oscura de la recurrencia eterna de todas las cosas,[413] esto hace que incluso Zarathustra parezca "¡un hombre del que se

---

[408] Toni Morrison, *Beloved* (Nueva York: Signet, 1991). L. Gregory Jones proporciona un análisis teológico útil de la política de la memoria en Toni Morrison, *Beloved* (*Embodying Forgiveness*, 279ss.), aunque, excepto por un breve momento (147), solo adscribe una función negativa a olvidar.
[409] Nietzsche, *Thus Spoke Zarathustra*, 161.
[410] Ibíd.
[411] Ibíd., 163.
[412] Ibíd., 161.
[413] Ibíd., 331ss.

ha apoderado un terror extremo!"[414] No, porque la voluntad —incluso por la clase de "voluntad creativa" que Nietzsche celebra— el pasado permanecerá por siempre su "aflicción más solitaria".[415]

La forma más habitual de redimir el pasado no es queriéndolo, sino pensándolo, mediante un acto interpretativo de inscribir la tragedia del pasado en la precondición de un futuro no trágico. La redención del pasado sigue aquí el modelo de las teodiceas. En la trayectoria del pensamiento agustiniano, por ejemplo, se podría razonar algo como esto: así como las oscuras sombras del mundo "armonizan" con parches de luz y contribuyen a la belleza del mundo cuando se ve el conjunto desde la perspectiva suprema del Creador, también toda la fealdad en mi vida contribuye, de cierta forma inexplicable, a su belleza futura. El mal sirve a un bien mayor y nosotros "ya no deseamos un mundo mejor", como lo expresa San Agustín en las *Confesiones*.[416] A pesar de que ninguno de los intentos de redimir el sufrimiento pasado mediante el pensamiento son capaces de redimir todos estos padecimientos, y la mayoría tienen la odiosa consecuencia de hacer que el sufrimiento en sí parezca estar del todo justificado (o al menos sancionado), más éxito tienen.[417] Más importante aún es que aunque pensando se pueda negar el mal, no es posible eliminar el dolor; no triunfa "sobre el mal real, sino tan solo sobre su fantasma estético", como explica Paul Ricoeur.[418] El problema del sufrimiento, pasado o presente, no puede tratarse como una pregunta especulativa. La vida en este mundo, afirma Jürgen Moltmann en *The Trinity and the Kingdom,* significa vivir con la "pregunta abierta" del sufrimiento que surge de "la herida abierta de la vida en este mundo"; y "buscar el futuro en el que el deseo de Dios será saciado, el sufrimiento será vencido y lo perdido será restaurado".[419] La única respuesta adecuada al sufrimiento es *acción*.

Sin embargo, aunque la acción puede hacer mucho en cuando al sufrimiento en el presente, no puede hacer nada respecto a la experiencia pasada de sufrimiento. Cuando las lágrimas se han secado y la muerte y el dolor ya no existen, ¿qué ocurrirá con los *recuerdos* de las heridas sufridas y de la

---

[414] Ibíd., 161.

[415] Ibíd., 161.

[416] San Agustín, *Confesiones,* trad. Albert Outler, Filadelfia: Westminster, 1955, bk. vii, 13.

[417] Emmanuel Lévinas, *Entre nous: Essais sur le penser-à-l'autre* (París: Grasset & Fasquelle, 1991); Kenneth Surin, *Theology and the Problem of Evil* (Oxford: Basil Blackwell, 1986); Terrence Tilley, *The Evils of Theodicy* (Washington: Georgetown University Press, 1991).

[418] Paul Ricoeur, "The Hermeneutics of Symbols and Philosophical Reflection: I", *The Conflict of Interpretations,* ed. Don Ihde (Evanston: Northwestern University Press, 1974), 312.

[419] Moltmann, *The Trinity and the Kingdom,* 49.

inhumanidad de quienes las infligieron? Cuando Dios restaura lo que se ha perdido, ¿cómo será restaurada la *experiencia* de la pérdida? Mientras recordemos la injusticia y el sufrimiento no estaremos completos, y la perturbadora "pregunta abierta" a la que no hay respuesta que anhela ser resuelta en una imposible armonía seguirá saliendo a la superficie. La respuesta de acción, incluso la transformación escatológica, al problema del sufrimiento pasado no bastará. Ni siquiera en el mundo nuevo de Dios tendremos que mirar atrás y ve "sentido" haciendo la afirmación imposible de que todo sufrimiento estaba justificado, o sentirse profundamente perturbado por el "sinsentido" del mal. ¿Seremos capaces de verle "sentido"? No, el "sinsentido" de al menos cierto sufrimiento es eterno; todo el "esfuerzo de pensar" debe fracasar finalmente y el mal seguirá siendo "una aporía permanente".[420] Sin embargo, en la gloria del nuevo mundo de Dios —¡especialmente allí— el "sinsentido" del sufrimiento pasado será insufrible, tanto como lo habría sido su "sentido".

Si tanto el "sinsentido" como el "sentido" son inaceptables como posturas noéticas, ¿podría ser que la única forma de "resolver" el problema del sufrimiento *pasado* fuera *el acto no teórico de no recordar*[421], como el modo exclusivo de vencer la experiencia presente del sufrimiento es el acto no teórico de recrear? Después de argumentar en favor del "aspecto aporético de pensar sobre el mal" y sugiriendo "la respuesta de acción al reto del mal", en su ensayo "Evil, a Challenge to Philosophy and Theology", Paul Ricoeur añade de inmediato que "no basta con la acción", porque el sufrimiento sigue encendiendo las preguntas "¿Por qué?", "¿Por qué yo?" y "Por qué mi amado hijo"? Para tratar con estas preguntas persistentes sugiere que hacemos el "trabajo de lamentar".[422]

La sugerencia es útil, pero no llega lo bastante lejos. Incluso una vez hecho el trabajo del lamento, las preguntas permanecerán si la memoria persiste. Pasando por las etapas del lamento, debemos llegar en última instancia a la fase de no recordar, en los brazos de Dios. Sin embargo, para Ricoeur, la etapa final del lamento no es olvidar, sino "amar a Dios por nada". Si alcanzáramos ese punto, argumento, "escaparíamos por completo al ciclo de retribución a la

---

[420] Paul Ricoeur, "Evil, A Challenge to Philosophy and Theology", *Journal of the American Academy of Religion* 53, núm. 3 (1985): 644.

[421] Aunque el sufrimiento infligido se *olvide* y la clase de "armonía superior", a la que el Ivan Karamazov de Dostoevsky "renuncia de manera absoluta" está establecido (Dostoevsky, *The Brothers Karamazov*, 245), el "sinsentido" del sufrimiento *pasado* y, por tanto, una "desarmonía" en el presente seguiría permaneciendo. Esta desarmonía no puede resolverse por el pensamiento o por la acción, o por el perdón, porque ninguna de estas cosas puede deshacer lo hecho.

[422] Paul Ricoeur, "Evil", 646-48.

que el lamento sigue estando cautivo, mientras la víctima se queja de la injusticia de su destino".[423] Pero ¿estaríamos plenamente redimidos? Dado que "amar a Dios por nada" no eliminaría el dolor del pasado ni corregiría la injusticia ya cometida —no hay cielo que pueda *rectificar* Auschwitz—[424] amaríamos a Dios *a pesar* de tanto dolor e injusticia. Y si el sufrimiento permanece en el pasado, el lamento por el sufrimiento seguirá estando, al menos en la forma de una tristeza no redimida por la injusticia que no podría deshacerse. Solo el no recordar puede poner fin al lamento por el sufrimiento que ningún pensamiento puede alejar ni ninguna acción puede deshacer.[425]

En resumen, mi argumento es este: dado que no hay redención final posible sin la redención del pasado, y como cada intento de redimir el pasado a través de la reflexión debe fracasar porque no hay teodicea que pueda tener éxito, la redención final es impensable sin una cierta clase de olvido. Dicho con claridad, la alternativa es: el cielo *o* la memoria del horror. O el cielo no tiene monumentos para mantener viva la memoria de los horrores, o estará más cerca del infierno de lo que le gustaría pensar. Porque si el cielo no puede rectificar Auschwitz, entonces su recuerdo debe deshacer la experiencia del cielo. La redención solo estará completa cuando la creación de "todas las cosas nuevas" se empareje al paso de "todas las cosas viejas" en el doble *nihil* de la no existencia y no recuerdo. Semejante olvido redentor se insinúa en un pasaje de Apocalipsis sobre los nuevos cielos y la nueva tierra. "No habrá más llanto, ni clamor, ni dolor" no solo porque "ya no habrá muerte", sino también porque "las primeras cosas pasaron" (Ap 21:4), desde la experiencia y también desde el recuerdo, como declara explícitamente el texto de Isaías que cita Apocalipsis: "de lo primero no habrá memoria, ni más vendrá al pensamiento" (Is 65:17; cp. 43:18).[426]

---

[423] Ibíd., 647.

[424] Dorothee Soelle, *Suffering,* trad. Evert R. Kalin, Filadelfia: Fortress, 1975, 149.

[425] Incluso el acto imposible de deshacer lo hecho no bastaría para alcanzar la redención final, porque la memoria de lo que se hizo, a menos que se borre, seguiría afligiendo a la persona. Solo un acto mucho más radical de "hacer que lo sucedido *no hubiera ocurrido*", serviría, porque si lo que pasó hubiera sido hecho para no ocurrir, entonces lo que se recordara también *se habría hecho para no ser recordado*. Con esto quiero decir que para tener la redención final uno podría querer más que "la transformación del mundo más la pérdida del recuerdo del sufrimiento", pero no se puede querer menos.

[426] Se podría objetar que sin el recuerdo del mal o de la ofensa sufrida, la persona no sería ella misma. Pero este sería un argumento extraño, aunque nuestra historia forme parte de nuestra identidad. Y es que, es evidente, que ahora no recordamos todo lo que nos ha sucedido ni todo lo que un día recordamos que nos había ocurrido, y aun así se puede decir que somos nosotros mismos. De hecho, ahora somos precisamente quienes somos, *porque* no lo recordamos todo, pero recordamos

Pero ¿qué hay de la memoria de Dios? ¿Acaso no recordará él? ¿No es la memoria de Dios, como expresa Rowan Williams en *Resurrection*, la larga memoria de la víctima, aunque sea el recuerdo de "la víctima que no condenará"?[427] Comentando sobre el encuentro entre el Señor resucitado y Pedro, Williams argumenta de una forma hermosa que Dios, resistiendo al olvido endémico de los ofensores, les restaura su culpa pasada, aunque no para condenarlos sino para hacer del pasado restaurado "el fundamento para una nueva y extensa identidad".[428] ¿Qué sucederá, sin embargo, después de que Dios haya narrado la historia del pecado del ofensor en el contexto de gracia[429] y le ha dado al ofensor una nueva identidad? La respuesta es tan simple y estamos tan acostumbrados a escucharla que echamos de menos su profundidad: Dios, en quien todas las cosas están presentes, *olvidaremos* el pecado perdonado. El Dios de Israel, que está a punto de "hacer una cosa nueva" y llama a las personas "a no recordar las primeras cosas", las promesas de borrar su transgresión de la propia memoria de Dios (Is 43:18-19, 25; cp. 65:17). "Perdonaré la maldad de ellos, y no me acordaré más de su pecado" (Jr 31:34).

Regresaré al final de esta sección al modo de no recuerdo de Dios. Aquí quiero explorar por qué Dios "olvida" y cuáles puedan ser las implicaciones de que Dios "olvide" los pecados, podría ser que el ser humano olvide el mal y las fechorías. Al buscar una respuesta al significado del olvido de Dios, debemos prestar atención a la dinámica compleja y de múltiples capas del recordar y del no recordar divinos. Dios se acuerda de las iniquidades, las recuerda bien (Ap 18:5). Sin embargo, también las olvida. Recuerda las iniquidades para olvidarlas después de que se las haya catalogado de iniquidades y se hayan perdonado. ¿Por qué recordar y olvidar? A causa de otra memoria mucho más importante y poderosa que el recuerdo de la ofensa, una memoria que define la identidad misma del Dios de Israel. Así como la mujer no puede olvidar alimentar su bebé, Dios tampoco puede olvidar a Israel. Inscrito en las palmas de las manos de Dios, Israel es inolvidable aun cuando ha ofendido y olvidado a Dios (Is 49:15-16). El recuerdo del pecado debe mantenerse vivo por un tiempo,

---

cosas puntuales de una forma puntual. ¿Por qué, pues, no podríamos ser nosotros mismos si la memoria de la ofensa y del mal sufrido se redujera al olvido? Cierto, nuestra identidad habría sido reconstituida con ese no recordar, pero es *nuestra* identidad que la que sería recompuesta de esta forma, al igual que está siendo restaurada a diario. ¿No sería extraño aseverar, por ejemplo, que mi madre no sería quien es sin el recuerdo del accidente fatal de Daniel, mi hermano pequeño, cuando ahora rememora el accidente y desea con todo su ser que no hubiera sucedido jamás?

[427] Williams, *Resurrection,* 23.
[428] Ibíd., 35.
[429] Jones, *Embodying Forgiveness,* 147.

mientras que sea necesario para el arrepentimiento y la transformación del perpetrador. Pero después, debe dejarse morir, para que la relación fracturada de la madre divina y su hijo demasiado humano pueda ser sanada por completo. El recuerdo de la ofensa, sustentada más allá del arrepentimiento y de la transformación del ofensor, enturbia la memoria del amor pasado y de la visión de la reconciliación futura. La pérdida de esta memoria —la memoria de las iniquidades— trae al niño de nuevo a los brazos de la madre, ya extendidos hacia el bebé, porque no quiere perder el recuerdo de su abrazo.

¡Pero cómo se atreve Dios a olvidar!, podríamos protestar. Que Dios "perdone y olvide" los insultos que ha sufrido, pero ¿qué "derecho" tiene él a olvidar todas las brutalidades realizadas a tantas víctimas humanas? ¿No equivaldría la pérdida de *este* recuerdo a acoger incluso al perpetrador y Dios —una colusión de la breve memoria del perpetrador y el olvido de Dios— que difuminarían el sufrimiento y la muerte, y dejarían olvidadas a las víctimas? De hecho, si Dios es el Dios de las víctimas (la cruz nos indica que Dios lo es), no puede olvidar mientras las víctimas recuerdan. En voz alta, las almas de los masacrados siguen recordándole a Dios: "¿Hasta cuándo, Señor, santo y verdadero...?" (Ap 6:10). ¿Pero cuánto tiempo tienen que recordar las víctimas? La mayoría de ellas permanecen eternamente esclavizadas por lo que Nietzsche llamaba "el espíritu de venganza"[430] ¿No deberían ellos también olvidar al final, para que puedan ser redimidos, los que fueron perpetradores, ya transformados y con vestiduras blancas, y ser reconciliados unos con otros? Lo que habla tan algo en contra de que las víctimas olviden es, por supuesto, el pensamiento —un pensamiento abisma— de "vestir a quien fue perpetrador con una túnica blanca". Escribí estas palabras inspiradas por la visión paulina de los *pecadores* justificados, y las borré de inmediato. Mi mente se inundó de las imágenes de aldeas incendiadas, ciudades destruidas y mujeres violadas de la historia de mi Croacia natal. ¡Me parece imposible abrazar a un četnik de manos sangrientas, como parece imposible que un judío abrace a un nazi, o que una madre abrace al torturador que permitió que su hijo fuera destrozado por perros![431] No es imaginable un futuro en el que los perpetradores —ni siquiera los juzgados y transformados"— están vestidos con ropas blancas. Todo en nosotros se rebela contra la imagen. Sin embargo, todo lo que sabemos sobre el Dios de la cruz exige que lo abriguemos con seriedad. Si lo hacemos, la pregunta ya no será cómo se atreve Dios a olvidar, sino como él, sin dejar a las víctimas en el olvido, ayuda a sanar sus recuerdos.

---

[430] Nietzsche, *Thus Spoke Zarathustra*, 162.
[431] Dostoevsky, *The Brothers Karamazov*, 245.

Consideremos, primero, el lado escatológico de la respuesta. En lo que nos choca por parecer una especie de "antiteodicea" —un abandono de todas las soluciones especulativas al problema del sufrimiento— el apóstol Pablo escribe: "Pues tengo por cierto que las aflicciones del tiempo presente no son comparables con la gloria venidera que en nosotros ha de manifestarse" (Rm 8:18). La lógica es tan simple como profunda. Si algo no merece la pena ser comparado, no lo será y, por tanto, no habrá sido recordado. Y es que, ¿cómo no se compararía el sufrimiento con la gloria si alguien recuerda el sufrimiento a la vez que experimenta la gloria?[432]

Cuando alcanzamos el otro lado, y el puente que conecta lo nuevo con lo viejo está destruido como para impedir que esto último invada nunca lo nuevo, la última parte del puente que va a desaparecer será el *recuerdo* de lo viejo. Envueltos en la gloria de Dios nos redimiremos nosotros, y nuestros enemigos, por un acto final de la gracia más difícil facilitada por la experiencia de la salvación que no se puede deshacer, la gracia de no recordar. Cuando no nace del resentimiento, la memoria de la inhumanidad es un escudo contra la inhumanidad. Pero donde no hay espadas, no hará falta escudos. Liberados por la pérdida de memoria de todo pasado sin redimir, que no redime todo presente y separados solo por las fronteras de su identidad, los antiguos enemigos se abrazarán unos a otros con el abrazo del Dios trino. "Solo a esto llamo redención", podríamos afirmar haciéndonos eco de Nietzsche, pero refiriéndome a una redención bastante diferente.[433] ¿Tiene alguna influencia en nuestra vida esta visión de la redención *final* cuyo *último acto* es "no recordar" —una redención que no tiene nada que ver con la reconciliación por medio de una "totalización sistemática"—[434] en un mundo donde abundan las espadas y se debe usar escudos? Sí, lo hace —con tal de que no olvidemos que, siempre que el Mesías no haya venido en gloria, por amor a las víctimas debemos mantener vivo el recuerdo de su sufrimiento; debemos conocerlo, recordarlo, y expresarlo en voz alta para que todos lo escuchen (ver Capítulo VI). Este recordatorio indispensable debería ser guiado, sin embargo, por la visión de esa misma redención que, algún día, nos hará perder la memoria de las maldades y las heridas sufridas, así como de las ofensas cometidas. En última instancia, olvidar el sufrimiento es mejor que recordarlo, porque la integridad

---

[432] No interpreto la afirmación de Pablo "Y sabemos que a los que aman a Dios, todas las cosas les ayudan a bien" (Rm 8:28) como un intento de justificar a Dios justificando "todas las cosas", sino para describir una función de cosas "injustificables" de "los que aman a Dios".

[433] Nietzsche, *Thus Spoke Zarathustra,* 161.

[434] Ricoeur, "Evil", 635.

es mejor que la ruptura, la comunión de amor mejor que la distancia de la sospecha, la armonía mejor que la desarmonía. Recordamos ahora con el fin de poder olvidar después; y olvidaremos después para poder olvidar sin reservas. Aunque seríamos poco sabios si dejáramos caer de nuestras manos el escudo de la memoria antes del amanecer de la nueva era, podríamos apartarlo con cuidado a un lado, abriendo nuestros brazos para aceptar al otro, aun a quien fue a nuestro enemigo.

En la conocida historia del libro de Génesis, José estuvo listo para acometer el difícil viaje de reconciliación con sus hermanos, que lo vendieron como esclavo, porque, como él explicó: "Dios me hizo olvidar todo mi trabajo, y toda la casa de mi padre" (Gn. 41:51). Antes de llegar a un final, el viaje de reconciliación entrañaba sin embargo gran cantidad de recuerdos. A José mismo se le recordó el sufrimiento que sus hermanos habían causado, y con sutileza aunque también con poder, él también les hizo recordar (Gn 42:21-23; 44:27ss.). No obstante, como la luz distante de un lugar llamado hogar, el don divino de olvidar lo que seguía recordando —"dar apoyo" al recuerdo podría ser el término adecuado—[435] dirigió todo el viaje de regreso. Queriendo asegurarse de que el precioso don no se perdiera ni en él ni en su posteridad, José lo inscribió en el nombre de su hijo, Manasés, "el que provoca ser olvidado". Un recordatorio paradójico al olvido (¿cómo se le puede recordar a alguien que olvide sin indicarle qué debería olvidarse?), la presencia de Manasés recordaba el sufrimiento con el fin de atraer la atención a la pérdida de su memoria. Este olvido es extraño, aunque sigue salpicado de recuerdos indispensables que convertían a José en la víctima capaz de abrazar a sus hermanos, los perpetradores (Gn 45:14-15) y convertirse en su propio salvador y en el de ellos (Gn 46:1ss.).

En resumen, recordar el "olvido" divino y su relación con el olvido humano. ¿Cómo puede Dios olvidar las malas acciones de los seres humanos? Porque en el centro del recuerdo de Dios que todo lo abarca, existe un monumento paradójico al olvido. Es la cruz de Cristo. Dios olvida los pecados de la humanidad

---

[435] Philip Clayton me ha sugerido este término. Se podría argumentar que lo que yo debería procurar en toda esta sección es "apoyar" o *Aufhebung* de los recuerdos de horrores. Tanto lo uno como lo otro mantiene viva la memoria de los horrores y, por tanto, requieren una teodicea de éxito si no quieren deshacer la reconciliación final. Como no veo (todavía) cómo podría tener éxito una teodicea, sigo creyendo que todos los que quieren el cielo no pueden querer el recuerdo de los horrores. "Apoyar" y *Aufhebung* es, sin embargo, adecuado como forma de tratar los recuerdos de los horrores dentro de la historia; son las anticipaciones preescatológicas o el no recordar escatológico; o, por decirlo de otro modo, el no recordar escatológico está dando apoyo a los horrores para que caigan en el olvido.

del mismo modo que Dios los perdona: quitando los pecados de la humanidad y colocarlos sobre el Ser divino. ¿Cómo podrán los seres humanos ser capaces de olvidar los horrores de la historia? Porque en el centro del nuevo mundo que emergerá después de que "las primeras cosas hayan pasado" habrá un trono, y sobre él estará sentado el Cordero que ha "quitado el pecado del mundo" y ha borrado su recuerdo (Ap 22:1-4; Jn 1:29).

El drama del abrazo

Como fruto, tanto del sufrimiento de Cristo como de la gloria del nuevo mundo de Dios, el olvido escatológico acabará eliminando el recuerdo del agravio como el último obstáculo a un acogimiento sin estorbo. Pero ¿qué es este abrazo? ¿En qué sentido puede funcionar como metáfora de la reconciliación, y sugerir incluso más de lo que contiene la noción misma de la reconciliación? Mirando un poco en retrospectiva, en especial a la sección "Espacio para el otro", quiero hacer un esquema de la "fenomenología del abrazo" con el fin de sugerir una manera de pensar en la identidad —personal y a la vez comunal— en relación con el otro, bajo las condiciones de enemistad. Con este propósito dirige primero la atención a los elementos estructurales esenciales del abrazo, y a continuación desarrollaré algunos de sus rasgos clave. Pero, primero, dos comentarios introductorios.

En primer lugar, cuando estaba escribiendo el "drama del abrazo" siguiente, seguí echando una mirada (¡mayormente de desacuerdo!) al "drama del reconocimiento recíproco" entre el "amo" y el "esclavo" en *The Phenomenology of Spirit,* donde Hegel desarrolla su "primer modelo básico de reconocerse uno mismo en los demás".[436] Como en el famoso e influyente texto de Hegel, el lenguaje metafórico respecto al "amo" y al "esclavo" se desliza en lo no metafórico y vuelve; así también, en el análisis siguiente del yo y del otro, centrado en torno al "acogimiento", la metáfora y el concepto se entrelazan.[437] En segundo lugar, mi elección de tomar el acogimiento como una "metonimia" para toda la esfera de las relaciones humanas en las que tiene lugar la interacción entre el "yo" y el otro,[438] podría chocar a personas de algunas culturas (como los

---

[436] Charles Taylor, *Hegel,* Cambridge: Cambridge university Press, 1975, 152ss.

[437] A diferencia de mi uso del "abrazo", el lenguaje de Hegel respecto a "amo" y "esclavo" no es puramente metafórico, sino que está condicionado por lo que yo percibo como algo imposible, el intento de una reconstrucción histórica del desarrollo del Espíritu.

[438] Z. D. Gurevitch, "The Embrace: On the Element of Non-Distance in Human Relations", *Sociological Quarterly* 31, núm. 2 (1990): 187-201. He escrito mi texto antes de que este importante ensayo llegara a mi conocimiento.

asiáticos y los noreuropeos) por parecerles demasiado íntimo; para ellos, estrechar la mano podría ser más adecuado, algo que en otras culturas (como los africanos o los norteamericanos) podría resultar demasiado frío y distante. No obstante, lo que afirmo respecto al abrazo podría decirse también del apretón de manos, que Gurevitch ha denominado de manera adecuada "miniabrazo".[439] En realidad, existe un abanico de abrazos: "desde el que solo aprieta los dedos, el que abarca toda la palma de la mano, la mano que agarra el brazo, las manos sobre los hombros mientras se camina, sentado o acostados uno al lado del otro".[440] En cualquier caso, no me interesa tanto aquí el abrazo físico mismo como la relación dinámica entre el "yo" y el otro simbolizado o representado por el abrazo.

Los cuatro elementos estructurales en el movimiento del abrazo son abrir los brazos, esperar, cerrar los brazos y volver a abrirlos. Para que se produzca el abrazo, los cuatro deben estar presentes y deben seguirse uno al otro en una cronología ininterrumpida; detenerse en los dos primeros (abrir los brazos y esperar) podría abortar el abrazo, y detenerse en el tercero (cerrar los brazos) lo pervertiría, convirtiendo un acto de amor en un acto de opresión y, paradójicamente, en exclusión. Los cuatro elementos son, pues, los cuatro pasos esenciales de un movimiento integrado.

Primer acto: *abrir* los brazos. Abrir los brazos es un gesto del cuerpo que se estira para alcanzar al otro. Son una señal de descontento con mi propia identidad encerrada en sí misma, un código de *deseo* del otro. No quiero ser solo yo; quiero que el otro sea parte de quien yo soy y yo quiero ser parte del otro. Heraldo de la suficiencia y del encierro del no "yo", los brazos abiertos sugieren el dolor de la ausencia del otro y el gozo de su presencia esperada. Ambas cosas subrayan que incluso antes de que el "yo" abra sus brazos, el otro ya forma en un sentido parte de él. A diferencia de la "inseguridad" de *The Phenomenology of the Spirit,* el "yo" no aparece primero como "un 'yo' igual a través de la exclusión de sí mismo de todo lo demás".[441] Desde el principio mismo, está habitado por diversos otros que solo pueden ser excluidos del "yo" al precio de perderse uno mismo.[442] Es el vacío creado por la ausencia de aquello que, en cierto modo, ya está presente como elemento estructurador del "yo", que genera el deseo por el otro.

---

[439] Ibíd., 192.

[440] Ibid., 194.

[441] Georg Wilhelm Friedrich Hegel, *Phenomenology of the Spirit,* trad. A. V. Miller, Oxford: Oxford University Press, 1977, 113.

[442] Charles Taylor, "The Politics of Recognition", *Multiculturalism: Examining the Politics of Recognition,* ed. Amy Gutmann, Princeton: Princeton University Press, 1994, 32ss.

Más que solo un código para el deseo, los brazos abiertos son una señal de que tengo un *espacio creado* en mí mismo para que el otro entre, y que he hecho un movimiento que sale de mí mismo con el fin de entrar al sitio creado por el otro. Para extender los brazos hacia el otro, el "yo" debe retraerse al mismo tiempo de sí mismo, echarse hacia atrás por así decirlo y apartarse de los límites de sus propias fronteras; el "yo" que está "lleno de sí mismo" no puede ni recibir al otro no hacer un movimiento genuino hacia él. Al abrir sus brazos, el "yo" abre un lugar para el otro e inicia un viaje hacia él en un único y mismo acto. En tercer lugar, los brazos abiertos sugieren una *fisura* en el yo. Señalan una apertura en la frontera del "yo" por medio del cual el otro puede entrar. El deseo por el otro se puede llenar y el espacio para el otro creado al vaciarse de uno mismo solo se ocupa si los limites son transitables.

Finalmente, los brazos abiertos son un gesto de *invitación.* Como una puerta que se deja abierta para un amigo esperado, son una llamada a entrar. No hace falta tocar, el otro no tiene necesidad de preguntar si puede o no puede entrar; tan solo el anuncio de la llegada y cruzar el umbral. Si se perjudica la amistad, e incluso se convierte en enemistad, la invitación será condicional, en el sentido de que es necesario cumplir ciertas condiciones, no antes de que se emita la invitación, sino antes de que se produzca la "entrada". En realidad, la invitación *siempre* es condicional en este sentido limitado —¡los zapatos sucios deben permanecer fuera"—; solo esos amigos, siendo amigos, tienden a cumplir las condiciones. Sin embargo, a diferencia de la puerta abierta, los brazos abiertos son más que un mero gesto de invitación para que el otro entre. Son también un *leve golpe* en la puerta del otro. El deseo de introducirse en el espacio del otro se ha señalado por el mismo acto por el cual el yo se ha abierto para que el otro penetre.

Segundo acto: esperar. Los brazos abiertos se extienden pero se detienen antes de tocar al otro. Esperan. Al abrir los brazos, el "yo" ha iniciado el movimiento hacia el otro, un movimiento para cuya justificación no se necesita invitación de la otra parte ni reciprocidad por parte de él; un movimiento que es, en sí mismo, una invitación del otro y para cuya justificación no basta con el simple deseo de no estar con el otro. Pero el movimiento de abrazo iniciado no es "un acto de invasión", ni siquiera uno "tentativo y exploratorio" como dijo Bauman sobre las "caricias" como metáfora para la moralidad.[443] Después de crear espacio en sí mismo y salir de sí mismo, el "yo" ha "postpuesto" el deseo y se ha detenido en el límite del otro. Antes de que pueda proceder, debe esperar que surja en el otro el mismo anhelo y que sus brazos se abran. Usando

---

[443] Bauman, *Postmodern Ethics,* 93.

181

la forma en que Hegel entiende el trabajo como "deseo bajo control",[444] podemos describir la espera como el esfuerzo del "yo" deseoso sobre sí mismo por el bien de la integridad del otro, que tal vez no desee ser abrazado, sino que lo dejen en paz,[445] quizás porque tenga recuerdos dolorosos de una ocasión en la que aquello que se inició como un abrazo acabara en una agresión o incluso una violación (como el caso de las mujeres que fueron liberadas al final de la II Guerra Mundial y fueron violadas por sus libertadores).

El movimiento detenido de los brazos extendidos hacia el otro tiene su propio poder, por supuesto. Esta acción unilateral no es "inútil" como sugiere Hegel.[446] El "yo" que espera *puede* impulsar al otro para realizar el movimiento hacia el "yo", pero su poder de actuar así es el poder del deseo señalado, del espacio creado, de la frontera abierta del "yo" y del respeto representado por el otro, no el poder que rompe sus barreras y obliga al cumplimiento del deseo. El otro no puede ser coaccionado ni manipulado para que abrace. Si la acción se produce, será siempre porque el otro ha deseado al "yo" igual que a la inversa. Esto es lo que distingue el abrazo de agarrar al otro y sostenerlo a la fuerza. Esperar es una indicación de que, aunque el abrazo pueda ser unilateral en origen (el "yo" hace el movimiento inicial hacia el otro), nunca puede alcanzar su meta sin reciprocidad (el otro efectúa un movimiento hacia el "yo").

Tercer acto: *cerrar* los brazos. Este es el objetivo del abrazo, el abrazo en sí, que es impensable sin *reciprocidad*; "cada uno sostiene y es sostenido por el otro, activo y pasivo a la vez".[447] *Dos* pares de brazos son necesarios para *un* abrazo; con un par tendremos meramente una invitación al abrazo (si el "yo" respeta al otro) o tomar a alguien entre las garras de uno (si no hay respeto). En un abrazo, el anfitrión es un invitado y a la inversa. Aunque un "yo" pueda recibir o dar más que el otro, cada uno debe entrar en el espacio del otro, sentir la presencia del otro en el "yo" y hacer sentir su propia presencia. Sin esta reciprocidad, no hay abrazo. Hegel lo expresa con precisión: la acción es "bilateral" porque es "la acción del uno y también del otro".[448]

Para semejante entrega libre y mutua, y que se produzca la recepción, además de la reciprocidad, es necesario un *suave toque*. Puedo no cerrar mis brazos

---

[444] Hegel, *Phenomenology of the Spirit*, 118.

[445] Marjorie Hewitt Suchocki, *The Fall to Violence: Original Sin in Relational Theology*, Nueva York: Continuum, 1995, 146s.

[446] Hegel, *Phenomenology of the Spirit*, 112.

[447] Gurevitch, "The Embrace", 194.

[448] Hegel, *Phenomenology of the Spirit*, 112.

bien apretados alrededor del otro, como para aplastarlo e integrarlo, si no me comprometeré en un acto de poder oculto de exclusión; un abrazo podría pervertirse en un "abrazo de oso". De manera similar, debo mantener los límites de mi propio "yo" firmes, ofrecer resistencia, no sea que me involucre en un acto autodestructivo de abnegación. En ningún momento del proceso puede el "yo" negar al otro ni a sí mismo. El abrazo mismo depende del éxito en resistir el vértice de la desdiferenciación por medio de la asimilación activa o pasiva, aunque sin retirarse a un autoaislamiento. En un abrazo, la identidad del "yo" se conserva y a la vez se transforma, y la alteridad del otro se afirma como alteridad y en parte se recibe en la identidad siempre cambiante del "yo".

Para preservar la alteridad del otro en el abrazo, es esencial adquirir la inusual capacidad de *no* entender al otro. En un importante ensayo "The Power of Not Understanding", Z. D. Gurevitch ha argumentado en contra del esquema simple que sugiere un movimiento desde "la incapacidad de entender" a "la capacidad de entender". Este croquis desvía la atención del hecho que la "incapacidad inicial de entender" pueda declararse de manera tácita sobre el deseo de comprender al otro en los términos propios del "yo", dentro de la estructura de su propia reflexividad, mientras que el otro podría no ser comprensible dentro del marco del "yo" precisamente por ser el otro. "La incapacidad de no entender" podría ser, paradójicamente, un estorbo para comprender. De ahí que Gurevitch argumente que "la capacidad de no entender" —"la capacidad de reconocer y mirar al otro, o al 'yo' como otro"— es esencial.[449] En encuentros concretos con el otro, en el "momento de no entender" el yo entiende que lo que hay que entender sobre el otro "solo puede tratarse como una pregunta".[450]

La emergencia *del otro como pregunta* justo en medio de un abrazo representa una *negación productiva de ocultar la opacidad del otro,* un rechazo que abre posibilidades de un nuevo y mejor entendimiento: el "yo" ve tanto así mismo como al otro en una nueva luz. Dentro del movimiento del abrazo, el no entendimiento que parece una derrota es, en realidad, un pequeño triunfo, "aunque no es el triunfo del "yo" sino del otro como otro para el "yo".[451] Sin la estructura del abrazo, la capacidad de no entender es estéril; pero sin ella, el abrazo genuino es imposible.

---

[449] Z. D. Gurevitch, "The Power of Not Understanding: The Meeting of Conflicting Identities", *The Journal of Applied Behavioral Science* 25, núm. 2 (1989): 163.

[450] Ibíd., 168.

[451] Ibíd., 172.

Cuarto acto: *abrir* los brazos de nuevo. Abrazar no hace "de dos cuerpos uno" mediante "la transformación de la frontera entre los cuerpos en la costura que los mantiene unidos como un cuerpo", como escribe Bauman sobre el deseo del amor.[452] Lo que mantiene a los cuerpos juntos en un abrazo no es su frontera soldada, sino los brazos colocados alrededor del otro. Y si el abrazo no se cancela, los brazos deben abrirse otra vez.[453] La residencia mutua de los seres que el abrazo señala no debe acabar en "esta sustancia absoluta que es la unidad de la autoconsciencia independencia diferente que, en su oposición, disfrutan de la libertad y la independencia perfectas: el "Yo" que es el "Nosotros" y el "Nosotros que es el "Yo", como describe Hegel al Espíritu.[454] Donde esto debe suceder, el abrazo señalaría la "desaparición final del 'yo' en el 'nosotros'" que no solo es característico de los regímenes totalitarios, sino de muchos movimientos culturales y relaciones familiares.[455] Como acto final del abrazo, la apertura de los brazos subraya que, aunque el otro pueda incorporarse al "yo", la alteridad del otro podría no neutralizarse al fusionarse ambos en un "nosotros" indiferenciado (aunque, sin duda, la "desdiferenciación" no es lo que Hegel pretendía). El otro debe dejarse ir para que su alteridad —su identidad dinámica genuina— podría preservarse; y el "yo" debe regresar de nuevo a sí mismo para que su propia identidad, enriquecida por los rastros que la presencia del otro ha dejado, pueda ser preservado.

El otro debe ser dejado ir, finalmente, para que "la negociación de la diferencia", que no puede "nunca producir el acuerdo final", continúe.[456]. Los brazos abiertos que en el último acto deje ir al otro son los mismos brazos abiertos que en el primer acto señala el deseo por la presencia del otro, crea espacio en uno mismo, abre la frontera del "yo" y emite una invitación para que otro venga. Son los mismos brazos que en el segundo acto esperan la reciprocidad del otro, y que en el tercer acto rodee el cuerpo del otro. El final de un abrazo es ya, en un sentido, el principio de un abrazo, aunque ese otro abrazo solo tendrá lugar después de que ambos seres hayan abordado sus propios asuntos durante un momento. Aunque el abrazo en sí no es terminal, el movimiento del "yo" hacia el otro y vuelta no tiene fin. Ese movimiento es circular; las

---

[452] Bauman, *Postmodern Ethics,* 94.

[453] Gurevitch, "The Embrace", 194.

[454] Hegel, *Phenomenology of the Spirit,* 110.

[455] Todorov, *The Conquest of America: The Question of the Other,* trad. Richard Howard, Nueva York: HarperCollins, 1984, 251.

[456] Michael Walzer, *Thick and Thin: Moral Arguments at Home and Abroad,* Notre Dame, IN: University of Notre Dame Press, 1994, 83.

acciones y reacciones del "yo" y del otro condicionan a ambos y le proporciona al movimiento significado y energía.[457]

Estos son, pues, los elementos estructurales esenciales del abrazo; sin ellos no podría ser genuino. Ahora quiero considerar los cuatro rasgos notables de un abrazo exitoso, algunos de los cuales están implicados en la lógica del abrazo mismo, y otros están inscritos en el abrazo de Dios a la humanidad en la cruz y deberían caracterizar nuestro deseo de abrazar bajo las condiciones de enemistad. El primero es la *fluidez de las identidades*. En *Culture and Imperialism,* Edward Said señala que "toda cultura es híbrida... y está cargada o enredada con aquello que solía considerarse como elementos externos".[458] Lo mismo es cierto respecto a los "yoes" individuales que habitan las culturas cargadas; los "yoes" se diferencian internamente por medio de las diversas funciones que desempeñan, las comunidades con las que se identifican, y los principios y valores que adoptan.[459] Siempre hay extranjeros en nuestras puertas personales y comunales, y nosotros mismos no pertenecemos por completo, sino en parte, a un grupo en concreto. Como individuos y comunidades son como nuestros domicilios en los que nos sentimos en casa, y sin embargo siguen remodelándose y reorganizándose, sacando las viejas cosas y metiendo otras nuevas, a menudo objetos adquiridos en visitas a lugares cercanos o distantes, objetos que simbolizan que no podemos nunca ser el mismo después de habernos aventurado fuera de nuestro hogar, que las cosas que encontramos "fuera" se vuelven parte del "interior".

En segundo lugar, la *no simetría* de la relación. Sugiero que el abrazo no debería verse como una metáfora de la "fusión" y "divergencia" fáctica o deseable de diversas corrientes que tienen lugar en el cada "yo" y en cada comunidad. También describe una postura *moral* de los seres que en realidad nunca se "fusionan" y "divergen" simplemente, sino que son insertados en una lucha permanente en la que el fuerte oprime al débil y el débil procura subvertir el poder del fuerte. Emmanuel Lévinas ha enfatizado que, propiamente hablando, una postura moral entraña evitar la simetría. En *Otherwise tan Being* escribe:

El nudo de la subjetividad consiste en ir al otro sin preocuparse de su movimiento hacia mí. O, de manera más exacta, consiste en acercarse

---

[457] Helm Stierlin, *Das Tun der Einen ist das Tun des Anderen: Eine Dynamic menschicher Bexiehungen*, Frankfurt: Suhrkamp, 1975, 67s.

[458] Edward W. Said, *Culture and Imperialis*, Nueva York: Alfred A. Knof, 1993, 317.

[459] Walzer, *Thick and Thin*, 85s.

de tal manera que, más allá de todas las relaciones recíprocas que consiguen establecerse entre yo y el prójimo, yo haya dado siempre un paso más hacia él.[460]

"Un paso más" hacia el prójimo, y el primer paso —tal vez incluso el segundo y el tercero— ¡hacia el enemigo! Como metáfora, el abrazo implica que el "yo" y el otro se pertenecen en su alteridad mutua. Porque el "yo" moldeado por la cruz de Cristo y la vida del Dios trino, sin embargo, el abrazo no solo incluye al otro que es un amigo, sino también al que es el enemigo. Este tipo de voluntad del "yo" buscará abrir sus brazos hacia el otro incluso cuando el otro empuñe una espada. Por supuesto, el otro tendrá que tirar la espada, incluso dejarse quitar la espada de la mano, antes de que el verdadero abrazo pueda producirse. Sin embargo, incluso la lucha por la espada estará apoyada por la voluntad de abrazar al otro y devolver el abrazo.

En el contexto de la enemistad, si la reciprocidad entre el "yo" y el otro está establecida, no será simplemente a través de la "lucha por el reconocimiento" entre "el amo" y el "esclavo" que, acabará en un reconocimiento recíproco entre iguales, como pensaba Hegel.[461] El abrazo recíproco de iguales, por regresar a mi terminología, es el fruto de la autoentrega que ya *presupone el reconocimiento del otro,* no de la lucha por medio de la cual el "yo" y el otro deben ganar reconocimiento. A excepción de una filosofía ingenua de la historia, la lucha conduce a la lucha y jerarquiza las relaciones en lugar de igualarlas, porque genera versiones siempre nuevas de la polaridad "amo" – "esclavo". Las jerarquías no pueden ser simplemente niveladas, y mucho menos por medio de la lucha; deben ser invertidas: el Cordero es el Pastor (Ap 7:17) y los Reyes son los Siervos (Ap 22:1-5).[462] La igualdad y la reciprocidad que se encuentran en el corazón del abrazo solo puede alcanzarse por medio del autosacrificio (Mc 10:41-45), aunque no sea un bien positivo, sino una *vía dolorosa* necesaria en un mundo de enemistad e indiferencia hacia el gozo del abrazo recíproco. Este autosacrificio sigue el modelo del de Cristo,

---

[460] Emmanuel Lévinas, *Otherwise Than Being, or Beyond Essence,* trad. A. Lingis, The Hague: Martinus Nijhoff, 1981, 84.

[461] Hegel, *Phenomenology of the Spirit,* 111ss.

[462] Daniel Boyarin aboga con razón por un concepto de identidad "en el que solo hay esclavos pero ningún amo, es decir, una alternativa del modelo de autodeterminación que, después de todo, es en sí mismo una imposición imperialista occidental" (*A Radical Jew: Paul and the Politics of Identity* [Berkeley: University of California Press, 1994], 249).

que no es más que la mutualidad de la entrega trinitaria en el encuentro con el enemigo.[463]

En tercer lugar, la *subdeterminación del resultado*. Integrada en la estructura misma del abrazo existe una "multifinalidad" que descansa sobre la subdeterminación sistemática de los resultados. Dado el elemento estructural de la espera, nada puede garantizar que el abrazo tendrá lugar; el único poder que puede usarse para producirlo es el propio encanto del abrazo. Aunque cada uno pueda abrir los brazos hacia el otro, cada uno tiene derecho a negarse, a cerrarse y a quedar fuera del intercambio de dar y recibir mutuamente. Y, una vez que el abrazo se ha producido, nada puede garantizar un resultado particular. Dado el elemento estructural de amabilidad, nunca podemos saber con antelación cómo tendrá lugar la remodelación del "yo" y del otro en el abrazo. Aunque el "yo" pueda intentar reconfigurar al otro, no se puede preprogramar un resultado (como en un buen trueque en el que ambos consiguen más o menos el mismo valor de los bienes que se entregan), y (como en un buen intercambio intelectual) todos los resultados son posibles en principio, aunque muchos no sean probables, dada la historia previa de los "yoes". Solo un resultado es imposible: un abrazo genuino no puede dejar a uno o a ambos completamente sin cambio.[464]

Finalmente, existe el *riesgo del abrazo*. El riesgo resulta de la no simetría y de la subdeterminación sistemática. Abro mis brazos, hago un movimiento del "yo" hacia el otro, del enemigo y no sé si me entenderá, me menospreciará y hasta me violará, o si mi acción será apreciada, respaldada y tendrá reciprocidad. Puedo convertirme en un salvador o en una víctima, o posiblemente en ambas cosas. El abrazo es gracia, y la "gracia siempre es riesgo".[465]

Contrato, pacto y abrazo

Sin un cierto tipo de "riesgo" —riesgo a causa de la "gracia"— la vida verdaderamente humana sería imposible. Sin embargo, "una partida de dados" sería una metáfora singularmente inadecuada para la vida social en su conjunto.

---

[463] En su diálogo con muchos intérpretes recientes de la doctrina de la Trinidad, Anthony C. Thiselton ha argumentado en *Interpreting God and the Postmodern Self: On Meaning, Manipulation and Promise* (Grand Rapids: Eerdmans, 1995), en favor de tomar la entrega trinitaria como modelo de la relación del "yo" humano con el otro (153ss.).

[464] En el debate sobre el valor relativo de las culturas, por ejemplo, no podemos afirmar con antelación que debemos un respeto igual a todas las culturas, ni que algunas de ellas queden excluidas como posibles candidatas para un respeto igual. Un juicio responsable solo podrá emitirse tras el encuentro, un encuentro que no solo podría alterar nuestras sospechas iniciales, sino también transformar los *estándares* por los cuales juzgamos (Taylor, "The Politics of Recognition", 66–73).

[465] Smedes, *Forgive and Forget,* 137.

Inundados en el mar de contingencia y amenazados por la enemistad, los seres humanos necesitan mucha más predictibilidad de la que el juego ficticio de los dados tiende a proveer.[466] ¿Desharía, pues, la combinación de la no simetría (inicial) y la subdeterminación sistemática de resultados, que convierten el abrazo en un esfuerzo arriesgado, la utilidad política del abrazo? No, pero la necesidad de predictibilidad básica exige que complementemos la "gracia" arriesgada del abrazo con cierta forma de "ley" mutuamente vinculante; o más bien, para encuadrar la "ley" regulando las relaciones sociales por la "gracia" del abrazo de manera que ambos confirmen la "ley" y sigan transformándolo desde dentro. Exploraré dos metáforas dominantes para regular la vida social en las sociedades contemporáneas que buscan asegurar la predictibilidad —"contrato" y "pacto"— y, a continuación, sugerir cómo el entendimiento prevalente del pacto social podría enriquecerse con la reflexión precedente sobre el abrazo.

Una poderosa metáfora contemporánea para la vida social diseñada para garantizar una gran predictibilidad —incluso de capacidad estricta de cálculo— es la metáfora del "contrato". El liberalismo político, que concibe la vida esencialmente como un negocio de interés propio individual, ha fomentado el "contrato" como la metáfora del amo de la vida social. Plagado de temor o daño, e impulsado por el deseo de consuelo, los individuos hacen "contratos" que los favorece con "seguridad y ganancia".[467] Los contratos permiten que cada uno logre, con la ayuda de los demás, lo que nunca podrían conseguir solos. La sociedad civil emerge como descendencia de una interacción contractual semejante. Sin embargo, ¿son los hombres del "contrato" lo suficientemente anchos como para llevar la carga social sobre ellos?

Consideremos los tres rasgos notables siguientes de contratos. Primero, están *orientados a la actuación*. Aunque la convivialidad podría ser un beneficio colateral agradable, la idea de un contrato es asegurar que queda una tarea sin cumplir, por ejemplo, una mercancía producida o un servicio prestado. Hecha la tarea, la relación se disuelve, en la medida regulada por el contrato. En segundo lugar, los contratos están marcados por el *compromiso limitado*. En palabras de Philip Selznick, quien subraya este rasgo de las relaciones contractuales,

los términos y condiciones se especifican al detalle, y el coste de no actuar es calculable. Además, con algunas excepciones, la obligación

---

[466] Arendt, *The Human Condition,* 219ss.

[467] William M. Sullivan, *Reconstructing Public Philosophy*, Berkeley: University of California Press, 1982, 13.

moral o legal no *cumple* necesariamente el acuerdo, sino tan solo hacer buenas pérdidas en las que se puede incurrir en caso de una ruptura injustificada.[468]

El contrato solo obliga a lo que declara de manera explícita o implícita, no menos y desde luego no más; asegura un vínculo "hasta que haya un mejor regreso disponible en otro lugar", como Michael Luntley describe lo que él llama "pertenencia mercantil".[469] En tercer lugar, los contratos son estrictamente *recíprocos*. El consentimiento de ambas partes es necesario para obligarlos a los dos; en el lado anverso, la transgresión del uno des-obliga al otro. En un sentido importante, el contrato está diseñado para que las partes reflejen la una la conducta de la otra. Como lo explica Bauman, "el 'deber de cumplir el deber' es para cada parte dependiente del registro de la otra. Estoy obligado a vivir por el contrato solo mientras y en la medida en que el otro haga lo mismo".[470]

Dada la estricta reciprocidad del contrato, el compromiso limitado y la orientación a la actuación es fácil ver por qué emergería como la metáfora maestra para las relaciones sociales en las sociedades contemporáneas. De un modo típicamente moderno, nuestras vidas están organizadas en torno a las funciones que desempeñamos, y cuánto tiempo lo hacemos. Ofrecemos servicios a cambio de servicios, pero mantenemos nuestras opciones abiertas para un mejor trato o un beneficio más deseable. Los contratos hacen que las relaciones sean vinculantes, pero no inflexibles; se comprometen sin esclavizar. Hechos a medida para la interacción entre los actores sociales que se ven como unidades separadas, y cuyo bien más sagrado es la libertad de decidir lo que quieren y durante cuánto tiempo lo quieren, los contratos estabilizan los compromisos y los mantienen fluidos. Parecen el principio estructurador perfecto de un orden típico de las sociedades contemporáneas, siempre "locales, emergentes y transitorias".[471]

La utilidad social de los contratos es indiscutible; sin ellos la vida en las sociedades sin tradiciones y diferenciadas sería casi imposible. Pero ¿servirá el "contrato" como metáfora maestra para la vida social en su conjunto? ¿Puede ofrecer más que un "código descriptivo" para lo que hacemos en un segmento importante de nuestras vidas? ¿Acaso sugiere una visión de cómo *deberíamos*

---

[468] Philip Selznick, *The Moral Commonwealth: Social Theory and the Promise of Community*, Berkeley: University of California Press, 1992, 479.

[469] Michael Luntley, *Reason, Truth and Self: The Postmodern Reconditioned*, Londres: Routledge, 1995, 190.

[470] Bauman, *Postmodern Ethics*, 59.

[471] Zygmunt Bauman, *Intimations of Postmodernity*, Londres: Routledge, 1992, 189.

vivir, una visión de la buena vida? Difícilmente. En un modelo contractual de sociedad, los tres rasgos sobresalientes de los contratos son tres importantes formas de malinterpretar la vida humana. Primero, los seres humanos no son "individuos autónomos" que se asocian solo para realizar tareas que hacen progresar sus intereses propios; las relaciones con otras personas penetran bajo la superficie del "yo". Por dar solo un ejemplo, incluso con un contrato en mano, el paciente quiere más de un doctor que su actuación técnica competente; las relaciones funcionales entre ellos se alimentan de lazos "irracionales" y emocionales no especificables.[472] En segundo lugar y a muchos niveles, los compromisos mutuos no pueden limitarse por términos y condiciones claramente especificadas por adelantado. Con frecuencia los seres humanos están vinculados por algo como un destino común, y no solo por la utilidad mutua. Como muestra el ejemplo del divorcio (incluso uno "de éxito", estrictamente hablando es imposible hacer buenas pérdidas incurridas por una ruptura de tan estrecha comunión). Finalmente, tenemos obligaciones para con nuestros vecinos que no quedan invalidados porque no consigan cumplir las obligaciones que nos corresponden; nuestras relaciones no son estrictamente recíprocas. Si mi prójimo rompe la confianza, no tengo derecho de hacer lo mismo, como tampoco lo tendría de pagar por un servicio que no prestara. Como metáfora maestra para las relaciones sociales, el contrato es profundamente defectuoso, porque los seres humanos están socialmente situados, sus vidas están entrelazadas, y su intercambio moralmente cargado.[473]

Turbados por el predominio de las relaciones contractuales en las sociedades contemporáneas, "que deja inestable cada compromiso"[474] y socavar la comunidad, algunos filósofos sociales han defendido la recuperación del pacto como la metáfora maestra alternativa de la vida social.[475] Con su casa original en el mundo de los compromisos religiosos en lugar de las transacciones de negocio,[476] el pacto promete expresar mejor las dimensiones comunales y

---

[472] Stierlin, *Das Tun del Einen ist das Tun des Anderen*, 24ss.

[473] En *The One, the Three and the Many* (Cambridge: Cambridge University Press, 1993), Colin Gunton defiende la metáfora del "contrato social" basándose en que «el lenguaje del contrato es una forma metafórica de hablar de lo social" (222). La respuesta debe ser sin duda que "el contrato" es una mala *metáfora*.

[474] Robert Bellah, *The Broken Covenant: American Civil Religion in Time of Trial* (Nueva York: Seabury, 1975); Sullivan, *Reconstructing Public Philosophy*.

[475] Robert Bellah et al., *Habits of the Heart: Individualism and Commitment in American Life* (Nueva York: Harper, 1985), 130.

[476] En *The Heavenly Contract: ideology and Organization in Pre-Revolutionary Puritanism* (Chicago: The University of Chicago Press, 1985), David Zaret ha argumentado, sin embargo, que la prominencia del tema del pacto en la teología puritana de los siglos XVI y XVII le debe mucho a que

morales de la vida humana. En contraste con el contrato, argumenta Selznick en *Moral Commonwealth:*

> El pacto... sugiere un compromiso imprescriptible y una relación continuada. El vínculo es relativamente incondicional relativamente indisoluble... El lazo contempla obligaciones ilimitadas y difusas, implica a la totalidad de la persona o del grupo, y crea un estatus sobresaliente.[477]

Como liberal comunitario, Selznick se niega a renunciar al "individuo autónomo" moderno[478] o a los vínculos "relativamente incondicionales" y "el orden moral" de la vida social.[479] El pacto, afirma, le permite aferrarse a ambas cosas. Habla de autonomía y de pertenencia a la vez, de compromisos individuales y de situacionismo social constante; el "pacto" contiene "elementos vitales de voluntarismo y consentimiento" y crea obligaciones que "se derivan de la naturaleza y de la historia de la relación", y no pueden "especificarse por completo con antelación".[480] A diferencia del contrato, que define un compromiso limitado y recíproco, el pacto estructura una relación moralmente ordenada e indefinida.

Pero ¿cuál es la naturaleza de la relación que el pacto estructura? ¿Qué clase de historia común crea? ¿Por qué esta relación no debería ser excluyente, por ejemplo, designada para fomentar los intereses del destino de una comunidad de moral ordenada de maneras profundamente *inmorales*? ¿No se basaba también el Apartheid en la idea del pacto? El pacto puede estructurar moralmente la vida comunal, pero la pregunta decisiva es, sin duda, *¿qué estructurará moralmente el pacto en sí* para convertirlo en un pacto de justicia y no de opresión, de verdad y no de engaño, de paz y no de violencia. Selznick convierte el principio de que "todos los hombres son creados iguales" en la principal "premisa del pacto". Pero no llega al principio a través de la idea del pacto, sino mediante un "salto de fe", un "compromiso que se autodefine", una "empresa de redacción de constitución". En otras palabras, la teoría del pacto funciona como "una teoría de ordenación moral" solo porque *añade* a la estructura formal del pacto como patrón de relaciones sociales del compromiso con ciertos

---

desde el 1500 al 1640 "las interacciones contractuales en la persecución del beneficio se convierten en un rasgo familiar de la vida económica de cada día" (165).

[477] Selznick, *The Moral Commonwealth,* 479.

[478] Ibíd., 485ss.

[479] Ibíd., 477.

[480] Ibíd., 480.

"principios manifiestos".[481] El pacto no tiene apoyaderos morales propios suficientemente fuertes, ni debe sostenerse sobre valores sustantivos que proceden de otros lugares. Estos hacen mucho más que obra social que la noción formal del pacto.

En el discurso político de hoy la noción del pacto extrae gran parte de su potencia de que los Estados Unidos de América fueran "una nación formada mediante un pacto".[482] Un pacto pudo formar una nación, por supuesto, solo porque los supuestos calvinistas "monarcómacos" formaron primero *la idea pactal de una nación*.[483] Para ellos, sin embargo, el pacto de los seres humanos unos con otros se "basaba en el pacto de Dios con ellos y era preservado por él";[484] el pacto hecho con Dios proporcionó los apoyaderos morales del pacto. Los deberes de los seres humanos como socios del pacto de Dios se expresaron en la "ley moral", el Decálogo, que los teólogos federales consideraban universalmente vinculante. Elaboraba un orden moral que se extendía tan lejos como alcanzaba el gobierno del único Dios; abarcaba la totalidad de la comunidad humana. El pacto podía convertirse en una categoría política útil, porque fue primero una categoría *moral,* y se volvió una categoría moral porque en su núcleo central era una categoría *teológica.* Todos los pactos humanos particulares, desde la familia y el vecindario al estado, deben subordinarse al pacto inclusivo que abarca a la totalidad de la humanidad y está guiado por valores sustantivos, el "agarrarse uno a otro" universal en solidaridad.[485] Sin algunos de estos valores sustantivos universales para formar sus premisas, el pacto podría muy bien servir de vínculo de la comunidad política, pero esta no será mejor que los valores que adopte. Por sí mismo, el pacto no proveerá ciertamente un estándar adecuado por el cual una comunidad política puede juzgarse a sí misma.[486]

---

[481] Ibíd., 482s.

[482] John Schaar, *Legitimacy and the Modern State,* New Bruswick: Transaction Books, 1981, 291.

[483] Charles McCoy y J. Wayne Baker, *Fountainhead of Federalism: Heinrich Bullinger and the Covenantal Tradition,* Louisville: Westminster John Knox, 1991, 45ss., 94ss.

[484] Jürgen Moltmann, "Covenant or Leviathan? Political Theology for Modern Times", *Scottish Journal of Theology* 47, núm. 1 (1994): 25.

[485] Sander Griffioen, "The Metaphor of the Covenant in Habermas", *Faith and Philosophy* 8, núm. 4 (1991): 534ss.

[486] Si debemos creer a John Schaar, la noción de Abraham Lincoln del pacto se hace eco de parte de la tradición federal original, porque se centraba en torno a los compromisos universales —un pacto para "defender y avanzar ciertos compromisos entre nosotros y por todo el mundo"— y por tanto podría no servir simplemente como "el vínculo de la comunidad política", sino como "el estándar por el cual la nación debe juzgarse a sí misma (Schaar, *Legitimacy and the Modern State,* 291).

Más allá del hincapié sobre la universalidad del pacto y de los valores sustantivos que surgen del pacto de Dios con la humanidad, ¿qué puede aportar la teología a la reflexión sobre el pacto como metáfora maestra para la vida social? En el artículo "Covenant or Leviathan" (Pacto o Leviatán), Jürgen Moltmann ha seguido a los "teólogos políticos" federalistas, y ha subrayado la libertad que las personas, unidas por un pacto bajo Dios, adquieren para resistir "al gran Leviatán", un gobierno tiránico.[487] Analizó la relación vertical del pueblo del pacto con el estado; su preocupación era la naturaleza del consentimiento y los límites de la autoridad política. Quiero suplementar su análisis considerando la relación horizontal entre las personas mismas del pacto; mi inquietud es la naturaleza de los compromisos y las condiciones para el florecimiento comunal.[488]

Las sociedades contemporáneas son amenazadas en la misma medida, sino más, por la incapacidad de las personas en cumplir el pacto las unas con las otras, como por la tendencia de los gobiernos tiránicos de romper el pacto con ellas. Las dos amenazas están relacionadas. Si no prestas atención a la capacidad de las personas para cumplir su pacto, tendrás que competir con la tendencia del gobierno a romper el pacto con ellas. Esta es la lección negativa de la filosofía política de Hobbes: cuanto más consiste la sociedad de egoístas egocéntricos, mayor es la necesidad de Leviatán, un aparato del estado estrechamente organizado y centralizado.[489] La estrecha parentela entre el individualismo y el absolutismo[490] funciona también en la otra dirección: cuanto menos capaces sean las personas de afirmar el derecho de resistencia contra el gran Leviatán, más querrán verse como individuos autónomos involucrados tan solo en la persecución de sus propios intereses.

"Por pactos mutuos unos con otros", afirma Thomas Hobbes en *Leviathan,* las personas trasfieren "autoridad" al estado y, así, alumbran a "ese gran Leviatán (o, en su lugar, hablan con mayor reverencia... *dios mortal*), al que le debemos bajo el *Dios inmortal* nuestra paz y nuestra defensa".[491] La transferencia de poder en el momento de la unanimidad de "cada hombre con cada hombre" es

---

[487] Moltmann, "Covenant or Leviathan?".

[488] Moltmann ha tratado desde entonces las dimensiones horizontales del pacto con la ayuda de la categoría de "promesa" ("Christianity and the Values of Modernity and of the Western World", periódico no publicado, 1996).

[489] Sullivan, *Reconstructing Public Philosophy,* 20.

[490] John Milbank, *Theology and Social Theory: Beyond Secular Reason,* Oxford: Blackwell, 1990, 12ss.

[491] Thomas Hobbes, *Leviathan,* The Library of Liberal Arts, ed. Oskar Piest, Indianapolis: Bobbs-Merrill, 1967, Parte 2, Capítulo 17.

necesaria para acabar la guerra persistente de "todos contra todos". Incapaces de formar y cumplir los pactos entre ellas mismas, las personas necesitan a Leviatán —quien, según el testimonio bíblico, no hace pacto con nadie (Job 41:4)— de manera que por "terror" a su poder y su fuerza pueda "formar las voluntades de todos ellos" y, de esta forma asegurar "la paz en el hogar y la ayuda mutua contra sus enemigos fuera". Leviatán emerge de las aguas tenebrosas y caóticas de la antropología negativa. En contraste, el pacto presupone una antropología más positiva. Como Moltmann ha argumentado, confiar en el Dios que entra en pacto con los seres humanos basa la confianza en su capacidad de formar pactos.[492]

Sin embargo, la capacidad humana indiscutible de hacer pactos va acompañada por su incontestable capacidad de romperlos. El mensaje acumulativo de las tradiciones pactales bíblicas es que ambas "capacidades" son, en realidad, las dos formas entrelazadas de vida comunal: los seres humanos hacen continuamente pactos y los quebrantan. Y detrás del tumulto de "hacer" y "romper" radica en una constante antropológica: los seres humanos están *ya siempre en el pacto* como los que *siempre lo han roto ya*. La reflexión sobre la dinámica intricada de hacer y romper pactos debería suplementar (¡no sustituir!), por tanto, interés en la alternativa entre la antropología negativa y positiva.

Para la reflexión teológica en los asuntos sociales, mucho más relevante que el "pacto original" que amplía la tradición federalista, es el "nuevo pacto" que permanece casi descuidado casi por completo como fuente del pensamiento político. ¿Cuáles son las implicaciones sociales del nuevo pacto? Este también presupone la capacidad de los seres humanos para formar pactos. Sin embargo, sitúa esta capacidad en mitad de una historia de conflicto, no solo entre las personas y el estado, sino entre las personas mismas que hacen pacto. Por una parte, el nuevo pacto es la respuesta a un patrón persistente de romper el pacto. En términos sociales, emerge contra el telón de fondo de la enemistad, no entendida como un cierto "estado natural" ficticio que ha de ser rectificado por un "pacto" igualmente ficticio, sino como una dinámica social generalizada entre las personas que ya pertenecen al pacto pero que no lo cumplen.

En segundo lugar, el nuevo pacto suscita la cuestión fundamental de cómo tomar las promesas del pacto de las tablas de piedra y ponerlas en el interior de las personas y grabarlas en sus corazones (Jr 31:31ss.). Por encima de todo, persuadir a las personas de que se resistan a los tiranos entrando y cumpliendo pactos, la tarea política clave debe ser nutrir a las personas cuya identidad

---

[492] Moltmann, "Covenant or Leviathan?", 25.

misma debería ser moldeada por los pactos que han formado, de manera que no se traicionen ni se tiranicen unos a otros. Colocar al nuevo pacto en el centro de la reflexión teológica sobre los problemas sociales significa para el teólogo cristiano inquirir sobre la relación entre *la cruz y el pacto*. En la cruz vemos lo que Dios ha hecho para renovar el pacto que la humanidad ha quebrantado. Recurriendo en parte a mi explicación anterior ("Espacio para el otro: la Cruz, la Trinidad, la Eucaristía"), quiero indicar brevemente lo que se puede aprender de la cruz respecto a cómo renovar el pacto, renovarlo en el triple sentido de fortalecer los pactos frágiles, reparar los que se quebrantan, y cumplir los que se están deshaciendo por completo.

En primer lugar, en la cruz Dios renueva el pacto *abriendo espacio* para la humanidad en el ser de Dios. Los brazos abiertos de Cristo en la cruz son la señal de que Dios no quiere ser un Dios sin el otro —humanidad— y sufre la violencia de la humanidad con el fin de abrazarlo. ¿Qué podría implicar este divino "hacer espacio en uno mismo" para los pactos sociales?

A diferencia del contrato, el pacto no es simplemente una relación de mutua utilidad, sino de compromiso moral, argumenté con anterioridad, de acuerdo con las críticas del modelo contractual de sociedad. Sin embargo, tenemos que ir un paso más allá. Porque los socios del pacto no son meros agentes morales que tienen ciertos deberes unos con otros dentro de la estructura de una relación duradera. Precisamente porque el pacto es perdurable, las partes mismas no pueden concebirse como individuos cuyas identidades son externas a ellos, y que están relacionados entre sí solo en virtud de su voluntad y su práctica morales. En su lugar, la *identidad* misma de cada uno está formada a través de la relación con los demás; la alteridad del otro entra en la identidad misma de cada uno.

Bajo estas condiciones, para renovar el pacto significa "trascender la *perspectiva* de una parte y tener en cuenta las disposiciones complementarias de la otra parte".[493] Más aún, renovar el pacto significa prestar atención a los cambios en la *identidad* del otro, abrir espacio en nosotros mismos para el otro cambiante, y estar dispuesto a renegociar nuestra propia identidad en interacción con la identidad fluida del otro.[494] Cada parte del pacto debe entender su propia conducta y su identidad como complementarias a la conducta y la identidad de otras partes. Sin esta complementariedad y los reajustes continuos de identidades dinámicas, los vínculos morales no bastarán como pro-

---

[493] Aleida Assmann y Jan Assmann, "Aspekte einer Theorie des unkommunikativen Handelns", *Kultur und Konflikt,* ed. Jan Assmann y Dietrich Harth, Frankfurt: Suhrkamp, 1990, 36.

[494] Ver Michael Welker, *Kirche im Pluralismus*, Gütersloh: Christian Kaiser, 1995, 54ss.

tección contra la presión sobre el pacto en un contexto pluralista, y la puerta se abrirá para el regreso de Leviatán. Sostener y renovar pactos entre personas y grupos exige el esfuerzo mutuo de "hacer espacio en el "yo" para el "otro" y de reorganizar el "yo" a la luz de la presencia de otro.

En segundo lugar, renovar el pacto entraña *entrega.* En la cruz, el nuevo pacto no era la sangre de un tercero (un animal), derramada para establecer una relación sanguínea ficticia entre las partes del pacto y dramatizar las consecuencias de quebrantarlo. A este respecto, el nuevo pacto es profundamente diferente del primero que Dios hizo con Abraham (Gn 15).[495] Abraham corta los animales sacrificiales en dos, y "un horno humeando, y una antorcha de fuego" —ambos son símbolos de teofanías— pasó por entre los animales divididos (15:17). El único acto ritual realizado por Dios fue una promesa de que preferiría "morir" que romper el pacto, como los animales entre los cuales Dios pasó.[496] El pensamiento de un Dios vivo que muere es lo bastante difícil, como lo es pensar en un Dios fiel rompiendo el pacto. Sin embargo, al pie de la cruz se abre un verdadero abismo para el primer pensamiento. Y es que la narrativa de la cruz no es un relato "que se autocontradice" de un Dios que hace algo de lo que no habría sido capaz ni habría estado dispuesto a hacer, la historia de un Dios que "murió" porque sus *socios del pacto,* demasiado humanos, quebrantaron el acuerdo.

La "sangre" en la que el nuevo pacto se efectuó no es simplemente la que sujeta la amenaza de romper el pacto o la que retrata una pertenencia común; es la sangre de la entrega, incluso del autosacrificio. Una parte ha quebrantado el pacto y la otra sufre la ruptura, porque no permitirá que el pacto se deshaga. Si semejante sufrimiento de la parte inocente nos impresiona porque es injusta, en un importante sentido lo *es.* Sin embargo, esta "injusticia" es precisamente lo que hace falta para renovar el pacto. Uno de los mayores obstáculos para reparar los pactos rotos es que invariablemente entrañan profundos desacuerdos sobre lo que constituye el rompimiento y quién es el responsable de ello. En parte por el deseo de esquivar las responsabilidades que la aceptación de la culpa involucra, los que quebrantan el pacto no reconocen (o no reconocerán) que lo han violado. En un mundo de perspectivas en conflicto y arduas autojustificaciones, de compromisos que se desmoronan y fuertes

---

[495] Para mis propósitos aquí tiene poca relevancia si Génesis 15 es sobre "pacto" o "juramento". Claus Westermann, *Genesis 12–36: A Commentary,* trad. John J. Scullion [Minneapolis: Augsburg, 1985], 215.

[496] Joseph Ratzinger, "Der Neue Bund: Zur Theologie des Bundes im Neuen Testament", *Inernationale Katholische Zeitschrift Communio* 24, núm. 3 (1995): 205s.

animosidades, los pactos se cumplen y se renuevan porque quienes, en su opinión, no han incumplido el acuerdo están dispuestos a realizar el duro trabajo de repararlo. Esa obra *es* abnegada; algo del individuo o del "yo" comunal muerto al realizarlo. No obstante, el "yo" no perece en modo alguno, sino que se renueva como el "yo" verdaderamente comunal hecho a imagen de Cristo y del Dios trino que no será sin el otro.

En tercer lugar, el nuevo pacto es *eterno*. La entrega de Dios en la cruz es una consecuencia de la "eternalidad" del pacto que, a su vez, descansa sobre la "incapacidad" de Dios de abandonar al socio del pacto que ha violado el acuerdo. "¿Te entregaré yo, Israel?, pregunta el Dios de Oseas, cuyo "corazón se conmueve dentro de él, (y) se inflama toda (su) compasión", porque Dios está atado a Israel con "lazos de amor" irrompibles. El compromiso de Dios es irrevocable y su pacto indestructible.[497] De manera análoga, aunque cualquier pacto político puede disolverse, siendo *"relativamente* incondicional",[498] el pacto social más amplio es *estrictamente incondicional* y, por tanto, "eterno". Puede romperse, pero no deshacerse. Cada ruptura del pacto sigue teniendo lugar *dentro* del mismo; y toda la lucha por la justicia y la verdad en favor de las víctimas del pacto infringido se produce *dentro* del pacto. Nadie está fuera del pacto social; y no hay acción imaginable que pueda sacar a una persona de él.

El reajuste de las identidades complementarias, la reparación del pacto incluso por parte de quienes no lo han violado, y la negativa a dejar que se deshaga jamás, son los rasgos clave de un pacto social concebido en analogía a la teología cristiana del nuevo pacto. Las tres características corresponden estrechamente al sentido que he proporcionado en este capítulo a "abrazar", una metáfora que busca combinar el pensamiento de la reconciliación con el de las identidades dinámicas y mutuamente condicionantes. El nuevo pacto es *el abrazo de Dios* a la humanidad que sigue quebrantando el pacto; el lado social de este nuevo pacto es *nuestra forma de llegar a abrazarnos* unos a otros incluso bajo las condiciones de enemistad. La reflexión sobre las relaciones sociales, desde la perspectiva del nuevo pacto ("abrazo") no pretende sustituir, sino implementar la meditación desde la perspectiva del antiguo pacto (pacto), que indiqué con anterioridad. ¿Cuál es la relación entre ambos? El abrazo es el lado interno del pacto, y el pacto es el lado externo del abrazo.[499]

---

[497] Cp. Assmann, *Das kulturelle Dedächnis*, 256s.

[498] Selznick, *The Moral Commonwealth*, 479.

[499] Recibí importante estímulo para la sección "Contrato, Pacto, Abrazo" durante la consulta de Tübingen sobre el "Pacto" (20-22 octubre, 1995) organizada por Charles S. McCoy y Jürgen

Los brazos abiertos del Padre

Fue la profunda y singularmente fecunda historia del Hijo Pródigo (Lc 15:11-32) la que me sugirió en un primer momento la idea de una "teología del abrazo". Todo este capítulo —y, en un sentido, la totalidad de este libro— no es sino el intento de extraer su relevancia social. En conclusión, tras un largo viaje al que espero no haya sido un país distante, quiero regresar a la historia de la que nunca me he apartado, y leerla a la luz de la teología a la que dio a luz.

Dos rasgos principales de la historia son también los dos temas centrales de todo este capítulo: el padre se entrega a su hijo distanciado, y su recibimiento de nuevo en su familia. Tomando estos dos temas, llevaré el razonamiento básico de este capítulo un poco más allá, *examinando la cuestión de cómo necesitan las identidades ser constituidas si se han de restaurar las relaciones rotas.* Entre las líneas de mi texto se va produciendo un intensivo diálogo sobre el cual la crítica relacional de las feministas de seres "separados" y la crítica postmoderna de "identidades estables".[500] Hermenéuticamente, procederé de la forma siguiente: en lugar de traducir la historia primero en un principio teológico sobre Dios, los pecadores perdidos y los no tan perdidos, y a continuación volver a verter el principio en el mundo de las relaciones sociales, me limitaré a *interpretar la historia a nivel social,* considerando uno de sus principales actores tras otro, y concentrándome en el carácter de sus relaciones e identidades.

En primer lugar, *el hijo menor.* Una forma típicamente moderna de interpretar el deseo del hijo más joven de recibir su herencia antes de tiempo y abandonar el hogar es verle salir de los confines de un hogar patriarcal con el fin de encontrar su "yo" auténtico y convertirse en un individuo. La partida no es ahora una transgresión. Por el contrario, un "buen" hijo que se queda en el mundo que otros han construido es un *mal* individuo que traiciona su autenticidad. En esta interpretación moderna, la historia trata de un joven que no hace algo por sí mismo e implica injustamente a otros en su fracaso. El trasfondo es un "yo" construido monológicamente que acaba siendo infeliz por una combinación de estupidez ("desperdició", 15:13) y de mala suerte ("gran hambre" 15:14). En consecuencia, el regreso del hijo menor puede ser cuestión de volver para encontrar trabajo ("jornaleros", 15:19) con el fin de tener algo para comer ("pan", 15:17). Y es que, de un modo muy parecido al

---

Moltmann. He aprendido mucho en estos debates, en especial con Amitai Etzioni, Dieter Georgi, Walter Grois, Philip Selznick y Wolfgang Graf Vitzthum.

[500] Allison Weir, *Sacrificial Logics: Feminist Theory and the Critique of Identity* , Nueva York: Routledge, 1996.

hijo en "Heimkehr",[501] de Franz Kafka, en lugar de "hogar" encontrará una *casa*, la casa de su padre. De vuelta entre los suyos, seguirá estando en un país lejano.[502]

Pero la historia no funciona del todo contra el telón de fondo de la inquieta "adolescencia" moderna en la que el "yo" forja su identidad construyéndose como alteridad frente a sus orígenes.[503] En su lugar, debemos presuponer un "yo" situado que ya ha alcanzado la "adultez" (o no llegará nunca a la clase de independencia que denominamos "adultez"). Para los comentadores premodernos[504] y no occidentales,[505] el hijo menor ya ha hecho algo incorrecto al exigir que se repartiera la herencia y decidiendo marcharse. Primero rompe la antigua solidaridad de la familia, cuya ética básica era proteger y aumentar, no dividir y disminuir.[506] Es igualmente relevante su corte con aquellas relaciones que formaban su identidad misma. Cada uno de los personajes se identifica por una designación relacional —"padre", "hijo", "hermano"— y todas las designaciones están interrelacionadas mediante pronombres posesivos como "*su* padre" (15:12) y "*tu* hermano" (15:27). La identidad misma de cada personaje es impensable sin los demás.

La ruptura del hijo menor con la familia fue total. Reunió "*todo* lo que tenía", viajó a "una provincia *apartada*"; ninguna propiedad suya debía quedar con ellos, porque mientras que alguna de sus pertenencias permaneciera con ellos, él está, en un sentido, con ellos y viceversa. Y, en el país lejano hizo justo lo contrario a lo que debería hacer un miembro de una buena familia: *despilfarró* la herencia "viviendo *perdidamente*" (15:13). Todos los patrones de conducta aprendidos en el hogar deben ser dejados a un lado, porque mientras

---

[501] Franz Kafka, "Heimkehr", *Sämtliche Erzählung*, Frankfur am Main: Fishcer Taschenbuch, 1972.

[502] Cp. Werner Brettschneider, *Die Parabel vom verlorenen Sohn: Das biblische Gleichnis in der Entwicklung der europäischen Literatur* (Berlín: Erich Schmidt, 1978), 53ss.; Peter Pfaff, "Einspruch gegen Landwirtschaft: Kafkas 'Heimkehr': Die Parabel zu Parabel", *Die Sprache der Bilder: Gleichnis und Metapher in Literatur und Theologie*, ed. Hans Weder (Gütersloh: Gütersloher Verlagshaus Gerd Mohn, 1989).

[503] Otra forma de interpretar el regreso del Pródigo contra el telón de fondo de un yo construido de forma monológica es hablar sobre el regreso del "yo" a sí mismo (Jill Robbins, *Prodigal Son/Elder Brother* [Chicago: The University of Chicago Press, 1991]). A continuación, la partida entrañaría una pérdida del yo y el regreso constituiría la recuperación del "yo". El problema básico con esta interpretación es que en la historia no se construye al "yo" de manera monológica.

[504] Brettschneider, *Die Parabel vom verlorenen Sohn*, 19-40, 62.

[505] Kenneth E. Bailey, *Finding the Lost: Cultural Keys to Luke 15*, St. Louis: Concordia, 1992, 112ss.

[506] Wolfgang Pöhlmann, *Der verlorene Sohn und das Haus: Studien zu Lukas 15, 11-32 im Horizont der antiken Lehre von Haus, Erziehung und Ackerbau* (Tübingen: J. C. B. Mohr [Paul Siebeck], 1993), 186.

se comporte como un hijo es un hijo, y el hogar está con él y él está, en cierto modo, en casa. Su proyecto fue "des-filiarse"; no había lugar en él para ese sitio llamado hogar. Que el padre lo considerara "perdido" y hasta "muerto" (15:24) lo confirma. La partida no fue un acto de separación exigido para la formación de una identidad distinta, sino un acto de exclusión por el cual el "yo" se zafa de las relaciones sin las que no podría ser lo que es. El "yo" se aísla de las responsabilidades de los demás, y se sitúa en una relación conflictiva con ellos.

Para el "yo", nada es más difícil que una ruptura radical, una alteridad concienzuda. El fracaso del hijo menor estaba preprogramado en la radicalidad de la partida. La "gran hambre" sirve de elemento narrativo que lo sitúa donde la lógica de la historia exige que le encontremos. Como ha abdicado de sus responsabilidades y se ha aislado de las relaciones que constituían su identidad misma, debe "arrimarse" a un extraño y cuidar sus cerdos (15:15); está hambriento (15:16) y asilado de su propio "yo" (en los campos con los cerdos, 15:15). Al final, de tanto empujar a los demás fuera del "yo" se encuentra a sí mismo, de manera paradójica, "lejos de sí mismo".

En consecuencia, cuando "vuelve en sí"[507] recuerda a los demás a quienes quiso empujar fuera de su mundo, pero a quien descubre que sigue perteneciendo: "Cuántos jornaleros en casa de *mi padre* tienen abundancia de pan..." (15:17). A través de su marcha quiso convertirse en un "no hijo"; su regreso no empieza con arrepentimiento, sino con algo que lo posibilita, la memoria de la filiación. No hay vuelta en sí sin el recuerdo de pertenecer. El "yo" ha sido construido en relación con otros, y solo puede volver en sí por medio de la relación con los demás. El primer vínculo en el otro en un país lejano de relaciones rotas es la memoria.

Para él, cuyo proyecto era la "des-filiación" de sí mismo y que sigue en un país lejano, la "filiación" solo puede ser un recuerdo, pero es un recuerdo que define tanto su presente que emprende el viaje de regreso. El recuerdo de la filiación da esperanza, pero también recuerda el fracaso; el puente que la memoria construye es un testimonio del cisma creado por la partida. Aquel que *recuerda* la filiación ya no puede ser un hijo puro y simple; ha sido moldeado por la historia de la partida, que no puede borrarse. Como declara el hijo menor en dos ocasiones —una vez a sí mismo y otra al padre— ahora es

---

[507] Mi idea es independiente de si el uso de "volver en sí" es meramente idiomático y no significa más que "recuperar el juicio" (John Nolland, *Luke 9:21–18:34*, World Biblical Commentary, vol. 35B [Dallas: Word Books, 1993], 783) o si el lenguaje implica un cierto redescubrimiento del verdadero yo.

el "hijo que ya no es digno de ser llamado hijo" (15:19, 21). Pedirá ser tratado como uno de los jornaleros. Desde la perspectiva del hijo, la relación debería restablecerse, pero la historia de la traición habrá cambiado las identidades y reconfigurado las obligaciones y las expectativas. Con una identidad construida fuera del caparazón de la identidad original como hijo y las piezas rotas de la identidad intentada como "no hijo", el pródigo se pone en camino hacia su casa.

En segundo lugar, *el padre.* La primera sorpresa de la historia es la audacia del hijo menor al pedir la herencia. La segunda sorpresa es el permiso del padre para que se fuera con "todo lo que tenía" (15:13). El sano juicio y la tradición venerable (ver Sirac 33:19-23) aconsejaba al padre actuar de otro modo.[508] El aspecto más relevante de la historia es, sin embargo, que el padre que deja partir al hijo, *no suelta la relación que hay entre ellos.* Los ojos que escudriñaban y por fin vio venir al hijo de "lejos" (15:20) habla de un corazón que estaba con el hijo en "la provincia apartada". Lejos de casa, su hijo siguió estando en el corazón del padre. Contra la fuerza del mal hacer sufrido y la vergüenza soportada que procuraba empujar al hijo fuera, el padre conservó al hijo en su corazón como una ausencia moldeada por el recuerdo de la presencia anterior. Como no quería renunciar a su hijo que se había marchado, se convirtió en padre de un hijo "perdido", de un hijo "muerto" (15:24). Cuando el intento del hijo de ser un "no hijo" cambió su identidad, el padre tuvo que renegociar su propia identidad de padre.

El mismo aferramiento que tenía el padre a su hijo en el recuerdo, que dirigió la expectante mirada hacia el horizonte lejano, llenó el corazón del padre de compasión cuando vio regresar a su vástago; hizo correr al progenitor, rodear con sus brazos al pródigo y besarlo (15:20). Si el padre no hubiera guardado al hijo en su corazón, no habría abrazado al pródigo. No era necesaria confesión alguna para que los brazos se abrieran y ofrecieran el abrazo, por la sencilla razón de que la relación no descansaba en actuación moral alguna y, por tanto, no podría destruirse por actos inmorales. El regreso del hijo de "la provincia apartada" y la negativa del padre a dejar salir al hijo de su corazón fueron suficientes.

La estrategia de regreso del hijo había dispuesto los acontecimientos en una secuencia distinta: volver al padre —confesión— y que le aceptara a su servicio (15:18-19). Sin embargo, el recibimiento del padre interrumpió la secuencia ("pero", 15:20). La confesión *siguió* a la aceptación (15:21). Pero

---

[508] Joseph A. Fitzmyer, *The Gospel According to Luke (X-XXIV): Introduction, Translationa, and Notes,* Anchor Bible 28A (Nueva York: Doubleday, 1985), 1087.

ocurrió, sin interrupción. Porque, aunque la relación no estaba basada en la rectitud, tras la partida del hijo la relación fue contaminada por una transgresión y, por tanto, tuvo que ser sanada por una confesión. Para que el abrazo sea completo —para que la celebración empezara— la confesión de haber obrado mal tenía que hacerse.

El padre interrumpió la estrategia de regreso del hijo por segunda vez. La primera interrupción representaba la aceptación incondicional; la segunda llevaba a cabo una transformación. Tras el fracaso en la provincia apartada, el hijo reconstruyó su identidad como un "hijo que no es digno de ser llamado hijo". Por el puro gozo del abrazo de su padre, sin una palabra, su identidad empieza a cambiar de nuevo. El hijo pronunció su confesión, pero justo en el punto que su estrategia dictaba que informara al padre de la nueva identidad que había construido para sí a la luz de su transgresión ("un jornalero", 15:19), el padre vuelve a detener las palabras del hijo ("pero" y la rapidez de las instrucciones, 15:22). La confesión que le hizo al padre, que lo abrazó, le quita de las manos su identidad en relación al padre y se la entrega al progenitor. Con la orden a los esclavos, el padre reconstruyó la identidad del pródigo. Mandó que lo vistieran con una túnica —la mejor—, que pusieran un anillo en su dedo, sandalias en sus pies, y a continuación, cuando el pródigo fue transformado ante los ojos de los presentes, le llamó "este mi hijo". En primer lugar, *rehízo* simbólicamente al "hijo que no era digno de ser llamado hijo" en un "hijo del que podía estar orgulloso", y después lo *llamó* "mi hijo". El secreto de la transformación de los hijos es el mismo que el secreto de su aceptación incondicional: el padre no permitiría que su vástago —el hijo "perdido" y "muerto" (15:24, 32)— saliera del abrazo de su corazón.

Los modernos, siempre con dudas respecto a pertenecer, podrían preguntar: ¿Y si el hijo mejor no hubiera querido que el abrazo del padre reconstruyera su identidad? ¡Después de todo, no le preguntó al hijo y ni siquiera le habló! El padre fue todo acción y ninguna comunicación. ¿Acaso no somos testigos de un acto opresivo de un padre dominante que explota la debilidad del hijo que ha fracasado, un acto que solo un padre así podría malinterpretar como amor genuino? ¿No es el amor en el hogar parental un amo que "entiende" y "perdona", acosado por el peligro de borrar la diferencia, como sugiere Rainer Maria Rilke en *The Notebooks of Malte Laurids Brigge*?[509] ¿Pero qué nos hace sospechar donde es probable que los lectores originales no lo hubieran hecho? ¿No deberíamos temer a que la diferencia se borrara en parte

---

[509] Rainer Maria Rilke, *the Notebooks of Malte Laurids Brigge*, trad. Stepehn Mitchell, Nueva York: Random House, 1982, 252ss.

porque no podemos evitar oscilar entre las polaridades de la "diferencia" y la "domesticación", de las identidades "autoconstruidas" e "impuestas"? ¿Sospechamos porque hemos olvidado el arte de las identidades fluidas negociadoras dentro de una relación? ¿Es porque somos demasiado parecidos al hermano mayor y muy poco al padre?

En tercer lugar, *el hermano mayor*. Al hermano mayor no le gustó la música y el baile en torno al regreso del pródigo. Se enojó y no entró (16:28). La distancia espacial era una señal externa de la exclusión interna. El pródigo ya no es *su* hermano; es "este tu hijo" (15:30). El "este"[510] peyorativo, "hijo" en lugar de "hermano" y "tuyo" en lugar de "mío" denotan la radicalidad de la exclusión. A diferencia del padre, el hermano mayor no guardó al hermano menor en su corazón, mientras este estuvo en un país lejano. Se negó a reajustar su identidad para hacer sitio para el hermano manchado por la transgresión; el pecado del hermano, no el recuerdo de su presencia anterior, ha llegado a ocupar el espacio vaciado por la partida del hermano. El mayor no quiere ser el "hermano del pródigo" y, por tanto, el pródigo no es "mi hermano". En consecuencia, después de que el padre haya abrazado al pródigo, el mayor tiene que proceder a su propia "des-filiación". Por primera vez en toda la historia, en la explicación del hermano mayor respecto a su enfado, no se dirige al progenitor como "padre". Sencillamente se ha convertido en otro "tú" (15:29-30). Mientras el hermano menor y el padre tienen una relación, "este tu hijo" [v. 30] se autoexcluirá de la relación con el padre. El hermano menor se ha convertido en un "no hermano" porque no fue el hermano que debía haber sido; el padre se ha convertido en un "no padre" porque actuó como un padre no debía hacerlo; no negó al hijo rebelde (Dt 21:18-21).[511]

Sin embargo, el enojo, no querer entrar y celebrar, no tratar al padre como tal, todo esto no es más que un momento en la historia del hermano mayor, no es la totalidad de su identidad. Ahora está "fuera" (v. 28) y, sin embargo, el modo de estar fuera solo es inteligible contra el telón de fondo de su fundamental estar "dentro", de estar "siempre con el padre" y que "todo" lo que es de su padre le pertenece a él (15:31). Debe *negarse* a entrar (15:28), porque él ya pertenece al interior; debe quitarle al progenitor su condición de padre, porque él *es* su hijo. Puede que el hermano mayor no tuviera una historia tan aventurera como el menor, pero no "existe en un presente inhóspito", sin "destino temporal" y "sin historia" que no sea la historia fuera de la historia,

---

[510] Fitzmeyer, *The Gospel According to Luke*, 1091.

[511] Darrell Bock, *Luke 9:51–24:53*, Baker Exegetical Commentary on the New Testament (Grand Rapids: Baker, 1996), 1319.

como Jill Robbins afirma en *Prodigal Son/Elder Brother*.[512] Por el contrario, que el hijo mayor esté "fuera" es un segmento "dentro" de la historia que comparte con el padre y el hermano menor.

¿Por qué deshacer las relaciones? El hijo mayor no solo se siente ofendido, porque se comportó mejor pero fue tratado peor (15:29-30). Ni está actuando simplemente por temor respecto a su herencia[513] que ahora podría estar obligado a compartir. En su lugar, está enojado porque se han roto algunas reglas básicas; no son normas opresivas que destruyen la vida, sino reglas sin las cuales no sería posible la vida civil.[514] Aquel que trabaja (15:29) merece mayor reconocimiento que aquel que derrocha; celebrar al despilfarrador es un derroche. Aquel que obedece donde se debe obedecer (15:29) merece más honra que quien quebranta los mandamientos de manera irresponsable; honrar al irresponsable es irresponsable. El que permanece fiel debería ser tratado mejor que el que excluye a los demás; la preferencia por el excluido es la tácita exclusión del fiel. Cuando el derroche es mejor que trabajar, y la ruptura de las relaciones es mejor que la fidelidad, la justicia será pervertida y la familia se desmoronará; no habrá lugar del que un pródigo pueda partir ni sitio al que pueda volver; *todos* estaremos en una "provincia apartada" y soñamos con llenar nuestros cuerpos demacrados con "algarrobas" de los cerdos (15:16). Poderosos argumentos exigían que aquel que excluía a los demás fueran excluidos, quien desobedecía cumpliera su penitencia, quien derrochara debía restituir. El hijo pródigo podía ser recibido como "un jornalero", pero *no* como hijo. Por todas sus diferencias, los dos hermanos —uno en un país lejano y el otro en casa— eran sumamente parecidos; las expectativas del uno y las exigencias del otro se dejaban gobernar por la misma lógica.[515]

¿Quién podría objetar a esta lógica? Y, sin embargo, la objeción emerge de entre las líneas en el discurso mismo que hace tan plausible la necesidad de normas claras de inclusión y exclusión. Las reglas son precisas para preservar

---

[512] Robbins, *Prodigal Son/Elder Brother*, 36.

[513] Bailey, *Finding the Lost*, 184.

[514] John Nolland ha buscado contrarrestar la tendencia a retratar al "hermano mayor" bajo la peor luz posible (Nolland, *Luke 9:21–18:34*, 787ss.). Señala con acierto que "las interpretaciones altamente críticas para el hermano mayor no pueden empezar a hacer justicia a este versículo [v. 31]" (788).

[515] Jill Robbins sugiere que el regreso real del hijo pródigo a casa, no solo la forma en que pretendía volver, es "en última instancia económica, parte de una pérdida y ganancia en un sistema de intercambios", porque se organiza en torno al esquema de "partida *y* regreso" (Robbins, *Prodigal Son/Elder Brother*, 72). Pero semejante interpretación es demasiado esquemática y abstracta, confundida por la estructura formal de "la partida y el regreso" a hacer caso omiso a la completa textura de la naturaleza concreta tanto de la partida como del regreso, como se narra en la historia.

los lazos sociales, afirma el hermano mayor. No obstante, además de separarle del padre y del hermano por la violación de las normas *le* hacen romper otras reglas bastante relevantes. Insiste en que él ha trabajado como un esclavo para el *padre* (15:29), pero no menciona que también se esforzó *para sí mismo* como heredero de los dos tercios de la propiedad. Afirma que su hermano devoró la propiedad del *padre* (15:30), pero no indica que lo que el joven hermano "consumió" le *pertenecía*. De manera más relevante, proyecta en su hermano el mal que no cometió: la vida disoluta del hermano, que en el original al parecer no implica inmoralidad alguna,[516] él lo convierte en "consumir [los] bienes con rameras" (v. 30).

La obsesión por las normas —no malas, sino reglas saludables— alienta a la santurronería y a la demonización de los demás. Para hacer que las normas se mantengan, se debe reducir la ambigüedad moral y la complejidad de los agentes sociales y su interacción. La insistencia en la observancia de las reglas fomenta polaridades donde no hay que encontrar ninguna y las aumenta donde existen. Como resultado, uno está por completo "en" (sino se rompe regla alguna) o del todo "fuera" (si se ha quebrantado una norma). El hermano menor rompió evidentemente y, por ello, estaba "fuera", excluido de la relación.

Que la incapacidad de tener en cuenta la ambigüedad y la complejidad resulte en la exclusión inadecuada y opresora es una grave acusación contra la importancia de las relaciones sociales expresadas por la poderosa autodefensa del hermano mayor. Sin embargo, aunque sea convincente, la acusación no se sostiene sin una visión alternativa plausible. Semejante visión queda patente en la conducta del padre.

En cuarto lugar, *otra vez el padre*. ¿Quién es este extraño padre? ¿Un viejo sentimental con debilidad por su propio "Benjamín" e incapaz de resistir al conflicto? ¿Una figura trágica y hasta lastimosa, esclavizada por una compulsión irracional de abrazar al pródigo (15:20) y aplacar al enojado hermano (15:28), por la necesidad de volver a convertir en un "hijo" al que había despilfarrado todo lo que tenía y llamarlo tiernamente "(mi) hijo" (15:31), aquel que en su enojo se negó a dirigirse a él como "padre"? ¿El representante de un orden que debe parecer insensato desde la perspectiva de cualquier guardián responsable de la familia, precisamente porque está obligado a destruir a la familia? Las imágenes son claramente erróneas; solo tienen sentido si alguien adopta la sesgada perspectiva del hermano mayor y presentar al padre como su contrario. Pero el padre no es la imagen del hermano mayor en un espejo.

---

[516] Bailey, *Finding the Lost*, 124.

De serlo, el hijo mayor habría ganado, al menos hasta que "el reino viniera en gloria". Y es que entonces, el padre estaría en la segura irrelevancia "celestial" y los asuntos del mundo serían entregados a "hermanos mayores".

Nótese que el padre *no* ha readmitido al hijo menor exactamente a sus antiguos privilegios. Es evidente que si el padre le puede decir al hijo mayor "*todo* lo mío es tuyo" (15:31), entonces el hijo menor no tendrá una segunda herencia; el anillo recibido es la señal de la generosidad del padre, no de la disposición del hijo de toda la propiedad.[517] No obstante, aunque el padre ha restablecido al pródigo como hijo de nuevo, no es sencillamente el hijo que fue antes de irse, sino el "hijo que era muerto y ha[bía] revivido" (15:32), aunque fuera por un momento. Transformado en hijo, es un "hijo de nuevo"; un abrazo y una comida alrededor de un becerro engordado no deshace simplemente el pasado. De manera similar, si el padre estuviera estableciendo un orden de la familia completamente aparte, habría tenido que someter a la "des-filiación" al hijo mayor, que en la segunda mitad de la historia emerge como representante de este orden.[518] No obstante, aunque el hijo mayor "niegue la condición de padre" a su progenitor, este no solo se aferra a él (como hizo con el pródigo mientras estaba en el país lejano), sino que declara con claridad que la relación no se ha roto. Ni el abrazo al pródigo ni el enfado del hijo mayor cambian que este último "está siempre" con el padre, de hecho que es el amado "hijo" del progenitor y que "todo" lo que le pertenece al padre también es suyo (15:31). Lejos de descartar por completo el orden de la "familia", el padre sigue defendiéndolo. ¡Lo que el padre hizo fue para "reordenar" el orden! Insertó otro "debe" en el "debe" de ese orden (15:32); el "debe" de abrazar al transgresor que regresó y restaurarlo como hijo, ¡en lugar de bloquearlo fuera de la comunión! Hay un "debe" respecto a seguir normas saludables; pero existe el "debe" en cuanto a recibir de nuevo al que ha roto esas normas. Además de celebrar con los que ya están "dentro" ("amigos", 15:29), se debe celebrar con los que quieren volver.

¿Qué es tan profundamente diferente respecto al "nuevo orden" del padre que no está construido en torno a las alternativas como las define el hermano mayor: una estricta adhesión a las reglas o el desorden y la desintegración; estás "dentro" o "fuera", dependiendo de si has roto o no una norma? Rechazó esta alternativa, porque su conducta estaba gobernada por la única "regla" fundamental: la relación tiene prioridad sobre todas las normativas. Antes de poder aplicar cualquier estatuto, él *es* un padre para sus hijos y ellos *son* hermanos

---

[517] Fitzmyer, *The Gospel According to Luke*, 1090; Nolland, *Luke 9:21–18:34*, 785.
[518] Pöhlmann, *Der verlorene Sohn und das Haus*, 188s.

el uno del otro. La razón para la celebración es que "este mi hijo" (15:24) y "este tu hermano" (15:32) ha sido hallado y ha revivido. Nótese la diferencia categórica entre cómo interpretan el padre y el hermano mayor la vida del pródigo en la "provincia lejana". El hermano mayor emplea *categorías morales* y construye la partida de su hermano siguiendo el eje de "la mala/buena" conducta: el hermano ha "consumido tus bienes con rameras" (15:30). El padre, aunque profundamente consciente de la importancia moral del comportamiento de su hijo menor, empela *categorías relacionales* y construye la partida de su hijo a lo largo del eje de "perdido/hallado" y "vivo (para él)/muerto (para él)". La relación está por encima de las normas morales; la actuación moral podría *hacer algo* a la relación, pero esta *no está basada* en ella. De ahí que la *voluntad* de abrazar es independiente de la calidad de la conducta, aunque al mismo tiempo el "arrepentimiento", "la confesión" y las "consecuencias de las acciones propias", todo tiene su propio lugar adecuado. La sabiduría profunda sobre la prioridad de la relación, y no cierta insensatez sentimental, explica la clase de "prodigalidad" del padre hacia ambos de sus hijos.[519]

Para el padre, la prioridad de la relación no solo significa una negación a permitir que las normas morales sean la autoridad final que regula la "exclusión" y el "abrazo", sino también el rechazo a construir su propia identidad en aislamiento de sus hijos. Reajusta su identidad junto con las identidades cambiantes de sus hijos y, así, reconstruye sus identidades y sus relaciones rotas. Sufre al ver "que ambos le niegan su condición de padre", de manera que a través de este sufrimiento puede recuperar a sus dos hijos (si convence al hijo mayor) y los ayuda a redescubrirse el uno al otro como hermanos. Al negar las alternativas de las identidades "autoconstruidas" frente a las "impuestas", la

---

[519] Dado que el padre no basa la relación en actuaciones morales, puede evitar simplemente *invertir* las categorías morales del hermano mayor. No, para el padre, el único que confiesa la transgresión *no* es mejor que aquel que obedece y trabaja (ibíd.., 141). Desde la perspectiva del padre, semejante afirmación no tiene sentido; provocaría exactamente la respuesta que el padre le dio al hijo mayor (Gn 15:31-32), el pasaje que, extrañamiento, Pöhlmannn no trata en su reconstrucción final del "mundo de la familia y del reino de Dios en la parábola" (183-89). De manera similar, el padre no "*favorece* a los que abandonan su deber y, posteriormente, regresan" (E. P. Sanders, *The Historical Figure of Jesus* (Londres: Penguin, 1993), 198). Para hacer semejante afirmación se debe adoptar la perspectiva del *hermano mayor* y después *confirmar lo que el hermano mayor niega*. Para el padre, los hijos no pueden colocarse en una escala moral y después, por su confesión, declarar al hijo pródigo mejor y aceptado, y rechazar al mayor por considerarlo peor. El no pródigo es bueno, por cuanto ha permanecido, trabajado, obedecido, pero es *malo* en que le preocupaban más las "normas" y no recibió a su hermano con regocijo. El pródigo es *malo* porque se fue y *bueno* porque regresó y confesó. Ambos son amados, sin embargo, independientemente de lo bueno y lo malo en ellos, y por tanto ambos rasgos pueden evaluarse de una forma no esquemática y diferenciada.

diferencia frente a la domesticación, se permite dejarse llevar en el viaje de sus identidades cambiantes, de manera que puede seguir siendo su padre y ellos, cada uno el hermano del otro. ¿Por qué no se pierde él mismo en el viaje? Porque lo guía el amor indestructible y lo respalda un orden flexible.

¿Orden flexible? ¿Identidades cambiantes? El mundo de las reglas fijas y de las identidades estables es el mundo del hermano mayor. El padre desestabiliza a este mundo, y atrae el enojo de su hijo mayor sobre él. Su compromiso más básico no son para las reglas ni las identidades, sino hacia sus hijos cuyas vidas son demasiado complejas para ser reguladas por normas fijas, y cuyas identidades son demasiado dinámicas para ser definidas de una vez por todas. Sin embargo, no renuncia a las reglas ni al orden. Guiado por el amor indestructible que abre espacio en el "yo" para los demás en su alteridad, que invita a los que han transgredido a regresar, que crea condiciones hospitalarias para su confesión y se regocija por su presencia, el padre sigue reconfigurando el orden sin destruirlo, de manera a mantenerlo como un orden de abrazar y no de excluir.

SEGUNDA PARTE

CAPÍTULO V
Opresión y justicia

Justicia contra justicia

En 1843, el general Charles Napier conquistó Sind e instaló el orden del gobierno colonial británico, sin duda para llevar las bendiciones de la civilización a las "razas inferiores". Cuando llegaron los británicos, una de las imposiciones coloniales que instituyeron fue la prohibición de *sati*: que las viudas fueran incineradas sobre las piras funerarias de sus maridos. Fueron lo bastante inteligentes como para tolerar ciertas peculiaridades nativas, pero no el quemar a las viudas. Sin embargo, los brahmanes de Sind defendieron el *sati* como una costumbre centenaria. La respuesta del general Napier fue tan simple como arrogante: "Mi nación también tiene una costumbre. Cuando los hombres queman vivas a las mujeres, los colgamos. ¡Actuemos todos según la costumbre nacional!".[520]

En ocasiones se cuenta esta historia como herramienta polémica para subrayar la clara superioridad moral de ciertas prácticas sobre otras. Es posible, sin embargo, verlo como un caso de competición de justicias conflictivas y, de hecho, chocantes. Existe una justicia de los brahmanes a quienes no les parecía malo quemar a las viudas. Por naturaleza, las mujeres pertenecían a los hombres, a los padres o a los maridos (y posiblemente a los hijos). Cuando el esposo muere, su esposa sigue perteneciéndole y, por tanto, puede ser incinerada sobre su pira funeraria, presumiblemente sin sentir dolor porque el poder de *sati* ha descendido sobre ella. Para compensar el perjuicio, ella podía ser adorada como una diosa.[521] Una disculpa alternativa porque la costumbre era algo así: "Al seguir a su marido difunto en las llamas de su pira funeraria, lo libera a él y a ella misma de todo pecado, y la pareja experimentará la dicha eterna en el Cielo".[522] ¿Era injusto el *sati*? No, según los principios de los brahmanes.

---

[520] Peter Berger, *A Far Glory: The Quest for Faith in an Age of Credulity*, Nueva York: Free Press, 1992, 71.

[521] Ver Lourens P. Van den Bosch, "A Burning Question: Asti and Sati Temples as the Focus of Political Interest". *Numen* 37, núm. 2 (1990): 174ss.

[522] Paul Pederson, "Ambiguities of Tradition: Widow Burning in Bengal in the Early Nineteenth Century", *Religion, Tradition, and Renewal*, ed. A. W. Geertz y J. S. Jensen (Aarhus: Aarhus University Press, 1991), 68.

Sin embargo, la justicia del general Napier operaba con principios diferentes, incorporados en una cultura diferente. El credo más básico de la cultura democrática occidental de Napier enseñaba que todo ser humano tiene un valor singular, que no hay nada más sagrado que la vida de un individuo. Si violas brutalmente la vida de una persona, tu vida debe sufrir lo mismo. La lógica de la justicia exigía la horca o un castigo similar. Si el general hubiera sido una mujer, habrían dejado fácilmente a un lado la disculpa del *sati* como la racionalización de una práctica que era "enteramente un esquema político que pretendía asegurar el cuidado y los buenos oficios de las esposas a sus maridos", como insistió Eliza Fay, una mujer inglesa que vivía en la India en 1779, con desaprobación.[523] ¿Dónde nos deja la confrontación entre Sind Brahmans y un general británico? ¿Cultura contra cultura? ¿Justicia contra justicia? Si es así, entonces la justicia de los generales imperiales ganará siempre a la justicia de los sabios y los sacerdotes, al menos durante el tiempo presente.

Desde la distancia de un siglo y medio atrás, las susceptibilidades postcoloniales nos hacen ver las cosas de un modo un tanto distinto a los Brahmanes de Sind o del general Napier. Por una parte, al igual que Napier estamos convencidos de que las viudas no deben ser quemadas. El *sati* es inhumano; es injusto. Si hubiera alguien tan bárbaro como para no condenar la práctica, ¡nos gustaría insistir en que al menos fuera lo bastante civilizado como para no discriminar a las mujeres! Con una lógica macabra, aunque convincente, exigiríamos que si queman a las viudas hagan lo mismo con los viudos; cualquier otra cosa sería injusta. Por otra parte, muy al estilo de los brahmanes, la mayoría de nosotros sostendríamos que la violencia con la que los poderes coloniales impusieron su dominio y sus valores a las poblaciones nativas fue profundamente injusto. ¿No eran las pretendidas "barbaridades" de las "razas inferiores" una excusa para la brutal conquista de las Américas por parte de España? No es difícil recordar las "paradojas morales" de la colonización, como lo denomina Tzvetan Todorov en *The Conquest of America:* "Los cristianos están asqueados por los casos de canibalismo. La introducción del cristianismo implica su supresión. Sin embargo, con el fin de lograr esta eliminación, ¡queman vivos a los hombres!".[524] Hoy, Todorov observa secamente, "apenas percibimos la diferencia en la 'civilización' entre ser quemados vivos y comidos muertos".

Las susceptibilidades postcoloniales nos indican que tanto Napier como los brahmanes fueron injustos a su manera. ¿Por qué lo pensamos? Tenemos

---

[523] Claire Herman, "The Widow's Gesture", *Times Literary Supplement* (12 de julio 1996): 29.

[524] Tzvetan Todorov, *The Conquest of America: The Question of the Other,* trad. Richard Howard, Nueva York: HarperCollins, 1984, 179.

nuestra propia estructura de prácticas y valores de las que nuestra concepción de la justicia forma parte. A diferencia de los representantes de la más alta casta sacerdotal en la India del siglo XIX, y a diferencia de los imperialistas victorianos, confirmamos como valores *tanto* la inviolabilidad de la vida individual como la pluralidad de las culturas. Pero ¿dónde nos deja esto? ¿Nuestra cultura *superior* contra la de ellos? ¿Nuestra justicia *superior* contra la de ellos? Podríamos dudar en expresar las cosas un poco de esta manera, temerosos de que nuestras susceptibilidades democráticas y postcoloniales pudieran emerger como forma encubierta de colonialismo. Pero ¿vacilamos en *pensar* de esta forma?

La asunción tácita de que nuestra propia justicia es superior se ve retada cuando nos enfrentamos al otro concreto hoy. A diferencia de los brahmanes y los generales coloniales, nuestro otro volverá a hablar, sosteniendo que nuestra justicia podría no ser tan justa como pensamos. Consideremos la guerra en Bosnia durante la década de 1990, aunque se podría exponer la misma idea examinando muchas otras situaciones. Los de fuera se sienten desconcertados, incapaces de interpretar una narrativa moral, no pueden contar la historia de los croatas, los musulmanes y los serbios como relato de lo bueno y lo malo. Y, como observa Michael Ignatieff, "donde la empatía no encuentra a la víctima inocente... la conciencia halla consuelo en una misantropía superficial".[525] La conclusión parece convincente: la justicia está pisoteada a izquierdas y derecha; están todos locos, son bárbaros (lo que, por supuesto, confirma indirectamente que los Occidentales son justos, juiciosos y civilizados).

Sin embargo, pregúntale a cualquiera de las partes en guerra en Bosnia, y te dirán quién es el verdadero bárbaro. Te podría sorprender ver en la lista de los serbios no solo a los croatas y a los musulmanes, sino también a todo Occidente. Esa misma civilización decadente que destruyó a millones de nativos, colonizó culturas e inventó "la solución final" es mostrar una vez más su feo rostro, imponiendo sanciones contra nosotros, los serbios, cuyo único crimen es que estamos defendiendo nuestros hogares, nuestras esposas e hijos contra los asesinos croatas y musulmanes que quieren quitarnos lo que es nuestro por derecho. O, escucha la variación siguiente de esta acusación. Esta vez los acusadores son los musulmanes: "Cómo puede el Occidente cristiano sentarse y observar cómo nos masacran a millares? ¿Cómo pueden negarse a dejar al menos que nos armemos?". Para los serbios y los musulmanes, la retórica occidental y cristiana de civilización y justicia solo enmascara la práctica bárbara

---

[525] Michael Ignatieff, "Is Nothing Sacred? The Ethics of Television", *Daedalus* 114, núm. 4 (1985): 68.

e injusta. ¿Dónde nos deja *este* intercambio entre Occidente y las partes que guerrean en Bosnia? ¿La justicia musulmana contra la barbarie occidental? ¿La justicia occidental contra la barbarie serbia? ¿O está la barbarie de los Balcanes en contra de la barbarie occidental?

El reflexionar sobre los intercambios indio y bosnio sobre la justicia, mi propósito no era sugerir que todos los protagonistas son igualmente buenos o igualmente malos y que ningún relato de justicia es mejor que los demás. Este ciertamente no es el caso, al menos no desde mi perspectiva. Los Brahmanes de Sind estaban equivocados respecto a *sati*; la crítica serbia de Occidente es tortuosa y una propaganda autojustificada. Los ejemplos deberían más bien ilustrar que cuando chocan los relatos conflictivos de lo que es justo o de lo que significa la justicia, la justicia de una persona es la barbarie de otra, y la sociedad está amenazada con el caos de la violencia. Por usar imágenes del profeta Miqueas, solo si hay consenso sobre la justicia, las personas pueden esperar "sentarse bajo sus propias viñas" y "bajo sus propias higueras", y disfrutar del fruto de su labor en paz (4:4); de no ser así, deben temer que sus viñas sean pisoteadas por las botas de sus soldados y sus vergeles empapados de sangre, y la obra de sus manos reducida a cenizas. Con esto no quiero sugerir que el "orden" y la "estabilidad" son imposibles sin que haya acuerdo sobre la justicia. Pero ¿qué clase de orden y estabilidad serán? Nacerán de la violencia. Para tener "paz" sin justicia tendrás que seguir "rompiendo el arco", "cortando la lanza" y "quemando carros" (Sal 46:9). Para que la paz sea el fruto de la libertad —para que las personas "martillen sus espadas para azadones y sus lanzas para hoces" (Mi 4:3) de *motu proprio*—, es necesario el acuerdo sobre la justicia. La justicia crea una esfera de obligaciones mutuas que extiende por toda la comunidad, los gobernantes no menos que los súbditos, los ricos y los poderosos como los débiles y los pobres, una cultura no menos que otra. La justicia forma la base para la cohesión y la solidaridad.[526] Sin justicia, lo que significa que las amenazas dan paso a la absurdez, el orden social corre peligro por el desorden, y la paz se ve amenazada por la violencia. ¿Existe una salida de la tierra del caos en la que la justicia lucha contra la justicia y, por tanto, la injusticia se perpetra en el nombre de la justicia?

Cabría pensar que si dejáramos a un lado a los generales y nos volviéramos a los filósofos, encontraríamos una solución al problema de las justicias contrarias. Pero todos los que le pregunten a un filósofo hoy "¿Qué es justo?", debe contar con la contrapregunta "¿La justicia de quién?", "¿Qué justicia?".

---

[526] Jan Assmann, *Das kulturelle Gedächtnis: Schrift, Erinnerung und politische Identität in frühen Hochkulturen*, München: C. H. Beck, 1992, 232ss.

El que formula la contrapregunta no tiene por qué ser un pensador postmoderno radical que insiste, como Michel Foucault, en que la "justicia", como "la verdad", es "una cosa de este mundo... producida por múltiples formas de coacción".[527] Una versión distinta de la contrapregunta también puede proceder de un comunitario conservador. Él o ella te dirá que cada relato de justicia está situado dentro de una tradición concreta de reflexión moral y que, por tanto, hay tantas "justicias" como tradiciones de reflexión moral.[528] Tanto un pensador postmoderno como uno comunitario tendrá por supuesto, mucho que decir sobre cómo escapar al cenagal de las justicias rivales. Pero su consejo también chocará. Como el mundo de los generales, el de los filósofos es un mundo de justicias que compiten entre sí.

Se diría que estamos atrapados en la lógica de hierro de un silogismo de desesperación. Primera premisa: los conceptos de justicia dependen de las culturas y tradiciones particulares. Segunda premisa: la paz depende de la justicia *entre* las culturas y las tradiciones. Conclusión: la violencia entre las culturas no cesará jamás. ¿Debemos, sin embargo, conceder el perturbador pensamiento de que reinará la justicia respaldada por los generales más capaces y mejor equipados o planteada por la propaganda más eficaz? ¿Que la justicia del dominante es la justicia dominante? ¿Que el precio de la paz es la supresión de la "diferencia"?

¿Gobernará esa violencia bajo la etiqueta de la "paz"? ¿Existe una salida de la violencia de una justicia injusta a un lugar donde se puedan emitir juicios justos en la lucha de la justicia contra la justicia?

En primer lugar analizaré tres formas dominantes de tratar la cuestión de las justicias conflictivas, la afirmación universalista de que la justicia es una, la afirmación postmoderna de que la justicia tiene muchos nombres, y la colocación comunitaria de la justicia dentro de una tradición. Ampliando la crítica de estas posturas, ofreceré mi propia propuesta que sugiere que el acuerdo sobre la justicia depende de la voluntad de acoger al otro y que la justicia misma será injusta mientras no se convierta en un acogimiento mutuo. El capítulo acaba con una reflexión sobre la "justicia" de Pentecostés contra el telón de fondo de la injusticia de Babel. A lo largo del texto, mi intención no consiste tanto en especificar lo que es la justicia, sino sugerir cómo deberíamos buscarla y perseguirla en el contexto de la pluralidad y la enemistad.

---

[527] Michael Foucault, *Power/Knowledge: Selecter Interviews and Other Writings 1972–1977,* trad. Colin Gordon et al. Nueva York: Pantheon Books, 1980, 131.

[528] Alaisdair MacIntyre, *Whose Justice? Which Rationality?* Notre Dame, IN: University of Notre Dame, 1988.

La única justicia

Cuando la justicia lucha contra la justicia, al menos una de ellas debe de ser falsa. ¿Cómo puede haber dos, tres o más justicias? Sin duda, puede haber, y hay, numerosos *relatos* de lo que es justo. No obstante, solo uno de ellos puede ser correcto. Como la verdad, la justicia es una y universal, válida para todos los tiempos y todos los lugares, o no es justicia en absoluto. Haz que reine una justicia, y tendrás paz. Parecería que el único problema genuino es cómo hacer que reine una justicia. Pero ¿es este el caso en realidad?

Tradicionalmente, los teólogos cristianos han basado la creencia en una justicia universal en las convicciones sobre Dios. Considera las tres creencias siguientes juntas: Dios es omnisciente; Dios es perfectamente justo; Dios no es una deidad tribal. Aceptadas las tres, resulta que lo que Dios sostiene para ser justo, debe serlo para toda persona y toda cultura, aparte de cómo interprete la justicia cada persona. Si Dios es el Dios de todas las personas, la justicia de Dios debe ser la justicia para todos. La paz universal será el fruto de la justicia divina universal. Este tipo de razonamiento teológico subyace a la famosa visión del profeta Miqueas (4:2-4; cp. Is 2:2-4). La paz descansa sobre la justicia, y esta está sostenida por el Dios de todas las naciones. Dios "juzgará entre muchos pueblos, y corregirá a naciones poderosas hasta muy lejos" (Mi 4:3). Las naciones no son su propia corte de apelación; existe una justicia que transciende las interpretaciones culturales de justicia. Y cuando reine esta justicia, cesará la guerra, el terror dejará de ser, las industrias de armamento se transformarán en industrias de paz, y las academias militares serán desmanteladas (4:3).

Desde la perspectiva de la fe cristiana clásica, el argumento desde el carácter de Dios a la justicia y a la paz universales es incontrovertible. Ser un seguidor de Jesucristo significa confirmar que la justicia de Dios trasciende todas las interpretaciones culturales de la justicia y luchar por ella (Mt 6:33). Pero ¿acaso la persecución de la justicia divina pone fin a la lucha entre las justicias? ¿No intensificará más bien la lucha? Nótese que la visión de paz justa de Miqueas no describe el presente, sino que predice el futuro, "los postreros tiempos" (4:1). Las realidades de la época de Miqueas no eran muy distintos de las realidades de cualquier tiempo. Escribe:

> Aunque todos los pueblos anden cada uno en el nombre de su dios, nosotros con todo andaremos
> en el nombre de Jehová nuestro Dios eternamente y para siempre (Mi 4:5).

Cada persona camina en el nombre de su dios, e interpreta su propio relato de justicia y barbarie. No hay quien juzgue entre ellos. ¡Ni siquiera el Dios de

Israel! Como Israel está junto a las demás naciones, también el Dios de Israel quien, "en los postreros días" juzgará entre las naciones, ahora está junto a los demás dioses. La divinidad de Dios se ve controvertida y, por tanto, se discute la justicia de Dios.

Junto con Israel, los cristianos afirman que su Dios es el único verdadero, y que su justicia es la única verdadera; ahora bien, cuando se discute, nada menos que en el mundo venidero, cuando será confirmada por todos. Sin embargo, con esta afirmación no están solos; los devotos de otros dioses y los presuntos seguidores de ningún dios hacen afirmaciones similares. La pregunta no es si desde la perspectiva cristiana la justicia de Dios es universal, si Dios puede juzgar de manera infalible entre las culturas independientemente de sus diferencias. La pregunta es si *los cristianos,* que quieren defender la justicia universal de Dios, pueden juzgar entre las culturas con la infalibilidad divina. La respuesta es que no pueden.

Por una parte, los cristianos están dentro de una cultura, dentro de una tradición, dentro de un grupo de interés. A diferencia del conocimiento de Dios, el suyo es limitado y distorsionado. Sus juicios sobre lo que es justo en situaciones concretas son inevitablemente particulares. De ahí que los croatas cristianos puedan estar en desacuerdo tanto con los cristianos serbios como con los musulmanes respecto a si una postura política o una acción militar en particular fue justa. Por el contrario, los croatas cristianos pueden estar más de acuerdo con, pongamos, los ateos croatas sobre lo que es justo que con los cristianos serbios. Por otra parte, los cristianos bien intencionados están profundamente en desacuerdo sobre la naturaleza de la justicia. Los fundamentalistas cristianos occidentales están en desacuerdo con los teólogos de la liberación sobre la noción misma de la justicia, la afirmación de que su relato de justicia es no obstante verdad, porque es la justicia de Dios. Y los cristianos conservadores no occidentales podrían estar más de acuerdo con los teólogos de la liberación que con los fundamentalistas de Occidente. Debemos, por tanto, distinguir entre nuestras ideas de la justicia de Dios y la justicia de Dios en sí. Incluso en el seno de la tradición cristiana, la justicia lucha contra la justicia, y no hay corte final de apelación antes de ese día cuando todos "nosotros comparezcamos ante el tribunal de Cristo" (2 Cor 5:10).

Desde la distinción básica entre la justicia de Dios y la idea humana de esta, resulta que todos los relatos cristianos de la justicia son particulares y que deben emitir juicios sobre lo que es justo de una forma provisional.[529] En espe-

---

[529] Richard J. Mouw y Sander Griffioen, *Pluralism and Horizons: An Essay in Christian Public Philosophy*, Grand Rapids: Eerdmans, 1993, 158ss.

cial del siglo XVII, los cristianos de Europa no estaban en absoluto inclinados a ser provisionales. Pelearon unos contra otros con amargura por las creencias que afirmaron procedían directamente reveladas por Dios. En parte contra el telón de fondo de la incapacidad cristiana de zanjar las diferencias en paz por la llamada de Dios, los pensadores de la Iluminación argumentaron que solo la corte de apelación imparcial es *la razón* libre de todo lastre de tradición.[530] Hoy, en las sociedades postindustriales, las guerras de religión ya no suponen una amenaza importante, aunque no se le debería restar importancia al componente religioso de muchos conflictos, porque algunas diferencias en este ámbito sigue siendo razón suficiente para la violencia. La pluralidad de confesiones cristianas rivales ha dado paso a una pluralidad mucho más compleja de tradiciones religiosas, políticas y morales incompatibles. Como escribe John Rawls en *Political Liberalism,* el problema ahora es "¿cómo es posible que pueda existir a lo largo del tiempo una sociedad estable y justa, de ciudadanos libres e iguales", bajo condiciones de tanta pluralidad?[531] Hoy, como en el siglo XVII, una solución dominante ofrecida es la teoría racional de la justicia. Iris Young, quien rechaza los relatos universalistas de justicia basada en la razón, explica por qué estas narraciones son tan atractivas.

Sin una teoría racional "independiente de las instituciones sociales y las relaciones actuales" las personas no podría "distinguir las afirmaciones legítimas de justicia de los prejuicios sociales específicos o egoístas de poder".[532] Un principio de justicia basado en la razón y nada más que la razón conduciría a todos los seres humanos razonables a estar finalmente de acuerdo sobre lo que es justo, siempre que estén dispuestos a reflexionar sobre los problemas con un medida de objetividad desinteresada.

Immanuel Kant, el mayor proponente de un relato universalista de justicia basada en la razón, insistió en el ensayo "Perpetual Pace" (Paz perpetua) que las máximas políticas serán justas solo si se derivan del "concepto puro del deber de lo correcto, del *debería* cuyo principio se da a priori por pura razón".[533] Como indican los términos "a priori" y "pura razón", la justicia de Kant se abre camino a través de las diferencias culturales, porque descansa sobre algo inde-

---

[530] Stephen Toulmin, *Cosmopolis: The Hidden Agenda of Modernity*, Nueva York: The Free Press, 1990.

[531] John Rawls, *Political Liberalism*, Nueva York: Columbia University Press, 1993, xvii.

[532] Iris Marion Young, *Justice and the Politics of Difference*, Princeton: Princeton University Press, 1990, 4.

[533] Immanuel Kant, *On History*, trad. Lewis White Beck et al. (Indianapolis: Bibbs-Merrill, 1963), 127; cp. Immanuel Kant, *The Metaphysical Elements of Justice: Part I of The Metaphysics of Morals,* trad. J. Ladd (Indianapolis: Bobbs-Merrill, 1965), 33s.

pendiente de cualquier cultura. La justicia es ciega a las diferencias entre los seres humanos; determina cómo *todas y cada una* de las personas autónomas de libre elección deberían actuar. Y en el relato de Kant, lo esencial de lo que la justicia indica a una persona es que trate a los demás seres humanos como personas autónomas, como sujetos y no como objetos, como fines y no como medios. Con esto, se habrá hecho justicia.

Durante ya algún tiempo, la idea de la "razón pura" ha caído en descrédito. En lugar de la razón pura kantiana, en *Political Liberalism* John Rawls ha sugerido la idea de "la razonabilidad",[534] una sugerencia que entrañaba renunciar al anterior e importante esfuerzo de Rawls mismo en *A Theory of Justice* para basar la justicia solo en los dictados de la razón.[535] Por razonabilidad quiere decir "la disposición a proponer términos justos de cooperación y vivir por ellos siempre que los demás lo hagan".[536] Para asegurar que los que desean ser razonables sean justos, Rawls invoca su famoso "velo de ignorancia".[537] Situada tras el velo de ignorancia, la persona propondrá términos justos si no sabe dónde y cuándo entrará en el mundo, si será hombre o mujer, blanco o negro, hablará mandarín o tamil, será rico o pobre. Lo justo queda determinado cuando las personas razonables emiten juicios "desde el punto de vista de todos".[538] Aclarado este "procedimiento", Rawls espera que lo que él denomina "consenso solapado" entre personas que adoptan "una doctrina exhaustiva razonable emergerá un consenso que asegura la justicia para toda la sociedad.[539]

Los beneficios de una justicia universal basada en la razón (Kant) y del consenso de todas las personas razonables sobre la justicia (Rawls) sería considerable. Pero ¿funcionarán las propuestas? Con cierta osadía supondré sencillamente aquí que, contrariamente a su asunción, el relato de justicia de Kant está cargado de particularidades históricas y culturales, y engrana solo con la propuesta de Rawls. Los críticos no han tardado en señalar que lo que parece un relato neutral de justicia que puede ser compartido por todas las personas razonables, constituye en realidad toda una "forma de vida". Como expresa Michael Walzer en *Thick and Thin:*

---

[534] Rawls, *Political Liberalism,* 48-66.

[535] John Rawls, *A theory of Justice,* Cambridge: Harvard University Press, 1971.

[536] Rawls, *Political Liberalism,* 54.

[537] Rawls, *A Theory of Justice,* 136ss.

[538] Susan Moller Okin, "Reason and Feeling in Thinking about Justice", *Ethics* 99, núm. 1 (1989): 248.

[539] Rawls, *Political Liberalism,* 133ss.

Hombres y mujeres que se reconocen iguales afirma los derechos de libre expresión y practican las virtudes de la tolerancia y el respeto mutuo, no saltan desde la mente del filósofo como Atenas de la cabeza de Zeus. Son criaturas de la historia; se ha trabajado en ellos, por así decirlo, durante muchas generaciones; y habitan en una sociedad que "encaja" en sus cualidades y, por tanto, respalda, refuerza y reproduce a personas muy parecidas a sí mismas.[540]

Se podría respaldar o no una forma de vida que documenta la propuesta de Rawls. Lo que no se debería hacer es confundirlo con algo neutral, desconectado de una cultura particular, sencillamente "razonable".[541] Rawls mismo dice lo mismo. Su relato de justicia es razonable para los ciudadanos de las democracias liberales modernas.

Chantel Mouffe ha argumentado que la distinción de Rawls entre lo "razonable" y lo "no razonable" sirve tan solo de manera arbitraria para trazar la línea entre los que aceptan el liberalismo y los que no; solo los "liberales" son "razonables".[542] Tras el envío de los no liberales a las regiones tenebrosas de la "no razón" ve el espectro del "totalitarismo" emergente.[543] Exagera. Pero la excesiva objeción contiene una correcta percepción. Como Charles Taylor apuntaba, la noción liberal de la justicia da preferencia sistemática a la opinión de la vida en la que "la dignidad humana consiste en autonomía, es decir, en la capacidad de cada persona para determinar una visión de la buena vida para sí misma".[544] La propuesta que se dispone a informar de la justicia que

---

[540] Michael Walzer, *Thick and Thin: Moral Arguments at Home and Abroad*, Notre Dame, IN: University of Notre Dame Press, 1994, 12s.

[541] Cp. Stanley Fish, "Why We Can't All Just Get Along", *First Things* 60, núm. 2 (1996): 18-26.

[542] Chantal Mouffe, "Das Paradoxon des politischen Liberalismus", *Die Gegenwart der Gerechtigkeit: Diskirse zwischen Recht, praktischer Pilosophie und Politik,* ed. Christoph Demmerling and Thomas Rentsch (Berlín: Akademie, 1995), 183.

[543] Ibíd., 186.

[544] Charles Taylor, "The Politics of Recognition", *Multiculturalism: Examining the Politics of Recognition,* ed. Amy Gutmann (Princeton: Princeton University Press, 1994), 57; cp. Charles Taylor, "Justice After Virtue", *After MacIntyre. Critical Perspectives on the Work of Alasdair MacIntyre,* ed. John Horton y Susan Mendus (Notre Dame, IN: University of Notre Dame Press, 1994). En *Liberalism and the Limits of Justice* (Cambridge: Cambridge University Press, 1982) Michael Sandel argumentó que la noción liberal de la justicia exige que uno postule un "yo" que es "estéril de objetivos esenciales y apegos", y que habita un mundo de "yoes" que son "capaces de constituir un significado propio, como agentes de *construcción* en el caso de lo correcto, y como agentes de *elección* en el caso del bien" (175s.).

podría unir "se opone profundamente, aunque es razonable, a las doctrinas[545] exhaustivas. Esta objeción no derrota al entendimiento liberal de la justicia. Es posible aferrarse a ella "señalando rasgos contingentes de la sociedad liberal que la convierte en el mejor conjunto disponible de disposiciones que podemos conseguir bajo las circunstancias, al menos en nuestra opinión".[546] Si es correcto, la objeción subraya sin embargo que la justicia liberal no es sino un relato particular de la justicia, que compite con relatos alternativos en lugar de un relato universal de justicia capaz de juzgar de un modo justo entre ellos.

La justicia no ha tenido del todo éxito a la hora de alejar la particularidad de la diferencia. La razón no puede ayudar a que la justicia venza la particularidad porque, incapaz de sobrevivir suspendida en mitad del aire, siempre la sitúa dentro de una visión particular de la buena vida. La perspectiva de Dios sobre la justicia no puede ayudar, porque incluso cuando él habla no podemos evitar insertar unas cuantas líneas nuestras en el discurso, al menos todavía no. Dado que somos ineludiblemente particulares, nuestro relato de la justicia no puede ser universal. Incapaz de trascender las particularidades, la justicia debe seguir luchando contra la justicia. ¿Durante cuánto tiempo? ¿Hasta que suene la trompeta y los muertos resuciten incorruptibles? Los pensadores postmodernos creen que la lucha de la justicia contra la justicia puede acabar antes, siempre que estemos deseosos de arriesgar la búsqueda imposible para la única justicia.

Muchos nombres, muchas justicias

A los ojos de un cínico, la receta para conseguir que la "justicia universal" pueda parecer algo así: Toma una perspectiva particular sobre la justicia, niégate a ti mismo y otros que es particular, insiste en que nadie que tenga cierta piedad o inteligencia estaría de acuerdo contigo, y el trabajo estará hecho, si puedes salirte con la tuya. Sin embargo, cada vez es más difícil conseguirlo. Junto con una mayor conciencia de la pluralidad cultural, estaba por encima de todos los modos postmodernos de pensamiento que nos han hecho desconfiar de las cosas "universales", incluida la universalidad de la justicia.

El argumento de los pensadores postmodernos no es tanto que cada relato de justicia es particular, sino que cada uno de ellos que pretenda ser universal es inherentemente opresivo. Con el fin de tener una justicia única tienes que entender la justicia como una ley que se aplica a todos los casos. La justicia

---

[545] Rawls, *Political Liberalism,* xviii.

[546] Jeffrey Stout, *Ethics After Babel. The Language of Morals and Their Discontents*, Boston: Beacon, 1988, 227.

es ciega; las diferencias entre las personas son irrelevantes para sus exigencias. Sin embargo, precisamente porque procura ser ciega a las disimilitudes entre personas, la ley de la justicia, argumenta John Caputo en *Against Ethics,* está "inevitable y estructuralmente lejos de los individuos".[547] En consecuencia, "las leyes siempre silencian, coaccionan, exprimen o destruyen al alguien, en algún lugar, por pequeña que sea".[548] Entendido como un trato igual, la justicia solo puede florecer bajo la sombra de la injusticia. No es de sorprender, pues, que "la peor injusticia, las transgresiones más sangrientas e injustificables de la justicia... se cometen a diario en el nombre de la justicia, bajo la protección del nombre 'justicia'".[549] Cuanto mayor y más amplia es la justicia, más injusticia puede provocar.

Se puede argumentar de forma persuasiva que la crítica postmoderna de la justicia, como la crítica postmoderna de la racionalidad, saca su patetismo de la tendencia autosofocante de generar falsas expectativas y después albergar decepciones cuando estas no se cumplen.[550] Impone exigencias imposibles sobre la noción de justicia, se desespera porque no se materializan y después declara que todas las nociones generales de justicia son imposibles e indeseables. Ten en cuenta que la justicia es ciega ante las diferencias. La crítica postmoderna de la ceguera sistemática está más o menos en la diana cuando va dirigida contra las tendencias homogeneizadoras de un entendimiento típicamente moderno de la justicia. Pero ¿acaso socava por ello todas las nociones de la justicia universal? Las mejores tradiciones del pensamiento sobre la justicia no buscaban abstraerse de las diferencias, sino otorgarles lo que les corresponde.[551] No obstante, antes de descartar la crítica postmoderna por estar fuera de lugar, deberíamos aprender de ella a no pasar por alto la fuerte propensión de muchos "buscadores de justicia" a abstraerse de las diferencias y depositar falsas expectativas en la justicia de legalidad ciega. Además, ninguna noción adecuada de justicia puede ignorar dos movimientos nietzscheanos de la crítica postmoderna: la percepción de que "todos los juicios" son "incompletos", "prematuros", "impuros" y, por tanto, "injustos",[552] y la protesta contra los

---

[547] John D. Caputo, *Against Ethics. Contributions to a Poetics of Obligation with Constant Reference to Deconstruction*, Bloomington: Indiana University Press, 1993, 87.

[548] Ibíd.

[549] Ibíd., 86.

[550] Taylor, "Justice After Virtue", 36.

[551] Ver Aristóteles, *Nicomachean Ethics.*

[552] Friedrich Nietzsche, *Human, All Too Human. A Book for Free Spirits,* trad. Marin Faber, Lincoln: University of Nebraska Press, 1996, 35.

"caracteres vengativos" que, "disfrazados de jueces" llevan "la palabra *justicia* en su boca como baba venenosa".[553]

¿Cuál es la alternativa postmoderna a la justicia universal injusta?

Considera la declaración siguiente de Jacques Derrida de un texto más reciente, que señala la tentativa del "giro ético" de este pensamiento: "La justicia en sí misma, si es que tal cosa existe, fuera o más allá de la ley no es deconstruible. Como tampoco lo es la deconstrucción, si es que tal cosa existe. La *deconstrucción es justicia*".[554] ¿Cómo puede ser justicia la deconstrucción?[555] Caputo, quien retoma el ejemplo de Derrida, explica. La Deconstrucción es justicia, porque echa abajo "las inscripciones extensas, honorables y manidas de la ley" que oprime en nombre de la justicia, y establece el honor de los "pequeños nombres propios".[556] La justicia digna de su nombre escucha la voz del individuo que protesta contra la ley diciendo: "¡Pero este caso es distinto!". Aquí no hay imparcialidad desinteresada alguna. No se cultiva la ceguera sistemática. Todo depende de que mantengas los ojos bien abiertos, que notes y respetes todas las diferencias grandes y pequeñas. Un Libro de Justicia adecuado, explica Caputo, "tendría que mencionar a todos por su nombre... sería como un mapa tan perfecto que sería del mismo tamaño que la región a la que corresponde".[557] Para ser justos, la justicia debe ser tan específica como cada caso. De ahí que la justicia en sí no sea "una cosa, un nombre, sino una pluralidad incontrolable de nombres".[558] El beneficio de proporcionar tantos nombres a la justicia es la "maximización de la diferencia... dejando que muchas flores se abran".[559]

La *pérdida* de atribuir tantos nombres a la justicia se hace aparente, sin embargo, tan pronto como observamos que cerca de muchas flores crece mucha mala hierba, ¿por qué no dejar que *todo* florezca? Caputo se siente *tentado* por esta línea de pensamiento. La vida sería, pues, "inocente... como las

---

[553] Friedrich Nietzsche, *The Birth of Tragedy and The Genealogy of Morals,* trad. Francis Golffing, Garden City: Doubleday, 1956, 259.

[554] Jacques Derrida, "Force of Law: The Mystical Foundation of Authority", *Cardoza Law Review* 11 (1990): 945, las cursivas son mías.

[555] Ver Cristoph Demmerling, "Differenz und Gleichheit. Zur Anatomie eines Argumentes", *Die Gegenwart der Gerechtigkeit: Diskurse awuischen Recht, praktische Philsophie und Politik,* ed. Christoph Demmerling y Thomas Rentsch (Berlín: Akademie, 1995), 124-26.

[556] Caputo, *Against Ethics,* 87; cp. Jean-François Lyotard, *The Postmodern Condition: A Report on Knowledge,* trad. Geoff Bennington y Brian Massumi, Minneapolis: University of Minnesota Press, 1984, 82.

[557] Ibíd., 88.

[558] Ibíd., 89.

[559] Ibíd., 92.

olas que baten contra el barco o la orilla son inocentes de la gran destrucción que causan... La justificación es ver que no hay injusticia, que nada es realmente 'injusto'".[560] Sin embargo, se niega con razón a sucumbir a la solución de "no injusticia" al problema de la opresión, una solución que sería paralela a las "buenas nuevas" de Nietzsche en *El Anticristo* respecto a que "no hay más antagonistas".[561] En su lugar, además de maximizar la diferencia, Caputo sostiene que la justicia exige minimizar el sufrimiento.[562] ¿Por qué minimizar el sufrimiento? ¿Por qué perdonar simplemente el insulto y olvidar el crimen? Después de todo, el perdón de Caputo es la cara B de su justicia. Como esta, el perdón "descarta la ley, la suspende, la levanta, la deja colgando en el aire, con el fin de responder a la llamada que surge del abismo del Otro".[563] Entonces, ¿por qué no responder a la llamada que sube del abismo de las malas hierbas? ¿La falta de sentimiento por ellas?[564] Sí, pero no del todo. Las malas hierbas son asesinas; *minimizan la diferencia* en lugar de maximizarlas. Para ello, es necesario que afirmemos el respeto por los demás, y esto exige que no respetemos a "personas que respetan a otros", argumenta Caputo.[565]

Esta línea de pensamiento parece convincente, aunque no cabe duda de que las malas hierbas objetarían que se inclina fuertemente en favor de las plantas que a los seres humanos les gusta llamar flores. Si respetas a los que no respetan a los demás, entonces reina la falta de respeto. Nótese, sin embargo, que casi hemos cerrado el círculo, cerca del principio liberal de la justicia: todos deberían respetar a todos; nadie debería respetar a los que no respetan a todos. Un pensador postmoderno sigue su camino para desmantelar la noción liberal de la justicia universal, pero para cuando este pensador haya acabado con la tarea, habrá rearmado a escondidas gran parte de lo que había derribado. De la nada llega a nuestros oídos el canto de celebración de la *libertad universal*.[566] A pesar de todas las diferencias, en todos los pensadores postmodernos hay un liberal no deconstruido con compromisos universales

---

[560] Ibíd., 138.

[561] Nietzsche, *Human, All Too Human,* 156.

[562] Caputo, *Against Ethics,* 92.

[563] Ibíd., 112.

[564] Surge la obligación, argumenta Caputo, del "sentimiento que nos embarga cuando otros necesitan nuestra ayuda, cuando piden ayuda, respaldo, libertad o lo que necesiten, un sentimiento que crece en fuerza directamente en proporción con lo desesperado de la situación del otro. El poder de la obligación varía directamente con la impotencia de quien pide ayuda, que es el poder del impotente" (Caputo, *Against Ethics,* 5).

[565] Ibíd., 119.

[566] Ver Charles Taylor, *Sources of the Self: The Making of the Modern Identity*, Cambridge: Harvard University Press, 1989, 504.

que subvierten en silencio la obra de su amo. Lo que se desmantela al final es la justicia como deconstrucción.

La incoherencia en el entendimiento postmoderno de la justicia va emparejado a la dificultad de *luchar* contra la injusticia. Por encima de las leyes generales, el pensamiento postmoderno celebra nombres específicos. Parecería que el hincapié sobre "nombres" asegurará tanto a los agentes en la lucha por la justicia y los sujetos que necesitan protección contra la injusticia. Sin embargo, en la opinión postmoderna, un "nombre" no es una "persona" en el sentido de un agente con identidad estable. Como portador de un nombre propio, un individuo es "en sí mismo también la configuración compleja de otros eventos más, de la multiplicidad o de la constelación... El individuo es una perspectiva, la del aquí, ahora, en este punto".[567] La noción de una "persona" o un "sujeto" es demasiado uniforme y estable, se nos indica; debe ser subvertido. El desgraciado efecto secundario de renunciar a la noción de "sujeto" es que sin cierto sentido de la identidad de un agente social, la lucha contra la injusticia se vuelve difícil (ver Capítulos II, VI, VII). ¿Quién llevará a cabo la pelea? ¿En nombre de quién debería seguir adelante la batalla? ¿Una "compleja configuración de acontecimientos"? Como observa Henry Louis Gates Jr. en *Loose Canons,* la ironía de la interpretación radical postmoderna del "yo" es que "precisamente cuando nosotros (y otras personas del Tercer Mundo) obtenemos los medios complejos para definir nuestra negra subjetividad... nuestros colegas teóricos declaran que no existe nada llamado sujeto, de modo que por qué deberíamos molestarnos con esto".[568]

¿Cuál es el resultado de la cruzada de la diferencia contra la justicia universal, de la súplica por las diferencias radicales como la única justicia adecuada? La justicia no será subvertida por la diferencia. Los pensadores postmodernos tienen dificultad para pensar en la justicia sin enredarse en autocontradicciones y explicar cómo, según su entendimiento de los seres humanos, luchar contra la injusticia es posible. ¿Nos quedamos, pues, sin una alternativa viable a las interpretaciones inaceptables de una justicia universal? Hay otra forma de conectar la particularidad y la diferencia con la justicia, propuesta por una filosofía que se ve como la alternativa tanto al pensamiento moderno como al postmoderno. Una *tradición coherente* es algo muy particular, y la justicia se puede ver como dependiente de semejante tradición. ¿Resolverá esta forma de proceder el problema que supone la lucha de la justicia contra la justicia?

---

[567] Caputo, *Against Ethics,* 95.

[568] Henry L. Gates, *Loose Canons: Notes on the Culture Wars,* Nueva York: Oxford University Press, 1992, 35.

La justicia dentro de la tradición

Considera las dificultades de las sociedades pluralistas cuando se están debatiendo cuestiones de justicia. En *Whose Justice? Which Rationality?*, Alasdair MacIntyre, el principal partidario de que las teorías de la justicia son aspectos de determinadas tradiciones, definen el problema de esta manera: dado que los grupos sociales rivales son incapaces de "llegar a conclusiones racionalmente justificables convenidas sobre la naturaleza de la justicia", apelan sencillamente a sus convicciones rivales sin ni siquiera intentar justificarlas de manera racional.

> Cuestiones controvertidas respecto a la justicia y a la racionabilidad practicas son... tratadas en el ámbito público, no como asuntos para la investigación racional, sino más bien para la aseveración y la contraaseveración de conjuntos alternativos e incompatibles de premisas.[569]

Como resultado, en las democracias modernas, las aseveraciones de los que tienen más poder ganan. En las famosas palabras del final de su *After Virtue*, "la política moderna es la guerra civil llevada a cabo por otros medios".[570] Volvemos a sus equivalentes generales o, con más exactitud, democráticos.

Para poner fin a la guerra, MacIntyre pide la recuperación de lo que él denomina "tradición".[571] Cada relato de justicia está situado en una tradición determinada. Explica:

> Las teorías de la justicia y la racionabilidad práctica nos confrontan como aspectos de las tradiciones, cuya adhesión exige vivir algunas formas encarnadas de vida humana más o menos sistemáticas, cada una con sus modos específicos de relaciones sociales, cada una con sus propios cánones de interpretaciones y explicación respecto a la conducta de los demás, cada una con sus propias prácticas de evaluación.[572]

Cabría objetar que esto es sencillamente reiterar el problema, no resolverlo. ¿Acaso las tradiciones y las comunidades rivales del discurso *dan lugar* a justicias rivales? Sí. MacIntyre cree, sin embargo, que las tradiciones también

---

[569] MacIntyre, *Whose Justice? Which Rationality?*, 5s.

[570] Alasdair MacIntyre, *After Virtue: A Study in Moral Theory*, 2ª ed. Notre Dame, IN: University of Notre Dame Press, 1984, 253.

[571] Ibíd., 221ss.

[572] MacIntyre, *Whose Justice? Which Rationality?*, 391.

proveen recursos para zanjar las disputas. Un encuentro intelectual genuino no puede suceder en alguna forma generalizada entre las personas que no se posicionan en ningún lugar, como los pensadores de la Ilustración asumían y gran parte de la cultura moderna da por sentado. Para que el debate racional sustituya el intercambio estéril de aseveraciones y contraaseveraciones, las personas deben vivir las tradiciones.[573] Desde el interior de una tradición, pueden seguir adelante con debates racionales no solo con los demás miembros de la misma tradición, sino también con aquellos que habitan tradiciones rivales.[574]

No hay necesidad de debatir aquí la persuasión del criterio de MacIntyre para juzgar lo relativamente adecuado de las tradiciones.[575] Admitiré aquí que, en principio, los conflictos entre las tradiciones pueden resolverse de manera racional del modo que sugiere. Sin embargo, ¿cuáles son las probabilidades de que se *vayan* a resolver? MacIntyre acaba la introducción a *Three Rival Versions of Moral Enquiry* con el lúgubre pronóstico respecto a su propia propuesta: "Cuanto más se puede esperar que esto vuelva nuestros desacuerdos más constructivos".[576] Semejante esperanza podría ser lo bastante buena para algunos pensadores (aunque no para la clase que MacIntere quiere ser). Ganarse el pan ajustando la tradición propia en constructivo desacuerdo con otras tradiciones no es lo peor que te puede suceder. Pero ¿qué significan esos desacuerdos matizados e inteligentes para personas en guerra y los necesitados excluidos? Incluso pueden hacer que las armas ideológicas de su destrucción más letales y, de esa forma, sellar su destino miserable de un modo más firme.

Tal vez MacIntyre logre tan poco, porque propone lograr tanto. Argumenta que para resolver conflictos sobre las cuestiones particulares necesitamos *resolver conflictos entre tradiciones más amplias,* que proveen la estructura para cuestiones particulares.[577] Concibe estas tradiciones más generales, además, como sistemas de manera que "los conceptos distintivos de justicia y práctica racionabilidad... se entienden como partes de ese conjunto".[578] ¿Qué ocurre, pues,

---

[573] Cp. Michael Walzer, *Interpretation and Social Criticism*, Cambridge: Harvard University Press, 1987, 8-18.

[574] MacIntyre, *Whose Justice? Which Rationality?*, 349-69; cp. MacIntyre, *After Virtue*, 146.

[575] Ver John Milbank, *Theology and Social Theory: Beyond Secular Reason*, Oxford: Blackwell, 1990, 345ss.

[576] Alasdair MacIntyre, *Three Rival Versions of Moral Enquiry: Encyclopaedia, Genealogy, and Tradition*, Notre Dame, IN: University of Notre Dame Press, 1990, 8.

[577] Alasdair MacIntyre, "Are Philosophical Problems Insoluble? The Relevance of Systems and History", *Philosophical Imagination and Cultural Memory: Appropriating Historical Traditions,* ed. Patricia Cook, Durham: Duke University Press, 1993.

[578] MacIntyre, *Whose Justice? Which Rationality?*, 390.

en la interactuación de sistemas coherentes y globales rivales? Sus abogados pueden ajustar internamente las tradiciones a las que pertenecen, o cambiar las tradiciones.[579] Dejando a un lado la opción abierta únicamente a los genios (como Tomás de Aquino), capaces de iniciar una nueva tradición que emerge de forma creativa antes de los existentes, el conflicto entre las tradiciones sobre cuestiones particulares solo puede resolverse a través de la *victoria* de una tradición sobre otra. Esta agónica relación resulta, en mi opinión, del *excesivo interés* de MacIntyre *en la coherencia y la exhaustividad*.[580] Cuanto más integradas estén las tradiciones, más agónicas serán sus relaciones.[581] Una tradición lucha contra otro, su justicia contra la justicia de otra tradición, hasta que una derrote a la otra demostrando ser racionalmente superior. Como admite MacIntyre mismo, las perspectivas de que gane una tradición son escasas.

Sugiero que bajemos nuestra mirada en los conflictos sobre las cuestiones de justicia. En lugar de procurar la victoria global, deberíamos buscar convergencias y acuerdos parciales. Para esto, la tentativa más modesta del concepto de justicia de MacIntyre basado en la tradición puede sernos de ayuda, siempre que nos resistamos a la tentación de forzar las tradiciones en sistemas coherentes y bien integrados. Pero ¿deberíamos hacer cara a esta tentación?

Territorios superpuestos, compromisos básicos

Permíteme comenzar mi propuesta alternativa con dos sugerencias simples. Uno: "Nadie está 'en ningún lugar'". Dos: "La mayoría de nosotros estamos en más de un lugar". En los años recientes, la primera propuesta ha adquirido el estatus de un tópico. No argumentamos sobre justicia (ni sobre ninguna otra cosa en realidad) como "yoes" incorpóreos y asociales suspendidos por algún gancho aéreo sobre el vaivén de los conflictos sociales. La ubicación social forma profundamente nuestras creencias y prácticas. Pensamos y actuamos como "seres cargados".[582] Las "tradiciones" son ineludibles. Incluso "la historia del liberalismo, que comenzó como una llamada a los principios aludidos de racionalidad compartida contra lo que se sentía como la tiranía de la tradición,

---

[579] Ibíd., 166s.

[580] Stout, *Ethics After Babel,* 218s.: Jeffrey Stout, "Homeward Bound: MacIntyre on Liberal Society and the History of Ethics", *Journal of Religion* 69 (1989): 230ss.

[581] El lado agónico del pensamiento de MacIntyre ha sido criticado por John Milbank. A diferencia de Milbank, no quiero limitarme a sustituir la lucha dialéctica con atracción retórica, sino asegurarme de que la lucha no se presente de tal manera que resulte, como norma, en la muerte de una de las partes contendientes (*Theology and Social Theory,* 326ss.).

[582] Sandel, *Liberalism and the Limits of Justice,* 179-83.

se ha transformado en una tradición", como MacIntyre ha señalado.[583] Dejar toda tradición atrás no es un requisito de la racionalidad, sino la receta de la insensatez.

Quienes profesan la fe cristiana no deberían sentir deseo alguno de morar en el manicomio de las mentes despojadas de toda tradición. Ser cristiano significa estar unido a una comunidad y ser moldeado por sus creencias y sus prácticas. Para aprender lo que es la justicia, un teólogo cristiano no buscará juntarse con Descartes y pasar "todo el día encerrado en una habitación calentada por una estufa", meditando en sus "propios pensamientos".[584] En su lugar, el sitio donde el teólogo cristiano aprenderá sobre la justicia es la comunidad llamada iglesia. El objeto de su meditación será las tradiciones bíblicas y las creencias y prácticas de los santos y los pecadores. El pensamiento cristiano sobre la justicia está arraigado en las ardientes protestas de los profetas y en la reflexión de los apóstoles. Deriva de la narrativa completa del trato de Dios con la humanidad, un relato particularmente denso en el momento en que Jesucristo entra en aquel pequeño país bajo ocupación romana, proclama y representa al reino venidero de Dios, es crucificado por los romanos y es resucitado por Dios.

Los cristianos no están en algún lugar. Es necesario decir mucho sobre *cómo* deberían estar donde están y cómo deberían insertar su visión particular en el debate público más amplio. Dejo todo esto aquí, a un lado.[585] Para mis propósitos aquí es crucial si los cristianos están en un lugar o en muchos, y si habitan una "tradición coherente". He argumentado con anterioridad (Capítulo II) tanto en favor de la distancia como de pertenecer. Los cristianos habitan inevitablemente dos mundos —están "en Dios" y "en el mundo"—, el mundo de las tradiciones bíblicas y el mundo de su propia cultura. Por consiguiente, la "tradición" cristiana *nunca es pura*; siempre representa una fusión de corrientes procedentes de las escrituras y de determinadas culturas en las que habita una iglesia en particular.[586] Aquí quiero complicar un poco más el asunto.

Considera el primer mundo donde habitan los cristianos, el *mundo de las escrituras*. ¿Se piensa mejor en este mundo como una "tradición coherente", en el sentido en el que el tomismo, por ejemplo, representa una tradición

---

[583] MacIntyre, *Whose Justice? Which Rationality?*, 335.

[584] René Descartes, *Discourse on Method and the Meditations,* trad. F. E. Sutciffe, Harmondsworgh: Penguin, 1968, 35.

[585] Ver Mouw y Griffioen, *Pluralism and Horizons,* 158ss.

[586] Miroslav Volf, "Theology Meaning, and Power", *The Future of Theology: Essays in Honor of Jürgen Moltmann,* ed. Miroslav Volf et al. Grand Rapids: Eerdmans, 1996, 99ss.

coherente?[587] No lo creo. Los textos bíblicos son un legajo canónico de testimonios solapados de contextos radicalmente distintos a la historia única de Dios con la humanidad que culmina en la muerte y la resurrección de Cristo. Las escrituras nos llegan en forma de tradiciones plurales. Los textos y el subyacente "relato de la historia" que las une (ver Capítulo I) no ofrecen una tradición coherente. En su lugar, exigen una serie de compromisos básicos interrelacionados, creencias y prácticas. Estos compromisos *pueden desarrollarse* en tradiciones. Pero estas son siempre fenómenos secundarios que necesitan ser interrogados y remodelados a la luz de los compromisos básicos y contextos culturales cambiantes. Los teólogos cristianos tienen sus propias buenas razones para sospechar que existe cierta verdad en el aforismo de Nietzsche en *Twilight of the Idols,* que declara que "la voluntad de un sistema es la falta de integridad".[588]

Considera, en segundo lugar, el mundo de la cultura que habitan los cristianos. En un sentido relevante, ese mundo no es tampoco un mundo único. Desde el comienzo mismo, el mundo donde moraban los cristianos era plural: el helenismo y el judaísmo estaban mezclados en Palestina,[589] y la *pax romana* se extendió sobre un imperio multicultural. De manera similar, hoy vivimos en un mundo en el que múltiples corrientes de tradiciones y prácticas sociales convergen unas encima de otras. Podemos concordar con facilidad con MacIntyre que nuestros contemporáneos en Occidente "tienden a vivir entre lo uno y lo otro".[590] Pero ¿deberíamos estar de acuerdo con su valoración de la situación? ¿Deberíamos respaldar la solución que propuso? Para él, estar "entre dos mundos" presenta un estado incoherente e inestable. La persona que vive "entre dos cosas" es un "ciudadano de ningún lugar",[591] como debería estar un buen liberal, ni "como en casa" en una tradición que es donde querría estar una persona sabia. Pero ¿deberíamos trabajar para crear esos hogares? Si mi argumento sobre la naturaleza del mundo de las tradiciones bíblicas es plausible, entonces nada en las naturalezas de las creencias cristianos mismas nos obliga a construir una "tradición coherente" a partir de los compromisos cristianos. Lo importante son estos compromisos. Y lo que importa es que se apliquen a las realidades sociales.

---

[587] MacIntyre, *Three Rival Versions of Moral Enquiry.*

[588] Friedrich Nietzsche, *Twilight of the Idols and The Anti-Christ,* trad. R. J. Hollingdale, Londres: Penguin, 1990, 35.

[589] Martin Hengel, *Judais and Hellenism: Studies in Their Encounter in Palestine During the Early Hellenistic Period,* trad. John Bowden, Londres: SCM, 1974.

[590] MacIntyre, *Whose Justice? Which Rationality?,* 397.

[591] Ibíd., 388.

De acuerdo, no es necesario desarrollar una tradición coherente, pero ¿no sería *deseable* hacerlo? Es una pregunta bastante compleja, y aquí solo trataré la cuestión de la deseabilidad *social* de tales tradiciones. ¿Ayudaríamos al mundo social en el que habitamos si ofrecemos a nuestros contemporáneos un hogar global en una tradición coherente, construida sobre los cimientos de los compromisos cristianos básicos? No lo creo. En realidad, creo que *ningún hogar de ese tipo es imaginable* en las sociedades contemporáneas. Como Zygmunt Bauman observa en *Postmodern Ethics:*

> Una comunidad verdaderamente capaz de "situar" a sus miembros con cualquier grado de consecuencia duradera parece ser más un postulado metodológico que un hecho de la vida. Cuando uno desciende del ámbito relativamente seguro de los conceptos para la descripción de cualquier objeto concreto que, supuestamente los representan, uno haya meramente una colección fluida de hombres y mujeres...[592]

Las culturas y las tradiciones no son conjuntos integrados ni pueden serlo en las sociedades contemporáneas. La creencia de que pueden, argumenta Steven Lukes, es un "claro ejemplo de la reducción de la complejidad con la ayuda del pensamiento mítico".[593] No podemos evitar vivir "entre una cosa y otra" y seguir usando "una diversidad de fuentes de pensamiento y acción generadas por la tradición",[594] precisamente porque no podemos evitar vivir en *espacios sociales que se solapan y cambian con rapidez.* En las sociedades contemporáneas es imposible perseguir un sistema coherente de bienes. En su lugar, debemos quedar satisfechos con aferrarnos a los compromisos básicos. Los primeros cristianos vivieron y prosperaron sin el cierre seguro de un sistema; no hay razón por la que no podamos hacer lo mismo.

Los espacios sociales que se solapan y cambian justifican una buena cantidad de fragmentación en las sociedades contemporáneas: toleramos diferentes racionalidades en distintos medios y vivimos con principios morales en parte incoherentes. Pero considera la consecuencia de eliminar la fragmentación y la incoherencia. Involucraría purgar los elementos extraños de las tradiciones, de manera a que sean puras, coherentes. Como bien sabe MacIntyre, esto no puede suceder sencillamente por medio de un cambio de creencias. "Las

---

[592] Zygmunt Bauman, *Postmodern Ethics*, Oxford: Blackwell, 1993, 44.

[593] Steven Lukes, *The Curious Enligthenment of Professor Caritat: A Comedy of Ideas*, Londres: Verso, 1995, 108.

[594] MacIntyre, *Whose Justice, Which Rationality,* 397.

teorías filosóficas", escribe, "proporcionan una expresión organizada a los conceptos y las teorías *ya encarnadas en formas de práctica y tipos de comunidad*".[595] De ahí que, para habitar en una tradición coherente única, debes pertenecer a una comunidad unificada única. Para escapar a las fragmentaciones lo que tiene que cambiar no es sencillamente la forma en que nosotros, como individuos, pensamos, sino también nuestra forma de vivir como sociedades. No servirá nada que carezca de una revolución social antimoderna y antipluralista. ¿Merece la pena una revolución? Desde luego que no. Esta podría ser la razón por la que MacIntyre prefiere retirarse a "formas locales de comunidad dentro de la cual el civismo y la vida intelectual, y moral, pueda sustentarse a lo largo de los nuevos tiempos oscuros que ya están sobre nosotros".[596] Tengo serias dudas de que una opción tan "sectaria" sea viable o deseable. Creo que es mejor renunciar a las "tradiciones coherentes" y, armados de compromisos cristianos básicos, entrar con valentía en el mundo siempre cambiante de las culturas modernas.

La maldición de vivir en territorios culturales que se solapan es que no solo disentimos, sino que nuestros desacuerdos reflejan y conducen a dolorosos conflictos sociales. MacIntyre está en lo cierto al respecto. Sin embargo, una bendición acompaña a la maldición. Al compartir los territorios sociales los uno de los otros, en parte moramos en las "tradiciones" unos de otros; compartimos los compromisos. La causa misma de la fragmentación —la hibridez de nuestras opiniones— fluidifica nuestras creencias y prácticas, y abren al cambio, al enriquecimiento y al acuerdo parcial sobre asuntos tan importantes como la justicia. Sustentados por nuestras vidas que se cruzan y nuestros acuerdos subyacentes, los desacuerdos no obstante persisten. Y son profundos. Es necesario que busquemos formas de resolverlos sin recurrir al poder de las armas ni a la fuerza bruta de las masas democráticas.

Justicia, compromisos, diferencias

Con MacIntyre, y en contra los pensadores típicamente modernos, he argumentado que ninguno de nosotros va "a ninguna parte" y que todos estamos dentro de una "tradición". A continuación he afirmado lo que no niegan ni los pensadores modernos, ni los postmodernos, ni MacIntyre, a saber, que la mayoría de nosotros está en más de un lugar, que nuestras tradiciones son híbridas. En contra de MacIntyre, sin embargo, he argumentado que un

---

[595] Ibíd., 390, cursivas añadidas.
[596] MacIntyre, *After Virtue,* 263.

teólogo cristiano no querrá necesariamente deshacerse de la "hibridad": estará mucho más interesado en afirmar *los compromisos cristianos básicos en formas situadas culturalmente* que en forjar tradiciones coherentes, y sospechará que las tradiciones hibridez serán más abiertas que las tradiciones coherentes, no solo a ser moldeada por estos compromisos, sino también a enriquecerse unas con otras. Pero ¿cómo debería ocurrir este proceso de enriquecimiento? Yo me abriré camino a una sugerencia exponiendo con brevedad la obra de Edward Said y Seyla Venhabib, aunque mi propuesta descansará sobre bases teológicas.

Para la interpretación de la literatura, Edward Said ha sugerido en *Culture and Imperialism* lo que denomina una lectura *de contrapunto*. Él escribe que debemos ser capaces:

> de pensar detenidamente e interpretar juntos las experiencias discrepantes, cada una con su agenda particular y su ritmo de desarrollo, sus propias formaciones internas, sus coherencias y su sistema de relaciones externas, todas ellas coexistentes e interactuantes con otras.[597]

En esta densa frase, Said pinta un cuadro complejo. Dicho de un modo más sencillo, su preocupación es abrir los unos para los otros mundos discordantes que proyectan, todos ellos, múltiples voces en el mismo espacio. ¿Cómo se puede hacer esto? Necesitamos yuxtaponer esos mundos, sugiere él, y dejar que cada uno se enfrente al otro para "simultanear aquellas opiniones y experiencias ideológica y culturalmente cercanas, y que intentan distanciar o suprimir otros criterios y experiencias".[598]

Hasta aquí, perfecto. La concurrencia —en el sentido de "levantarse unas contra otras"— es esencial para el enriquecimiento. Pero ¿bastará? Posiblemente, en el mundo de la literatura para el cual Said hace su propuesta. En el mundo del intercambio social actual, "la concurrencia de las opiniones ideológica y culturalmente cerradas" suelen reforzar, sin embargo, la mutua exclusión de los criterios en conflicto en lugar de enriquecerlos. Además de la concurrencia, es fundamental *abrirnos los unos a los otros* esos mundos sociales actuales que concurren y son conflictivos. Si la yuxtaposición no lo consigue, ¿qué lo hará?

Las partes conflictivas necesitan practicar lo que Hannah Arendt llama "una forma ampliada de pensar". Ella insiste en que el juicio moral "no puede funcionar en aislamiento estricto o en soledad; precisa la presencia de otros 'en

---

[597] Edward Said, *Culture and Imperialism*, Nueva York: Alfred A. Knopf, 1993, 32.
[598] Ibíd., 33.

cuyo lugar' debe pensar, cuya perspectiva debe tener en cuenta".[599] En *Situating the Self* Seyla Benhabib toma la iniciativa de Hannah Arendt y sugiere un modelo de conversación moral "en la que la capacidad de revertir las perspectivas, es decir, la disposición a razonar desde el punto de vista del otro, y la sensibilidad de oír sus voces son primordiales".[600] Escuchar a los demás cuando hablan de propio derecho podemos esperar alcanzar "algún acuerdo razonable en una conversación moral de extremos abiertos".[601]

"El pensamiento ampliado" resultará útil a la hora de reflexionar sobre el problema de la justicia, si no esperamos demasiado de ello, como creo que hace Benhabib. Ella cree que sirve para *justificar* las creencias morales y darles *validez*. Le gustaría convertir el "pensamiento ampliado" en la piedra angular de una ética comunicativa cuya idea central sea "la generación procesual del acuerdo razonable respecto a los principios morales vía una conversación moral de extremos abiertos".[602] Pero ¿cómo podemos generar *validez moral* mediante un "acuerdo razonable"? Si "moralmente válido" equivale a "aquello en lo que estamos de acuerdo" por medio de "procedimientos radicalmente abiertos y justos para todos",[603] ¿qué distinguirá la validez moral del mero acuerdo? No servirá con apelar a un "proceso razonable y justo".[604] Como ella misma observa, con acierto, "un proceso razonable y justo" *presupone* "una forma de vida utópica"[605] como un ideal moral. Dado que semejante forma de vivir es "una intuición moral", un proceso razonable y justo que se apoye en ella no puede servir como "prueba sustantiva" adecuada para las intuiciones morales, como ella propone.

Sin embargo, podemos evitar reducir la validez moral al acuerdo y seguir practicando el pensamiento ampliado, si distinguimos con esmero entre la *justificación* de las creencias morales y su *corrección*. Consideremos, primero, la cuestión de la justificación. Si tuviéramos que preguntar: "Cómo justificamos nuestras convicciones morales sobre lo que es justo", la respuesta no podría ser: "Alcanzando 'algún acuerdo razonable en una conversación moral

---

[599] Hannah Arendt, *Between Past and Future: Eight Exercises in Political Thought*, Nueva York: Viking, 1968, 221.

[600] Seyla Benhabib, *Situating the Self: Gender, Community, and Postmodernism in Contemporary Ethics*, Nueva York: Routledge, 1992, 8.

[601] Ibíd., 9.

[602] Ibíd., 37

[603] Ibíd., 9

[604] Ibíd., 37

[605] Ibíd., 38

de extremos abiertos'".[606] En su lugar, la respuesta sería "Apelando a nuestras respectivas tradiciones (multifacéticas) y a los recursos que ellas proveen". Para los cristianos esto significaría que aprendemos lo que es la justicia observando la justicia misma tal como se revela en las tradiciones bíblicas: oyendo por ejemplo la historia de Natán cuando confronta a David en nombre de Urías, escuchando los juicios de los profetas de la corte como Isaías o de otros de fuera como Amós y, en última instancia explorando toda la historia del Dios trino con la creación. Esto es lo que la justicia significa para nosotros, y creemos que es lo que debería ser para todos. ¿Por qué? Porque es la justicia del Dios único de todos los pueblos.[607] No hay ninguna otra forma de justificar nuestra noción de la justicia más que apuntando a la justicia de Dios (aunque existe una forma de *argumentar* en favor de esta manera de justificar nuestra noción de la justicia).

Aunque el "pensamiento ampliado" no puede servir para justificar nuestra noción de la justicia, es fundamental para *el enriquecimiento y la corrección* tanto de nuestra noción de la justicia como de nuestra percepción de aquello que es justo o injusto. Nuestra comprensión de la justicia de Dios es imperfecta y, con frecuencia, pervertirnos la justicia incluso cuando buscamos ejercerla. ¿Cómo funcionaría el proceso de enriquecimiento y corrección? En el Capítulo VI proporcionaré un análisis detallado del arte del "pensamiento ampliado" o, como yo lo llamaré, la "doble visión". Por el momento basta con observar aquí tan solo que ampliamos nuestro pensamiento al permitir que las voces y las perspectivas de otros, sobre todo aquellos con los que podríamos estar en conflicto, resuenen en nuestro interior, permitiéndoles que nos ayuden a verlos, y también a nosotros, desde *su* perspectiva; y, si fuera necesario, a reajustar nuestras perspectiva al tomar en cuenta la de ellos.[608] Nada puede garantizar con antelación que las perspectivas surgirán en última instancia y que se alcanzará un acuerdo. Podríamos descubrir que debemos rechazar la perspectiva del otro. Sin embargo, deberíamos procurar ver las cosas desde la perspectiva de los demás, con la esperanza de que las justicias rivales podrían convertirse en justicias convergentes y resultar en acuerdo.

Revertir las perspectivas no solo podrían conducirnos a aprender algo del otro, sino a mirar de nuevo a nuestras propias tradiciones y redescubrir sus

---

[606] Ibíd., 9

[607] Dietrich Ritschl, *Zur Logik der Theologie, Kurze Darstellung der Zusammenhänge theologischer Grundgedanken*, München: Christian Kaiser, 1984, 284ss.

[608] La práctica de la "doble visión", como defiendo aquí, presupone que podemos *estar dentro de una tradición concreta* y *aprender de otras tradiciones* (ver Nicholas Wolterstorff, *What New Haven and Grand Rapids Have to Say to Each Other*, Grand Rapids: Calvin College, 1993).

recursos descuidados o incluso olvidados. Consideremos la función desempeñada por el encuentro con la tradición socialista y su apropiación en la teología de la liberación en el debate cristiano más general sobre la justicia. Nos ha forzado a reajustar nuestra interpretación del mensaje bíblico: conocer a Dios significa hacer justicia (cualquiera que sea otro significado de conocer a Dios); la justicia es justicia para los pobres; la justicia de Dios incluye la compasión divina por los que sufren.[609] Vemos lo que no hemos visto antes porque, en el encuentro con el otro hemos hecho sitio en nuestro interior no solo para la perspectiva del otro, sino con su ayuda también para las voces silenciadas de nuestra propia tradición.

La idea de la "doble visión" podría parecernos razonable, pero ¿existen buenas *bases teológicas* que la respalden? ¿Hay ejemplos bíblicos? Jesús mismo podría ofrecer el mejor ejemplo bíblico para la práctica de la "doble visión", de ver con los ojos de los demás, de aceptar su perspectiva y descubrir la nueva relevancia de uno de sus propios compromisos básicos. Consideremos su encuentro con la mujer sirofenicia, un texto del que a veces se sacan conclusiones cristológicas demasiado apresuradas.[610] Jesús se niega a sanar a la hija de esta mujer gentil de una región que explotaba a los agricultores galileos[611], porque Él no había sido enviado "sino a las ovejas perdidas de la casa de Israel" (Mt 15:24). Judith Gundry-Volf ha argumentado que la mujer reta "la renuencia de Jesús a su obligación de hacer un milagro para un gentil" con el principio de la "misericordia... con la que una mujer dirige su casa". Así como ella cuida de toda su familia, la misericordia divina "no tiene prejuicios éticos".[612] Esta es su "fe" tan elogiada por Jesús. Y en la narrativa del evangelio esta fe no solo movió a Jesús a sanar a la hija, sino también a expandir su misión a los gentiles, en términos generales. Gundry-Volf escribe:

> [La mujer sirofenicia] cree que la misericordia divina no tiene prejuicios, y cree que Jesús mostrará esta clase de misericordia. Cuando le expresa esta fe en Él, Él también empieza a creer. Él, el enviado a las ovejas perdidas de la casa de Israel, también puede hacer un milagro

---

[609] Karen Lebacqz, *Six Theories of Justice. Perspectives from Philosophical and Theological Ethics* Minneapolis: Augsburg, 1986, 103ss.

[610] Rita Nakashima Brock, *Journeys by Heart: A Christology of Erotic Power*, Nueva York: Crossroad, 1988, 50ss.

[611] Gerd Theissen, *Lokalkilorit und Zeitgeschichte in den Evangelien: Ein Beitrag zur Geschicte der synoptischen Tradition*, Göttingen: Vandenhoeck & Ruprecht, 1989, 63-84.

[612] Judith M. Gundry-Volf, "Spirit, Mercy, and the Other", *Theology Today* 52, núm 1 (1995): 519.

para una mujer gentil. Puede extender ayuda incluso a una helenista sirofenicia perteneciente al grupo que le oprimía a Él y a los de su pueblo. Porque la misericordia no tiene límites.[613]

Inmediatamente después del encuentro con la mujer anónima, Jesús va al mar de Galilea y atrae a las multitudes gentiles a las que sana y alimenta (Mt 15:29-39). Por medio del encuentro, la propia comprensión de Jesús respecto a su misión se amplía;[614] vio el concepto clave de su mensaje —gracia sin prejuicios— bajo una nueva luz.

La razón teológica más importante para practicar la "doble visión" no radica en el ejemplo de Jesús sino en la lógica interna de la teología de la cruz. Como he argumentado antes (Capítulo IV), en la cruz Dios hizo sitio en su propio ser para los demás, para otros impíos, y abrió los brazos para invitarlos a entrar. Quiero explicar aquí que la práctica de la "doble visión" es *el lado epistemológico de la fe en el Crucificado.* Cuando fue clavado en la cruz, Jesucristo no estaba involucrado en ver las cosas con los ojos de quienes lo crucificaban (aunque, según algunos manuscritos, observó su ignorancia respecto a lo que estaban haciendo); Él sabía quiénes eran los perpetradores y quién la víctima. De la misma manera, al recibir a los impíos, Dios no estaba revirtiendo perspectivas, sino exponiendo la impiedad de ellos en el acto mismo de proveer para su perdón. ¿No invalida esto mi argumento? Claro que no. El Cordero de Dios *era* inocente, pero *nosotros* no lo somos, o al menos no podemos suponer que lo somos; Él podía reconocer de manera infalible a los piadosos de los impíos, pero *nosotros* no podemos. De hecho, uno de los principios más básicos de la fe cristiana es que *nosotros* somos los perpetradores que crucificaron a Cristo, *nosotros* somos los impíos cuya impiedad Dios expuso. Para nosotros, seres humanos pecadores y limitados, seguir en las huellas de Crucificado no solo significa crear espacio en nosotros para otros, sino en abrir hueco para que ellos también hagan los mismo respecto a su perspectiva sobre nosotros y sobre ellos, al menos durante un tiempo para que podamos formar juicios de discernimiento.

Si creemos de la forma correcta en Jesucristo, que nos abrazó de forma incondicional —los perpetradores impíos– nuestros corazones se abrirán para recibir a otros, incluso a nuestros enemigos, y nuestros ojos se abrirán para ver desde su perspectiva. En *Letters and Papers from Prison,* Dietrich Bonhoeffer sugirió que la fe nos capacita para tomar "distancia" de nuestra propia

---

[613] Ibíd.
[614] Ibíd., 521.

inmediación e interiorizar la polifonía llena de tensión de la vida, en lugar de presionar a la vida en "una dimensión única". Por medio de la fe, declaró, "podemos tomar a Dios en un sentido y a todo el mundo en nuestro interior".[615] Bonhoeffer tenía sobre todo en mente los recursos que la fe provee para vivir en situaciones extremas, como la prisión desde donde él escribió, en la que las personas tienden a ser gobernadas por la inmediatez de las necesidades acuciantes o las escasas ocasiones para el gozo. Pero la capacidad de tomar a Dios y a los demás dentro de nosotros, generada por la fe, es igualmente relevante en situaciones de conflicto. Ellas también tienden a esclavizar a las personas en el compromiso exclusivo de "nuestra causa". La fe en Jesucristo, que hizo de nuestra causa la suya, nos libera de perseguir tan solo nuestros intereses, y crea un espacio en nosotros para los intereses de los demás. Estamos listos para percibir la justicia donde antes solo veíamos injusticia, si de verdad la causa de los demás es justa.

Buscar justicia, luchar contra la injusticia

Tres objeciones importantes militan en contra de la práctica de la "doble visión" como forma de contrarrestar la injusticia generada por la lucha de la justicia contra la justicia. Conforme vaya ocupándome de ellas iré proporcionando razones positivas de por qué esta práctica es indispensable.

En primer lugar cabría objetar que la propuesta es un ejercicio de hacerse ilusiones. No funcionará cuando más lo necesitemos. Cuando nos miramos unos a otros a través de la mirilla de nuestras pistolas solo vemos la justicia de nuestra propia causa. Pensamos más en cómo ampliar nuestro poder que nuestro pensamiento; luchamos por eliminar a los demás de nuestro mundo, no para concederles espacio en nuestro interior. ¿Acaso nuestra resistencia a la "doble visión" en situaciones de conflicto invalida la noción? No lo creo. Subraya, sin embargo, que *la voluntad de acoger a los injustos precede el acuerdo sobre la justicia.* He argumentado con anterioridad (Capítulo IV) que la voluntad de abrazar es incondicional e indiscriminada. Como el sol, debería salir sobre malos y buenos; como la lluvia, debería caer sobre justos e injustos. Para la validación, la voluntad de acoger no necesita ni la seguridad de que en realidad vencerá la enemistad ni la de las recompensas internas que proporciona el placer de amar a alguien que no se lo merece. Sencillamente es lo que son los hijos del "Padre en los cielos" y quienes siguen a Cristo lo hacen porque

---

[615] Dietrich Bonhoeffer, *Widerstand und Ergebunb, Briefe und Aufzeichnungen aus der Haft*, Munich: Christian Kaiser, 1966, 209.

es lo que significa ser hijos de Dios y seguir a Cristo (Mt 5:45). Lo mismo es cierto respecto a la "doble visión", que es el lado epistemológico de la voluntad de acoger.

La disposición a acoger —amar— arroja la luz del conocimiento por el fuego que conlleva. Los ojos necesitan la luz de este fuego para percibir cualquier justicia en la casa y las acciones de los demás. Admito que tal vez en realidad no hay justicia que percibir aquí. Podrían demostrar ser tan injustos como nos hieren, y aquello en lo que insisten puede no ser más que la perversión de la justicia. Pero *si* existe alguna justicia en su causa y acciones, será necesario tener la voluntad de acogerlos para que nos capaciten para percibirlo, porque nos permitirá verlos a ellos, y a la vez a nosotros mismos, con sus ojos. De manera similar, la voluntad de excluir —el odio— nos ciega con el fuego que lleva consigo.[616] El fuego de la exclusión dirige su luz solo sobre la injusticia de los demás; cualquier justicia que puedan tener será envuelta en oscuridad o tildada de injusticia encubierta, una mera bondad artificial designada para convertir su mal en algo de lo más mortal. Tanto el "puño apretado" como los "brazos abiertos" son *posturas epistemológicas*; son *condiciones morales de percepción moral*, una afirmación que descansa sobre la percepción nietzscheana más general de que "todas las experiencias son experiencias morales, incluso en el ámbito de la percepción".[617] El puño apretado estorba a la percepción de la justicia de los demás y, por tanto, refuerza la injusticia; los brazos abiertos detectan la justicia subyacente al aspecto rugoso de aparente injusticia y, por tanto, refuerza la justicia. Para estar de acuerdo con la justicia en las situaciones de conflicto debes querer algo más que la justicia; debes querer abrazar. No puede haber *justicia sin la voluntad de abrazar*. Es, sin embargo, igualmente cierto que no puede haber *un abrazo genuino y duradero sin justicia* (ver Capítulos VI y VII).

La segunda objeción a la noción de la "doble visión" concierne a la lucha contra la injusticia. Aquí, la pregunta crítica no es si *podemos* practicar la "doble visión" en el grueso de la batalla, sino si *deberíamos* practicarlo cuando nos enfrentamos a una injusticia manifiesta. Con todo el dolor y sufrimiento causado por la exclusión y la violencia, ¿cómo podemos permitirnos reflexionar

---

[616] Nietzsche, *Human, All Too Human*, 244. Mis formulaciones aquí sobre la relevancia epistemológica de la voluntad de acoger y la de excluir están inspiradas por la afirmación de Nietzsche en *Human, All Too Human* respecto a que "el amor y el odio no son ciegos sino que son cegados por el fuego que ellos mismos llevan consigo" (ibíd.). Aquí, a diferencia de Nietzsche, creo que el fuego del amor genuino no ciega, sino que más bien ilumina.

[617] Friedrich Nietzsche, *The Gay Science with a Prelude in Rhymes and an Appendix of Songs,* trad. Walter Kaufmann, Nueva York: Vintage Books, 1974, 173s.

sobre una *posible* justicia de los perpetradores? ¿Cuántas lágrimas deben derramarse antes de poner fin a la espiral de perspectivas invertidas, esa búsqueda sin fin de un acuerdo sobre la justicia del que se hace tan mal uso como tapadera de la injusticia que se comete? Cuando la sangre derramada clama al cielo, ¿no se invoca la ira profética? ¿No debemos detener a los asesinos en lugar de buscar ver las cosas desde su perspectiva? ¿No es bueno el "pensamiento ampliado" para los suburbios, pero peligroso en los centros urbanos y en los campos de exterminio? ¿No provocará la ira de los tiranos y los suspiros de desesperación de sus víctimas? Cuando tropezamos hacia el acuerdo, ¡la injusticia se desenfrena!

La respuesta debería comenzar con una observación, aunque inmensamente relevante: la capacidad humana de estar de acuerdo con la justicia nunca se pondrá al corriente con la propensión humana a cometer injusticias. Por tanto, no debemos limitarnos a emitir juicios antes de alcanzar el acuerdo, algo que en realidad hacemos de forma inevitable;[618] también debemos *actuar* conforme a estos juicios. Las escrituras no nos llaman tanto a reflexionar de manera uniforme sobre la justicia como a *hacer* justicia. Los profetas están llenos de llamadas a "mantener el amor y la justicia" (Os 12:6), a "establecer la justicia" (Am 5:15), a "hacer justicia" (Mi 6:8). Consideremos las famosas palabras de Amós:

Pero corra el juicio como las aguas, y
la justicia como impetuoso arroyo (5:24).

La visión de Isaías respecto a la adoración adecuada a Dios no es menos activista:

¿Es tal el ayuno que yo escogí, que de día aflija el hombre su alma,
que incline su cabeza como junco, y haga cama de cilicio y de ceniza?
¿Llamaréis esto ayuno, y día agradable a Jehová? (58:5)

Al hacer justicia, Israel debía imitar a su Dios "que hace... derecho a todos los que padecen violencia" (Sal 103:6).[619] Hacer justicia, luchar contra la injusticia, no era un extra opcional de la fe israelita; estaba en el núcleo central

---

[618] Nietzsche, *Human, All Too Human,* 32.
[619] Stephen Charles Mott, *Biblical Ethics and Social Change*, Nueva York: Oxford University Press, 1982, 59ss.

mismo. Conocer a Dios es hacer justicia.[620] Por consiguiente, *la reflexión sobre la justicia debe servir haciendo justicia.* Si la "doble visión" tiene un lugar legítimo en la vida cristiana, no será algo que hacemos *antes* de involucrarnos en la lucha contra la injusticia, sino algo que hacemos *cuando* acometemos la lucha.

Una vez establecida la primacía de la lucha contra la injusticia sobre el acuerdo respecto a la justicia, el problema ya no es cómo podemos permitirnos seguir revertiendo las perspectivas, sino cómo podemos *no* hacerlo. El principio no puede negarse: cuanto más feroz la lucha contra la injusticia que sufres, más ciego estarás a la injusticia que infliges. Tendemos a traducir la presunta ofensa de nuestros enemigos en una convicción inquebrantable de nuestra propia rectitud. Al procurar hacer justicia pervertimos la justicia, la convertimos en "veneno" (Am 6:12).

¿Cómo evitamos perpetrar injusticia en la lucha misma contra la injusticia? A diferencia de Mark Taylor en *Remembering Esperanza,* no creo que la clave sea "afirmar la pluralidad dentro de esa lucha".[621] Aunque la sensibilidad a la pluralidad es fundamental, la *afirmación* de pluralidad es espuria. La única forma de decidir entre muchas opciones, todas con sus "visiones diferentes de 'el justo'"[622] es apelando a nuestro propio concepto de la justicia. En lugar de confirmar sencillamente la pluralidad, debemos alimentar una consciencia de nuestra propia *falibilidad.*[623] Dado que no existe "una perspectiva imparcial", todas las construcciones de lo que es justo o injusto, en realidad todos los juicios, son injustos y entrañan el cometer injusticia;[624] dado que no hay lucha moralmente pura, todo compromiso por la justicia y, de hecho, "todo pro y toda contra" está implicada en la perpetración de la injusticia.[625]

Afectados por el sentido de la pecaminosidad, ¿deberíamos abstenernos de emitir juicios y trabajar por la justicia? La abdicación de la responsabilidad será tentadora para quienes solo saben cómo vivir en un mundo claramente dividido en territorios de pura luz y de total oscuridad. Pero es que no existe un

---

[620] Gustavo Gutiérrez, *A Theology of Liberation: History, Politics, and Salvation,* 2ª ed., trad. Caridad Inda y John Eagleson, Maryknoll, NY: Orbis, 1988, 194ss.

[621] Mark Kline Taylor, *Remembering Esperanza: A Cultural-Political Theology for North American Praxis,* Maryknoll, NY: Orbis, 1990, 42.

[622] Ibíd., 41.

[623] Thomas Rentsch, "Unmöglichkeit und Selbsttranszendenz der Gerechtigkeit", *Die Gegenwart der Gerechtigkeit: Diskurse zwischen Recht, praktischer Philosophie und Politik,* ed. Christoph Demmerling y Thomas Rentsch (Berlín: Akademic, 1995), 195s.

[624] Reinhold Niebuhr, *The Nature and Destiny of Man* (Nueva York: Scribner's, 1964), 2:252; Nietzsche, *Human, All To Human,* 35.

[625] Nietzsche, *Human, All Too Human.*

mundo así, excepto en la imaginación de la santurronería (ver Capítulo III); la construcción de un mundo así es, en sí misma, un acto de injusticia. En un mundo veteado de injusticia, la lucha por la justicia debe llevarse adelante por personas inevitablemente manchadas por la injusticia. De ahí la importancia de la "doble visón". Es necesario que veamos nuestros juicios sobre la justicia y nuestra lucha contra la injusticia a través de los ojos del otro —incluso los manifiestamente "injustos"— y estar dispuestos a reajustar nuestra comprensión de lo que es justo y arrepentirnos de los actos de injusticia.

Asumamos que he respondido del modo adecuado a las dos objeciones; podemos practicar la "doble visión" si estamos dispuestos a acoger al otro, y que deberíamos practicarla si queremos llegar a un acuerdo sobre la justicia y evitar cometer injusticia mientras luchamos por la justicia. Sigue quedando una pregunta molesta, que forma la tercera objeción: ¿Podemos *luchar contra la injusticia* mientras estamos involucrados en revertir las perspectivas? Aquí el problema no es que el proceso sea potencialmente interminable y que, por tanto, nunca conseguimos a hacer justicia, sino que parece implicar una simetría altamente problemática: una perspectiva parece tan válida como la otra. Si esto fuera verdad, el efecto serían de nuevo no hacer justicia, ahora ya no tanto porque estamos demasiado ocupados ampliando nuestro pensamiento, sino porque mientras cada lado tenga la oportunidad de tener la razón, la neutralidad es positivamente dañina. En primer lugar, proporciona un apoyo tácito a la parte más fuerte, independientemente de que esa parte esté en lo cierto no. En segundo lugar, la neutralidad escuda a los perpetradores y libera sus manos precisamente por no etiquetarlos como perpetradores. En tercer lugar, la neutralidad alienta a la peor conducta del perpetrador y de la víctima por igual. Si una parte puede irse de rositas con las atrocidades sin compensar la neutralidad, la otra parte también recurrirá a las atrocidades sobre todo porque lo considera luchar por una causa justa. Las fuerzas serbias en la guerra de los Balcanes tomaron rehenes de las Naciones Unidas, pero esta organización siguió con su postura de neutralidad basada en fuertes principios. ¿Por qué los musulmanes no tomarían también rehenes, si esto sirviera a sus fines?

Pero ¿es la neutralidad la postura adecuada? Para los que están en las tradiciones profética y apostólica de las escrituras, *en realidad es admisible que no haya neutralidad alguna.* Estas personas escuchan los gemidos de los que sufren, adoptan una actitud, y proceden. A continuación reflexionan involucrándose en la "doble visión", vuelven a posicionarse y actúan. Desde su perspectiva, las bases sobre las que adoptan su postura y sus juicios con respecto a lo que es justo no son meras expresiones de sus preferencias. No tienen libertad para rechazar dichas bases para juzgar ni para atribuirles meramente la misma validez que a las razones que otros tienen para sus posturas. Después de todo, son llamados a buscar y luchar por la justicia de *Dios,* no por la suya. Para ellos, *esa* justicia no se encuentra solo entre muchas perspectivas posible e igualmente aceptables sobre la justicia. Es *la* justicia, aunque sean plenamente conscientes de que solo la entienden de forma imperfecta y la practican de un modo inadecuado, y hasta si procuran la corrección y el enriquecimiento de otros con los que están en desacuerdo, pero sin poder suponer que estén del todo equivocados.

Existe otro sentido en el cual no hay neutralidad posible. Para quienes apelan a las tradiciones bíblicas, la presunción de que una perspectiva es tan válida como la otra hasta que se demuestre lo contrario es inaceptable. La *sospecha inicial contra la perspectiva del poderoso* es necesaria. No es porque los que carecen de poder estén invariablemente en lo correcto, sino porque el poderoso tiene los medios de imponer su propia perspectiva mediante el argumento y la propaganda, y respaldar la imposición tanto con el atractivo de su "gloria" como con la fuerza de sus armas. En parte, su poder radica en la capacidad de producir y proporcionar plausibilidad a las ideologías que justifican su poder.[626] Con frecuencia, el único recurso de los que no tienen poder es el poder de su grito desesperado. Los profetas judíos —y, de hecho, todas las escrituras— están sesgados hacia los que carecen de poder. Semejante opción preferencial para ellos implica una audiencia privilegiada para aquellos cuyas voces son excluidas,[627] el pretendido "privilegio epistemológico de los oprimidos". Si la justicia es lo que estamos buscando, entonces interrumpiremos la retórica poderosa de los zalameros y forzaremos el oído para escuchar la voz débil y quebradiza de "los mudos" (Prov 31:8). Los tartamudeos de los necesitados son a menudo el testimonio elocuente de sus derechos violados; la oratoria fascinante del poderoso puede denotar muy bien su mala conciencia. Está por encima de todos los poderosos que necesitan practicar la "doble visión"; los gemidos de los impotentes deberían perturbar la serenidad de sus reconfortantes ideologías.

Buscar la justicia, acoger al otro

"No puede haber justicia sin la voluntad de acoger", observé con anterioridad. Mi idea era sencilla: concordar con la justicia que necesitas para abrir hueco en ti mismo para la perspectiva de los otros, y para hacer sitio, es necesario querer

---

[626] Niebuhr, *The Nature and Destiny of Man, k2:252.*
[627] Taylor, *Remembering Esperanza,* 64s.

acoger al otro. Si insistes en que los demás no te pertenecen ni tú a ellos, que su perspectiva no debería confundir la tuya, tendrás tu justicia y ellos tendrán la suya; ambas justicias chocarán y no habrá justicia *entre* vosotros. El conocimiento de lo que es justo depende de la voluntad de acoger. Sin embargo, la relación entre la justicia y el acogimiento profundiza más. Abrazar es parte integrante de la *definición* misma de la justicia. No estoy hablando de una misericordia suave que manipula la dura justicia, sino del amor que *moldea* el contenido mismo de la justicia.

El viejo principio que mejor expresa el espíritu de la justicia es *suum cuique,* concede a cada uno su derecho. Pero ¿cuál es el derecho de cada persona? ¿Cómo debería determinarse? Ser justo es ser *imparcial,* señala el relato prevalente de la justicia. Esta ve a los seres humanos "fríamente", todos dignos del mismo trato en base a su humanidad común. Para actuar justamente, ese mismo relato de justicia sugiere que debes salir de una relación en concreto y —como un juez— aplicar la norma de justicia sin perseguir cualquier otro *interés,* salvo el de juzgar de manera justa. Hecho esto, cada persona recibirá lo justo; así se habrá hecho justicia. Algunas de estas narrativas subyacen en *A Theory of Justice* de John Rawls, por ejemplo. Como mencioné antes, asegurarse de que los "jueces" serían imparciales y desinteresados, Rawls afirma que las decisiones sobre la justicia deben tomarse tras el "velo de la ignorancia".[628] Un orden social será justo si lo diseñan actores que no saben cuándo, dónde ni bajo qué circunstancias entrarán al mundo. Una idea similar de justicia puede interpretarse de la antigua imagen de *Justitia,* la mujer angelical con una venda en los ojos, una espada en su mano derecha y una balanza en la izquierda. Con los ojos vendados busca no tener un interés especial; la balanza la ayuda a tratar a todas y cada una de las personas de igual manera; con la espada advierte que sus juicios no deben discutirse. Sin embargo, ¿deberíamos dejar este concepto de justicia sin debatir?

Si *Justitia* es justa, entonces Yahvé es manifiestamente injusto. Considera, primero, el *interés* de Dios. Existe un patrón en la historia de Israel que es más o menos así: los israelitas sufren, claman al Señor, Dios los oye y los libera; a esto se le llama *justicia* (Jc 5:11). No parece importarle al narrador que los israelitas sufrieran porque "volvieron a hacer lo malo ante los ojos de Jehová" (Jc 4:1). Lo que importa es la relación especial de Dios con Israel. Él se interesa en el bien de los israelitas, y este interés es parte de la justicia divina. Dios no trata nunca a Israel como si no fuera el pueblo del pacto divino, nunca sale de la relación para ganar una objetividad desapegada, nunca suprime el interés

---

[628] Rawls, *A Theory of Justice,* 136ss.

en su salvación. Si Dios lo hubiera hecho, por así decirlo se habría salido de su esencia divina y ya no sería Dios. De ahí que su justicia y su bondad (Sal 145:17), su rectitud y su salvación (Is 45:21) están entrelazadas. Cuando Dios salva, hace justicia; cuando imparte justicia, salva, a menos que alguien se niegue a ser salvado.

Existe una profunda "injusticia" sobre el Dios de las tradiciones bíblicas. Se llama *gracia*. Como argumenté en el Capítulo IV, en la historia del hijo pródigo (Lc 15:11-32) fue "injusto" que el padre recibiera de nuevo al hijo derrochador y, encima de todo, celebrara una fiesta en su honor después de que acabara de despilfarrar la mitad de su herencia. Pero el padre no se guiaba por la "justicia". Actuó según un "deber" más alto que el de la "justicia" (15:32). Era el "deber" de pertenecerse como familia. Dicho de otro modo, la relación definía la justicia; un principio abstracto de la justicia no definía la relación. Si queremos al Dios de los profetas y de Jesucristo, tendremos que aguantar la "injusticia" de la gracia de Dios, y reconsiderar el concepto de la justicia.

En segundo lugar, consideremos la *parcialidad* de Dios. En las tradiciones bíblicas, cuando Dios mira a una viuda, por ejemplo, no solo ve a un "agente libre y racional", sino a una mujer sin estatus en la sociedad. Cuando Dios mira a un peregrino, no ve simplemente a un ser humano, sino a un extranjero, cortado de su red de relaciones, sujeto al prejuicio y a un chivo expiatorio. ¿Cómo actúa el Dios que "ejecuta justicia para los oprimidos" con las viudas y los extranjeros? ¿Igual que lo hace con cualquier otro ser humano? No. Dios es parcial con ellos. Dios "guarda a los extranjeros" y "sostiene al huérfano y a la viuda" (Sal 146:7-9) de un modo que no usa para guardar y sostener a los poderosos.

¿Por qué es Dios parcial con las viudas y los extranjeros? En un sentido, porque es parcial con todos, incluidos los poderosos, a quien Dios resiste para proteger a la viuda y al extranjero. Dios ve a cada ser humano de una forma concreta, al poderoso no menos que al que no tiene poder. Dios no solo observa su humanidad común, sino también sus historias específicas, sus seres psicológicos, sociales, encarnados con sus necesidades específicas. Cuando Dios ejecuta justicia, no es abstracto, sino que juzga y actúa conforme al carácter específico de cada persona. ¿No leemos, sin embargo, que el Mesías de Dios "no juzgará según la vista de sus ojos, ni argüirá por lo que oigan sus oídos; sino que juzgará con justicia a los pobres, y argüirá con equidad por los mansos de la tierra" (Is 11:3-4)? Pero ¿deberíamos concluir que los ojos del libertador estarán cerrados cuando imparta justicia? Al contrario. Juzgará de verdad, porque no lo hará según las apariencias ni por los rumores. Dios trata a las personas diferentes de manera diferente, para que todos sean tratados con justicia. La "imparcialidad", escribe Helen Oppenheimer con acierto en *The Hope of Happiness,* "no es una virtud divina, sino una conveniencia humana de compensar los límites de nuestra preocupación por una parte y la corruptibilidad de nuestros afectos por la otra".[629]

¿Por qué no trata Dios a todas las personas por igual, sino que atiende a cada una en su especificidad? ¿Por qué Dios no se abstrae de la relación, sino que permite que esta moldee los juicios y las acciones? ¿Porque Dios es injusto? No. ¡Porque *la justicia que ecualiza y abstrae es una justicia injusta*! Reinhold Niebuhr ha argumentado que "ningún esquema de justicia puede hacer plena justicia a todos los factores variables que la libertad del hombre introduce en la historia humana"; es imposible, insistía "definir de manera absoluta lo que debo a mis congéneres, ya que nada de lo que ahora es agota lo que podría ser".[630] Ninguna justicia que "calcula en proporciones fijas" puede ser por tanto justa.[631] Un mapa adecuado de justicia no tendría solamente que "corresponder en el tamaño de la región que representa", como sugirió Caputo, sino que se sigue reajustando con el más leve cambio sobre el terreno.[632]

No obstante, incluso tan perfecta réplica sería profundamente injusta. Aunque haría justicia a las diferencias no la haría con la justicia. Porque el impredecible juego de las diferencias presente se apoya en la *injusticia pasada*. Todo el presente está construido sobre la violencia pasada y el engaño y, como señala Nietzsche en *Human, All Too Human,* "nosotros, los herederos de todas estas condiciones, en realidad la convergencia de todo ese pasado, no podemos decretar que estamos fuera de él ni queremos eliminar una parte en particular".[633] La historia irreversible de la injusticia pesa sobre los hombros del presente. No pueden deshacerse de la carga.[634] Ni la venganza ni las reparaciones pueden enderezar las viejas injusticias sin crear otras nuevas. Las injusticias de

---

[629] Helen Oppenheimer, *The Hope of Happiness*, Londres: SCM, 1983, 131. El apóstol Pablo insiste en que "no hay acepción de personas para con Dios" (Rm 2:11). Observa, sin embargo, el carácter de la "imparcialidad" divina. Dios es imparcial, argumenta Pablo, porque la "tribulación y la angustia sobre todo ser humano que hace lo malo" sobrevendrá al "judío *primeramente*" (2:9-10). La "imparcialidad de Dios" tal como Pablo la entiende *entraña* la prioridad de los judíos. Formulado de forma paradójica, ¡Dios es imparcialmente parcial!

[630] Reinhold Niebuhr, "Christian Faith and Natural Law", *Love and Justice. Selection from the Shorter Writings of Reinhold Niebuhr*, ed. D. B. Roberson, Cleveland: The World Publishing Company, 1967, 49s.

[631] Paul Tillich, *Love, Power, and Justice: Ontological Analyses and Ethical Applications*, Londres: Oxford University Press, 1954, 63.

[632] Caputo, *Against Ethics,* 88.

[633] Nietzsche, *Human, All Too Human,* 216.

[634] Rentsch, "Unmöglichkeit und Selbsttranszendenz der Gerechtigkeit", 193.

los muertos siguen recreando y reforzando las asimetrías y las diferencias injustas entre los vivos, y las injusticias de los vivos ofrecen un mundo injusto por hogar a los que no han nacido aún. Volviendo a la ilustración del mapa, uno perfectamente exacto y autoajustable solo *replicaría* las injusticias del pasado y del presente. La justicia no exige un mapa perfecto del mundo existente, sino nada menos que la ruina de un mundo, pasado y presente, y la creación de uno nuevo.

La justicia es imposible en el orden de las acciones de calcular, ecualizar, legalizar y universalizar. Si quieres justicia y nada más que justicia, es inevitable que consigas injusticia. Si quieres justicia sin injusticia, debes querer amar. Un mundo de justicia perfecta es un mundo de amor. Es un mundo sin "normas" en las que cada uno hace lo que le place y todos están complacidos con lo que todos hacen; un mundo sin "derechos" porque no hay ofensas de las que protegerse; un mundo sin "titularidades legítimas", porque se da todo y no se retiene nada; un mundo sin "igualdad", porque todas las diferencias son amadas en su propia forma adecuada; un mundo en el que "los desiertos justos" no tienen función alguna, porque todas las acciones surgen de la gracia sobreabundante. En resumen, un mundo de justicia perfecta sería un mundo de justicia *desbordante,* porque sería un mundo de *libertad y amor perfectos.* La venda sería retirada de los ojos de *Justitia* y ella se deleitaría en todo lo que viera; dejaría a un lado la balanza, porque no sería necesario pesar y comparar nada; dejaría caer su espada, porque no había nada que vigilar, *Justitia* sería entonces como el Dios de justicia en un mundo de Justicia, el Dios que no es sino perfecto amor (1 Jn 4:8).

"Todo lo carente de amor no puede ser justicia perfecta", escribió Reinhold Niebuhr.[635] Sin embargo, en un mundo de maldad no podemos prescindir de una justicia imperfecta y, por lo tanto, fundamentalmente injusta. La justicia imperfecta es la clase de injusticia necesaria sin la que las personas no pueden ser protegidas de violentas incursiones en su propio espacio. Por encima de todo, los débiles necesitan este tipo de protección. De ahí que exijan justicia mientras que el poderoso exalta la justicia del orden de la que se benefician, como observó Aristóteles.[636] La justicia injusta es, por tanto, indispensable para satisfacer las exigencias de amor en un mundo injusto. Debe ser perseguida sin descanso, por encima de todo por el bien de los oprimidos. Pero esta búsqueda de la justicia debe situarse en el contexto del amor. Gustavo Gutiérrez ha argumentado en *On Job* que "la gratuidad del amor de Dios es el marco

---

[635] Niehbur, "Christian Faith and Natural Law", 50.
[636] Aristóteles, *The Politics,* 131 8b.

dentro del cual debe situarse el requisito de practicar la justicia".[637] En mi terminología, si persigues la justicia debes buscar en última instancia el abrazo. En un mundo de opresión, ¿qué servicio le hace el acogimiento a la justicia?

En primer lugar, la gracia del acogimiento debe ayudar a la justicia a tratar del modo adecuado con las diferencias siempre cambiantes entre los seres humanos. La estabilidad y la universalidad de la justicia tienen que mantenerse flexibles mediante la sensibilidad a la misericordia a las particularidades de un situación concreta.[638] Contra esta propuesta, cabría argumentar que la sensibilidad es una exigencia de *justicia*, que insiste que lo igual debería tratarse como igual,[639] y añade que es precisamente la búsqueda de la justicia —cada uno debe tener lo que merece— que consiste con mayor probabilidad en decirnos de qué forma son los casos iguales y de qué manera difieren.[640] Sin embargo, las personas no son nunca "iguales", y para tratarlas en justicia no debemos calcular tanto las diferencias y la similitudes entre los casos como para evaluar lo que es adecuado a sus situaciones particulares. Quiero argumentar que la valoración no se puede hacer de la forma apropiada si el amor no está en juego. Sin la voluntad de acoger, la justicia es probablemente injusta.

En segundo lugar, dado que la "justicia" es impotente frente a la injusticia pasada, la reconciliación es posible en última instancia solo a través de la injusticia perdonada y, finalmente, olvidada (ver Capítulo IV). El acto de perdonar se llamará injusticia como tal y, por tanto, exigirá que sus causas se eliminen; la autoliberación para no recordar solo será posible después de que la amenaza de la violación repetida haya desaparecido. Sin embargo, las exigencias de "justicia" tendrán que quedar sin satisfacer. El acogimiento solo tiene lugar más allá de la "justicia", a menos que remodelemos el concepto de justicia. Y esto es lo que encontramos en la tradición bíblica: la gracia del acogimiento se ha convertido en parte integral de la idea de la justicia. En términos más generales, la idea de la justicia —*suum cuique*— que merece cada persona es buscar su bien,[641] y el bien de cada persona puede encontrarse en última instancia solo cuando es "reaceptada en la unidad a la que pertenece".[642] Se le hará justicia

---

[637] Gutiérrez, *On Job: God-Talk and the Suffering of the Innocent,* trad. Matthew J. O'Connell, Maryknoll, NY: Orbis, 1987, 89.

[638] Michael Welker, *God the Spirit,* trad. John F. Hoffmeyer , Minneapolis: Fortress, 1994, 120.

[639] Jeffrie G. Murphy y Jean Hampton, *Forgiveness and Mercy,* Cambridge: Cambridge University Press, 1990, 169ss.

[640] Nietzsche, *Human, All Too Human,* 265s.

[641] Robin W. Lovin, *Reinhold Niebuhr and Christian Realism*, Cambridge: Cambridge University Press, 1996, 203.

[642] Tillich, *Love, Power, and Justice,* 86.

a cada persona cuando cada una descubra que está reconciliada con nosotros en el abrazo del Dios trino. La "justicia" no puede darles su "derecho" a las personas, a menos que sea una justicia que, en un acto de patente injusticia, justifique lo injusto (Rm 3:26; 4:5). ¿Es adecuada la ira contra la injusticia? ¡Sí! ¿Debe ser refrenado el perpetrador? ¡Desde luego que sí! ¿Es necesario que la opinión pública que refrena y reforma conciba un castigo para la violación? Probablemente. Pero todas estas acciones indispensables contra la injusticia deben situarse en el marco de la voluntad de acoger lo injusto. Porque solo en nuestro mutuo abrazo dentro de los brazos del Dios trino podemos hallar redención y experimentar la justicia perfecta.

¿Por qué no deberíamos perseguir la justicia estricta y, en un mundo imperfecto, aguantar la injusticia de semejante justicia? ¿Por qué no debería ser preferible la injusticia de la justicia a la injusticia del abrazo? ¿Por qué no calcular sencillamente lo que debería hacerse en lugar de escuchar la sabiduría del amor? ¿Por qué no exigir retribución y compensar en lugar de ofrecer perdón? Si los seres humanos fueran simplemente "agentes racionales", "seres autónomos" y "'yoes' sin trabas", entonces no habría buena razón alguna por la que debiéramos preferir la justicia moldeada por el acogimiento a la justicia abandonada a sus propias estratagemas, y por qué deberíamos preferir sufrir la injusticia del abrazo en lugar de compensar la injusticia de la "injusticia". Pero si vemos a los seres humanos como hijos de un Dios, creados por Él para pertenecer todos juntos como una comunidad de amor, entonces habrá buenas razones para dejar que el abrazo —amor— defina lo que es la justicia.

En sus estudios sobre desarrollo moral Carol Gilligan sugería que la "ética del cuidado" debería suplementar la "ética de la justicia". Resumiendo su postura sobre la ética del cuidado, escribe:

> Como estructura para la decisión moral, el cuidado se basa en la suposición de que el yo y el otro son interdependientes, suposición que se refleja en un criterio de acción responsiva y, por tanto, que surge en la relación y no en la visión de la acción como emanante de dentro del ser y, por tanto, "autogobernada"... Dentro de este marco, el desapego, ya sea del "yo" o de los demás, es moramente problemático ya que engendra ceguera moral o indiferencia, un fallo de discernimiento o de respuesta a la necesidad... La justicia en este contexto se entiende como respeto por las personas en sus propios términos.[643]

---

[643] Carol Gilligan, "Moral Orientation and Moral Development", *Women and Moral Theory*, ed. E. E. Kittay y D. T. Meyers, Totowa: Rowman & Littlefield, 1987, 24.

No hay necesidad de entrar aquí en el debate complejo que ha rugido en torno a la obra de Gilligan.[644] Para mi propósito solo es importante la observación de que el camino de entendimiento de la identidad de las personas sugiere un cambio en la comprensión de la justicia. Si nuestras identidades están moldeadas en la interacción con los demás, y si somos llamados en última instancia a pertenecer juntos, entonces necesitamos alterar el concepto de la justicia y separarlo de un énfasis exclusivo en hacer juicios sueltos y en sustentar las relaciones al margen de la ciega imparcialidad y hacia la sensibilidad por las diferencias. Y, si nosotros, los seres comunes, somos llamados a la comunión eterna con el Dios trino, entonces *la justicia verdadera siempre estará en el camino del acogimiento,* a un lugar donde pertenecernos juntos con nuestras identidades personales y culturales preservadas y transformadas, pero ciertamente enriquecidas por el otro.

Las lenguas nativas, las posesiones compartidas

¿Alcanzará alguna vez la justicia el abrazo y lo dejará atrás, por así decirlo? Esto sucederán cuando "las primeras cosas hayan pasado" y "la morada de Dios se establezca entre los mortales" (Ap 21:3s.). Ese día, cuando Dios haga "nuevas todas las cosas" (21:5), está sin embargo por llegar. Lo que está detrás es el día de Pentecostés, cuando Dios derramó el Espíritu sobre "toda carne" Hch 2:17). El término *justicia* no aparece en la historia de la venida del Espíritu. Sin embargo, en un sentido, esta historia trata de justicia, justicia que ha alcanzado el abrazo. Digo "en un sentido" porque después de Hechos 2 viene Hechos 6. Pero primero, Hechos 2.

También se afirma en ocasiones que Pentecostés es la reversión de Babel.[645] En Génesis 11 Dios castigó la arrogancia humana confundiendo las lenguas y dispersando a las personas. En Hechos 2, Dios deshizo el castigo y restaura la unidad: las personas de cada nación acuden a un lugar y todas hablan y entienden la lengua de la fe. La interpretación conecta correctamente ambos textos, pero no le hace justicia a ninguno. Consideremos el relato de la Torre de Babel. Viviendo en una llanura en la tierra de Sinar, la humanidad, que todavía hablaba una sola lengua, se ve asolada por el miedo de ser "dispersada" y siente el impulso de "ha[cerse] un nombre" para ellos (Gn 11:4). Para

---

[644] Benhabib, *Situating the Self,* 1992; Lawrence A. Bloom, "Gilligan and Kohlberg: Implications for Moral Theory", *Ethics* 98, núm. 2 (1998): 472-91; Owen Flanagan y Kathryn Jackson, "Justice, Care, and Gender: The Kohlberg-Gilligan Debate Revisited", *Ethics* 97, núm. 2 (1987): 622-37.

[645] Avery Dulles, *The Catholicity of the Church* (Oxford: Oxford University Press, 1987), 173.

contrarrestar la amenaza de la desintegración y triunfar sobre la insignificancia, edifican una ciudad y una torre "cuya cúspide lleg[a] al cielo" (11:4). Un solo "lugar", una sola "lengua" y una sola "torre" proveerán los pilares para un sistema político, económico y religioso con pretensiones universales. La humanidad se unificará con seguridad y será manifiestamente grande.

Desde la perspectiva de Dios, el esfuerzo estaba condenado al fracaso. Con gran cantidad de ironía, el narrador describe como Dios debe "descender" para ver lo que pretendía invadir sus atrios celestiales.[646] Cuando Dios lo desaprueba es por la inherente violencia e impiedad de todos los proyectos imperiales (Jr 50–51; Ap 18), a pesar de sus propios relatos autolegitimantes de justicia y piedad.[647] Los arquitectos imperiales buscan unificar mediante la supresión de las diferencias que no encajan en un gran esquema único; luchan por engrandecer su propio nombre borrando el de la gente sencilla y las pequeñas naciones. De ahí que Dios confundiera las lenguas y dispersara a los arquitectos imperiales. Él se oponía al pensamiento totalitario de que "nada los hará desistir de lo que han pensado" (11:6), e interrumpió el proyecto de centralizar, homogeneizar y controlar. Las diferencias son irreducibles. Los centros políticos, económicos y culturales deben ser plurales. La unidad no debería dejar atrás la dispersión. Sin la preservación de las diferencias, sin la policentricidad y la dispersión, la violencia reinará, sancionada por una "justicia" designada sin otro propósito que mantener la "torre" homogeneizadora en su sitio. Si Walter Brueggemann está en lo cierto, en Génesis 11, la "dispersión" no solo es una actividad negativa, un castigo impuesto por Dios. En un principio, "la dispersión" está "bendecida, sancionada y es deseada por Yahvé" (cp. Gn 10:18, 32), una forma de cumplir su designio para la humanidad (1:28).[648] El inoportuno temor a ser desintegrado, alimentado por el deseo de falsa gloria llevó al rechazo de la beneficiosa "dispersión" y a la "reunión" universal de los opresores.

Jacques Derrida ha argumentado que Dios respondió a la "violencia colonial" de los arquitectos de la torre imponiendo sobre la humanidad "la multiplicidad irreducible de los idiomas" junto con la tarea necesaria, pero imposible de la traducción.[649] Dios prohibió la "transparencia" e imposibilitó la "univocidad"; Dios destinó a la humanidad a la "incompletitud, la impo-

---

[646] Gordon J. Wenham, *Genesis 1–15,* Word Biblical Commentary, vol. 1 (Waco: Word Books, 1987), 245.

[647] William Schweiker, "Power and Agency of God", *Theology Today* 52 (1995): 216.

[648] Walter Brueggemann, *Genesis,* Interpretation: A Bible Commentary for Teaching and Preaching, vol. 1, ed. James Luther Mays, Atlanta: John Knox Press, 1982. Para una interpretación similar, ver Ted Hiebert, *The Beginning of Difference*, Nashville: Abingdon, 2019.

[649] Derrida, "Force of Law", 8.

sibilidad de acabar, de totalizar".[650] Derrida tiene razón en la medida de que Babel permanecerá para siempre como un proyecto inacabado, a pesar de los incesantes intentos de continuarla desde donde sus edificadores originales la dejaron. Sin embargo, la "confusión" y la falsa "dispersión" que resultó de ella (Gn 11:7) no son la última respuesta divina a los proyectos imperiales. La reacción divina preventiva y punitiva a la unidad opresora, no inferior a la transgresión original, clama pidiendo remedio.

Babel —confusión— no es el estado final; Dios no solo "deconstruye"[651] la falsa unidad, sino que también "construye" una armonía saludable. En Pentecostés, una de una larga serie de respuestas positivas de Dios a Babel que empezó con el llamamiento de Abraham (Gn 12:1-3), está trayendo el orden a la "confusión". Nótense los paralelos y los contrastes entre Babel y Pentecostés. En Jerusalén, el grupo de los discípulos de Jesús están "todos unánimes juntos" en un lugar (Hch 2:1), como la humanidad en la tierra de Sinar. Su temor, sin embargo, no es por ser dispersados, sino por perder su vida a manos de un centro que buscaba integrarlos o aniquilarlos. Ellos también tienen sueños políticos; anhelan la restauración del "reino de Israel" (1:6), pero el Mesías crucificado, que traerá semejante restauración en el momento adecuado, no los llama a "construir una ciudad", sino primero a "arrepentirse y ser bautizados" para que sus "pecados puedan ser perdonados" (2:38). En lugar de trabajar para hacerse un nombre, proclaman "las maravillas de Dios" (2:11). El movimiento ascendente babilonio de traspasar los cielos que lo lleva todo a una homogeneidad centralizada ha dado paso al movimiento pentecostal descendente del "derramamiento" (2:17) de los cielos que, como la lluvia, capacita a cada uno de los "diversos seres vivientes a estallar en una nueva vida".[652] La torre en el centro que controla de forma externa toda la circunferencia es sustituida por el Espíritu que "lo llena todo" al descender "sobre cada uno" (2:3).

En Pentecostés se crea una alternativa a la unidad imperial de Babel, sin embargo, sin un regreso al estado pre-Babel. Antes de ella, toda la humanidad hablaba *una* lengua; en Jerusalén, la nueva comunidad habla *muchas* lenguas. Como las lenguas de fuego se reparten y se asientan sobre cada uno de los discípulos, "cada uno" de los judíos de "toda nación bajo el cielo" que representan a la comunidad global los oye "hablar en su propia lengua" (2:3-7). Una interpretación teológica (en lugar de simplemente histórica) del relato de

---

[650] Ibíd., 3.

[651] Ibíd., 7.

[652] Welker, *God the Spirit,* 127.

Pentecostés sugiere que cuando viene el Espíritu, todos se entienden unos a otros, no porque se restaure una sola lengua o se diseñe una metalengua global, sino porque cada uno escucha hablar su propia lengua. Pentecostés vence la "confusión" y la falsa "dispersión" resultante, pero no lo hace revertiendo a la unidad de la uniformidad cultural, sino avanzando hacia la armonía de la diversidad cultural.

Nótese quien habla en otras lenguas. El informe que Lucas hace del acontecimiento dice sencillamente "todos", lo que significa "todos los discípulos": "fueron todos llenos del Espíritu Santo, y comenzaron a hablar en otras lenguas" (2:4). Pedro desarrolla después los detalles del acontecimiento. Afirma que el milagro de trascender la comunicación rota es el cumplimiento de la profecía de Joel:

> Y en los postreros días, dice Dios,
> derramaré de mi Espíritu sobre toda carne,
> y vuestros hijos y vuestras hijas profetizarán;
> vuestros jóvenes verán visiones,
> y vuestros ancianos soñarán sueños (vv. 17s.).

La afirmación lucana de que "todos" hablaron contiene un filo crítico: incluso los que no tenían voz han recibido una. Mientras la torre busca hacer que las personas "no vean" ni "hablen" y absorbe las energías de los márgenes para estabilizar y agrandar el centro, el Espíritu derrama energía en los márgenes, abre los ojos de la gente pequeña para que vea lo que nadie ha visto antes, pone las palabras creativas de la profecía en sus bocas y los empodera para que sean los agentes del reino de Dios. En Pentecostés todos reciben una voz y a todos se les permite oírla en su propia lengua. El milagro de Pentecostés consiste en una inteligibilidad universal y una intermediación sin obstáculos en medio de la heterogeneidad social y cultural.[653]

El discurso de las hijas y de los esclavos en mitad de Hechos 2 nos prepara para lo que viene al final. Los que son capaces de entenderse unos a otros al hablar su propia lengua, también *comparten sus posesiones*: querían "vend[er] sus propiedades y sus bienes, y repart[irlos] a todos según la necesidad de cada uno" (2:45). ¿Comunismo de los cristianos primitivos? No, si "comunismo" significa un esquema estable de justicia distributiva, organizada desde arriba hacia abajo y administrada a través de un centro que no puede dejar de ser hegemónico. No se requería regulación alguna para ceder sus posesiones

---

[653] Ibíd., 230ss.

al unirse a la comunidad; ninguna regla obligaba a nadie a vender ni a dar; ninguna ley plasmaba las exigencias de la justicia que parecían estar en juego. El Espíritu, que descansaba sobre cada uno y "llenó" a cada uno, hizo que consideraran que su propiedad era "para el uso del conjunto de la comunidad".[654] ¿Comunismo de los cristianos primitivos? Sí, si "comunismo" significa la visión de justicia que documenta el proyecto original de Marx.[655] Cada uno contribuía según su capacidad: los que "poseían heredades o casas" las vendían y daban lo recaudado a la comunidad (4:34). Y cada uno se benefició según su necesidad: los bienes se "repartían a cada uno según u necesidad" (4:35). Esto es "justicia en éxtasis", por tomar la frase prestada a Paul Tillich,[656] justicia fuera de sí misma en amor, como la comunidad que la había vivido estaba "en éxtasis", fuera de sí misma en el Espíritu. Aquí, pues, está la "justicia" de Pentecostés que es indistinguible del acogimiento: todos tienen sus necesidades cubiertas, y se satisface el profundo deseo de las personas de ser ellas mismas, actuar en su propio derecho y, sin embargo, ser entendidas y afirmadas.

En Hechos 2 nada nos prepara para lo que llega en Hechos 6, excepto nuestra sospecha de que el cielo de la "justicia" pentecostal no puede durar sobre la tierra de los temores y deseos babilonios. Conforme aumenta el número de los discípulos, detrás del escenario Pentecostés estaba siendo desmantelado. En Hechos 6, se arranca el telón y vemos la obra hecha. Los helenistas, los judíos de habla griega de la Diáspora, se quejan contra los judíos hebreos, de habla aramea, procedentes de Palestina. Había estallado la discusión sobre las viudas helenistas, cuyas necesidades no se estaban supliendo. Los cuidadores hebreos las estaban descuidando "en la distribución diaria" de alimentos (6:1). Al perpetrarse una injusticia, la justicia había descendido de sus alturas extáticas. Dados los limitados recursos, potencialmente los deseos ilimitados y los cuidadores con prejuicios, había que tratar la cuestión de cuánto tenía que recibir cada persona para poder satisfacer las necesidades de todos de un modo justo.

Sin embargo, la injusticia contra las viudas helenistas solo era la punta "económica" del iceberg. Si Martin Hengel está en lo correcto, bajo la superficie chocaban dos conceptos globales de la fe cristiana.[657] No hay necesidad de

---

[654] I. Howard Marshall, *The Acts of the Apostles. An Introduction and Commentary*, Grand Rapids: Eerdmans, 1980, 108.

[655] Miroslav Volf, *Zukunft der Arbeit-Arbeit der zukunft: Der Arbeisbegriff bei Karl Marz und seine theologische Wertung* (München: Christian Kaiser, 1988); Miroslav Volf, *Work in the Spirit. Toward a Theology of Work* (Nueva York: Oxford University Press, 1991).

[656] Tillich, *Love, Power, and Justice,* 83.

[657] Martin Hengel, *Between Jesus and Paul: Studies in the Earliest History of Christianity,* trad. John Bowden (Londres: SCM, 1983), 1-29, 133-56; Hengel, *Judaism and Hellenism, 1991),* 68s.

considerar el contenido de las disputas. Para mi propósito basta con indicar que los protagonistas en la lucha hablaban lenguas distintas, eran miembros de dos comunidades culturalmente distintas (aunque no necesariamente monolítica en su interior): hebreos y helenistas. Lo que estaba en juego eran sus actitudes hacia el judaísmo y, por tanto, nada menos que la identidad misma de la comunidad cristiana. Los que hablaban "lenguas nativas" entendidas en Pentecostés estaban profundamente reñidos unos con otros, y las viudas se llevaban la peor parte económica del conflicto. No se suplían sus necesidades; las lenguas no se entendían; Pentecostés se había deshecho.

Bueno, casi. Porque se encontró una solución. Los apóstoles reunieron a *toda* la comunidad, es decir que los helenistas y los hebreos seguían sintiendo que pertenecían unos a otros. El propósito de la reunión no era hallar formas de imponer un principio abstracto de justicia que permitiría que todos recibieran lo correcto, sino para que toda la comunidad actuara junta, para escoger a siete hombres "de buen testimonio" para "servir las mesas" de un modo justo (6:3). Cuando se indica los nombres de los siete, todos eran helenistas. Esto podría sugerir una derrota: los helenistas debían cuidar de los helenistas, de otro modo se cometería una injusticia. En realidad, era una pequeña victoria: los representantes de la parte perjudicada habían sido nombrados para cuidar de *todas* las viudas, las propias y también las de la parte perjudicadora. Se debía perseguir la justicia invirtiendo las perspectivas y viendo el problema a través de los ojos de los ofendidos. Además, las personas a cargo debían estar "llenas del Espíritu" (6:3). Tenían que hacer juicios sobre lo correcto y lo incorrecto en el mismo Espíritu de acogimiento que en Pentecostés los hizo entender a cada uno la lengua del otro y compartir las posesiones. Finalmente, tenían que estar "llenos de sabiduría" (6:3). La sabiduría práctica, no la calculación abstracta, consistía en conectar la visión de la "justicia que se ha convertido en amor" en la situación concreta del conflicto. Las fuerzas que procuraban deshacer Pentecostés fueron contrarrestadas mediante la práctica de la "doble visión" guiada por la voluntad de acoger. Fueron pequeños, aunque relevantes, actos de resistencia inspirados por el recuerdo de Pentecostés, el recuerdo de mantener la identidad propia y, sin embargo, ser entendido, de tener las necesidades satisfechas porque es una necesidad genuina.

Como en nuestra propia época, donde la cultura choca con la cultura y la justicia lucha contra la justicia, deberíamos buscar inspiración tanto en Hechos 2 como en Hechos 6. Necesitamos la gran visión de la vida llena del

Craig C. Hill, *Hellenists and Hebrews: Reappraising Division within Earliest Christianity* (Minneapolis: Fortress, 1992).

Espíritu de Dios. Necesitamos recordatorios de que lo imposible es posible: podemos comunicar y lo haremos unos con otros mientras hablamos nuestras propias lenguas; voces sumergidas profetizarán con valentía y los ojos cerrados se abrirán para ver visiones; las necesidades de todos serán satisfechas, porque ninguno de nosotros definiremos nuestras cosas como solo nuestras. Pero junto con las grandes visiones necesitamos historias de pequeños pasos exitosos para aprender a vivir juntos aun cuando no entendamos del todo la lengua de cada uno, aun cuando suprimamos las voces unos de otros y que sigamos aferrándonos demasiado a nuestras propias posesiones y le robemos sus bienes a los demás. La gran visión y los pequeños pasos nos mantendrán, juntos, en un viaje hacia la justicia genuina entre las culturas. Conforme hagamos espacio en nosotros mismos para la perspectiva del otro en este recorrido, en un sentido ya hemos llegado al lugar donde se derramó el Espíritu sobre toda carne. Y, cuando deseemos abrazar al otro, mientras permanecemos fieles a nosotros mismos y al Mesías crucificado, en un sentido ya estamos donde estaremos cuando el hogar de Dios se establezca entre los mortales.

CAPÍTULO VI
Engaño y verdad

Un brindis al pasado

"Por el pasado", dice Winston Smith, el trágico héroe de George Orwell en *Nineteen Eighty-Four,* al levantar su copa para brindar por unirse a la lucha de la Hermandad contra el régimen de Oceanía. No por la confusión de la Policía del Pensamiento, no por la muerte del Gran Hermano, ni siquiera por la humanidad, sino *¡por el pasado!* Su presunto compañero de conspiración, O'Brian, que resulta ser un alto cargo del Partido y su futuro torturador, lo aprueba con seriedad: "El pasado es más importante". Porque "quien controla el pasado controla el futuro: quien controla el presente, controla el pasado".[658]

Algún tiempo antes del encuentro con O'Brian, Winston había garabateado en su diario secreto una versión más larga del brindis:

> Por el futuro o por el pasado, por un tiempo cuando el pensamiento sea libre, cuando los hombres sean diferentes los unos de los otros y no vivan solos; por un tiempo cuando *exista la verdad y lo que se haya hecho no se pueda deshacer.*[659]

En cuanto al presente, Winston sabía que el Partido "podía lanzar su mano al pasado y decir que este o aquel sucedo *no ocurrieron jamás*".[660] Cuando la mano del Partido acabó con su tarea de limpieza, el pasado "no se había alterado en lo más mínimo, en realidad se había destruido". Y es que, cómo puedes establecer incluso el hecho más obvio —razonó— "cuando no existe registro alguno fuera de tu propia memoria".[661] El Partido borraba, el Partido reescribía, el Partido controlaba el presente, el pasado y el futuro.[662] A primera vista, el brindis por el pasado era un brindis de respeto por lo que sucedió, una deferencia por lo que llamamos "hechos". A un nivel más profundo,

---

[658] George Orwell, *Nineteen Eighty-Four*, Nueva York, Harcourt, Brace and Co., 1949, 177.

[659] Ibíd., 29, las cursivas son mías.

[660] Ibíd., 35.

[661] Ibíd., 36.

[662] Como Milan Kundera expone en *The Book of Laughter and Forgettin* (trad. Michael Henry Heim [Nueva York: Penguin, 1986], 158), el mundo que el Partido creó fue "un mundo sin memoria" dirigido por "los presidentes del olvido".

un brindis al pasado era un brindis contra la arbitrariedad del poderoso que enmascaran sus fechorías negando que se produjeron.

La pregunta "¿Qué sucedió?" pica nuestra curiosidad, por supuesto. Sin embargo, lo que impulsa nuestra voluntad de conocer no es sencillamente el deseo desinteresado de resolver "una mezcla de claves y códigos" sobre el pasado.[663] Si resulta que no nos pagan por ser curiosos, nos apetecerá menos jugar al fascinante juego de decodificar escritos y poner todas las piezas juntas que ocuparnos de la importante tarea de establecer "¿Quién hizo esto, a quién y por qué?". Piensa en las familias de los desaparecidos en las cámaras de tortura de los regímenes de la derecha latinoamericana. Quieren saber quiénes fueron los perpetradores y lo que hicieron con sus muchas víctimas: quieren aclarar las cosas. Piensa en los ciudadanos de las antiguas naciones comunistas del centro y el este de Europa. Quieren saber quiénes fueron los informadores y qué agentes del servicio secreto sin rostro escribieron en sus repletos expedientes.[664] ¿Se están limitando a satisfacer su curiosidad? Hay mucho más en juego. Al querer saber "qué sucedió" su deseo es asegurarse de que el insulto de la ocultación no se añada al agravio de la opresión; están buscando restaurar y conservar la dignidad humana, proteger a los débiles de los despiadados. La verdad sobre lo que ocurrió está aquí, y con frecuencia es un asunto de vida y muerte.

Por la misma razón que queremos saber, también queremos *recordar* lo que hemos llegado a saber, Elie Wiesel concluyó su testimonio en el juicio de Barbie en Lyon con las siguientes palabras: "Aunque suceda bajo la señal de la justicia, este juicio también debe honrar la memoria".[665] Repitiendo algunos de sus temas favoritos, explicó con anterioridad en el mismo discurso por qué:

La justicia sin memoria es una justicia incompleta, falsa e injusta. Olvidar sería una injusticia absoluta del mismo modo que Auschwitz fue el crimen absoluto. Olvidar sería el triunfo final del enemigo.[666]

---

[663] Joice Appleby, Lynn Hunt y Margaret Jacob, *Telling the Truth About History*, Nueva York: Norton, 1994, 259.

[664] Lewis Smedes ha observado con acierto que, históricamente, "los gobernadores que son mejores ocultando su verdad del pueblo son los gobiernos que no permitirán que su pueblo tenga secretos" (*Forgive and Forget: Healing the Hurts We Don't Deserve* [San Francisco: Harper & Row, 1984], 3). Retener la verdad y no querer respetar la privacidad de algunas verdades son importantes estrategias en la política del poder bruto.

[665] Elie Wiesel, *From the Kingdom of Memory: Reminiscences*, Nueva York: Summit Books, 1990, 189.

[666] Ibíd., 187.

Borra la memoria y limpiarás la sangre de las manos de los perpetradores, desharás lo hecho haciéndolo desaparecer de la historia. Borra los recuerdos de las atrocidades y tentarás a los futuros perpetradores con la inmunidad. Por el contrario, recuerda las fechorías y erigirás una barrera contra felonías futuras. Como explica Wiesel, "la memoria de la muerte servirá de escudo contra la muerte".[667] Olvidadiza es la condena; el recuerdo es redención. Escribe, recalcando un tanto su argumento: "La salvación solo puede encontrarse en el recuerdo".[668] Podríamos insistir en que la salvación exige más que la memoria, aun cuando en última instancia entrañe un cierto tipo de "olvido", como argumenté con anterioridad (Capítulo IV). Pero ¿cómo podríamos discutir que sin el recuerdo del sufrimiento infligido y experimentado no podría ser posible la salvación de las víctimas ni de los perpetradores?

La preocupación de Wiesel por la memoria se hace eco del mandamiento bíblico de recordar. Como él mismo observa en el prefacio de *From the Kingdom of Memory*,

> Recuerda... Recuerda que fuiste esclavo en Egipto. Acuérdate de santificar el Sabat... Acuérdate de Amalec que quiso aniquilarte... Ningún otro mandamiento bíblico es tan persistente. Los judíos viven y crecen bajo la señal de la memoria.[669]

Los cristianos también viven bajo la obligación de recordar, porque viven bajo la sombra de la cruz. Cuando celebran la Santa Cena se hacen eco de las palabras de Jesucristo: "Este es mi cuerpo que por vosotros es partido. Haced esto en *memoria* de mí... Esta copa es el nuevo pacto en mi sangre. Haced esto todas las veces que la bebiereis, en *memoria* de mí" (1 Cor 11:23ss.). La Santa Cena es el momento ritual en el que recordamos el cuerpo partido y la sangre derramada de nuestro Salvador. Al participar de él, recordamos aquella noche en la que el "Señor de gloria" fue traicionado, humillado, sometido a un juicio de burla y brutalmente asesinado; recordamos por qué Jesucristo fue crucificado y cuáles fueron las consecuencias. No puede haber fe cristiana sin *ese* recuerdo; *todo* en la fe cristiana depende de ello.

Cuando recordamos el sufrimiento de Cristo, se nos recuerda que recordemos los sufrimientos de sus hermanos y hermanas por los que murió. En memoria del sufrimiento de Cristo, la memoria de todo el dolor infligido y

---

[667] Ibíd., 239.
[668] Ibíd., 201.
[669] Ibíd., 9.

sufrido se santifica.[670] La Santa Cena, ese profundo ritual que ocupa el centro de la fe cristiana y simboliza la totalidad de la salvación es un brindis por el recuerdo. Cada vez que levantamos la copa de la bendición de Dios deberíamos recordar el dolor causado por la maldición del diablo.

Lo que hemos llegado a saber, debemos recordarlo, y lo que recordamos, debemos *contarlo*. "Porque cada vez que comiereis de este pan, y bebiereis de la copa, la muerte del Señor *anunciáis* hasta que él venga" (1 Cor 11:26). Así como el recuerdo de la muerte de Cristo por nuestros pecados debe ser proclamada, también el recuerdo del sufrimiento humano, causado y experimentado, debe hacerse público. Se cuenta que Rosa Luxembourg comentó: "El hecho más revolucionario es y siempre será decir en voz alta cuál es el problema". Ahora bien, el problema puede ser de todo tipo, como el gato proverbial acostado sobre la estera. Decir estas cosas en voz alta podría ser banal y hasta un poco necio. Pero en tales casos, la "verdad" no importa demasiado. Sin embargo, cuando se impone un "régimen de verdad", cuando las costumbres culturales, la opinión pública o los decretos de un estado de totalitarismo codifica lo que se debe o no debe declarar, afirmar en voz alta cuál es el problema podría ser en verdad revolucionario. Si afirmas en voz alta aquello que detectas como el problema no solo podrías perder un amigo o un trabajo, sino incluso tu vida.[671]

En las Escrituras, el sufrimiento era el lote básico de los profetas. "Vieron" lo que las autoridades les dijeron que no deberían haber viso; afirmaron en las plazas públicas lo que otros solo se atrevieron a susurrar en las cámaras secretas. Considera la reflexión de Isaías sobre lo que vio y lo que las personas quisieron oír:

> Porque este pueblo es rebelde,
> hijos mentirosos,
> hijos que no quisieron oír la ley de Jehová;
> que dicen a los videntes:
> No veáis; y a los profetas:
> No nos profeticéis lo recto,
> decidnos cosas halagüeñas,
> profetizad mentiras (Is 30:9-10).

---

[670] En varias publicaciones, Johann Baptist Metz ha enfatizado la relevancia de *memoria passionis*, más recientemente en "The Last Universalists" (*The Future of Theology: A Festschift for Jürgen Moltmann*, ed. Miroslav Volf [Grand Rapids: Eerdmans, 1996], 47-51).

[671] Václav Havel, *Living in Truth*, Londres: Faber and Faber, 1986.

¿Por qué quiere Israel escuchar "cosas halagüeñas" y "mentiras"? Porque ha depositado su confianza en la "violencia e iniquidad" (30:12).[672] Ambas cosas son inseparables: si oprimes procurarás esconder tu iniquidad mediante el engaño; la opresión necesita el engaño como apoyo. En términos marxistas, la explotación busca legitimidad en la ideología. Haz saltar la tapa del engaño y la opresión quedará al desnudo, avergonzada de sí misma. El secreto es indispensable para la operación de poder,[673] y de ahí que decir en voz alta cuál es el problema pueda ser un acto peligroso de subversión. Mas que cualquier otro, los oprimidos son conscientes del peligro. En un clima de engaño que encubre la opresión, a menudo escoger evitar un ataque directo sobre el engaño. En su lugar, se involucran en una guerra de guerrilla empleando pequeños fraudes y falsedades como armas contra las grandes mentiras y las distorsiones. Aunque la estrategia lograra subvertir el control de los opresores sobre la verdad, entronizará precisamente al enemigo que pretendía combatir: el poder del engaño. La grandeza de los profetas consiste en la negativa a verse arrastrado a la guerra de los disimulos. En lugar de ofrecer sus propias "contraverdades" como armas en la batalla, se atrevieron tan solo a ver lo que había detrás del velo del engaño y tuvieron el valor de decir en voz alta la verdad sobre los opresores. Este ver y hablar fueron la revolución profética original, si quieres.

Cualquier otra revolución se apoya sobre esta. En la obra de Orwell, *Nineteen Eighty Four,* Winston Smith alza su copa y dice: "¡Por el pasado!". Yo quiero unirme a él y decir: "¡Por las ganas de saber 'cuál era el problema'! ¡Por el poder de recordarlo! ¡Por la valentía de proclamarlo en voz alta!".[674]

Un contrabrindis

Después de haber acabado mi brindis, degusté un sorbo de buen vino y me senté; una señora que se negó a beber un sorbo de su copa se quedó en pie, ofendida: "Damas y caballeros, sugiero que el brindis propuesto por el profesor Volf es erróneo en dos sentidos importantes. Mi primera objeción concierne a la *memoria.* Se nos ha dicho que la 'salvación está en la memoria'. Pero ¿acaso

---

[672] Dale Aukerman, *Recknoing with Apocalypse: Terminal Politics and Christian Hope,* Nueva York: Crossroad, 1993, 59s.

[673] Michel Foucault, *History of Sexuality. Volume I: Introduction,* trad. Robert Hurley, Nueva York: Random House, 1978, 86.

[674] En el epílogo de *The Conquest of America* (trad. Richard Howard [Nueva York: Harper-Collins 1984], 247), Tzvetan Todorov explica que escribió el libro por la creencia "en la necesidad de 'buscar la verdad' y en la obligación de darla a conocer", que se basa en la persuasión de que la memoria de "lo que puede suceder si no logramos descubrir al otro" importa profundamente.

son todos los recuerdos salvíficos? Elie Wiesel, a quien se estaba apelando, era consciente de un problema potencial. En el mismo libro en el que alababan la memoria, preguntó: '¿No existe el peligro de que la memoria pueda perpetuar el odio?". Escuchen su respuesta y juzguen por ustedes mismos si es convincente: 'No, no existe tal peligro. Lo contrario es lo cierto: la memoria puede servir como poderoso remedio contra el odio'".[675] Supongo que nadie discutiría que el odio distorsiona a veces, y hasta destruye el recuerdo. Sin embargo, ¿quiere esto decir que la memoria y el odio sean incompatibles como afirma Wiesel? De ninguna manera. Ni siquiera Wiesel está del todo persuadido. Aunque postula la incompatibilidad entre la memoria y el odio, solo se atreve a afirmar que la memoria *puede* servir de remedio contra el odio, no que lo *hará*. La historia es lo bastante brutal. No hay necesidad de fabricar agravios con el fin de hallar razones para odiar; con los crímenes reales basta. ¿Qué recursos tiene la memoria, pregunto, para disuadirme de odiar a aquellos que yo sé que me infligieron a mí o a mi pueblo? Cabría también argumentar que la memoria enseña a odiar, que debes golpear hoy a un perpetrador potencial para evitar sufrir injusticia mañana. Como lo expresa Amos Elan, "el recuerdo puede ser 'una forma de venganza'".[676]

"Sabe, no solo es importante *que* recordemos, sino *cómo* lo hagamos, con amor o con odio, buscando la reconciliación o yendo a por la venganza. La salvación, señoras y señores, no está simplemente en la memoria; también está en *lo que hacemos* con nuestro recuerdo.[677] La memoria en sí debe redimirse antes de que pueda salvarnos. Si ensalzas las virtudes del recuerdo, no dejen de decirnos qué lo santificará.

"Mi segunda objeción al brindis del profesor Volf es más complicada, pero tengan paciencia porque seré breve. La objeción puede definirse como algo así: además de ser cuidadoso respecto a *cómo* recordamos, también es necesario observar *lo que* recordamos. El poder de la memoria radica en su afirmación de ser verdad, en su aseveración implícita de que lo que se recuerda sucedió en realidad. Y ustedes me dirán sin duda, que la falsa memoria también tiene un inmenso poder. Y tienen razón, siempre que las personas crean que el falso recuerdo es verdad. Despojen el pretexto de la verdad y la falsa memoria se

---

[675] Wiesel, *From the Kingdom of Memory*, 201.

[676] Amos Elon, "The Politics of Memory". *The New York Review of Books* 40 (7 de octubre, 1993): 5.

[677] En *Genocide and the Politics of Memory: Studying Death to Preserve Life* (Chapel Hill: University of North Carolina Press, 1995), Herbert Hirsch ha enfatizado la importancia de la política correcta de la memoria en base a que "la historia es memoria reconstruida, y los estados y los individuos la usan y la manipulan para servir a veces unos fines menos que nobles" (34).

vuelve impotente. El problema de recordar el pasado nos lleva, por tanto, al problema de *conocer* el pasado.

"Se nos dijo que debíamos saber quién hizo qué a quién y por qué, que debemos recordarlo y declararlo en voz alta. Pero ¿sabemos qué es digno de ser recordado? Sin duda dirás: '¡Recuerda lo que pasó!'. Es justo. Pero no finjas que puedes dilucidar qué sucedió de manera tan fácil como sumando dos más dos. Permítanme recordarles, señoras y señores, lo que es obvio: personas diferentes ven y recuerdan las mismas cosas de manera distinta. ¿Por qué existen recuerdos distintos de las mismas cosas? Déjenme responder con un ejemplo del pasado del país de origen del profesor Volf.

"A primera vista, la disputa tiene que ver con números: ¿cuántos serbios murieron en los campos de concentración croatas durante la II Guerra Mundial. Números, de todas las cosas debería ser fácil calcularlo, cabría pensar. No lo es. Los historiadores serbios hablan de setecientas mil víctimas; los historiadores croatas dicen que "solo" son treinta mil, y añaden que los serbios asesinaron la misma cantidad, o más, de croatas durante e inmediatamente después de la guerra. Los croatas les dirían que los historiadores serbios inflan los números porque el estatus de víctimas proporciona una legitimidad moral para la dominación pasada y la agresión presente; como afirmó uno de sus líderes, un sacerdote: 'Nuestro poder está en nuestras tumbas'. Los serbios responderían que, como cualquier perpetrador, los croatas están blanqueando sus crímenes. Y los croatas replicarían que como cualquier vencedor, los serbios escriben la historia como les conviene. Dado que cada acusación se encuentra con una contraacusación, queda claro que los recuerdos son selectivos. No sea que el profesor Volf, nacido en Croacia, me malentienda, mi idea no es que todo recuerdo es tan bueno como cualquier otro, sino que no hay recuerdo que cuente sencillamente 'cuál fue el problema' porque cada recuerdo en concreto está cargado de deseos e intereses individuales y colectivos, así como unas convicciones compartidas de manera colectiva, que están moldeadas por lo que Jan Assmann denomina 'memoria cultural'.[678]

"¿Lo ven? La discusión sobre los números no está relacionada tan solo con ellos. Las personas de carne y hueso no son números sobre una hoja blanca de papel; cuando tratas con ellos nunca te las ves solo con números. Permítanme poner por un momento un ejemplo distinto del mismo período brutal de la historia europea. Muchas más personas podrían estar deseando afirmar que los nazis asesinaron 'x' millones de judíos que decir que los aliados mataron 'x'

---

[678] Jan Assmann, *Das kulturelle Gedächnis: Schrift, Erinnerung und politische Identität in frühen Hochkulturen*, Munich: C. H. Beck, 1992.

millones de alemanes, aunque no hubiera disputa alguna sobre los números de personas que murieron durante el transcurso de la guerra. Importa mucho si uno muere en defensa propia o como acto de agresión y por las políticas genocidas. Y, aquí, como sin duda estarán de acuerdo, las preguntas de interpretación se precipitan. ¿Quién empezó qué, cuándo y por qué? Existen casos en los que podemos dar respuestas bastante claras a estas preguntas, como con la exterminación nazi de los judíos. Pero la mayoría de los casos no son tan claros. Perdónenme si expreso las cosas de un modo un tanto filosófica y después concluiré: una declaración de que esto o aquello sucedió no puede aislarse de una reconstrucción de la historia que dé sentido a dicha afirmación. Los hechos y los acontecimientos necesitan narrativas más amplias para ser inteligibles; y, dado que estas son discutibles, los hechos y los acontecimientos también lo son.[679]

"Damas y caballeros, estas son mis dos objeciones en términos claros: primero, recordamos lo que queremos recordar, porque sabemos aquello que elegimos saber. Segundo, hacemos con nuestros recuerdos lo que queremos hacer, porque ellos mismos no dictan lo que debería hacerse con ellos. Si estas dos objeciones tienen algún peso, el brindis por la voluntad de saber, la obligación de recordar, el valor de decir cuál era el problema, aunque bienintencionado es profundamente desacertado. ¿Qué brindis propongo en su lugar? Les propondré *dos* y pueden elegir el que mejor les convenga, o ambos, si lo desean". Levantó su copa y, escudriñando la mesa, pronunció: "¡Por la verdad de cada comunidad! ¡Por la verdad de cada pequeño nombre!".[680]

"Bonito discurso —pensé para mí mismo—, ¡muy bonito! Ni siquiera el brindis estuvo mal, siempre que lo entendieras correctamente. ¿Cómo respondería yo de haber tenido más tiempo, en lugar de dar una mera respuesta de cortesía al efecto de que las objeciones de nuestra amiga eran importantes y, en muchos sentidos, correctas, que ella había malentendido lo que yo había dicho pero que, no obstante, yo seguía respaldando mi brindis por razones que aquella ocasión social no me permitía desarrollar?". Todos los ojos estaban vueltos hacia mí, de modo que me levanté, pronuncié mi respuesta de cortesía con una sonrisa, y añadí: "Quiero invitaros a una conferencia en la que analizaré las preguntas '¿Hasta qué punto sabemos «cuál era el problema»?' y '¿Cómo deberíamos ocuparnos en descubrirlo en situaciones de conflicto? Todos serán bienvenidos...". Lo que sigue es la conferencia a la que pensé que

---

[679] Lionel Gossman, *Between History and Literature*, Cambridge: Harvard University Press, 1990, 290ss.

[680] Cp. Bernard-Henri Lévy, *Gefährliche Reinheit,* trad. Marivel Königer, Viena: Passagen Verlag, 1995, 209s.

sería adecuado invitar a mi oponente ficticio. Empezaría con una crítica y después pasaría en la segunda parte a una propuesta constructiva. En la conclusión resumiría los movimientos constructivos y deconstructivos sobre el engaño y la verdad, examinando el encuentro entre Jesús y Pilato y extrayendo algunas implicaciones para la relación entre la verdad, la libertad y la violencia.

Antes de proceder, permíteme un comentario metodológico. Hasta el momento he dejado que los términos "memoria" e "historia" entren cada uno en los campos semánticos del otro sin prestar demasiada atención a sus fronteras. En su obra clásica sobre la memoria colectiva, Maurice Halbwachs distinguía entre la "historia" objetiva y universal y la "memoria" subjetiva y colectiva.[681] Aunque no se puede sustentar una clara polaridad entre ambas, la distinción entre la reconstrucción crítica del pasado ("historia") y la identidad que moldea el recuerdo del pasado ("memoria") es necesaria. Sin embargo, los límites son fluidos. Todas las reconstrucciones históricas están formadas por las identidades y los intereses particulares, y los recuerdos del pasado deben distinguirse de los mitos sobre el pasado. La "historia" no es sino un caso especial de "memoria" social[682] y, a su propia manera, la "memoria", no menos que la "historia", debe mostrar deferencia ante "lo que era el problema". Aunque en lo que sigue me concentraré más en la "historia" que en la "memoria", el tema de mi exploración es en qué sentido podemos saber y recordar lo que sucedió entre las personas y cuáles podrían ser la relevancia social y las presuposiciones morales de semejantes conocimiento y memoria.

Decirlo como fue realmente

Érase una vez, en un tiempo no muy lejano, se esperaba que un historiador contara las cosas como fueron realmente; era su principal tarea. Una formulación clásica de esta expectativa nos llega con la descripción que Leopold von Ranke hace de su propio trabajo como historiador:

> Las personas le han asignado a la historia el oficio de juzgar el pasado e instruir a la generación presente para beneficio de las épocas futuras: este intento presente no aspira a tan altos cargos, *sencillamente quiere mostrar las cosas tal como fueron*.[683]

---

[681] Maurice Halbwachs, *Das Kollektive Gedächtnis*, Frankfurt: Suhrkamp, 1985, 74.

[682] P. Burke, "Geschichte als soziales Gedächtnis", *Mnemsyne*, ed. A. Assmann y D. Harth, Frankfurt: Suhrkamp, 1991.

[683] Leopold von Ranke, *Geschichte der romanischen und germanischen Völker, 1494–1535*, Berlín: Reimer, 1824, vii, cursivas añadidas.

El término "meramente" es engañosamente modesto, a pesar de que von Ranke asegure no tener aspiraciones al alto cargo de juzgar el pasado e instruir el presente. Tras el objetivo no pretencioso se esconde un programa bastante inmodesto: los historiadores deben reconstruir lo que ocurrió de verdad, ni más ni menos; deben encontrar y contar la verdad y nada más que la verdad. Para lograr esta meta, el narrador histórico tiene que estar "por encima de la superstición y del prejuicio para inspeccionar con calma y fríamente las escenas del pasado, y contar una verdad aceptable para cualquier otro investigador que hubiera visto la misma prueba y aplicara las mismas normas".[684] Este era el elevado ideal moderno de la investigación histórica.

En ocasiones se dice que los historiadores que perseguían este ideal se vieron como narradores omniscientes: pretendía saberlo todo y, por tanto, podían narrar cómo sucedió. Aunque algunas mentes inferiores podrían haber pensado en sí mismas en tales términos exaltados, los mejores historiadores eran conscientes de su propia falibilidad y subjetividad. Von Ranke sabía desde luego que su conocimiento era limitado y su perspectiva relativa; nunca imaginó que podía trascender su objeto de estudio como Zeus podía flotar sobre los enemigos que luchaban contra Troya. Sin embargo, los historiadores típicamente modernos tenían dos cosas en común: aspiraban a la objetividad y la verdad, y creían que un solo método correcto limitaría el relativismo y permitiría que la luz de la verdad brillara con fuerza. Ellos sostenían que solo existe una visión correcta sobre cualquier asunto determinado y una manera única de alcanzarla. Sigue el método y serás capaz de mostrar cómo fueron las cosas en realidad, más o menos, más tarde o más temprano. Lo que caracterizó a los historiadores modernos no fue la supuesta omnisciencia, sino creer en la objetividad, no reivindicar la infalibilidad, sino de un método designado para contrarrestar la falibilidad. Los historiadores compartían, por supuesto, esta forma de pensar con otros seguidores del método "racional", que dieron por sentado que podían acabar fundiendo distintos puntos de vista y hacer una divisa común de una misma verdad.[685]

Desde hace mucho se ha creído que el acercamiento moderno a la historia y al conocimiento en general fue inventado por filósofos perezosos apartados de las realidades brutales de la vida humana, pensadores desinteresados que siguieron con rigurosidad su pensamiento puro hasta donde los llevara, y descubrieron un fundamento indudable de conocimiento y un método inerrante

---

[684] Appleby et al., *Telling the Truth About History,* 73.

[685] Michael Luntley, *Reason, Truth and Self: The Postmodern Reconditioned*, Londres: Routledge, 1995, 33.

de lograrlo. Como hijo de la soledad prolongada, el método racional emergió en las mentes de los espíritus libres y sustituyó la dependencia de la tradición y de la superstición. Este relato tradicional de la emergencia del método racional moderno corresponde al carácter del método: un cierto sentido de propiedad (aunque no de la estricta lógica) exigía que el descubrimiento de un método puramente objetivo no dependiera de los accidentes de la historia. Bueno, pues lo hizo.

En *Cosmopolis,* Stephen Toulmin ha argumentado en favor de la necesidad de revisar el relato tradicional de la emergencia del método racional. En lugar de haber nacido de la tranquila reflexión descontextualizada, se formuló en respuesta a una situación histórica determinada, a los estragos de la Guerra de los Treinta Años librada en nombre de distintas persuasiones religiosas. Toulmin escribe:

> Si la incertidumbre, la ambigüedad y la aceptación del pluralismo solo condujeron en la práctica a la intensificación de la guerra religiosa, había llegado el momento de descubrir algún *método racional* para demostrar la corrección o la incorrección fundamental de las doctrinas filosóficas, científicas o teológicas.[686]

Llega Descartes. En *Discourse on Method* sugirió el único método correcto de adquirir un conocimiento absolutamente cierto. La Guerra de los Treinta Años podría haber tenido más que ver con esta propuesta que el día que pasó "encerrado en una habitación calentada por una estufa", donde disfrutaba, como escribe, "del ocio completo de mediar en mis propios pensamientos".[687]

Desde Descartes, la modernidad ha sido dominada por "los encantos de la certeza y de la unicidad"[688] y ha seguido soñando con un método puramente racional y una ciencia unificada que proveería la única respuesta correcta a cualquier pregunta. Sin un método racional acabaremos en desacuerdo, y sin acuerdo acabaremos peleando. El deseo de paz dio origen a la creencia de que podemos decir la única verdad exclusiva sobre nuestras sociedades y su historia, y en realidad sobre el diseño del mundo entero. De no existir esa verdad, la guerra parecía inevitable. El argumento de que existe una sola verdad sobre algunos asuntos importantes y que un debía esforzarse por descubrirla

---

[686] Stephen Toulmin, *Cosmopolis: The Hidden Agenda of Modernity*, Nueva York: Free Press.

[687] René Descartes, *Discourse on Method and the Meditations,* trad. F. E. Sutcliffe, Harmondsworth: Penguin, 1968, 35.

[688] Toulmin, *Cosmopolis,* 75.

debería ser plausible para los cristianos. Después de todo, no creemos que llegará el día cuando los secretos de los corazones serán revelados y Dios dirá en voz alta cómo fueron las cosas en realidad, ¿quién hizo esto a quién y por qué medio? Sin duda, existe algo más respecto al juicio divino que aclarar las cosas; Aquel que juzga al final de la historia es el mismo que "justifica a los pecadores" en mitad de la historia. Pero ¿puede el juicio divino ser nada menos que aclarar las cosas? Cualquiera que se atenga a la doctrina cristiana clásica de Dios se verá obligado a buscar en cierto sentido "cómo fueron las cosas en realidad". Como argumentan Richard J. Mouw y Sander Griffioen, si existe una Persona divina omnisapiente y omnisciente, cuya perspectiva sobre lo que ocurre es importante, entonces es difícil ver cómo podrían negar los cristianos que existe una verdad "objetiva" respecto a la historia y que es importante intentar encontrarla.[689]

No obstante, intentar no es lo mismo que lograr. Aunque Dios sabe cómo fueron las cosas y un día lo dirá en voz alta, los seres humanos solo saben en parte y solo pueden decir lo inadecuado. No hay forma de escalar hasta el asiento de juicio de Dios para hacer pronunciamientos infalibles, por así decirlo, en lugar de Dios como vicarios suyos en la tierra. Los cristianos conocen a Dios, pero no saben todo lo que Él sabe, al menos todavía no, aunque Tomás de Aquino creía que un día lo sabrían.[690] Solo sabemos algo de lo que Dios sabe, tanto y tan poco como Dios ha revelado. El caso es que Dios nos dice mucho sobre cuáles son sus propósitos para la humanidad y para el mundo, cómo se van a realizar, pero nada sobre la historia nativa estadounidense después de la llegada de los europeos o sobre lo que sucedió entre tamiles y cingaleses en Sri Lanka durante las décadas pasadas. A pesar de que creemos en un Dios omnisciente, se nos deja solos para investigar "cuál fue el problema", sustentado por la persuasión de que existe una verdad eterna, no sesgada por puntos de vista particulares, porque existe un Dios eterno y universal.

Sin embargo, creer en un Dios omnisciente debería inspirar la búsqueda de la verdad; ser conscientes de nuestras limitaciones humanas debería inculcarnos modestia a la hora de reivindicar que la hemos encontrado. "Conocemos en parte" (1 Cor 13:12) primero porque somos seres finitos. Como lo expresa Thomas Nagel, "aunque cada uno posea una amplia capacidad dormida de autotrascendencia objetiva, nuestro conocimiento del mundo siempre será

---

[689] Richard Mow y Sander Griffioen, *Pluralism and Horizons: An Essay in Christian public Philosophy*, Grand Rapids: Eerdmans, 1993, 101ss.

[690] Tomás de Aquino, *Summa Contra Gentiles*, Notre Dame, IN: University of Notre Dame Press, 1975, 3/1, 196s.

fragmentado, por mucho que lo extendamos".[691] En segundo lugar, "conocemos en parte", porque nuestro conocimiento limitado está moldeado por los intereses que perseguimos y filtrados a través de las culturas y las tradiciones que habitamos. Como Alasdair MacIntyre ha argumentado en *Three Rival Versions of Moral Enquiry*:

> La noción de una sola historia neutral imparcial es una ilusión más engendrada por el punto de vista académico del enciclopedista; es la ilusión de que hay un pasado esperando ser descubierto, *wie es eigentlich gewesen,* independiente de la caracterización de algún punto de vista particular.[692]

El programa de la modernidad se ha extralimitado. Su optimismo respecto a las capacidades humanas está fuera de lugar y su suposición de que existe un punto de vista neutral es falso. El conocimiento no puede tener un fundamento indiscutible ni una experiencia no interpretada, ni una interpretación transparente del mundo. No tenemos a nuestra disposición un lenguaje cósmico o divino para expresar "cuál fue el problema"; todas nuestras lenguas son humanas, los dialectos plurales que crecen en la tierra de las diversas tradiciones culturales y de las condiciones sociales.[693] No tenemos acceso a "hechos puros" y somos incapaces de reconstruir narrativas estrictamente objetivas de lo que sucedió en realidad. Hay que resistirse al señuelo del "realismo mimético", la creencia de que nuestras declaraciones pueden corresponderse exactamente con la realidad; la noción de que podemos sostener un espejo hacia el pasado y contemplar en él "hechos puros" debe rechazarse. Lo que veremos en el espejo de nuestras reconstrucciones es el pasado mezclado con algo de presente, contemplaremos al otro sobre quien nos hemos superpuesto tenuemente. En consecuencia, debemos "equilibrar la esperanza de la certeza y la claridad en la teoría con la imposibilidad de evitar la incertidumbre y la ambigüedad en la práctica".[694]

Reconstruir el pasado como ocurrió en realidad, independientemente de un punto de vista particular, es imposible. Presumir otra cosa no solo es una equivocación ingenua, sino también algo positivamente peligroso. Y es que

---

[691] Thomas Nagel, *The View from Nowhere*, Nueva York: oxford University Press, 1986, 86.

[692] Alasdair MacIntyre, *Three Rival Versions of Moral Enquiry: Encyclopaedia, Genealogy, and Tradicion*, Notre Dame, IN: University of Notre Dame Press, 1990, 151.

[693] Luntley, *Reason, Truth and Self,* 15-17, 137-44.

[694] Toulmin, *Cosmopolis,* 75.

reivindicar la verdad universal suele servir para proporcionar legitimidad a unos intereses muy particulares. Estos pueden ser nobles, como el deseo de la paz universal en un mundo desgarrado por la guerra, pero también pueden ser desagradables, como el deseo de proteger la propia posición privilegiada de poder. Piensa en las verdades "objetivas" sobre la naturaleza de las mujeres o de los negros, ¡que no eran nada sino el anverso cognitivo del varón y de la opresión blanca! De manera similar, el comunista afirma ser la resolución final del "enigma de la historia" servida tan solo para reforzar el poder opresor del Partido sobre todos los ámbitos de la vida de las personas. Estas verdades objetivas son armas terribles, eficaces porque generan la ilusión de su propia inevitabilidad, mortal porque rezuman inocencia.

Esto me lleva a la sospecha contemporánea, postmoderna sobre la verdad.

Regímenes de verdad

En décadas recientes, el deseo de decir la verdad sobre lo que fue (lo que es) el problema ha caído en grave desprestigio. Si hace unos centenares de años la teoría del "nada es verdad" fue la prerrogativa de una élite, hoy se ha convertido en "factores decisivos trillados, adoptados de forma casual y usados de manera indiscriminada".[695] Cuando justifican la teoría del "nada es verdad", sus defensores contemporáneos nos indican que hay algo perverso y malicioso a la vez respecto al deseo de la verdad; perverso porque nunca se puede satisfacer, malicioso porque decir la "verdad" solo es otro puñetazo en la lucha por el poder. Permíteme explicar esta perspectiva bastante cínica sobre la verdad, considerando algunos aspectos del pensamiento de Michel Foucault.

Foucault aprendió de Friedrich Nietzsche a desconfiar de la verdad; fue el primer crítico de "la voluntad de la verdad".[696] La sofisticada y profunda polémica del alumno contra "los regímenes de la verdad" es hoy, sin embargo, mucho más influyente que la crítica que el maestro hace de "la voluntad de la verdad". Consideremos la breve declaración siguiente sobre la cuestión del *Poder/Conocimiento*:

> La verdad es algo de este mundo: solo se produce mediante la virtud de múltiples formas de coacción e induce efectos regulares de poder. Cada sociedad tiene su régimen de verdad, su "política general" de la

---

[695] Johan Gouldsblom, *Nihilism and Culture*, Oxford: Blackwell, 1980, 190.

[696] Friedrich Nietzsche, *The Birth of Tragedy and The Genealogy of Morals,* trad. Francis Golffing, Garden City: Doubleday, 1956, 286ss.

verdad: es decir, los tipos de discursos que acepta y hace funcionar como veraces; el mecanismo y los ejemplos que capacitan a la persona a distinguir las declaraciones verdaderas de las falsas, el medio por el cual se sanciona; las técnicas y los procedimientos atribuían valor en la adquisición de la verdad; el estatus de quienes están encargados de decir lo que cuenta como cierto.[697]

En el texto anterior, el lector desprevenido tropezará de inmediato con la extraña asociación entre la verdad y la *producción*. Una tradición teológica y filosófica venerable ha enseñado que la verdad se revela o se descubre; Foucault insiste en que se "produce". Las declaraciones no son verdaderas o falsas en sí mismas; están "hechas para funcionar" *como verdaderas o falsas*. ¿Qué está buscando? ¿Está declarando sencillamente lo que es obvio, a saber, que las falsedades patentes suelen venderse como verdades manifiestas por parte de personas engañadas o sin escrúpulos, que los demagogos pintan la "falsa consciencia" como verdad liberadora? ¿Está agarrando mentiras e ideologías? No, porque ambas cosas presuponen que *hay* una verdad por ahí afuera que debe contarse y que no debe enmascararse. Para Foucault, que desea quedarse al margen tanto de la desaprobación lógica de las mentiras como del desenmascaramiento marxista de las ideologías, no hay tal verdad, o al menos a él no le interesa, aunque exista. Escribe:

El problema no consiste en trazar la línea entre aquello que en un discurso cae en la categoría de cientificidad o verdad, y lo que entra en alguna otra división, sino en ver cómo se producen históricamente *los efectos de la verdad* en los discursos que, en sí mismos, no son verdaderos ni falsos.[698]

Si la verdad es producida, entonces lo que importa son los mecanismos por los cuales se separan lo verdadero y lo falso dentro de un orden social determinado y las autoridades dotadas del poder de pronunciar que algo es verdadero o falso. La pregunta relevante no es tanto *cuál* es el problema, sino *por qué* y *cómo* es algo que se proclama y se cree por considerarlo el problema. ¿Por qué, por ejemplo, en el siglo XIX la ciencia médica afirmó que "el cuerpo del varón expresa fuerza positiva, un entendimiento claramente masculino e

---

[697] Michel Foucault, *Power/Knowledge: Selected Interviews and Other Writings 1972–1977,* trad. Colin Gordon et al. Nueva York: Pantheon Books, 1980, 131.

[698] Ibíd., 118, cursivas añadidas.

independencia y le equipa para vivir en el Estado, en las artes y en las ciencias", mientras que "la amplia pelvis determina a las mujeres para la maternidad" y sus "miembros débiles y suaves, su piel delicada son testigos de la esfera más estrecha de actividad de la mujer, de la vida familiar hogareña y apacible"?[699] ¿Por qué la ciencia médica de hoy no nos dice nada de este tipo? ¿Por qué creían nuestros predecesores del siglo XIX en su ciencia tanto como nosotros creemos en la nuestra? La respuesta de Foucault: existe un "régimen" de verdad en el que ciertas declaraciones pueden *pasar por* verdad y otras por falsas.

Nótese, en segundo lugar, la asociación entre *verdad y poder,* sugerida en la frase "régimen de verdad". Para producir verdad y sustentarla necesitas "múltiples formas de coacción",[700] y para ello necesitas poder social, ya sea que se concentre en la persona de un soberano o se difumine en un sistema social concreto en conjunto. Primero viene el poder, después la verdad; sin poder no hay verdad. Sin embargo, la relación entre ambas cosas no es una calle de un solo sentido: el poder solo produce verdad. La verdad en sí no es impotente; domina a las personas o, como expresa Foucault, "induce efectos regulares de poder".[701] Por tanto, la "verdad" proporciona incluso más poder al poderoso. La verdad se produce mediante un poder con el fin de ejercer poder. Es un arma en la lucha social.

Aplica a las ciencias históricas la idea de la verdad como arma y tendrás la imagen siguiente:

> En apariencia, o más bien según la máscara que lleve, la consciencia histórica es neutral, desprovista de pasiones y comprometida exclusivamente con la verdad. Pero si se examina a sí misma, y si de forma más general interroga las diversas formas de consciencia científica en su historia, descubre que todas esas formas y trasformaciones son aspectos de la voluntad de saber: instinto, pasión, la devoción del inquisidor, la sutileza cruel y la malicia.[702]

¿Malicia? ¿Crueldad? ¿Devoción del inquisidor? ¿En el trabajo de un historiador? Sí, responde Foucault. Cuando los historiadores luchan por ser neutrales y exhaustivos, silencian voces que no encajan, excluyen diferencias; conforme

---

[699] Barry Allen, *Truth in Philosophy*, Cambridge: Harvard University Press, 1993, 172s.

[700] Foucault, *Power/Knowledge*.

[701] Ibíd.

[702] Michel Foucault, *Language, Counter-Memory, Practice: Selected Essays and Interviews,* trad. Donald E. Bouchard y Sherry Simon, Ithaca, NY: Cornell University Press, 1977, 162.

captan cosas universales, distorsionan las particulares.[703] En su búsqueda del "conocimiento total" pisotean la vida social de fina textura y diferenciada con sus botas generalizadoras de gran tamaño. De manera muy similar a la búsqueda de cualquier otro conocimiento, la del conocimiento histórico violenta a su objeto. ¿Por qué? Porque "la esfera prediscursiva de la que se forma el discurso no puede involucrarse por completo en el discurso", o dicho de un modo más sencillo, porque "en la vida hay más cosas aparte del saber".[704] Foucault lo expresa de esta manera:

> No debemos imaginar que el mundo nos vuelve su cara legible que solo tendríamos que descifrar; el mundo no es cómplice de nuestro conocimiento; no hay providencia prediscursiva que predisponga al mundo en nuestro favor. Debemos concebir el discurso como una violencia que le hacemos a las cosas o, en cualquier caso, como una práctica que les imponemos.[705]

El conocimiento es violencia, ¡la verdad es una imposición! Qué diferente es esto del modo en que solemos pensar sobre el conocimiento y la verdad. Se supone que el conocimiento debe representar la realidad; si lo hace, es verdad, de lo contrario, es falso. Por instinto creemos que Foucault debe de estar profundamente equivocado. Aun en el sentido más inocente de que pudiera haber encontrado algo importante. En el enrevesado mundo de las relaciones sociales, todos sabemos lo extremadamente difícil que es estar de acuerdo sobre lo que sucedió en un momento dado entre los individuos, como para hablar de los grupos de personas. Nuestros deseos e intereses, los de nuestras comunidades, una historia común de agresión y sufrimiento nos hacen ver lo que sospechamos que veremos, y creeremos lo que queramos creer (como señaló mi oponente del comienzo del capítulo).

---

[703] Jürgen Habermas ha sugerido que, desde una perspectiva, la crítica de Foucault puede verse como presuponiendo su propia autopercepción como "un historiador en estado destilado", que solo quiere afirmar estoicamente cómo fueron las cosas en realidad (*Der Philosophische Diskurs der Mderne: ZWölf Vorlesungen* [Frankfurt: Suhrkamp, 1985], 324). Sin embargo, esto estaría exento del propio conocimiento de Foucault de la inmersión en el poder o exigiría que postulara una correlación entre "el verdadero conocimiento" y "el ejercicio adecuado del poder". En cualquier caso, desde esta perspectiva, Foucault parecería un crítico de ideologías, una descripción que él rechaza de forma explícita.

[704] William Connolly, "I. Taylor, Foucault, and Otherness", *Political Theory* 13, núm. 3 (1985):367.

[705] Michel Foucault, *The Order of Things*, Londres: Travistock Publications, 1970, 316.

En su famoso comentario sobre el orgullo y la memoria, Nietzsche expresa el pensamiento de un modo inolvidable: "'He hecho esto', afirma mi memoria. 'No puedo haber hecho esto', replica mi orgullo, y permanece inexorable. Finalmente, la memoria cede".[706] No obstante, lo que está en juego en la pregunta sobre la verdad no es solo nuestro orgullo, sino nuestro poder. Al volver a contar el pasado estamos compitiendo por una posición. Cuanto más fiera la lucha, menos dispuestos estaremos a aceptar cualquier declaración que cuestione nuestro poder. No solo es que nuestro conocimiento humano sea inevitablemente limitado, porque somos seres finitos o que lo que sabemos está teñido por nuestra cultura. El poco conocimiento que tenemos está sesgado porque suprimimos la verdad a través del deseo de vencer a otros y protegernos a nosotros mismos. Cuando procuramos saber somos atrapados en el campo de los poderes que distorsionan nuestra visión. Michel Foucualt estaba en lo cierto al recordarnos esto. Y Richard Rorty también tenía razón al aconsejarnos que no fuéramos incrédulos ni nos horrorizáramos por el recordatorio de Foucault, sino que reconociéramos "que solo fue la falsa pista que Descartes nos dio (y la sobrevaloración resultante de la teoría científica que, en Kant, produjo 'la filosofía de la subjetividad') que nos hizo pensar que la verdad y el poder *eran* separables".[707] No debería abandonarse la percepción del involucramiento del conocimiento en el poder y viceversa, de la imposibilidad de que "los juegos de la verdad puedan circular libremente".[708]

Sin embargo, Foucault no quiere limitarse a decir que "las estrategias de poder son inmanentes en la voluntad de tener conocimiento",[709] mucho más. Lo que parece molestarle no es tan solo la inmodestia de todas las reivindicaciones de poseer la verdad pura ni simplemente las múltiples formas de "racionalidades de terror",[710] sino la tradicional noción de la verdad misma. Afirma que la verdad se produce, se construye, se impone; verdad es aquello que *pasa por verdadero.*[711] Observa una consecuencia extremadamente desafortunada de semejante criterio. Como Charles Taylor lo ha expresado, "si toda verdad

---

[706] Friedrich Nietzsche, *Jenseits von Gut und Bose,* vol. 6/2, Nietzsche Werke, ed. G. Colli y M. Montinari, Berlín: Walter de Gruiter, 1968, 68.

[707] Richard Rorty, "Habermas and Lyotard on Post-modernity", *Praxis International* 4, núm. 1 (1984): 42.

[708] Michel Foucault, "The Ethic of Care of the Self as a Practice of Freedom", *The Final Foucault,* ed. James Bernauer and David Rasmussen, Cambridge: MIT Press, 1988, 18.

[709] Foucault, *History of Sexuality,* 73.

[710] Maurice blanchot, *Michel Foucault,* trad. Barbara Wahlster, Tübingen: Edition Diskord, 1987, 31.

[711] Allen, *Truth in Philosophy,* 1993.

es imposición, ningún cambio puede ser una ganancia",[712] al menos no una ganancia en conocimiento. Todos los sistemas culturales deben ser igualmente verdad, y (al parecer) todas las reivindicaciones de verdad igualmente válidas, las verdades de las víctimas como las de los perpetradores. Por lo menos, como lo expone Bernhard-Henri Lévy, este es el riesgo de una postura semejante.[713]

Aunque esta retórica lo empuje hacia un relativismo[714] complaciente, Foucault no es un mero relativista autoconfeso ni un practicante incoherente. Kyle Pasewark ha argumentado que en la última fase de la obra de Foucault "la libertad estética, por medio de la cual cada persona forma su propia subjetividad" surge como las razones de su crítica de la dominación y la exclusión.[715] El precio que paga Foucault por ofrecer tales razones es, sin embargo, renunciar al menos a parte de su percepción más distintiva y relevante, a saber, el involucramiento del conocimiento en el poder. El conocimiento del "yo" y de la libertad del "yo", que gira en torno a su crítica no se problematiza, sino que se asevera de forma implícita como pura, sin la carga del peso del poder.[716]

---

[712] Charles Taylor, "Connolly, Foucault, and Truth", *Political Theory* 13, núm. 3 (1985): 377-85, 383.

[713] Bernard-Henri Lévy, *Gefährliche Reinheit,* trad. Maribel Königer (Viena: Passagen Verlag, 1995), 210. Una consecuencia de esta opinión es, como ha observado Alasdair MacIntyre en *Three Rival Versions of Moral Enquiry,* que un genealogista como Foucault no puede "caracterizar primero y explicar su proyecto a sí mismo y en la misma medida a los demás, y después evaluar su éxito o su fracaso en los propios términos del genealogista, evitando caer de nuevo en un modo académico no genealógico difícil de discriminar del del enciclopedista o del docente académico en la repudia de aquello que el proyecto genealógico tuvo su origen y su lógica". MacIntyre, *Three Rival Versions of Moral Inquiry,* 53.

[714] Habermas *Der Philosophische Diskurs der Moderne,* 327.

[715] Kyle A. Pasewark, *A Theology of Power: Being Beyond Domination,* Minneapolis: Fortress, 1993, 38.

[716] Ibíd., 39-51. La incapacidad de Foucault de justificar de manera racional su lucha contra la dominación ha sido resaltada por muchos pensadores. Por ejemplo, Nancy Fraser subraya que es incapaz de proporcionar razones para sí o para cualquier otro de por qué la libertad es mejor que el dominio y lucha mejor que la sumisión ("Foucault on Modern Power: Empirical Insights and Normative Confusions", *Praxis International* 1 [1981]: 272-87). Hubert L. Dreyfus y Paul Rabinow pregunta sin rodeos: sobre las premisas de Foucault "¿Qué hay de malo en la sociedad carcelaria? La genealogía socava una postura que se opone a ella basándose en la ley natural o la dignidad humana, cuando ambas cosas presuponen los supuestos de la filosofía tradicional. La genealogía mina también el oponerse a la sociedad carcelaria en base a las preferencias y las intuiciones subjetivas (o presentando a ciertos grupos como portadores de valores humanos capaces de oponerse a la sociedad carcelaria". ¿Cuáles son los recursos que nos capacitan para sostener una postura crítica?" (*Michel Foucault: Beyond Structuralism and Hermeneutics,* 2ª ed. [Chicago: University of Chicago Press, 1983], 206).

Si se impone la verdad no puede haber beneficio en el conocimiento, pero sí ganancia de poder. Consideremos cómo entiende Foucault su propia tarea como filósofo e historiador. De manera tradicional, los filósofos han luchado "en nombre" de la verdad; buscaron eliminar la ignorancia, exponer mentiras o desenmascarar ideologías. Foucault no tendrá nada de esto, porque no le interesa la "verdad", sino lo que pasa por verdad, en lo que él denomina "efectos de la verdad". Como filósofo, debe entrar por tanto en el ruedo en el que los "efectos de la verdad" hacen la guerra unos contra otros. Escribe: "El problema no es cambiar la consciencia de las personas —o lo que tienen en la cabeza—, sino el régimen institucional político y económico de la producción de la verdad".[717] ¿Cómo cambias el régimen de la verdad si eres un filósofo? Ejercer el tipo de poder que tienes, el poder de un argumento bien elaborado, que expresa una visión atractiva de la vida. Si tienes una lengua más suave o una voz más alta de tu oponente, ganas, hasta que aparezca alguien más fuerte que no respete el poder de la palabra. Los esfuerzos intelectuales son solo movimientos tácticos en una guerra, aunque no queda claro por qué sería inaceptable someter el poder de la palabra por el poder de la pistola; por tanto, tampoco queda claro por qué debería uno incomodarse tanto con la vida intelectual, que no es el camino más rápido ni más seguro al poder.[718]

La solución de Foucault es tan seductora como errónea. Nadamos en un océano de distorsiones y engaños, y la verdad parece no tener poder de sustentarnos. Confías en el poder de la verdad, pero la "verdad" del poder demuestra ser más fuerte; ese puño de hierro dentro del guante de terciopelo de las estadísticas, los resultados de la investigación, los pronunciamientos de las autoridades indiscutidas, de las llamadas a la tradición o al sentido común. Lo único sensato parece pagar con la misma moneda, definir tu propia verdad y afirmarla frente a tus oponentes con la ayuda de la intimidación, la propaganda y la manipulación. Cuando las opiniones chocan, las armas deben decidir en última instancia, porque los argumentos son impotentes. La lógica de la violencia es tentadora, pero ¿nos podemos permitir ceder a ella? La respuesta es fácil: no podemos porque la violencia no debe tener la última palabra. Pero queda una pregunta más difícil: ¿Qué recursos nos ayudará a resistir la tentación de la violencia?

Una alternativa al relato de Foucault sobre la relación entre el conocimiento y el poder, que evita los problemas que afectan a la idea de la verdad

---

[717] Foucault, *Power/Knowledge*, 133.

[718] Amy Gutmann, "Introduction", *Multiculturalism: Examining the Politics of Recognition*, ed. Amy Gutmann, Princeton: Princeton University Press, 1994, 18s.

"producida" e "impuesta", mientras preserva la percepción del involucramiento del poder en el conocimiento, sería sugerir que, al menos en el ámbito de los asuntos humanos, *necesitamos querer ejercer el poder del modo correcto para conocer de verdad.* Esto es lo que intentaré argumentar en lo que queda del capítulo. En la naturaleza del caso, esta explicación no puede hacerse a partir de un punto de vista neutral situado en una zona libre de poder. Lo haré desde el interior de un compromiso con una corriente particular de la tradición cristiana y sus prácticas. Sin embargo, no hay razones *a priori,* por las que quienes no pertenecen a esta tradición opinarían que el argumento es inaceptable.

Doble visión

A partir de nuestra explicación hasta este punto emerge un marcado contraste entre dos relatos de la naturaleza y la importancia de la verdad, ninguno de los cuales es del todo satisfactorio. El objetivo de nuestros predecesores modernos fue, como Lionel Gossman lo expresa en *Between History and Literature,* "para desconectar el conocimiento de las luchas de poder y desarmar la violencia de la confrontación, estableciendo una verdad de los hechos que disiparía la agresividad de los pronunciamientos blandidos por las dos partes en conflicto". Como demuestra el ejemplo de Foucault, el propósito de muchos de nuestros contemporáneos postmodernos consiste en "exponer las manifestaciones de poder y la confrontación de las fuerzas rivales, tras las nociones de la ley, del significado y de la verdad".[719] Contra el enfoque moderno he argumentado que la "verdad de los hechos" no puede establecerse porque, por mucho que lo intentemos, no podemos descartar nuestro propio punto de vista y nuestra perspectiva. Contra el planteamiento postmoderno he objetado que exponer las "manifestaciones de poder" tras la noción misma de la verdad entroniza en realidad la violencia. Si ni la "verdad de los hechos" ni la "verdad del poder" nos pueden salvar del reinado del terror, ¿qué puede hacerlo?

En *The View from Nowhere* Thomas Nagel sugiere que para conocer el mundo del modo adecuado debemos "salir fuera de nosotros mismos" y preguntar "cómo debe ser el mundo desde ningún punto de vista".[720] Cuando nos distanciamos de nosotros mismos, "cada uno de nosotros... además de ser una persona corriente, es un 'yo' objetivo particular, el sujeto de una concepción de la realidad sin perspectiva".[721] Nagel es consciente de que no podemos

---

[719] Gossman, *Between History and Literature,* 323.
[720] Nage, *The View from Nowhere,* 62.
[721] Ibíd., 63s.

conseguir del todo dejar atrás a la "persona corriente": "A pesar de la frecuencia con la que podamos intentar salir de nosotros mismos, algo tendrá que quedar tras la lente, algo en nosotros determinará la imagen resultante".[722] De hecho, sugiere que una visión *puramente* sin perspectiva —*solo* una visión desde ninguna parte— ni siquiera sería deseable. Porque mi propia vida nunca puede ser para mí tan solo "un sinfín de parpadeos sensitivos" en un mundo que mi "yo" objetivo observa desde fuera.[723] Nagel concluye: "Uno debe disponerse de algún modo para ver el mundo desde ninguna parte y desde aquí, y vivir en consecuencia".[724] A esta contemplación "desde ninguna parte" y "desde aquí" la denomina "doble visión".

Sugiero que mantengamos la doble visión, pero que, al menos en lo tocante a conocer el mundo social, sustituyamos "la visión desde *ningún sitio*" con "la visión desde *allí*". Deberíamos intentar ver el mundo "desde *allí*" y "desde *aquí*".[725] Ver a otros "desde ninguna parte" significaría neutralizar tanto nuestra perspectiva como la de ellos. Esto, como he argumentado antes (y como Nagel concuerda), no se puede hacer. Además, aun cuando se pudiera hacer, *no se debería;* no podemos entender nunca del modo adecuado a los seres humanos desde un punto de vista puramente objetivo. En vez de ver al "yo" y al otro o a las dos culturas y su historia común desde ninguna perspectiva, deberíamos intentar verlos *desde ambas* perspectivas, tanto "desde aquí" como "desde allá".

Lo ideal sería, por supuesto, que viéramos las cosas *desde todas partes* (que es lo que Nagel podría tener en mente, al menos en parte, cuando habla del "sujeto sin perspectiva que construye una concepción sin centro del mundo lanzando *todas las perspectivas en el contenido de ese mundo*".[726] Y es que lo que sucede "aquí" y "allí" no son sucesos aislados, sino una parte de una corriente mayor de acontecimientos sociales. "Desde todas partes" es como Dios ve a los seres humanos, añadiría yo. Él no ve solamente desde fuera, sino también desde dentro, sin abstraerse de las peculiaridades de las historias individuales sino, de forma concreta, no de una manera desinteresada, sino buscando el bien de toda la creación.[727] La verdad de Dios es eterna, pero enfáticamente

---

[722] Ibíd., 68.

[723] Ibíd., 86.

[724] Ibíd.

[725] Ver Charles Taylor, *Philosophy and the Human Sciences,* Philosophical Papers, vol. 2, Cambridge: Cambridge University Press, 1985, 16-33.

[726] Nagel, *The View From Nowhere,* 62, cursivas añadidas.

[727] Marjorie Hewitt Suchocki, *The Fall to Violence: Original Sin in Relational Theology*, Nueva York: Continuum, 1995, 50s. 59.

no es "no local", como Nagel sugiere que debería ser la verdad de la filosofía, eterna y no local a la vez.[728] La verdad eterna de Dios es *panlocal*, por seguir el modismo de Nagel. Por ello, la verdad de Dios no es simplemente una entre muchas perspectivas, sino *la verdad* sobre todas y cada una de las perspectivas.

De un modo propio de las criaturas deberíamos intentar emular la forma de conocer de Dios. No es que podamos meternos dentro de la mente de Dios y ver cosas desde la perspectiva panlocal de Dios. Pero podemos intentar ver al otro de manera concreta en lugar de abstracta, desde dentro y no simplemente desde fuera. ¿Qué forma humana de ver corresponde a que Dios vea "desde todas partes"? Ver "desde aquí" y "desde allí" a la vez. Solo la doble visión asegurará que no domestiquemos la alteridad de los demás, sino permitámosle que se afirmen sobre sí mismos.[729]

Ver "desde aquí" es algo que llega de manera natural. Así es como solemos ver, desde nuestra propia perspectiva, guiado por nuestros propios valores e intereses que están formados por el solapamiento de las culturas y las tradiciones que habitamos. Pero ¿qué hace falta para ver "desde allí", desde la perspectiva de otros? Primero, *salimos de nosotros mismos*, un movimiento que en modo alguno entraña la negación de la condición de criatura y el situacionismo humanos en nombre de una autotrascendencia absoluta ilusoria, sino que es "una parte constitutiva de ese modo específico de inserción en un mundo que llamamos humano".[730] Examinamos lo que consideramos verdades claras sobre los demás, que estamos dispuestos a acariciar la idea de que estas "verdades" podrían no ser más que muchos prejuicios desagradables, frutos amargos de nuestros temores imaginarios, o nuestros deseos siniestros de dominar o excluir. También observamos nuestras propias imágenes de nosotros mismos, deseosos de detectar capas de autoengaño que nos cuentan historias exaltadas sobre nosotros y nuestra historia. Salir significa distanciarnos de nosotros mismos durante un momento de lo que está dentro, preparados para una sorpresa.

"Durante un momento" cualifica el distanciamiento, porque después de haber salido de nosotros mismos tendremos que regresar, como veremos en breve. También es importante tener en mente que cuando nos distanciamos nosotros de nosotros mismos, no podemos hacerlo por completo ni por un

---

[728] Nagel, *The View From Nowhere*, 10.

[729] Charles Taylor, "Comparison, History, Truth", *Myth and Philosophy*, ed. Frank Reynolds and David Tracy, Nueva York: State University of New York Press, 1990, 40ss.

[730] Terry Eagleton, "The Death of Self-Criticism", *Times Literary Supplement*, 24 noviembre, 1995: 6.

instante. No es que no tendríamos donde ir y que nos tragaría un abismo. Después de todo, ahí afuera está el mundo del otro; también podría estar el tenue "mundo liminal" nacido en el prolongado encuentro entre nosotros y el otro, como ha argumentado Mark Taylor.[731] No es por la falta de espacio donde ir que no podemos salir por completo de nosotros mismos. Es más bien que separación entre un "yo situado" y un "yo distanciado" nunca puede completarse; todo lugar al que vamos en nuestro "yo distanciado no puede nunca estar completo; a cada sitio al que acudimos en nuestro "yo distanciado" *debemos llevarnos.* Podemos salir de nosotros mismos solo con un pie, por así decirlo; el otro siempre se queda dentro.

En segundo lugar, *cruzamos una frontera social y entramos en el mundo del otro* para habitarlo temporalmente.[732] Abrimos nuestros oídos para escuchar cómo nos perciben los demás y también cómo los percibimos nosotros a ellos. Usamos la imaginación para ver por qué su perspectiva sobre ellos mismos, sobre nosotros y sobre nuestra historia común pueden ser tan plausibles para ellos cuando es improbable, profundamente extraño o incluso ofensivo para nosotros. Trasladarnos al interior significa buscar llegar tan cerca de los demás como ellos lo están de nosotros, entrar en una "correspondencia interna de espíritu" con ellos, ponerse en su piel, como dice Clifford Geertz del trabajo del antropólogo.[733]

En tercer lugar, *tomamos al otro a nuestro propio mundo.* Comparamos y contrastamos la visión "desde allí" y la visión "desde aquí". No es que vayamos necesariamente a rechazar el mirar "desde aquí" y aceptar "mirar desde allí"; ni siquiera que vayamos a encontrar algún compromiso entre ambas. Son dos resultados posibles de la comparación, pero también hay otros posibles. Podríamos decidir que tenemos que rechazar la visión "desde allí". Lo único que debemos hacer es llevar a los demás a nuestro mundo y dejar que su perspectiva esté junto a la nuestra, y reflexionar sobre si una o la otra es correcta, si ambas lo son en parte y en parte errónea.

En cuarto lugar, *repetimos el proceso.* Antes de que empiece el movimiento de salida del "yo" para ir al otro y vuelta, poseemos inevitablemente juicios

---

[731] Mark Kline Taylor, "Religion, Cultural Plurality, and Liberating Praxis: In Conversation with the Work of Langdon Gilkey", *The Journal of Religion* 72, núm. 2 (1991): 152ss.

[732] Alaisdair MacIntyre, "Are Philosophical Problems Insoluble? The Relevance of Systems and History", *Philosophical Imagination and Cultural Memory: Appropriating Historical Traditions,* ed. Patricia Cook, Durham: Duke University Press, 1993, 78.

[733] Clifford Geertz, "'From the Native's Point of View': On the Nature of Anthropological Understanding", *Local Knowledge: Further Essays in Interpretative Anthropology*, Nueva York: Basic Books, 1983, 58.

explícitos o implícitos sobre lo correcto o lo incorrecto de la visión "desde aquí" y la visión "desde allí"; sería imposible e indeseable de suprimir estos juicios. Pero ninguno de ellos debería ser definitivo, y detener el movimiento. No podemos dar nunca por sentado que nos hayamos liberado por completo de las distorsiones de los demás y de los engaños sobre nosotros mismos, que poseemos "la verdad". Todo entendimiento que alcancemos está forjado desde una perspectiva limitada: es *una visión "desde aquí"* sobre cómo se ven las cosas "desde aquí" y "desde allí". El modesto objetivo al que *podemos* llegar, sin embargo, es adquirir "un lenguaje común, un entendimiento común, que permitiría que tanto nosotros como ellos seamos sin distorsión",[734] un entendimiento que, según esperamos, se aproximará en cierto modo al del Dios que todo lo sabe, quien considera las cosas desde todas partes, nos ve a nosotros y también a ellos.

Sin embargo, ¿qué sucede *antes* de haber adquirido "un lenguaje común"? ¿Nos limitamos a seguir yendo del paso uno, al dos, al tres y de vuelta al uno? Unos cuantos privilegiados a los que se paga para reflexionar pueden darse el lujo de permitir el doble movimiento hacia el otro y de regreso al "yo" hasta alcanzar un acuerdo completo. Los que se ven atrapados en medio de las luchas personales y sociales no pueden. Deben actuar. Como observa Langdon Gilkey:

> La praxis lleva consigo una opción *forzada,* una que no se puede evitar. Cuan se apela a la praxis, deben cesar la inmovilidad desconcertada ante la contradicción o la aceptación indiferente de las opciones de pluralidad, porque para existir humanamente, debemos apostar, y debemos promulgar nuestra apuesta.[735]

Como debemos actuar *antes* de haber resuelto una contradicción y elegido entre múltiples opiniones, también debemos actuar antes de haber llegado a "un entendimiento humano común, que nos permitiría a nosotros y a ellos ser sin distorsión". Pero antes y después de actuar, podemos y debemos vernos a nosotros y a los demás con una "doble visión". En otro lugar he explorado por qué la "doble visión" es necesaria cuando estamos involucrados en conflictos y cómo deberíamos practicarla en tales situaciones (Capítulo V). Aquí quiero

---

[734] Taylor, "Comparison, History, and Truth", 42.

[735] Langdon Gilkey, "Plurality and Its Theological Implications", *The Myth of Christian Uniqueness: Toward a Pluralistic Theology of Religions,* ed. John Hick and Paul Knitter, Mary-knoll, NY: Orbis, 1987, 46.

explicar qué se necesita para iniciar y mantener vivo el movimiento del "yo" hacia el otro en busca de la verdad entre las personas.

La veracidad y el acogimiento

¿Por qué comprometerse a ver las cosas "desde aquí" y también "desde allí", como argumenté? ¿Por qué preocuparse de cómo se ven las cosas desde la perspectiva de Dios? ¿Por qué molestarnos con la verdad después de todo? Si la "verdad" es para nosotros, usaremos la ayuda de la verdad. Si la "verdad" está en contra nuestra, ¿por qué deberíamos estar a favor de la verdad? ¿Por qué deberíamos querer romper con nuestro autoengaño y nuestro prejuicio si nos proporcionan poder y privilegio? ¿Porque la "verdad nos hará libres" (Jn 8:32)? Pero ¿por qué no deberíamos preferir "la cautividad" con poder y privilegio a la "libertad" con debilidad y sufrimiento? ¿Por qué no tratar la "verdad" y la "no verdad" simplemente como palabras políticas, "las armas en competición por el poder"?[736] Las respuestas a estas preguntas diferirán. La exploración de diversas contestaciones, resolviendo cuál podría estar más cerca de ser verdad, y de cómo convencer a los que están en desacuerdo con nosotros, pueden dejarse a un lado aquí. Mi propósito al suscitar las preguntas es explicar una idea simple que con frecuencia se pasa por alto: *antes de que puedas buscar la verdad debes estar interesado en descubrirla.*

Consideremos la frase siguiente del profeta Ezequiel: "Hijo de hombre, tú habitas en medio de casa rebelde, los cuales tienen ojos para ver y no ven, tienen oídos para oír y no oyen, porque son casa rebelde" (Ez 12:2; cp. Ap 2:7). Se puede leer el texto como formulando la pregunta epistemológica fundamental respecto a lo adecuado de sentir una percepción: ¿Qué hace falta para que los ojos vean y los oídos oigan? Una parte de la respuesta, sugerida entre líneas, es que los órganos de la percepción deben funcionar adecuadamente si, ayudados por la actividad interpretativa de la mente deben conectar de la manera apropiada al conocedor con el conocido. Sin embargo, el texto da por sentado que esta condición de conocer se ha satisfecho, que las personas mencionadas "tienen ojos para ver" y "oídos para oír". Puede dejar aquí a un lado la pregunta de porqué semejante suposición elude ingenuamente el problema de la fiabilidad de sentir una percepción[737], o sugiere correctamente que hablar demasiado de la fiabilidad de sentir una percepción distrae la atención de otro tipo de condiciones del conocimiento que se encuentran en el núcleo central de la razón

---

[736] E. G. Bailey, *The Prevalence of Deceit*, Ithaca, NY: Cornell University Press, 1991, 128.

[737] William P. Alston, *The Reliability of Sense Perception*, Ithaca, Cornell University Press, 1996.

de porqué personas distintas perciben las mismas cosas de un modo diferente, en especial en situaciones de conflicto. En cualquier caso, el texto subraya que conocer puede fallar si suponemos que "el mecanismo de la percepción" funciona adecuadamente. El problema epistemológico fundamental, como lo entiende el profeta, está en que *los ojos capaces de ver a las personas no ven y los que tienen oídos capaces de escuchar a las personas no oyen.* Afirma que la razón es que son "una casa rebelde". Cegados por patrones mutuamente reforzantes de "rebeliones" privadas y colectivas son incapaces de ver la verdad con la que son confrontados y, en su lugar, producen sus propias "verdades" que corresponden a sus rebeliones. Por emplear el vocabulario de Tomás de Aquino, la voluntad y el intelecto, moviéndose como se mueven el uno al otro,[738] son atrapados en una espiral descendente en la que cada uno corrompe al otro; un mal manejo de la voluntad prepara el camino para el fracaso del intelecto, y esto refuerza la mala dirección de la voluntad. En términos de la búsqueda de la verdad en los intercambios interhumanos, la distinción más consecuente no es entre aquellos que están "técnicamente" preparados para percibir la verdad y los que no; entre los "que quieren querer la verdad" y los "que se apartan de la verdad", porque su voluntad no quiere esforzarse tras la verdad.[739] Conocer de la manera adecuada no es solo una cuestión de lo que los ojos, los oídos y las mentes pueden hacer, sino también de lo que hacen los "corazones", no solo una cuestión de percepción, sino también de hábitos y prácticas.

El ansia de verdad nunca fue fácil de sostener. Nietzsche sabía esto bien y, por tanto, arremetió con fuerza contra la falsedad intelectual que con tanta frecuencia se esconde tras ese ansia, como con el "ansia de verdad" mismo.[740] La verdad es una amante exigente; "el servicio a la verdad es el más duro".[741] De ahí que hasta los filósofos, afirma Nietzsche, preferirían "huir frente a la realidad"[742] y difundir "las supersticiones de las personas" como verdades elevadas[743] que se someten a los rigores del servicio de la verdad. Son, claro está,

---

[738] Ver Tomás de Aquino, *Summa theologica,* trad. Fathers of the English Dominican Province, Nueva York: Benzinger, 1948, Ia, 83, 3-4.

[739] Lévy, *Gefährliche Reinheit,* 211. Lévy mismo rechaza la "trascendencia de la verdad". Insiste del modo adecuado, sin embargo, que "aunque la verdad exista" (que, en su opinión, no es así), la voluntad tendría la primacía sobre la competencia epistemológica técnica.

[740] Friedrich Nietzsche, *Twilight of the Idols and The Anti-Christ,* trad. R. J. Hollingdale, Londres: Penguin, 1990, 179.

[741] Ibíd.

[742] Friedrich Nietzsche, *Thus Spoke Zarathustra: A Book for Everyone and No One,* trad. R. J. Hollingdale, Londres Penguin, 1969, 98.

[743] Friedrich Nietzsche, *Thus Spoke Zarathustra: A Book for Everyone and No One,* trad. R. J. Hollingdale, Londres Penguin, 1969, 126.

verdades triviales que solo exigen un cambio de opinión, como la verdad sobre lo que comiste para señar en tu décimo aniversario de boda o de qué color era el traje que Martin Luther King Jr. vestía cuando le dispararon. Otras verdades son todas banales y requieren un cambio de conducta radical, como la verdad sobre si olvidaste tu aniversario de boda cinco años seguidos, o la verdad sobre las razones por las que Martin Luther King Jr. fue asesinado. Tales verdades reclaman mucho más que la mente de uno y, por tanto, exigen que "uno sea estricto hacia el corazón propio".[744] Para aceptarlas, mucho más que para perseguirlas, debemos estar dispuestos a desprendernos del autoengaño de impulsar el ego y las ideologías de mantener el poder, estar dispuestos a reescribir la historia de nuestras identidades, y estar dispuestos a reformar nuestras prácticas. Si nos negamos a estar intranquilos y transformados, rehuiremos la verdad y ceñirnos a nuestras creencias favoritas, que nos hace ser "bendecidos" precisamente porque nos cuentan mentiras. El ansia de verdad no puede sustentarse sin la *voluntad de obedecer* la verdad.

Sin embargo, ¿de dónde surge la voluntad de obedecer a la verdad? Es un fruto del carácter veraz. Como ha argumentado Stanley Hauerwas, la verdad exige *una vida veraz*. "Nuestra capacidad de 'dar un paso atrás' de nuestros engaños depende de la historia dominante, la imagen maestra, que hemos encarnado en nuestro carácter", escribe.[745] Hauerwas cuenta la historia de Albert Speer, el arquitecto de Hitler y más tarde Ministro de Armamentos, para ilustra la idea. ¿Cómo podía un hombre inteligente como Speer llevarse bien con Hitler? Speer le explica a su hija:

> Debes entender que, a la edad de treinta y dos años, en mi capacidad como arquitecto, tuve las tareas más espléndidas que podría haber soñado. Hitler le dijo a tu madre un día que su marido podría diseñar edificios como no se habían visto durante dos mil años. Uno habría tenido que ser moralmente muy estoico para rechazar la propuesta. *Pero yo no era en absoluto así.*[746]

Speer era "por encima de todo un arquitecto" y por el "temor de descubrir algo que podría haberme hecho cambiar de rumbo", eligió no saber. "Había cerrado mis ojos", escribió. Con los ojos cerrados, era inconsciente de los

---

[744] Nietzsche, *Twilight of the Idols and The Anti-Christ,* 179.

[745] Stanley Hauerwas, Richard Bondi, y David B. Burrell, *Truthfulness and Tragedy: Further Investigations in Christian Ethics*, Notre Dame, IN: University of Notre Dame Press, 1977, 95.

[746] Ibíd., 91.

crímenes del sistema que sirvió, incapaz incluso de "ver cualquier razón morar fuera del sistema donde debería haber tomado mi lugar".[747] Speer suprimió la verdad con el fin de no tener que "cambiar de curso". Su carácter estaba moldeado por la ambición, no por la verdad. La historia de Speer ilustra que, como James McClendon lo expresa, nuestra tarea común no consiste tanto en descubrir una verdad escondida entre los puntos de vista contrarios como está llegando a poseer una yoidad que ya no se evade ni elude la verdad con la que es inoportunamente confrontado.[748]

Los escritores del Nuevo Testamento lo expresan de esta forma: antes de que puedas buscar y aceptar la verdad, antes de que puedas desenmascarar los engaños y las ideologías, la verdad debe estar "en ti" (ver Jn 8:45; 2 Cor 11:10). En un pasaje muy conocido de Efesios, se advierte a los lectores que no sean "llevados por doquiera de todo viento de doctrina", por "estratagema de hombres que para engañar emplean con astucia las artimañas del error" (4:14). ¿Qué ancla impedirá que sean llevados por las distorsiones de la verdad? Deberían *alētheuein en agapē*, dice el autor (4:15). Los comentaristas suelen verter este término "decir la verdad en amor". Pero el verbo usado en el original no es "hablar" sino "practicar la verdad", que además de decir la verdad podría significar apreciar, mantener, hacer o vivir la verdad (ver Jn 3:21). Dado que la noción de "estratagemas para engañar", que funciona como contraste, denota más que hablar falsedades, *alētheuein* incluye aquí tanto decir cómo vivir la verdad.[749] Hablar es solo parte de lo que hacemos con la verdad cuando luchamos contra sus distorsiones; vivir la verdad es ciertamente igual de importante. La falsedad tiene cautivas tanto las mentes como las vidas y, por tanto, no pueden ser vencidas solo con los pensamientos y las palabras correctas. Requiere una *vida veraz* que quiera buscar la verdad, ver la verdad al ser confrontado por ella, y proclamar en voz alta la verdad sin temor.

Observemos que Efesios califica la orden de "vivir la verdad" con la frase "en amor" (4:15). Si buscar la verdad fuera tan solo un asunto privado entre conocer el sujeto y su objeto, la virtud de la veracidad bastaría; cuando nos encontráramos con "la verdad" nos someteríamos a ella, deseando ir donde ella nos lleve y hacer cualquier cosa que nos exija. Si buscamos la "unidad del conocimiento" *entre las personas* (ver 4:13), sin embargo, la virtud de la

---

[747] Ibíd., 90.

[748] James Wm. McClendon Jr., *Ethics: Systematic Theology*, vol. I, Nashville: Abingdon, 1986, 352.

[749] F. F. Bruce, *The Epistles to the Colossians, to Philemon, and to the Ephesians*, NICNT, Grand Rapids: Eerdmans, 1984, 352.

veracidad no bastará; se debe añadir el amor por el otro. Y es que hay una clase perversa de obediencia a la dura amante que hace uso de sus poderes para subyugar y destruir al otro. En *The Conquest of America,* Tzvetan Todorov habla de "el entendimiento que mata", sostenido por "un juicio de valor enteramente negativo del Otro"[750] y basado en la voluntad de dominar. Para servir a la verdad en lugar de a la muerte, el ansia de verdad necesita ir acompañada por la *voluntad de acoger al otro, por la voluntad de comunidad.*

He argumentado con anterioridad que la búsqueda de la verdad entre los individuos y los grupos culturales tiene lugar a través del movimiento del yo al otro y vuelta; involucra una "doble visión", considerar las cosas "desde aquí" así como "desde allí". Pero cuando ruge la guerra —una guerra con palabras o con armas—, ¿por qué deberíamos *querer* hacer un movimiento desde el "yo" hasta el otro? Cuando nada en nuestra perspectiva sugiere que podrían tener razón, ¿por qué deberíamos seguir queriendo ver las cosas desde su perspectiva? ¿Por qué permitir que su perspectiva confronte y rete la nuestra? ¿Qué hará que nos sometamos a la verdad sobre nuestros enemigos, en especial si socava prejuicios que sustentan nuestra enemistad? Nada. Nada, es decir, a menos que en medio de la enemistad nos neguemos a proyectar imágenes deshumanizantes sobre ellos y estemos esforzándonos por acogerlos como amigos.

En el ensayo "Theonomy and/or Autonomy", Paul Ricoeur hizo una clase de argumento similar contra la ética comunicativa de Jürgen Habermas. Una forma clara de expresar la opción social fundamental como la ve Habermas se presenta en forma de alternativa: o un discurso racional o la violencia irracional. La alternativa se formuló de manera a hacer una elección obvia: estamos a favor del discurso y contra la violencia. Sin embargo, en las situaciones de conflicto, la pregunta es precisamente *por qué* hacer esta elección más fundamental a favor del discurso en lugar de la violencia, una pregunta que no se puede contestar por medio del discurso mismo, de manera esencial porque la lección a favor o en contra del discurso es una elección a favor o en contra de "la forma de vida utópica en la que reinan el respeto y la reciprocidad".[751] Una vez los protagonistas optan por el discurso —una vez "deciden no tener recurso en sus conflictos sino para el argumento del mejor argumento"[752]— el conflicto está medio resuelto. Pero ¿qué les hará querer escuchar mejores

---

[750] Todorov, *The conquest of America,* 127.

[751] Seyla Benhabib, *Situating the Self: Gender, Community, and Postmodernism in Contemporary Ethics* (Nueva York: Routledge, 1992), 38; Michael Walzer, *Thick and Thin: Moral Arguments at Home and Abroad* (Notre Dame, IN: University of Notre Dame Press, 1994), 12s.

[752] Paul Ricoeur, "Theonomy and/or Autonomy", *The Future of Theology: Essays in Honor of Jürgen Moltmann,* ed. Miroslav Volf, Grand Rapids: Eerdmans, 1996, 298.

argumentos en lugar de disparar las armas más poderosas? Ricoeur señala con acierto que la "obediencia amorosa" basada en el amor del Amante debe apuntalar la "formación de la voluntad discursiva".

El ansia de verdad y comunión descasa en la bondad de que es exactamente lo opuesto a la bondad de "los buenos", de quien Nietzsche afirma que "nunca dirán la verdad", porque son "aún menos" capaces de ser "veraces".[753] Aunque la verdad que consiste en la obediencia ciega o en la santurronería narcisista frustra la búsqueda de la verdad, la bondad que crea espacio en el "yo" para el otro facilita dicha búsqueda. En realidad, sin *esa* bondad no empezará movimiento alguno desde el "yo" hacia el otro y vuelta, no se alcanzará acuerdo alguno. Cada parte permanecerá sola con su propia verdad, persuadido igualmente de la inexactitud de quienes disienten como de su propia corrección. Y cuando las partes chocan, sus "verdades" se convertirán en "entendimientos que matan"; cuanto más veraces se consideran más mortales serán. Sin la voluntad de acoger al otro, no habrá verdad *entre las personas,* y sin verdad entre las personas no habrá paz.

Con el énfasis sobre la importancia singular del ansia de verdad y comunión, ¿se nos deja en el último análisis con un choque de voluntades rivales? En parte sobre la base de razones similares que he usado en esta sección, Stanley Fish ha argumentado que "tras cualquier disputa habrá un conflicto de convicciones que no puede solucionarse de forma racional porque es, también y necesariamente, un conflicto de racionalidades; y cuando esto ocurre, el único recurso es el conflicto ya que no existe terreno común en relación al cual podría proceder el diálogo".[754] Fish exagera y malinterpreta a la vez el problema. La clase de fuerte inconmensurabilidad —la creencia de que *no* hay terreno común de ningún tipo— que Fish da por sentada, me parece patentemente falsa. Mi anterior propuesta de perseguir una "doble visión" pretendía ser precisamente una alternativa a esta creencia. En algunas disputas (no en todas) la única opción es "tener conflicto". Cuando un conflicto tan irracional es inevitable, no es tanto porque exista un choque de racionalidades (normas básicas de evidencia y argumento), sino porque el ansia de verdad y de comunión está ausente. Proporciona ese ansia y la comunicación racional empezará y sustituirá al conflicto irracional.

---

[753] Nietzsche, *Thus Spoke Zarathustra,* 218.

[754] Stanley Fish, "Why We Can't All Just Get Along", *Fist Things* 60, núm. 2 (1996): 18-26, 23.

Verdad y comunidad

Acabo de explicar que no puede haber verdad entre las personas que no tengan la voluntad de acoger al otro. Por el contrario, la voluntad de acoger no puede sostenerse ni resultará en un acogimiento real si la verdad no reina. Si la verdad no puede prescindir de la voluntad de coger, tampoco funciona a la inversa. Aquí quiero examinar este otro lado de la relación entre el acogimiento y la verdad: la necesidad del acogimiento.

La idea de que la verdad sostiene a la comunidad mientras que la decepción la destruye, está entrelazada en la noción misma de la verdad que encontramos en las tradiciones bíblicas. Junto con la mayoría de los eruditos, A. Jepsen ha argumentado que, en la Biblia hebrea, la verdad "se usaba para las cosas que habían demostrado ser fiables... 'Fiabilidad' sería el mejor término global para transmitir la idea. La verdad es aquello de lo que otros pueden depender".[755] En especial, cuando se usa respecto a Dios, la verdad denota fidelidad. Como lo expresa Thomas F. Torrance, la verdad es "que Dios es fiel a Sí mismo, su lealtad o coherencia. Por tanto, la Verdad de Dios significa que se mantiene fiel o leal a su pueblo y les exige que ellos sean iguales con Él".[756] La fidelidad y la fiabilidad son términos personales y sociales. Describen el carácter de una persona tal como es en sí misma, y como se comporta con los demás. Así como "Dios es quien Dios es" para los demás —es el significado del nombre de Yahvéh" (Éx 3:13ss.)— de modo que los seres humanos deberían quienes son para los demás, transparentes y confiables. La verdad es un brazo extendido hacia los demás; el engaño es una espada que los mantiene a distancia y corta su carne. Sin la veracidad integrada en los fundamentos mismos de la comunidad sus pilares se agrietarán y se erosionarán.[757]

---

[755] Alfred Jepsen, "Aman", *Theological Dictionary of the Old Testament,* ed. G. J. Botterweck and H. Ringgren, Grand Rapids: Eerdmans, 1974, 313.

[756] Thomas F. Torrance, "One Aspect of the Biblical Conception of Faith", *Expository Times* 67, núm. 4 (1957): 112.

[757] La veracidad no es lo único que mantiene unidas a las comunidades, claro está. Esto explica porqué la tela social puede soportar una buena cantidad de mentira. Harry Frankfurt ha señalado que "después de todo, la cantidad verdadera de mentira es enorme, y sin embargo la vida social continúa. Que las personas mientan apenas hacen posible que sea beneficioso estar con ellas. Solo quiere decir que necesitamos ser cuidadosos" ("The Faintest Passion", *Proceedings and Addresses of the A. P. A.* 66, núm. 3 [1992]: 6). Lo que se sostiene o se destruye con la práctica de mentir o de decir la verdad es la *calidad* de la vida social. MacIntyre, por ejemplo, ha argumentado que el mal de mentir consiste "en su capacidad de corromper y destruir la integridad de las relaciones raconales (Alasdair MacIntyre, "Truthfulness, Lies, and Moral Philosophers: What Can We Learn fro Mill

Es lamentable que los teólogos que recalcan "la verdad como fidelidad" piensen en ocasiones que necesitan descartar "la verdad como conformidad con 'la realidad'"; uno es hebreo y bueno, el otro griego y malo, nos dicen. Como demuestra un cuidadoso estudio de los textos bíblicos,[758] esto es seguramente una falsa alternativa, como lo es también entre "la mentira como ofensa contra la confianza" y "la mentira como ofensa contra la verdad.[759] En los textos bíblicos las nociones de "fiabilidad" y de "discurso veraz", con frecuencia aparecen juntos y van inextricablemente entretejidos, aunque ninguno puede reducir al otro. Consideremos los dos pasajes siguientes. El primero es de Jeremías:

> Guárdese cada uno de su compañero,
> y en ningún hermano tenga confianza;
> porque todo hermano engaña con falacia,
> y todo compañero anda calumniando.
> Y cada uno engaña a su compañero,
> y ninguno habla verdad;
> acostumbraron su lengua a hablar mentira,
> se ocupan de actuar perversamente.
> Su morada está en medio del engaño;
> por muy engañadores
> no quisieron conocerme, dice Jehová (9:4-6).

No se debería depositar confianza alguna en las personas que han acostumbrado su lengua a hablar mentiras insiste Jeremías. El apóstol Pablo subraya el anverso de la misma idea reduciendo a cero la relación entre la confianza y el discurso veraz en lugar de entre la desconfianza y el engaño: "Antes bien, renunciamos a lo oculto y vergonzoso, no andando con astucia, ni adulterando la palabra de Dios, sino por la manifestación de la verdad recomendándonos a toda conciencia humana delante de Dios" (2 Cor 4:2).

La concreción de las narrativas de Jeremías y Pablo sobre decir la verdad y engañar al relacionar a la comunidad está en contraste con una cierta abstracción en la reflexión epistemológica típicamente moderna. Nótese primero, lo obvio. En ambos textos, "verdad" alude a lo que en cierto sentido *está de*

---

and Kant?". *The Tanner Lectures on Human Nature,* ed. Grete B. Peterson (Salt Lake City: University of Utal Press, 1995], 355).

[758] James Barr, *The Semantics of Bibilcal Language* (Oxford: Oxford University Press, 1961), 161-205; Anthony C. Thiselton, "Truth", *The New Internatonal Dictionary of New Testament Theology,* ed. Colin Brown (Grand Rapids: Zondervan, 1986), 3:874-902.

[759] MacIntyre, "Truthfulness, Lies and Moral Philosophers".

acuerdo con la realidad. Jeremías contrasta "la franqueza" con "ocultar", y "declarar la verdad" con "falsificar". Para ambas cosas, todo se debería decir tal como es y no distorsionar ni disfrazar; las palabras deberían corresponder a la verdad en cierto sentido no especificado (y tal vez no sea especificable).

En segundo lugar, ni Jeremías ni Pablo hablan de forma abstracta de la relación entre "mentes" y "hechos", como a la tradición filosófica occidental le gustaba declarar la relación entre el conocedor y el objeto de conocimiento. En un sentido, para ellos no existen cosas como "mentes" y "hechos". En lugar de forjar categorías abstractas de "hechos" y "mentes", narran las *cosas que las personas se hacen las unas a las otras.* En Jeremías, los vecinos cometen iniquidad y amontonan opresión sobre opresión. Los enemigos de Pablo hacen cosas vergonzosas y practican la astucia aunque él afirma hacer exactamente lo contrario. Se puede etiquetar las acciones malas, opresivas, vergonzosas o taimadas como "hechos", pero no se debería olvidad que tales "hechos" solo existen dentro de un campo complejo de fuerzas que siempre representa a la interacción humana. De manera similar, en lugar de "mentes", en Jeremías encontramos una comunidad de "vecinos" —¡"todos", dice el profeta!— involucrados en un proyecto de acostumbrar sus lenguas a decir mentiras y a destruirse los unos a los otros con el engaño. De manera similar, Pablo, afligido por las dificultades y calumniados por los enemigos, que está intentando hablar en nombre de la iglesia de Cristo, no es pura "mente". Por supuesto, todas estas personas *tienen* "mentes", sino que son mentes encarnadas, tiradas en diversas direcciones por varios deseos, intereses y conflictos, y moldeadas por las convicciones culturales y religiosas, y por las prácticas.

Para Jeremías y Pablo, la idea de hablar la verdad en oposición al engaño no consiste en ganar el concurso de "en la 'mente' de quién corresponden mejor los 'hechos' reales, pero para *mencionar del modo adecuado lo que sucede entre las personas.* El debate epistemológico reciente sugiere que nada más que esto parece posible porque toda experiencia se apoya en la interpretación anterior, y todas las interpretaciones se ofrecen en lenguajes particulares y guiados por intereses particulares. Sin embargo, sería un error pensar que la "verdad" debe perderse irremediablemente bajo el montón de intereses, lenguajes e interpretaciones particulares. Existe una cosa llamada verdad simple, humana y situada que, en el estilo de la condición de criatura, corresponde a la verdad divina. En la observación se reconoce que "cuando emitimos un juicio, existe la noción de si lo que hemos dicho es correcto o no independientemente de lo que se nos ocurra pensar".[760] Aunque podamos tener dificultades filosófi-

---

[760] Luntley, *Reason, Truth, and Self,* 108.

cas que defiendan incluso la noción tan humilde de una "simple" verdad, la mayoría de nosotros podemos diferenciar entre la verdad y la mentira cuando vemos una, si somos veraces, si nuestra relación con otros nos importa, y si queremos hacer un movimiento para apartaros del "yo" hacia el otro, y vuelta. La mayoría de nosotros también sabemos que a las personas que, por la razón que sea, insisten en autoengañarse o en confundir a otros, nada las hará ver y respetar la verdad.

En tercer lugar, en ambos textos *la verdad sustenta a la comunidad y las mentiras la destruyen*. Por "la manifestación de la verdad" Pablo intenta encomendarse a los corintios que lo acusan de decir "Sí y No" al mismo tiempo (2 Cor 1:17). Por el contrario, cuando todos mienten y calumnian, las personas tienen que "guardarse" de sus vecinos (Jr 9:4). No se puede "tener confianza"

En aquellos que no hablan la verdad (9:5), porque los que amontonan "engaño sobre engaño" también acumulan "opresión sobre opresión" (9:6). La verdad sustenta la confianza, el engaño la destruye. Si la verdad no reina, no confiaremos en los demás y nosotros mismos no seremos dignos de confianza.

Sin embargo, con *decir* la verdad no es suficiente. Uno debe *hacer* verdad. Consideremos el ejemplo profundamente perturbador de Ananías y Safira en Hechos de los Apóstoles. Cuando Ananías vino con un donativo para los apóstoles, Pedro vio el engaño y preguntó: "Ananías, ¿por qué llenó Satanás tu corazón para que mintieses al Espíritu Santo, y sustrajeses del precio de la heredad? Reteniéndola, ¿no se te quedaba a ti? Y vendida, ¿no estaba en tu poder? (Hch 5:3-4). Ananías engañó sin decir una mentira. "Retuvo" algo mientras fingía darlo todo. La mentira vivida minó la confianza: Ananías y Safira quisieron recibir sostén de la comunidad y, sin embargo, retener sus propias posesiones de ella. Una vez expuestos, fueron fulminados, y no se nos dan las razones de la severidad del castigo. Aunque permanecen muchas preguntas incómodas, una cosa es clara: cuando cayeron muertos fueron "sacados" (5:6, 10), fueron físicamente separados de la comunidad de la que se cortaron ellos mismos *llevando a cabo* un engaño. En un sentido importante, el engaño *es* muerte, porque el aislamiento es muerte, y la verdad es vida, porque la comunidad es vida.

Tomados en conjunto, los tres comentarios anteriores sugieren que la preocupación por la verdad y por la confianza son complementarios. En el ensayo "Truthfulness, Lies, and Moral Philosophers", Alaisdair MacIntyre argumentó que semejante complementariedad tiene sentido si "entendemos las normas que prescriben la veracidad incondicional como regidora de las relaciones, y no como individuos aparte de sus relaciones".[761] Decir lo que uno cree que

---

[761] MacIntyre, "Truthfulness, Lies, and Moral Philosophers", 359.

es verdad es una forma de ser leal a una relación; decir lo que uno cree que no es verdad es una forma de desertar de una relación. En consecuencia, "se entiende que las virtudes de la integridad y de la fidelidad están en juego en aquellas situaciones en las que la virtud de la veracidad está en juego".[762] Hablamos la verdad porque la comunidad nos importa, y sostenemos a la comunidad que nos importa, hablando la verdad.[763] La misma idea se subraya en la forma en que tanto Jeremías como Pablo hacen que Dios entre en juego en la cuestión de decir la verdad y de la comunidad. Al abogar por decir la verdad, tanto Pablo como Jeremías apelan al *carácter de Dios*. Cuando Pablo dice la verdad no solo lo hace delante de "todos", sino también "delante de Dios" (2 Cor 4:2). Con anterioridad en la misma carta, establece la fidelidad de Dios como modelo de su propia veracidad: "Mas como Dios es fiel, nuestra palabra a vosotros no es Sí y No» (2 Cor 1:18). De manera similar, para Jeremías el engaño junto con la opresión es una forma de negarse a conocer a Dios (9:6).

Sin embargo, ¿cómo funcionan estas apelaciones a Dios? Se podría leer el comentario de Pablo en 2 Corintios como implicando que la universalidad de la verdad ("todos") exige unos cimientos trascendentales ("delante de Dios"). Como argumenté con anterioridad, en la teología cristiana Dios ofrece fundamentos trascendentales para la noción de la verdad y la obligación de decir la verdad. No obstante, este no el principal sentido de los textos bíblicos sobre Dios y decir la verdad. Creo que existen buenas razones para esto. Podría ser que el ansia de verdad no pueda *justificarse* sin recurrir a Dios, de manera que sin Él los únicos principios intelectualmente convincentes serían "nada es verdad" y "todo está permitido".[764] Es innegable, sin embargo, que el ansia de la verdad pueda *practicarse* sin acudir de forma consciente a Dios en lo más mínimo. En medio de una cantidad bastante impresionante de mentiras, las personas siguen comprometiéndose en cantidades más impresionantes de verdad expresada, aunque solo sea porque la mentira es únicamente posible contra el telón de fondo de decir la verdad.[765] La mayor parte de esta verdad que se dice tiene lugar sin pensar en absoluto en su justificación filosófica, y la mayoría de las mentiras seguirían aunque todos pensaran en que la obligación de decir la verdad está arraigada en la existencia de Dios. Es más importante ver a Dios como *un guerrero comprometido en la lucha por la verdad,*

---

[762] Ibíd.

[763] En Efesios, ambos aspectos de la relación entre la verdad y la comunidad se mencionan en el mismo contexto. Por una parte, el mandato de "hablar la verdad a nuestros vecinos" se respalda con la afirmación de que "somos miembros los unos de los otros" (4:25).

[764] Nietzsche, *The Birth of Tragedy and The Genealogy of Morals,* 287.

[765] MacIntyre, "Truthfulness, Lies, and Moral Philosophers", 311ss.

como los profetas, los apóstoles, que como la condición transcendental para la posibilidad de un discurso veraz.

Tomemos la profecía de Isaías contra los "burladores" que gobiernan Jerusalén:

Porque hemos puesto nuestro refugio
en la mentira, y en la falsedad nos esconderemos;
por tanto, Jehová el Señor dice así:
He aquí que yo he puesto en Sion por fundamento
una piedra, piedra probada, angular,
preciosa, de cimiento estable;
el que creyere, no se apresure.
Y ajustaré el juicio a cordel,
y a nivel la justicia;
y granizo barrerá el refugio de la mentira,
y aguas arrollarán el escondrijo (28:15-17).

El pasaje es totalmente agónico. Las mentiras y la falsedad son el refugio y el abrigo de los gobernantes corruptos; temen por su poder, y en realidad por sus propias vidas, porque oprimen a aquellos que deberían servir. Sin embargo, estas autoridades soportan los ataques mientras puedan pasar por verdad lo que de hecho es mentira. La batalla por el poder es una batalla por el control sobre la verdad. Aquí es donde entra Dios para Isaías. Él está de parte de aquellos que son demasiado débiles para resistir a los "regímenes de la verdad". Las verdades y las falsedades no pueden proteger las normas de Dios. Como una poderosa inundación, Dios arrastrará su refugio y arrollará su abrigo. Dios expondrá el juego de poder al que juegan los gobernantes y sacará a la luz su injusticia; Dios los derribará de sus tronos y coronará a un gobernante en Sion. "Una piedra probada", será "el cimiento estable" de una nueva comunidad de justicia y paz porque no engañará a aquellos que confían en él. La comunidad depende de la verdad, y la verdad no depende tanto de la plausibilidad de las condiciones trascendentales de su posibilidad, sino de la lucha de los guerreros veraces en nombre de la verdad.

Para la iglesia primitiva, este pasaje de Isaías era una profecía mesiánica, cumplida en la venida de Jesucristo (ver Rm 9:33; 1 P 2:6). En lo siguiente, reuniré aspectos de lo que he estado afirmando sobre la verdad, y llevaré la explicación un poco más lejos, reflexionando en un segmento de la narrativa sobre Jesucristo: su encuentro con un representante de la fuerza política y del poder militar más fuertes de la época, quien lo sentenció a morir en la cruz.

Jesús ante Pilato: la verdad contra el poder

Algunos de los comentarios más profundos del Nuevo Testamento sobre la verdad se encuentran en el Evangelio de Juan, en especial en el drama del arresto, del juicio y de la ejecución de Jesús (Jn 18–19). Resaltaré los aspectos sociales de la narrativa, y me concentraré en la relación entre el poder y la verdad. Esta no es la única interpretación posible, ni siquiera la única importante, del texto. El principal intento de Juan, a cualquier precio, hacer que crean en Jesucristo, que es la Verdad (ver Jn 20:30ss.). La perspectiva soteriológica sobre la verdad tiene, sin embargo, importantes dimensiones sociológicas y epistemológicas. La narrativa misma nos invita a extraerlas ya que se mueve tanto en planos teológicos como sociales al mismo tiempo: al decidir sobre la verdad de las alegaciones contra Jesús y su lugar dentro de su mundo social, se decide en favor o en contra de "la Verdad".[766]

Durante el juicio, Jesús queda atrapado en el campo de las fuerzas sociales con las bases religiosas, étnicas y políticas, todas interesadas en mantener y reforzar su poder. Los principales protagonistas son los líderes judíos y Pilato. Dichos líderes, que llevaron a Jesús ante el gobernador romano, están asustados de su popularidad.[767] Si continúa su ministerio "todos creerán en él", razonan, y "vendrán los romanos, y destruirán nuestro lugar santo y nuestra nación" (Jn 11:48).[768] Para impedir su propia destitución como protectores de una nación y su religión, planearon la muerte de Jesús y, como suelen hacer a menudo los que mandan, formulan el deseo de poder en la preocupación por

---

[766] Para mis propósitos no es necesario cribar el material "histórico" del "no histórico" en el relato. Estoy leyendo el texto como una *historia* sobre la naturaleza y la relevancia del compromiso con la veracidad. Mi argumento en favor de la importancia de decir "cuál era el caso" (en un sentido cuidadosamente calificado) no implica en modo alguno que no podamos seguir contando las narrativas, cuyo objetivo no es decir "lo que sucedió históricamente", o lo que no podemos aprender sobre la importancia de decir "cuál fue el caso" a partir de los relatos que no pretenden contar "cuál fue el caso históricamente".

[767] Al analizar la relación entre la verdad y el poder usando el encuentro entre Jesús, los líderes judíos religiosos, en modo alguno deseo perpetuar las actitudes y las acciones antijudías que han caracterizad tan gran parte de la historia de la iglesia cristiana, sacando su inspiración en cierto modo del Evangelio de Juan. Dado que Jesús mismo era judío, "los líderes religiosos judíos" en mi interpretación del texto no representan a una categoría general de "los judíos". La historia del encuentro entre Jesús y Pilato nos invita a emular a *Jesús el judío*, renunciando a la violencia en nombre del compromiso con la verdad y no como chivo expiatorio del pueblo judío bajo el pretexto de "vengar" la muerte de un Jesús erróneamente desjudaizado.

[768] Siguiendo a George R. Beasley-Murray (*John*, World Biblical Commentary, vol. 36 [Waco: Word, 1987], 196) prefiero la interpretación anterior a la alternativa uno ("los romanos vendrán y *destruirán* nuestro lugar santo y nuestra nación").

el bienestar del pueblo (11:50). Sin embargo, la retórica de la benevolencia no consigue ocultar por completo su motivación: es mejor para *ellos* ("para ti", dice el sumo sacerdote Caifás) "que nos conviene que un hombre muera por el pueblo, y no que toda la nación perezca" (11:50). Entre toda una nación con su tradición religiosa venerable (incluido sus sabios líderes) y un solo hombre, la elección es fácil.

Pilato representa el poder romano. La mayoría de los comentaristas lo retratan como un juez inexplicablemente justo, pero impotente, que procura sin éxito liberar a Jesús. Como lo expresa Raymond Brown, Pilato es "la persona intermediaria que no desea tomar una decisión e intenta de un modo tan inútil reconciliar a las fuerzas opuestas".[769] David Rensberger ha argumentado, por otra parte, que deberíamos verle como un taimado representante del poder romano que ridiculiza "las esperanzas nacionales por medio de Jesús".[770] Aunque creo que Rensberger está en lo cierto, no necesitamos decidir aquí entre ambas interpretaciones. En cualquier caso, el objetivo de Pilato era conservar su propio poder —su garra sobre una provincia, su derecho a decidir sobre la vida y la muerte (19:10)— y el poder del César. Si durante el juicio Pilato actuó como un procurador astuto, lo que a él le importaba entonces no era si Jesús tenía aspiraciones a un trono judío, sino que el *pueblo creyera* en él para ser el rey; en el mundo de los políticos, el poder percibido es poder verdadero y debería mantenerse controlado. Si, por otra parte, Pilato era un débil mediador, lo que le importaba era mantener su tenue garra sobre el poder; la verdad y la justicia tenían que subordinarse a esa meta. "Un hombre puede ser sacrificado en beneficio de mi poder y por la gloria del César", pensaba Pilato. "Un hombre no debería interponerse en nuestro gobierno por el bien de nuestra nación y la supervivencia de nuestra religión", argumentaba Caifás.

Notemos la naturaleza del intercambio entre los líderes religiosos y Pilato en el transcurso del juicio. Es un discurso de poder. Llevan a Jesús ante Pilato y quieren que lo sentencia, porque ellos ya han decidido que merece la muerte. No proporcionan argumentos; emiten *exigencias*. Cuando Pilato vacila respecto a la inocencia de Jesús, *gritan* "¡Crucifícalo! ¡Crucifícalo!" (19:6). Cuando Pilato hace un esfuerzo por liberar a Jesús, utilizan tácticas de intimidación: "Si a este sueltas, no eres amigo de César" (19:12). Ni siquiera se molestan en proporcionar "razones" para su deseo de ver a Jesús muerto. El intercambio de

---

[769] Raymond E. Brown, *The Death of the Messiah: From Gethsemane to the Grave: A Commentary on the Passion Narrative in the Four Gospels,* vol. 1 (Nueva York: Doubleday, 1994), 744.

[770] David Rensberger, "The Politics of John: The Trial of Jesus in the Fourth Gospel", *JBL.* 103, núm. 3 (1984): 402.

razón y contrarrazón, adecuado para establecer el tribunal, se ha sustituido por la retórica de la presión. Esta es la imagen que se pinta si vemos a Pilato como un mero "mediador". Si fue un cruel defensor del gobierno de César, como argumenta a Rensberger, entonces gana con un astuto engaño: se las arregla para hacer ejecutar a un predicador popular y un alborotador potencial, y los líderes judíos expresan públicamente su lealtad al César como su único rey (19:15) y al convertir el destino de Jesús en un caso ejemplarizante para cualquier pretendiente al título del rey judío (19:21). Los líderes religiosos buscan obligar a Pilato, pero él los hace ejecutores de sus propios propósitos ocultos. En ambos casos —la presión de los líderes religiosos o de la astucia de Pilato— la comunicación es una herramienta de violencia, no un instrumento de intercambio razonable.

Se supone que los juicios tratan de descubrir lo sucedido y hacer justicia. En el juicio de Jesús ni a los acusadores ni al juez les importaba la verdad. Los acusadores quieren que sea condenado; incluso se sienten insultados cuando el juez pide que pongan nombre al crimen: "Si éste no fuera malhechor, no te lo habríamos entregado" (18:30). El juez se burla de la noción misma de la verdad: "¿Cuál es la verdad?", pregunta y, sin interés en respuesta alguna, abandona la escena del diálogo con el acusado para regresar al ruedo en el que el juego de las fuerzas chocantes determina el resultado. Tanto para los acusadores como para el juez, la verdad es irrelevante porque funciona con propósitos cruzados para permanecer en el poder. La única verdad que reconocerán es "la verdad del poder". Fue el acusado quien suscitó la cuestión de la verdad recordándole con sutileza al juez su obligación suprema: descubrir la verdad. Y, de manera bastante relevante, él, el inocente y el que no tiene poder, permaneció solo en su interés en la verdad. Como víctima inocente en busca de la verdad, Jesús es el juez de su juez. En la narrativa juanina sentimos que tiene lugar un contrajuicio en el que se juzgará a Pilato.[771]

En el intercambio con Pilato, Jesús argumenta contra "la verdad del poder" y para "el poder de la verdad". "¿Eres tú el Rey de los judíos?", pregunta Pilato. Quiere decir, "¿Eres portador de un poder que compite con el de los líderes religiosos, con el mío propio y con el del César?". Jesús no niega el título de "rey", sino que altera su contenido. Su realeza no es "de aquí" ni "de este mundo" (18:36). La idea de estas negaciones no es que la realeza de Jesús no es una fuerza que defina la realidad social. Después de todo, "él vino al mundo" (18:37) y sus discípulos están "en el mundo" (17:11), insertado en el juego de

[771] Thomas Söding, "Die Macht der Wahrheit und das Reich der Freiheit: Zur Johanneischen Deutung des Pilatus-Prozesses (Jn 18:28–19:6)", *Zeitschrift für Theologie und Kirche* 93 (1996): 40.

las fuerzas sociales. Sin embargo, "como rey" no está en el mismo plano que los demás contendientes al poder, que libran la misma batalla por el dominio. El suyo no es un poder alternativo del mismo tipo que los poderes de Caifás, Pilato y César. De serlo, sus seguidores "estarían luchando" para impedir que "sea entregado" a sus acusadores quienes, a su vez, lo entregan a Pilato (18:36). Su condición de rey no se apoya en "pelear" y, por tanto, no resulta en "entregar" a las personas a otros poderes. La violencia de eliminar a otros contendientes por el poder o mantenerlos bajo control tratándolos como cosas no forma parte de su reinado. En un profundo sentido, no se puede pelear por la clase de gobierno que Jesús defiende ni se puede tomar con violencia. Es un gobierno que se debe dar, conferir (19:11), y que solo continuará mientras uno no intente hacerse con él.

Al renunciar al poder de la violencia, Jesús abogó por *el poder de la verdad*. "Para esto he nacido, y para esto he venido al mundo, para dar testimonio a la verdad" (18:37), le dice a Pilato. Ser testigo de la verdad no significa renunciar a todo poder. Y es que la verdad en sí misma en tanto poder que dar testimonio de ella se puede describir como *la condición de rey*.[772] Como quien da testimonio de la verdad, Jesús *es* un rey. Por tanto, ¿es una amenaza para el César? No directamente, porque no está dispuesto a enfrentarse a César con las armas de César. Como Rensberger señala, para Jesús "tanto la expectativa continuada del Mesías revolucionario y la acomodación del liderazgo emergente de la monarquía de César" eran inaceptables.[773] Sin embargo, precisamente al rechazar la espada, Jesús cuestiona de forma más radical el poder del César. "César es rey" y "Jesús es rey" son, por tanto, dos afirmaciones rivales y, en última instancia, incompatibles. Son dos declaraciones conflictivas, porque el *reinado* de Jesús reivindica las mismas lealtades e inversiones del "yo" como el del César; son incompatibles, porque el *gobierno* de Jesús es de una naturaleza totalmente diferente.

El poder de la verdad es un poder diferente del poder de César. En un profundo sentido, la verdad *no* es "una cosa de este mundo", como preferiría decirlo Foucault. Más bien, la verdad es un poder de un mundo *diferente*. El instrumento de este poder no es "violencia", sino "testimonio". ¿Cuál es la tarea de un testigo? Decir lo que ha visto u oído; la obligación consiste en decirlo tal como fue, apuntar a la verdad, no producirla. De un modo muy parecido al lenguaje como sistema de señales en el relato de Foucault de la

---

[772] Paul Anderson, "Was the Fourth Evangelist a Quaker?". *Quarter Religious Thought* 76, núm. 2 (1991): 41.

[773] Rensberger, "The Politics of John", 407.

tradición clásica, el testigo "solo existe para ser transparente".[774] Hablando de sí mismo, Jesús afirma que "testificamos de lo que hemos visto" (Jn 3:11); habló "la verdad" que había "*oído* de Dios" (8:40). Un testigo no seducido por el cebo del poder, no lucha por aportar algo suyo a su discurso; sin buscar su "propia gloria" (7:18), el testigo se esfuerza precisamente por lo que *no* es suyo. No hay mejor resumen de la misión de Jesús como testigo que su declaración: "Mi doctrina no es mía, sino de aquel que me envió" (7:16; cp. 12:49; 14:24).

Ser un testigo significa esforzarse por realizar la tarea nada creativa y el autoborrado de decir la verdad. Eso no significa que un testigo tendrá que situarse en "ningún lugar" y en un sublime desinterés hacer los pronunciamientos sin perspectiva sobre lo que todos y cada uno deben haber visto u oído. No, estar en un lugar u otro, el testigo dirá, en sus propias palabras, lo que haya visto u oído. Pero, aunque un buen testigo no puede ni necesita abstraerse de su situacionismo, buscará renunciar al imperialismo clandestino de su "yo" autoencerrado, que se niega a abrir espacio para el otro *como* otro en su cognición. Que un testigo rara vez tenga éxito y en ocasiones ni siquiera lo intente, huelga decirlo. De ahí que mantengamos la sospecha a mano incluso cuando escuchamos a aquellos que tomamos por buenos testigos. Pero ni nuestra sospecha ni el frecuente fracaso de los testigos alteran la obligación y la capacidad del testigo de respetar la alteridad del otro, *procurando* decir la verdad.

Insertar "algo propio" en el acto de testimoniar es siempre un acto encubierto de violencia, tal vez pequeño e insignificante, pero real. Jesús renuncia a esa violencia, porque acepta que será ceder ante quienes definen la interacción social como un juego de poder. Prefería morir dando testimonio de la verdad que vivir manipulando a los demás haciendo pasar su propio programa por la verdad. Prefería que la verdad ganara una victoria mientras él sufría una derrota que pisotear la verdad y emerger como un "héroe". ¿Por qué? Porque todo el propósito de su existencia consiste en dar testimonio de la verdad. De hecho, la verdad define su propio ser. "Yo *soy*... la verdad", dijo Jesús, añadiendo que también *es* "la vida" (14:6). La derrota de la verdad es la derrota de la vida; la victoria de la verdad es la victoria de la vida. Un hombre vestido con una túnica púrpura, con una corona de espinas en la cabeza, desnudo, colgando de una cruz, representa la victoria de la verdad y la vida, no su derrota. ¿Deberíamos sorprendernos de que Juan considere la crucifixión como un acto de *glorificación* (13:31-32)?

"Eso es ingenuo", podría protestar alguien. "¡Conviertes al abogado juanino de Jesús en la clase de objetividad filosófica y socialmente implausible!

---

[774] Foucault, *The Order of Things*, 376.

¿Acaso no insertamos siempre nuestros propios intereses en lo que vemos y oímos, por no hablar del acto de dar testimonio? ¿No es verdad que la lucha social, de la que formamos inevitablemente parte, colorea nuestras perspectivas de manera ineludible?". Lo hacemos, y es verdad (aunque el caso de Jesús, el Verbo hecho carne, es único). Aun así, la objeción es inoportuna. Ya he declarado que la "objetividad" abstracta no es fundamental para el testimonio. Nótese, además, que el Jesús juanino subraya que el testimonio, aun cuando se diga la verdad, no puede contar con persuadir a los oyentes; no hay normas que rijan el intercambio entre el testigo y los oyentes que se puedan designar para garantizar la transmisión adecuada del "verdadero conocimiento". Creo que esto se implica cuando, después de declarar que él vino para dar testimonio de la verdad, Jesús añadió de un modo críptico: "Todo aquel que es de la verdad, oye mi voz" (18:37).

¿Qué significa la conversación sobre "pertenecer a la verdad" o literalmente "ser la verdad"? ¿Qué el testimonio vaya *dirigido* a unos pocos escogidos? ¿Que el acceso a la verdad se restrinja a los elegidos? Durante su interrogatorio ante el sumo sacerdote, Jesús insiste en que "[él] públicamente ha hablado al mundo" y que "nada ha[bía] hablado en oculto" (18:20; cp. 10:24ss.). ¿De qué otro modo podría hablar aquel cuyo propósito de venir al mundo era dar testimonio de la verdad? Habló en lugares públicos —en sinagogas y en el templo— "donde se reúnen *todos...*" (18:20). Su testimonio fue público, abierto a todos.[775] Sus afirmaciones de verdad fueron universalmente accesibles, invitando a la aprobación y exponiéndose al rechazo de todos. La verdad de la que él vino a dar testimonio no se restringía a su propia comunidad. ¿De qué otra forma podía declarar culpables a sus acusadores y al juez, y juzgar mal sus acciones? "El que a ti me ha entregado, mayor pecado tiene" (19:11), le señala a Pilato, implicando que él también era culpable.

Sin embargo, aunque todos pudieran oír, no todos estuvieron de acuerdo. En realidad, Jesús da a entender que todos *no podía haber estado de acuerdo*. ¿Por qué? Además de escuchar el testimonio de la verdad, aceptarla exige que el oyente sea "de la verdad", indicó Jesús. En Juan 8 —un pasaje cuyas reverberaciones antijudías debemos evitar cuidadosamente— Jesús contrasta a los que son "de la verdad" y, en última instancia, "de Dios" con los que son del diablo y que son mentirosos. En un marcado contraste consigo mismo que es la verdad y la vida, el diablo es "un homicida desde el principio" y, por tanto, "un mentiroso y padre de mentira"; cuando habla mentira, "de suyo habla" (8:44). Los que son del diablo quieren cumplir los deseos de este.

---

[775] Söding, "Die Macht der Wahrheit und das Reich der Freiheit", 37.

De ahí que no entendamos ni podamos aceptar la verdad. Por el contrario, para ser capaz de aceptar el testimonio de la verdad, se debe "estar en la verdad" y esta debe estar "en" uno (8:44). La disposición a escuchar la verdad depende de la forma de vida: así como "aquel que hace lo malo, aborrece la luz y no viene a la luz", también "el que practica la verdad viene a la luz" (3:20-21). De ahí que Jesús pueda decirles a sus oponentes que no creen en él, no *aunque* él les está diciendo la verdad, sino *porque* les está diciendo la verdad (ver 8:45).

La capacidad de conocer la verdad no es tan solo un asunto de lo que tu mente puede hacer —si se ajusta adecuadamente a la realidad o piensa de forma coherente—, pero también es una cuestión de cómo es tu carácter. Debes tener afinidad con la verdad siendo "santificado" en la verdad (17:17). En la terminología de Michel Foucault, porque el conocimiento de la verdad nunca es "puro" —al menos no cuando se trata de las clases de conocimiento más relevante que saber el número de teléfono de tu abuelo—, pero siempre está ya inmerso en las múltiples relaciones de poder que moldean el "yo",[776] este debe volverse veraz antes de que pueda conocer y aceptar la verdad. Dado que el "yo" no puede tomarse en un espacio libre de poder en el que su cognición podría funcionar sin que las relaciones de poder lo molesten, el "yo" debe ser remodelado dentro de las relaciones de poder como para estar dispuestos y ser capaces de perseguir y aceptar la verdad. En este sentido, la veracidad del ser es una precondición del conocimiento adecuado.

¿Qué hay de los que —en realidad, todos *nosotros*— no son veraces? ¿Acaso he dividido la humanidad en un puñado de personas veraces y el resto esclavizado en la no veracidad? ¿Están los falsos destinados a caminar por siempre en la oscuridad, porque no pueden encontrar lo que sus ojos no pueden ver? En un sentido profundo, con el fin de conocer la verdad debemos ser conducidos a ella por el "Espíritu de verdad" (16:13). ¿Deberíamos afirmar, pues, que la comprensión de la verdad "no es un acto libre de la existencia", sino que está basada en "la determinación de la existencia mediante la realidad divina", como hizo Rudolph Bultmann?[777] La oposición entre ambas cosas es falsa, al menos al nivel social en el que estoy interpretando el Evangelio de Juan. Todos nosotros somos empujados siempre por el Espíritu de verdad, aunque solo algunos permanezcan en ella. Los que no se quedan, dice Juan, "conocerán la verdad" y "la verdad [los] hará libres" (8:32).

---

[776] Foucault, *History of Sexuality*, 73.

[777] Rudolph Bultmann, "*Letheia*", *Theological Dictionary of the New Testament*, ed. G. Kittel, Grand Rapids: Eerdmans, 1964, 1:246.

Mejor que la mayoría de las personas, Nietzsche sabía lo que estaba en juego en el asunto de la verdad. Impugnando la correlación entre la verdad y la libertad, insistió en *The Genealogy of Morals* que, mientras que los seres humanos "sigan creyendo en la verdad", están "muy lejos de ser espíritus *libres*". La "verdadera libertad" solo puede tenerse donde "se ha cedido la noción de la verdad misma".[778] De ahí que en *The Anti-Christ*, Pilato es la única figura del Nuevo Testamento que impone respeto a Nietzsche. La "noble burla" de este gobernador romano "ante quien se llevó a cabo un mal uso imprudente del término 'verdad'", escribe Nietzsche, "ha enriquecido el Nuevo Testamento con la sola expresión que posee valor —que es su crítica, incluso su *aniquilación*: '¿Qué es la verdad?'".[779] Ya sea que la burla hacia la verdad represente la aniquilación del cristianismo o un suicidio involuntario del pensamiento mismo de Nietzsche, se decidirá, sin embargo, en parte en lo que hagamos con otro tipo de burla, que es la cara B de la burla hacia la verdad, la burla hacia la vida humana. Nietzsche sabía que, al no tomarse la verdad en serio, Pilato estaba decidiendo no tomarse en serio "un asunto judío". Y compartió esta burla por "los pequeños judíos" de Galilea: "Un judío más o menos, ¿qué importa?".[780] A diferencia de Pilato y Nietzsche, sin embargo, los seguidores del Mesías crucificado deben experimentar la pasión por la libertad de "cada pequeño judío". De ahí que busquen ambos hablar de verdad y ser personas veraces.

Verdad, libertad, violencia

En un contexto postmoderno, postnietzscheano, es probable que los dos aspectos más inquietantes de lo que el Jesús juanino afirma sobre la "verdad" es la doble afirmación de que uno puede "conocer la verdad" y "que la verdad hace libre". ¡Qué audacia insistir en que alguien conoce *la* verdad! ¡Qué ingenuidad (¿o es malicia?) mantener que *la* verdad hará libre a las personas! No, *la* verdad no libera, nos señalan nuestras susceptibilidades postmodernas; esclaviza. Aquel que es la gran Verdad no es sino una gran Mentira hecha para que pase como verdad con el fin de vestir a los portadores del mal del poder opresor con la vestimenta de los santos guardianes de la Verdad libertadora. Para liberar a las personas debemos dispersar la única gran Verdad en muchas verdades pequeñas. Profundamente sospechosos de cualquier afirmación de conocer *la* verdad, solo estamos cómodos con el juego de las perspectivas

[778] Nietzsche, *The Birth of Tragedy and The Genealogy of Morals*, 287.
[779] Nietzsche, *Twilight of the Idols and The Anti-Christ*, 174.
[780] Ibíd., 174.

múltiples. ¿Qué podemos aprender nosotros, los postmodernos de la interactuación entre "verdad" y "poder", como se representa en el encuentro entre Jesús, Caifás y Pilato?

En conclusión, permíteme sacar dos implicaciones en esta interrelación por la cuestión de las afirmaciones de verdad rivales en la lucha por el reconocimiento individual y comunal. Las implicaciones conciernen a las posturas que deberíamos adoptar en la búsqueda de la verdad. Necesito prologar lo que estoy a punto de decir mediante un desmentido protector para cuidarme de las falsas inferencias. Lo primero que tenemos que recordar al procurar aprender algo de Jesucristo es que *no somos Jesucristo*. Aplicado al asunto de la verdad, esto significa que, a diferencia de Él, nosotros *no* somos la verdad y *no* somos testigos humildes de la verdad. Por ello creemos en Jesucristo, para que nos ayude a ver que no somos lo que deberíamos ser, y que nos ayude a convertirnos en ello. Nuestro compromiso con Jesucristo, que es la verdad, no se traduce por tanto en la afirmación de que poseemos la verdad absoluta. Si conocemos la verdad, la conocemos en nuestra forma humana y corrupta; como lo expresa el apóstol Pablo, "conocemos en parte", vemos "por espejo, oscuramente" (1 Cor 13:12s.). Existe una opacidad inamovible en nuestro conocimiento de las cosas divinas. Del mismo modo, existe una opacidad inamovible en nuestro conocimiento de las cosas humanas.

La primera implicación del encuentro entre Jesús, Caifás y Pilato es una inquietante percepción respecto a que, en un sentido importante, *la verdad importa más que mi propio "yo"*. Jesucristo fue crucificado como testigo de la verdad. Entre los poderes de Caifás y Pilato, a modo de sándwich, este "judío marginal" se negó a poner su propio "yo" por encima de la verdad, y se convirtió en el Mesías del mundo. ¿Por qué esta negación de sí mismo y este rechazo frente a los poderes que amenazaban con aplastarlo a él y su proyecto? Porque cuando nos ponemos por encima de la verdad, abrimos las compuertas de la violencia, cuyos torrentes son mortales al máximo para los débiles. Si la verdad deja de importar más que nuestros intereses individuales o comunales, la violencia reinará y los que tienen lenguas tartamudas y manos débiles caerán presa de los que tienen palabras suaves y claras.[781]

Pero ¿qué hay de los que en el nombre de la verdad oprimen a los débiles? Esto me lleva a la segunda implicación del encuentro entre Jesús, Caifás y Pilato, que siempre debe complementar la primera: *El "yo" del otro importa más que mi verdad*. Aunque debo estar preparado para negarme a mí mismo

---

[781] Stanley Hauerwas ha argumentado que dejar de agarrar la verdad es "someterse a la orden de la violencia" ("In Praise of Centesimus Annus", *Theology k95 [1992]: 416-32*).

en aras de *la* verdad, podría no sacrificar al otro en el altar de *mi* verdad. Jesús, quien afirmó ser la Verdad, se negó a usar la violencia para "convencer" a los que no reconocían su verdad. El reino de la verdad que él vino a proclamar era el reino de la libertad y, por tanto, no puede apoyarse en columnas de violencia. El compromiso de la no violencia debe acompañar el compromiso con la verdad; de otro modo, el compromiso con la verdad generará la violencia. La verdad es un escudo contra la violencia del fuerte contra el débil, argumenté con anterioridad. Quiero añadir aquí que, si el escudo no debe convertirse en un arma mortal, debe sostenerse en una mano que se niega a hacer la violencia.

Nuestras sensibilidades postmodernas nos dicen que nos comprometamos en la búsqueda de la verdad debe sancionar, encubiertamente, la violencia; por el bien de la libertad, debemos huir de la búsqueda de la verdad. Sin embargo, esta búsqueda podría ser menos culpable de lo que pensamos. Podría ser que nos sintamos obligados a abandonar la conversación sobre la verdad *porque nos asusta renunciar a la violencia.* Pero si no renunciamos a la violencia, las muchas pequeñas verdades que nos gusta entronizar en lugar de la gran Verdad, nos conducirá a muchas pequeñas guerras, guerras tan mortales como ninguna de las que se han librado en el nombre de una Gran Verdad. La lección que deberíamos aprender del encuentro entre Jesús, Caifás y Pilato es que la verdad auténtica es el fruto de un doble compromiso con la verdad y la no violencia.

"La verdad os hará libres", declaró Jesús. ¿Libres de qué? A la luz de mi argumento más general en este capítulo, lo expresaré de este modo. Libres de viajar desde el "yo" al otro y vuelta, y ver nuestra historia común desde la perspectiva de los demás así como de los nuestros, en lugar de cerrarnos en nosotros mismos e insistir en la verdad absoluta de nuestra propia perspectiva; libres para vivir una vida veraz y, de ahí, ser un testigo humilde de la verdad en lugar de fabricar nuestras propias "verdades" e imponérselas a los demás; libres de acoger a otros en la verdad en vez de involucrarse en actos francos o clandestinos de violencia engañosa en contra de ellos. Por el bien de *esta* libertad, levanto mi vaso y repito el brindis por la verdad, con alguna esperanza de que mi interlocutor imaginario de la introducción de este capítulo será capaz de unirse a mí, porque su percepción equivocada de mi postura ha sido eliminada y sus objeciones respondidas, por el ansia de saber "cuál era el problema", por el poder de recordarlo, por el valor de proclamarlo en voz alta.

CAPÍTULO VII
Violencia y paz

Mesías crucificado, jinete sobre el caballo blanco

¿Y vendrá el reino de verdad?", le pregunta Pilato a Jesús en la obra de Mikhail Bulgakov *The Master and Margarita*. "Vendrá, hegemón", contestó Yeshua con gran convicción. "'Nunca llegará!', gritó Pilato con voz tan terrible que Yeshua se tambaleó". Muchos años antes, escribe Bulgakov, durante la feroz batalla en el Valle de la Vírgenes donde el guardaespaldas gigante de Pilato, Muribellum, fue herido, "Pilato había gritado con esa misma voz a sus jinetes: ¡Cortadlos! ¡Cortadlos!".[782] Ahora, como juez, selló el destino del acusado con la misma rabia mortal. "Criminal, Criminal, Criminal", gritó, y confirmó la sentencia de muerte.

Unos momentos antes, el Pilato de Bulgakov había pretendido limpiar a Jesús de todos los cargos criminales. La acusación de que había incitado al pueblo a destruir el templo en Jerusalén parecía absurda. Para Pilato, Jesús era un enfermo mental, no un criminal. Pero había una acusación más en el pergamino que tenía el escriba en su mano. Cuando lo leyó, la sangre se le agolpó en el cuello y en el rostro. "Has dicho alguna vez algo en contra del gran César? ¡Responde! ¿Dijiste algo parecido?", le chilló al acusado. Jesús respondió:

> Entre otras cosas afirmé que todo poder es una forma de violencia ejercida sobre las personas, y que llegará el momento en que no habrá gobierno por parte de César ni ninguna otra forma de autoridad. El hombre pasará al reino de verdad y justicia, donde no se necesitará ningún tipo de poder.[783]

Ahora, Pilato comprendió por qué "un vagabundo como Jesús incomodaba a la multitud en el merado cuando hablaba sobre la verdad".[784] En el mundo de Pilato, la verdad y la justicia eran *fruto* de la espada de César. Pilato se dio cuenta de que, al hablar de la verdad y la justicia, Jesús buscaba el pilar del gobierno de César, el fundamento de su verdad y justicia. Demente o no, Jesús

---

[782] Mikhail Bulgakov, *The Master and Margarita,* trad. Michael Glenny, Ontario: Signet, 1967, 33.

[783] Ibíd., 32.

[784] Ibíd., 26.

era el criminal supremo: no retó el gobierno del César en una localidad u otra, sino por principio. Tenía que morir. "¿Te imaginas, miserable criatura, que un procurador romano podría liberar a un hombre que ha reconocido lo que has afirmado ante mí?, le espetó Pilato a Jesús, después de que este le suplicara que le dejara ir. "¡Oh dioses, oh dioses! ¿O crees que estoy preparado para tomar tu lugar? ¡No creo en tus ideas!".[785]

El Pilato de Bulgakov merece nuestras simpatías, no porque fuera un hombre bueno a pesar de estar trágicamente equivocado, sino porque nosotros no somos mucho mejores. Podemos creer en Jesús, pero no en sus ideas, al menos no en sus ideas sobre la violencia, la verdad y la justicia. ¿Acaso no vivimos en un mundo de bávaros que pusieron emboscada a Muribellumn y se lanzaron sobre él como perros sobre un oso, en un mundo donde Pilato gritaba a sus jinetes "¡Cortadlos! ¡Cortadlos! Han atrapado al gigante Muribellumm", qué látigo le enseñó a Yeshua a no calificar más al autoconfeso "monstruo demente", Pilato, "un hombre bueno", sino "hegemón". ¿Cómo podemos creer, pues, de verdad que cuando alguien nos golpea en la mejilla derecha, debemos presentarle también la izquierda (Mt 5:39)? No estamos del todo preparados a tomar nuestra cruz y seguir al Jesús no violento. Como Mateo, el levita en la interpretación que Bulganov hace de la historia de la crucifixión, podríamos estar lo bastante fascinados con Jesús como para robar un cuchillo para cortar las cuerdas que lo ataban a la cruz, pero, otra vez como el Mateo de Bulganov, debemos seguirlo tan solo desde una distancia prudente, asustados de compartir su destino terrible.

En un mundo cuyo orden descansa en la violencia, nos agarramos instintivamente al Mesías *resucitado* al que se le dio todo poder en el cielo y en la tierra (Mt 28:20). No es que no encontremos uso alguno para el crucificado. Solo insistimos en una clara división de trabajo entre el crucificado y el resucitado. El Mesías crucificado es bueno para el mundo interior de nuestras almas atormentadas por la culpa y el abandono. Él es el Salvador que murió en nuestro lugar para quitar nuestros pecados y liberar nuestra consciencia; Él es el compañero sufriente que sostiene nuestras manos mientras caminamos por el valle de las lágrimas. Pero para el mundo exterior de nuestros seres encarnados, donde los intereses chocan con los nuestros y el poder cruza su espada con la nuestra, sentimos que necesitamos una clase distinta de Mesías, "el Rey de reyes y el Señor de señores" que hará que nuestras voluntades sean inflexibles, nuestros brazos fuertes, nuestras espadas afiladas. La imagen del Jinete vencedor sobre el caballo blanco, de ojos "como llamas de fuego" y su

---

[785] Ibíd., 33.

"ropa teñida en sangre" que viene a "pisar el lagar del vino del furor y de la ira del Dios Todopoderoso" se superpone a la imagen del Mesías impotente que cuelga de la cruz.

Existen muchas razones por las que preferiríamos ser el ejército del Jinete y no los discípulos del Crucificado. Todos rehuimos del sufrimiento, y muchos de nosotros disfrutamos en secreto de hacer violencia. Sin embargo, nos encantaría desear menos infligir violencia y estar deseosos de sufrirla si viviéramos en un mundo en el que se ejerciera la justicia y se respetara la verdad. No obstante, no lo hacemos. Thomas Hobbes no lo habría entendido *todo* mal cuando en *Leviathan* buscó proteger a los seres humanos del caos de la exterminación mutua, a través del poder de un estado absoluto.[786] Pero mientras anhelamos la espada de César, no deberíamos olvidar preguntar si la verdad y la justicia reinarán *con* ella. ¿Cómo puede la verdad y la justicia ser otra cosa que engaño y opresión a aquellos que han sido llevados a la percepción por medio de la violencia? ¿No estirarán el brazo para agarrar ellos mismos la espada y establecer *su* verdad y *su* justicia? La espada que pretendía desarraigar la violencia acaba fomentándola. El temor del "caos de abajo" suscita "el caos de arriba", que, a su vez, perpetúa "el caos de abajo".[787] Estamos atrapados en un ciclo vicioso: verdades y justicias rivales que apelan a la violencia, y esta entroniza las verdades y las justicias de sus perpetradores. ¿Para evitar este ciclo, no debemos aceptar el pensamiento que llevó al Jesús de Bulgakov a la cruz? Si esperamos el reino de verdad y justicia, ¿no debemos esperar al día en que el poder del César ya no existirá, cuando las espadas serán convertidas en arados?

Sí, debemos *esperar*. Sin embargo, mientras tanto, seguimos viviendo en un mundo en el que preferiríamos amontonar espadas y no hacer bastantes arados, en el que en cada minuto, las naciones del mundo gastan 3,56 millones de dólares en armamento militar mientras que cada hora mueren 353 niños de hambre, según los datos del 2018. El rápido crecimiento de la población, la degradación ecológica, la desigualdad económica flagrante, la falta de educación, la migración a los barrios marginales y a los millones de refugiados aumentan constantemente la presión a lo largo de las muchas líneas defectuosas de nuestro globo, creando condiciones maduras para más

---

[786] Thomas Hobbes, *Leviathan,* The Library of Liberal Arts, ed. Oskar Piest, Indianapolis: Bobbs Merrill, 1967.

[787] Cp. Aleida Assmann y Jan Assmannn, "Aspekte einer Theorie des unkommunikativen Handelns", *Kultur und Konflikt,* ed. Jan Assmann and Dietrich Harth, Frankfurt: Suhrkamp, 1990, 20.

Ruandas y Bosnias en el futuro.[788] Conforme la violencia estalla, la opresión y el engaño se mantengan, se generarán nuevos desequilibrios de poder y se perpetuarán profundos desacuerdos sobre la verdad y la justicia. Y todo esto se hará mediante grandes y pequeños césares que manejan sus espadas grandes y pequeñas. En un mundo así, nuestra pregunta no puede ser si el reino de la verdad y la justicia —el reino de Dios— debería sustituir el gobierno de César. Cuanto lo haga mejor. Nuestra pregunta debe ser *cómo vivir bajo el gobierno de César en la ausencia del reino de la verdad y la justicia*. ¿Tiene el Mesías crucificado alguna influencia en nuestra vida en un mundo de medias verdades y de justicia sesgada?

¿O deberíamos encerrarlo en las cámaras interiores de nuestros corazones e iglesias, y buscar la inspiración de la imagen del Jinete sobre el caballo blanco para nuestra acción en el mundo? ¿Deberíamos renunciar a ambas cosas, abandonar del todo la religión y buscar recursos para la paz en otro lugar?

Empezando por algunos de nuestros antepasados de la Iluminación, que decidieron en favor de esta última opción ¿abandonar la religión?, me involucrará críticamente primero en algunas propuestas importantes para contrarrestar la violencia, una razón universal como alternativa a las lealtades particulares que generan conflicto, al diálogo entre las religiones como suplemento a la razón, y desacreditar tanto a la razón como a la religión, como promotoras del "sistema de terror" en el nombre de un "yo" descentrado y sin prejuicios. En la segunda parte argumentaré que el Mesías crucificado (la teología de la cruz) y el Jinete sobre el caballo blanco (la teología del juicio) no suscriben la violencia, sino que ofrecen importantes recursos para vivir en paz en un mundo violento.

La razón contra la violencia

¿Cuál fue la oscura noche a la que los pensadores de la Ilustración buscaron llevar su brillante luz? El relato tradicional es que los protagonistas de la modernidad disiparon la oscuridad de la tradición y la superstición con la luz de la razón científica y filosófica; el método moderno, racionalmente autojustificador sustituyó la dependencia medieval de la tradición. Después del siglo XX, estamos mucho menos dispuestos a asociar la tradición con la oscuridad de lo que estuvieron nuestros antepasados. Al mismo tiempo, hemos llegado a reconocer una oscuridad verdaderamente siniestra que sirvió de telón de fondo para el desarrollo del método racional moderno. Como argumentó Stephen

---

[788] Ver Paul Kennedy, *Preparing for the Twenty-First Century*, Nueva York: Vintage Books, 1994.

Toulmin en *Cosmopolis,* Descartes "descubrió" el método correcto para adquirir conocimiento en un tiempo cuando "sobre gran parte del continente... las personas tenían bastantes posibilidades de que unos extranjeros a los que simplemente no les gustaba su religión las degollaran y quemaran sus casas"[789], y cuando "los ejércitos protestantes y católicos buscaron demostrar una supremacía teológica por la fuerza de las armas".[790] Una nueva forma de establecer la verdad "que era independiente de las lealtades religiosas particulares, y neutrales entre ellas"[791], parecían una alternativa atractiva a la guerra alimentada por afirmaciones dogmáticas". La confianza moderna en la razón abstracta, universal y atemporal fue una respuesta al caos social creado por oponerse a las afirmaciones religiosas, un intento de poner fin a la violencia creada por lealtades particulares. El caos de las guerras religiosas no fue, por supuesto, el único factor en la emergencia de la razón de la Ilustración. En otros momentos y otros lugares, las guerras religiosas no tuvieron esos efectos. Sin embargo, dentro de la matriz cultural de Occidente, esas guerras proporcionaron un telón de fondo para el desarrollo del método racional, un problema para el cual era necesario encontrar una solución.

El método racional, como antídoto a la violencia, formaba parte integrante de la visión optimista de la Ilustración del proceso civilizador, como la historia de la humanidad que emergía de la barbarie presocial a la civilización social pacífica. Conforme progrese la historia, el argumento fue eliminado poco a poco de la vida social, y todos los impulsos irracionales y antisociales se suprimirán gradualmente. En el ensayo "What Is Enlightenment?", Immanuel Kant declaró casi como realidad incontestable sobre la naturaleza humana que "los hombres se esfuerzan por salir ellos mismos de la barbarie con solo no hacer artificios intencionados que los aferre a ella".[792] Desde esta perspectiva, los estallidos de la violencia fueron una señal de que el proceso civilizador no se había completado todavía, un recordatorio en el que deberíamos insistir.

Kant reafirmó la misma creencia en la eliminación constante de la violencia en el ensayo "Is the Human Race constantly Progressing?":

Poco a poco, la violencia por parte de los poderes disminuirá y la obediencia a las leyes aumentará. Tal vez surja en el cuerpo político

---

[789] Stepeh Toulmin, *Cosmopolis: The Hidden Agenda of Modernity*, Nueva York: The Free Press, 1990, 17.

[790] Ibíd., 69.

[791] Ibíd., 70.

[792] Immanuel Kant, *On History,* trad. Lewis White Beck et al. Indianapolis: Bobbs-Merrill, 1963, 9.

más caridad y menos lucha en los pleitos, más fiabilidad en cumplir la palabra propia, etc., en parte por amor al honor, en parte por el interés del "yo" bien entendido. Y, finalmente, esto se extenderá también a las naciones en sus relaciones externas las unas con las otras hasta la realización de la sociedad cosmopolita.[793]

En la conclusión al mismo ensayo, Kant cuenta la historia de un doctor que consolaba a sus pacientes de un día a otro con las esperanzas de una rápida recuperación, "prometiéndole a uno que su pulso latiría mejor, a otro que sus deposiciones mejorarían, a un tercero lo mismo respecto a su transpiración, etc.". Un día, el doctor recibió la visita de uno de sus amigos. "¿Cómo va tu enfermedad, amigo mío?", fue la primera pregunta del médico. "¿Cómo tendría que ir? Me estoy muriendo de mejoría, pura y simple".[794] Tras contar la historia, Kant la dejó a un lado como una parábola de cómo tratan los doctores modernos a sus pacientes. En su lugar, sugirió que la dolorosa consecuencia de las guerras debería "obligar al profeta político a confesar un giro muy inminente de la humanidad hacia lo mejor".[795] Hoy, dos siglos más tarde y después de dos guerras mundiales, el Holocausto y otras muchas atrocidades más prudentes, desearíamos que Kant hubiera contado la historia al principio de su ensayo, y procediera a decirnos cómo deberíamos vivir para evitar morir de mejoría.

En *The Civilizing Process,* escrito la víspera de la Segunda Guerra Mundial, Norbert Elias argumentó que la organización moderna de la sociedad entraña una domesticación de instintos y, por tanto, una reducción de la agresividad y la violencia.[796] Su teoría era simple: cuanto más interdependientes son las personas, menos espontáneas pueden ser, y lo son, y menos agresivas serán porque su conducta será regulada por una plétora de reglas y normas. El estado tiene ahora el monopolio de la violencia con la que las personas lucharon con anterioridad por su posición en la sociedad. Una "presión continua y uniforme se ejerce en la vida individual por parte de la violencia física reservada tras las escenas de la vida cotidiana".[797] Que disminuye la violencia física impredecible. Como resultado, argumentó, las sociedades modernas son más pacíficas y, por tanto, más civilizadas que las premodernas.

---

[793] Ibíd., 151

[794] Ibíd., 153

[795] Ibíd., 154

[796] Norbert Elias, *The Civilizing Process: The History of Manners and State Formation and Civilization,* trad. Edmund Jephcott, Oxford: Blackwell, 1994.

[797] Ibíd., 238.

Elías ofreció una explicación sociológica de las promesas de la Ilustración que, a pesar de los síntomas, la humanidad está en realidad emergiendo poco a poco de la barbarie presocial a la coexistencia pacífica. Sin embargo, la noción de que "el proceso civilizador" entraña una reducción de la violencia ha demostrado ser un mito ingenuo. Observemos lo obvio: el monopolio del estado sobre la violencia no implica necesariamente la *reducción* de la violencia como tal, sino la reducción de la violencia *irregular*. Anthony Giddens ha argumentado que, cualquier "pacificación interna" que exista en los estados nación modernos, se ha asociado con una militarización concienzuda del intercambio intersocial producción del orden interno de la sociedad.[798] Se puede tener buenas razones para preferir la violencia "civilizada" de los estados nación a la violencia "incivilizada" de las guerras tribales con sus masacres y el reino de terror, pero esta no debería confundirse con la no violencia. Además, no queda en absoluto claro que en las sociedades que han sido "pacificadas" por el monopolio del estado sobre la violencia del poder ha disminuido.[799] Hans Peter Duerr, en *Obszönität und Gewalt* (Obscenity and Violence) —una serie de volúmenes bajo el título "The Myth of the Civilizing Process"— representa un argumento masivo que la agresión y la crueldad, y el disfrute de estos, no han decrecido en las sociedades modernas.[800]

Es irónico que Elias formulara su visión del "proceso de civilización" al mismo tiempo que se estaban fraguando los horrores del Holocausto (1939). Admito, en contra de la creencia inquebrantable en la eliminación progresiva de la violencia, el Holocausto podría parecer "la salida irracional de los residuos de la barbarie premoderna que no están todavía erradicados del todo", como lo expresa el crítico Zygmunt Bauman.[801] La apariencia demuestra ser ilusoria tan pronto como invertimos la relación interpretativa entre la modernidad y el Holocausto. En lugar de intentar encajar este exterminio en nuestras nociones preconcebidas del progreso, es necesario preguntar cómo debería impactar el Holocausto en estas nociones. Contra su brutal realidad, la creencia en la eliminación progresiva de la violencia parece más como una superstición moderna que como verdad sobre el progreso en la historia.

---

[798] Anthony Giddens, *The Nation-State and Violence*, Berkeley: University of California Press, 1985.

[799] Hannah Arendt ha argumentado que "cuanto mayor es la burocratización de la vida pública, mayor será la atracción de la violencia", *On Violence*, Nueva York: Harcourt, Brace & World, 1970, 81.

[800] Hans Peter Duerr, *Obszönität und Gewalt: Der Mythos vom Zivilisationsprozeß*, Frankfurt: Suhrkamp, 1993.

[801] Zygmunt Bauman, *Modernity and the Holocaust*, Ithaca, NY: Cornell University Press, 1989, 17.

En *Modernity and the Holocaust* Bauman mismo ha argumentado de forma convincente que el Holocausto no es un intruso extranjero en la casa de la modernidad, sino "un residente legítimo... en realidad, alguien que no se sentiría en su hogar en ninguna otra casa".[802] La modernidad posibilitó el Holocausto, argumenta Bauman, no contenía mecanismos efectivos para evitar que sucediera. En opinión de Bauman, la responsable fue la "cultura burocrática" típicamente moderna. Explicando su postura, escribe:

> Sugiero... que la cultura burocrática, que nos impulsa a ver la sociedad como un objeto de administración, como una colección de tantos "problemas" pendientes de resolver, como una "naturaleza" que debe "controlarse", "dominarse" y "mejorarse" o "rehacerse", como objetivo legítimo para la "ingeniería social" y, en general, como un jardín que se tiene que diseñar y mantener a la fuerza en la forma planeada (la postura de la jardinería divide la vegetación en "plantas cultivadas" que se deben cuidar y malas hierbas que hay que exterminar), fue el ambiente mismo en el que se pudo concebir la idea del Holocausto, que se desarrolló poco a poco, aunque de forma sistemática, y se llevó a su conclusión. También sugiero que fue el espíritu de la racionalidad instrumental y su moderna forma burocrática de institucionalización lo que no solo hizo posible las soluciones al estilo del Holocausto, sino eminentemente "razonable", y aumentó la probabilidad de su elección. Este aumento en probabilidad está más que relacionado, de un modo fortuito, con la capacidad de la burocracia moderna de coordinar la acción de un gran número de individuos morales en la búsqueda de cualquier fin, incluso inmoral.[803]

Bauman afirma que, en lugar de expulsar la violencia de la vida social, el proceso de "civilización" moderno solo la redistribuye en nuevas ubicaciones donde prosigue con la misma obra destructiva y asesina. Al "sustituir los patrones artificiales y flexibles de la conducta humana en favor de los instintos naturales" la modernidad ha "hecho posible una escala de inhumanidad y destrucción que ha permanecido inconcebible mientras las predisposiciones naturales guían la acción humana";[804] la burocracia y la tecnología del estado moderno hicieron que la escala de barbarie fuera tan horriblemente única.

---

[802] Ibíd.
[803] Ibíd., 17s.
[804] Ibíd., 95.

Alegando que "las inhibiciones morales no actúan a distancia" y que "el compromiso con los actos inmorales... se vuelven más fáciles con cada centímetro de distancia social", Bauman espera una mejoría al permitir que "las predisposiciones naturales" se realicen en situaciones de la "proximidad humana".[805] La expectativa parecería justificada en la medida que matar a distancia se vuelve en realidad más fácil cuando "no tienes que mirar a tu víctima en ningún momento a los ojos", cuando tú "cuentas puntos en la pantalla, no cadáveres".[806] Pero incluso si la distancia mata la responsabilidad moral, no significa que la proximidad la restaure. Contra Bauman, Arne Vetlesen ha argumentado en *Perception, Empathy, and Judgment* que "no existe una correlación *necesaria* entre la proximidad humana y la conducta moral... La proximidad interactúa con un número de factores; no provoca de por sí la conducta moral ni la falta de ella, ni justifica ninguna de las dos cosas".[807] Nos guste o no, no es una excepción, sino una norma que los seres humanos destruyen cuando odian, y lo que más odian es un rival en su propio territorio.[808] El análisis que Bauman hace de la interrelación entre la modernidad y el Holocausto subraya de manera correcta, sin embargo, que no deberíamos esperar la paz de la "civilización", ciertamente no de la civilización moderna racional y burocrática. Richard L. Rubenstein ha observado con acierto que la civilización no solo significa "higiene médica, ideas religiosas elevadas, arte hermoso y música exquisita", pero también "esclavitud, guerras, explotación y campos de muerte. Es un error imaginar" concluye "que la civilización y la salvaje crueldad son antítesis".[809] "La civilización" es un proceso profundamente ambiguo (ver Capítulo III).

Pueblos beligerantes, dioses belicosos

La modernidad no ha entregado la promesa de paz. Tampoco ha desplazado la religión en nombre de la razón. Esto nos lleva de regreso a la pregunta de cómo se relaciona la religión con la violencia sin tregua en las sociedades contemporáneas. La respuesta depende en parte del lugar de la religión en dichas sociedades.

---

[805] Ibíd., 192.

[806] Zygmunt Bauman, *Life in Fragments: Essays in Postmodern Morality*, Oxford: Blackwell, 1995, 150.

[807] Arne Johan Vetlesen, *Perception, Empathy, and Judgment: An Inquiry into the Preconditions of Moral Performance*, University Park: The Pennsylvania State University Press, 1994, 275.

[808] Hans Magnus Enzensberger, *Aussichten auf den Bürgerkrieg*, Frankfurt: Suhrkamp, 1993, 11.

[809] Richard L. Rubenstein, *The Cunning of History*, Nueva York: Harper, 1978, 91.

En el mundo no occidental hemos sido testigos de un verdadero resurgir de la religión como fuerza política. Como observa Mark Juergensmeyer en *The New Cold War*,

> El nuevo orden mundial que está sustituyendo los poderes bipolares de la vieja Guerra Fría no solo se caracteriza por el surgimiento de nuevas fuerzas económicas, el derrumbamiento de los antiguos imperios y el descrédito del comunismo, sino también por la resurgencia de las identidades parroquiales basadas en la etnia y en las lealtades religiosas.[810]

En muchas partes del mundo no occidental la religión se está reafirmando en la vida pública. Se hacen intentos de fundir las identidades religiosas y políticas, en parte con el fin de completar el proceso de la liberación cultural del colonialismo occidental secular. En situaciones de conflicto, la religión se convierte en una fuerza para legitimar el uso de la violencia con fines políticos. Los cristianos podrían llevar una cruz de gran tamaño y los musulmanes una réplica del Corán alrededor del cuello, y al anunciar de manera ostentosa la convicción religiosa estarán haciendo una aseveración sin duda política, no solo respecto a quiénes son, sino también en qué nombre están luchando.

Las cosas son un tanto más complejas en las supuestas sociedades industriales avanzadas. Como James A. Beckford ha argumentado en *Religion and Advanced Industrial Society*, las formas dominantes de entender la relación entre la religión y la sociedad —la religión como ideología que enmascara los intereses materiales de las clases, la religión como sistema de integración social, y la religión como proveedor de las directrices normativas para la acción y del terreno del significado supremo— no funcionarán para las sociedades industriales avanzadas.[811] No necesito aquí entrar en sus razones de porqué es este el caso, ni siquiera en las que me parecen poco convincentes. Para mis propósitos aquí, su sugerencia positiva es más relevante que su crítica de cómo deberíamos pensar sobre el lugar de la religión en las sociedades modernas.

A diferencia de los sociólogos que consignan la religión a los márgenes del mundo moderno, Beckford argumenta a favor de su relevancia continua, aunque menos como institución social que como *recurso cultural*. Escribe:

---

[810] Mark Juergensmeyer, *The New Cold War? Religious Nationalism Confronts the Secular State*, Berkeley; University of California Press, 1993, 1s.

[811] James A. Beckford, *Religion and Advanced Industrial Society*, Londres: Unwin Hyman, 1989.

La transformación posterior a la Segunda Guerra Mundial del tipo de sociedad industrial imaginada por los sociólogos a principios del siglo XX ha tendido a socavar las bases comunes, familiares y organizacionales de la religión. Pero las formas religiosas de sentimiento, creencia y acción han sobrevivido como recursos relativamente autónomos. Retienen la capacidad de simbolizar, por ejemplo, el significado supremo, el poder infinito, la indignación suprema y la compasión sublime. Y pueden desplegarla en el servicio de prácticamente cualquier grupo de interés o ideal... La religión puede combinarse casi con cualquier otro conjunto de ideas o valores. Y aumentan las probabilidades de que la religión sean polémica por el hecho de que las puedan usar personas con poca o ninguna conexión con las organizaciones religiosas formales. La desregulación de la religión es una de las ironías escondidas de la secularización.[812]

Se podría argumentar si es adecuado concentrarse solo en los usos sociales para los que se puedan usar las religiones mientras se ignora la pregunta del contenido de su verdad. Se podría cuestionar también si toda religión puede combinarse con cualquier conjunto de ideas o valores. Sin embargo, aunque Beckford haya exagerado este caso, como creo que lo ha hecho, su insistencia en la variedad de usos en los que se puede emplear la religión en las sociedades modernas es importante. La pérdida de grandes monopolios religiosos en Occidente y la desregulación de la religión no implica necesariamente una función menor de la misma en los conflictos sociales. En su lugar, conforme la expansión del pluralismo y el relativismo se come la unidad interna de las sociedades, los símbolos religiosos pueden seguir usándose en los conflictos entre diversos grupos sociales. Mientras los símbolos religiosos sigan capturando la imaginación de las personas y mientras que las sociedades sigan siendo dirigidas por el conflicto, las personas procurarán atraer los símbolos religiosos a sus conflictos, usarlos como armas en sus guerras. ¿Cómo puedes resistirte a hacer que tus dioses, tus símbolos de significado supremo, luchen por ti cuando la vida de tu familia o de tu país está en juego? A menos que tu dios se niegue a pelear, no puedes.

La religión está viva en el mundo de hoy, y también la violencia. Además, parecería que ambas pueden funcionar juntas hoy, sembrando desolación como han hecho a lo largo de la historia humana. Sobre la doble suposición de que las religiones son un factor importante en la vida pública y que "las luchas

---

[812] Ibíd., 171s.

políticas más fanáticas y crueles son las que han sido coloreadas, inspiradas y legitimadas por la religión",[813] Hans Küng ha argumentado a lo largo de los años que la paz no puede fomentarse "contra las religiones, sino solo con ellas".[814] En los círculos teológicos, su eslogan que vincula la paz del mundo con la paz religiosa ha adquirido el estatus de truismo: "No puede haber paz entre las naciones sin paz entre las religiones".[815] Dado que la paz religiosa solo se puede establecer por medio del diálogo religioso,[816] Küng cree que la reconciliación entre los pueblos depende del éxito del diálogo interreligioso.

A cierto nivel, es difícil argumentar en contra de la tesis de Küng. La mayoría de la población del mundo es religiosa, y cuando están en guerra, sus dioses también están invariablemente en guerra. Parecería que si reconciliamos a los dioses nos acercaríamos más a la reconciliación de los pueblos. La pregunta es, sin embargo, ¿quién pelea esas batallas en esas guerras? ¿Están peleando los pueblos las batallas de sus dioses hambrientos de poder o están los dioses luchando las batalles de sus pueblos belicosos? Ambos no son mutuamente exclusivos, por supuesto. Mi sospecha es, sin embargo, que los dioses se llevan la peor parte: acaban haciendo más del trabajo sucio para sus presuntos siervos terrenales del que estos hacen por ellos. Y cuando los dioses se niegan a hacer el trabajo sucio, más personas involucradas en conflictos los descartan en favor de los dioses más sumisos o procuran reeducarlos, lo que equivale a lo mismo. ¡Pobres dioses! ¡Lo que tienen que soportar a manos de sus humildes partidarios!

Para probar si mi empatía por los dioses maltratados está en orden, estipulemos un mundo en el que los *diversos dioses* no luchan entre sí. Sería un mundo en el que varias religiones —varios conjuntos de creencias y prácticas— existen pacíficamente las unas junto a las otras. Aunque cada una *pudiera* reivindicar que es más veraz que las demás, cada una comparte la creencia de que todas las demás merecen respeto. No se puede desear más con respecto a la reconciliación entre las religiones, a menos que se esté interesado en reducir todas las religiones a una sola (defendiendo el exclusivismo al antiguo estilo o el inclusivismo del nuevo estilo), o viendo en cada religión concreta la manifestación culturalmente condicionada de un solo compromiso religioso

---

[813] Hans Küng et al., *Christianity and World Religions: Paths to Dialogue with Islam, Hinduism, and Buddhism,* trad. Peter Heinegg, Maryknoll, NY: Orbis, 1993, 442.

[814] Hans Küng, *Global Responsibility: In Search for a New World Ethic,* trad. John Bowden, Nueva York: Continuum, 1993, 89.

[815] Ibíd., 76.

[816] Ibíd., 105.

común (pongamos, defendiendo una clase de pluralismo hickiano);[817] para Küng todas las opciones son nada convincentes.[818] No cabe duda de que el mundo de las religiones reconciliadas sería más pacífico que aquel en el que habitamos. La intolerancia religiosa en un factor que fomenta el conflicto. Sin embargo, ¿dejarían las personas de pelear y se reconciliaría si las religiones estuvieran reconciliadas? Por supuesto que no. Existen muchos adoradores de un solo y único dios, partidarios de una sola y única religión que pelean entre sí hasta el punto de la exterminación, y cada uno de ellas creyendo que su dios común está de su parte, luchando sus batallas. Las personas pelean a veces porque sus dioses lo hacen. Sin embargo, como norma, sus dioses pelean porque las personas están en guerra unas con otras. Que crean o no en el *mismo* dios cambia poco las cosas.

La tesis de que no puede haber paz en el mundo sin paz entre las religiones es verdad, pero es mucho menos relevante de lo que su carácter altisonante querría hacernos creer. La paz entre las religiones haría poco para crear paz entre las personas, a menos que, por supuesto, se entienda la paz entre las religiones como paz entre *personas* que las adoptan, en cuyo caso la tesis es banal. Lo único que la paz entre las religiones impediría es estrictamente las guerras religiosas. En términos de fomentar la paz, la cuestión de la reconciliación entre las religiones como sistemas de creencias y prácticas es menos importante que *el carácter de cada religión*. ¿Qué disposición tienen sus dioses a involucrarse en los conflictos de sus adoradores? Si cada religión fomenta la violencia, la reconciliación entre ambas hará poca cosa para promover la paz. Por otra parte, aunque las creencias religiosas y las prácticas de las religiones concretas estén reñidas entre sí, si cada una de ellas fomenta la no violencia, difícilmente seremos capaces de acusarlas de promover la guerra. Si la paz es lo que estamos buscando, una crítica de la legitimación religiosa de la violencia —la crítica de los dioses belicosos— es más urgente que la reconciliación entre las religiones.

Hans Küng ha hecho mucho, no solo para fomentar el diálogo entre las religiones, sino también para subrayar que la no violencia está en el núcleo central de muchas religiones. Una Declaración del Parlamento de las Religiones del Mundo,[819] cuyo borrador realizó Küng, contiene como primera

---

[817] John Hick, *An Interpretation of Religion: Human Responses to the Transcendent*, New haven: Yale University Press, 1989.

[818] Küng, *Global Responsibility,* 78ss.

[819] Hans Küng and Karl-Josef Kuschel, eds., *A Global Ethic: The Declaration of the Parliament of the World's Religions*, New York: Continuum, 1993.

de sus cuatro "directrices irrevocables" el "compromiso con una cultura de no violencia y respeto por la vida".[820] Nótese, sin embargo, cómo se encarna el compromiso: "Personas que ostentan el poder político deben trabajar dentro del marco de un orden justo y comprometerse con las soluciones menos violentas".[821] Aunque relevante, la adhesión a "las soluciones *menos* violentes *posibles*" está plagada precisamente de la clase de ambigüedad que observamos en muchas religiones (incluido el cristianismo) en relación con la no violencia. Las religiones defienden la no violencia en general, aunque al mismo tiempo encuentra formas de legitimar la violencia en situaciones específicas; sus representantes predican en contra de la guerra y, a la vez, bendicen las armas de las tropas de la nación. Y, así, la profunda sabiduría religiosa sobre la no violencia se reduce a un principio que ningún caudillo que se respete negará, a saber, que puedes ser violento cuando no puedes ser no violento, siempre que tus objetivos sean justos (que lo suelen ser por la simple razón de que son tuyos). El diálogo religioso o no, sin la aseveración de principios de que *nunca es adecuado usar la religión para atribuir una sanción moral al uso de la violencia,* las imágenes religiosas y los líderes religiosos seguirán siendo explotados por los políticos y generales involucrados en la violencia.

Terror cósmico

¿Por qué es tan difícil para la gente religiosa adoptar la no violencia basada en fuertes principios, aun cuando la virtud de esta es fundamental para su sistema de creencias? ¿Sencillamente es porque no son capaces de resistir la lógica de la violencia en un mundo de derramamiento de sangre y, por tanto, renegar de sus creencias cuando sus intereses lo exijan? ¿Podría ser que sus religiones mismas son violentas en el fondo,[822] y su estructura más profunda fomenta lo que sus declaraciones superficiales parecen impedir? ¿Acaso no hablan todas ellas de lucha cósmica?[823] ¿Qué debe impedir que las normas rituales de esta lucha respalde la violencia política? ¿No se correlacionan la violencia cósmica divina y la violencia social humana?

No puedo hablar por todas las religiones. Mi propósito es echar una breve mirada a la estructura más profunda de la fe cristiana e inquirir sobre su relación con la violencia. Permitirá que una clara crítica de lo que él llama "terror

---

[820] Ibíd., 24.

[821] Ibíd., 25.

[822] Maurice Bloch, *Prey into Hunter: The Politics of Religious Experience*, Cambridge: Cambridge University Press, 1992.

[823] Juergensmeyer, *The New Cold War?*

cósmico" cristiano hable primero. Su nombre es Gilles Deleuze, y el objeto inmediato de su crítica es el libro de Apocalipsis. Sin embargo, su diana no es nada menos que la fe cristiana en conjunto. Además, tanto en contenido como en estrategia, su ataque sobre la fe cristiana es paralela al ataque que él y otros pensadores postmodernos lanzan contra la modernidad. La razón universal de esta, y el Dios absoluto de la cristiandad, no son sino dos manifestaciones, sagradas y seculares, de un mismo sistema de terror. Por el bien de la libertad humana, argumentan, es necesario que deconstruyamos tanto la razón moderna como la religión antigua.

En el ensayo "Nietzsche y Pablo, Lawrence y Juan de Patmos", Deleuze argumenta que Apocalipsis contiene un mensaje del corazón del pobre y del débil. Siguiendo a Nietzsche,[824] sostiene que estas personas no son los humildes e infortunados que uno suele pensar que son. Están llenos de resentimiento y venganza. Pero ¿no sueñan con la Nueva Jerusalén, la ciudad de luz, de verdad y de Justicia? Sí, y ahí es donde radica precisamente el problema. Deleuze escribe:

> Es posible que haya una ligera similitud entre Hitler y el Anticristo, pero hay mucho parecido entre la Nueva Jerusalén y el futuro que tenemos prometido, no solo en la ciencia ficción, sino más aún en la planificación militar-industrial del gobierno mundial absoluto. El apocalipsis no es el campo de concentración (Anticristo); es la gran seguridad del ejército, de la policía y de la seguridad civil del nuevo estado (la Jerusalén celestial). La modernidad del apocalipsis no está en las catástrofes que anuncia, sino en la autoglorificación programada, en el establecimiento glorioso de la nueva Jerusalén, en la loca construcción de un gobierno jurídico final y moral... Sin pretenderlo, el apocalipsis nos está persuadiendo de que lo peor no es el Anticristo, sino esa nueva ciudad que está descendiendo del cielo, la ciudad santa... Cada lector necio del apocalipsis siente que ya está en el lago de azufre.[825]

---

[824] Friedrich Nietzsche, *The Birth of Tragedy and The Genealogy of Morals,* trad. Francis Golffing, Garden City: Doubleday, 1956, 258ss.

[825] Gilles Deleuze, *Kleine Schriften,* trad. K. D. Schacht, Berlín: Minerva, 1980, 114. Las reflexiones de Deleuze sobre Apocalipsis se dan en el contexto de un análisis del comentario de D. H. Lawrence sobre el apocalipsis. Trato el texto simplemente como una expresión de las opiniones de Deleuze.

¿Por qué Deleuze piensa que caminar por las calles de oro de la ciudad de la luz no es mejor que la tortura en el lago ardiente que azufre? ¿Por qué insiste en que la compañía de la bestia y del falso profeta no es peor que la comunión con Dios y el Cordero?

Deleuze proporciona dos razones interrelacionadas. Dicho simplemente, la primera es que la Nueva Jerusalén es totalitaria; representa a un gobierno jurídico y moral. El totalitarismo de la Nueva Jerusalén es más siniestro que la dictadura abierta caracterizada por un concienzudo monismo y el control global de la sociedad por parte del estado. Sus sujetos están regidos *desde dentro* por un poder que busca impregnar todos los poros de la realidad, entrar en cada rincón y cada oscuro recoveco hasta haber llenado todo el universo. Además, no se puede apelar a dioses más altos; el único Dios es el juez final sobre todos los demás poderes.[826] En la Nueva Jerusalén no hay lugar para esconderse ni corte suprema a la que apelar; Dios lo ve y lo juzga todo. ¡Las personas inmersas "en un campo de visibilidad total" y forzadas a interiorizar los juicios del árbitro absoluto final! Si llamas a esto cielo, ¿cómo lo distinguirás del infierno? Un amigo íntimo de Deleuze, Michel Foucault, describe precisamente en estos términos la prisión suprema. El "panoptikon" de Bentham.[827]

La segunda razón para la rebelión de Deleuze contra la santa ciudad es que la luz resplandeciente de la Nueva Jerusalén puede brillar después de que todo el universo haya sido envuelto en la oscuridad de la muerte. Haciéndose eco de la afirmación de Nietzsche respecto a que los primeros cristianos, esos "santos anarquistas", lo convirtieron "'en un acto de piedad' para destruir el mundo",[828] Deleuze interpreta la visión de la Nueva Jerusalén celestial como la cara B del terror cósmico con el que sueñan los pobres y los débiles. Condenarán al mundo entero a la destrucción con el fin de conseguir vengarse de sus enemigos. ¡Y, por encima de todo, insistirán en denominar esta ansia mortal "justicia" y "santidad"![829] Por juntar dos objeciones de Deleuze contra la Nueva Jerusalén, el cielo cristiano no solo es indistinguible del infierno, sino que emerge del terror cósmico que se enmascara como la ejecución de la verdad final y de la justicia.

Por extraño que parezca, el ejecutor del terror cósmico que destruye el mundo y lo recrea según su propia voluntad es *el Cordero*. Pero entonces, nos

---

[826] Ibíd., 102.

[827] Michel Foucault, *Power/Knowledge: Selected Interviews and Other Writings 1972–1977,* trad. Colin Gordon et al. Nueva York: Pantheon Books. 1980, 153ss.

[828] Friedrich Nietzsche, *Twilight of the Idols and The Anti-Christ,* trad. R. J. Hollingdale, Londres: Penguin, 1990, 192.

[829] Deleuze, *Kleine Schriften,* 113.

encontramos con un Cordero extraño en Apocalipsis, "un cordero con cuernos que ruge como un león",[830] "un cordero carnívoro".[831] Es igual que parezca "inmolado". Solo lleva la máscara de una víctima para esconder el rostro del verdugo de manera a liberar su mano que provoca la muerte. En los capítulos finales de Apocalipsis, la máscara cae y el Cordero inocente emerge como en Jinete sobre un caballo blanco que "pisa el lagar del vino del furor y de la ira del Dios Todopoderoso", y lleva "ropa teñida en sangre" (Ap 19:13, 15), cierto es que se dice que el Cordero ejecuta un juicio justo. Pero ¿cuál es el contenido de este juicio? Deleuze responde que nada, sino "la voluntad de destruir, de avanzar lentamente hasta el último rincón, la voluntad de tener siempre la última palabra: la triple voluntad que es tan solo una, Padre, Hijo y Espíritu Santo".[832] Y, así, los pobres, su Cordero y su Dios son mejor retratados con la imagen de un "hombre con la espada entre sus dientes".[833]

Sin embargo, ¿no pintan los Evangelios una imagen distinta? A primera vista, Juan de Patmos y Jesús de Nazaret parecen contrastes verdaderamente irreconciliables. Según Deleuze, Jesús está lleno de amor y su mensaje va dirigido al individuo; Juan sueña con el terror cósmico y se dirige al alma colectiva de las masas. La religión del amor personal se enfrenta a la religión de la violencia colectiva. El contraste no es, sin embargo, una incompatibilidad. Como contrarios, el Cristo de los Evangelios y el Cristo del Apocalipsis se pertenecen el uno al otro "más que si fueran una sola persona".[834] Son los dos lados de una misma moneda. Cuando el Cristo del Apocalipsis destruye el mundo de forma brutal y reconstruye uno nuevo según su voluntad, él toma sin querer dar. Cuando el Jesús de los Evangelios ama sin egoísmo, da sin querer tomar. En Apocalipsis, las masas son sacadas de la existencia; en los Evangelios, Jesús de Nazaret está involucrado en una misión suicida. En ambas reinan la violencia y la muerte. La destrucción apocalíptica del mundo crece en un terreno preparado por el sacrificio evangélico del "yo". Como observó Michel Foucault, el genocidio y el autosacrificio total nunca están alejados.[835]

Según Deleuze, el "yo" del "sujeto" es el culpable hambriento de sangre que hace el sacrificio tanto del "yo" como del otro. Un "yo" estable siembra la muerte dondequiera que mira. ¿Por qué? Deleuze proporciona dos respuestas.

---

[830] Ibíd., 101.
[831] Ibíd., 102.
[832] Ibíd., 103.
[833] Ibíd., 121.
[834] Ibíd., 121
[835] Michel Foucault, *History of Sexuality. Volume I: Introduction,* trad. Robert Hurley, Nueva York: Random House, 1978, 149s.

En primer lugar, un sujeto estable (un "yo") hace juicios de un modo invariable, usando códigos de representación simbólica. Cada vez que una relación física se traduce en una relación lógica, una corriente ha sido cortada en segmentos, se ha matado una cosa viva.[836] Pensar y establecer metas son representativas por su propio derecho. Deleuze recomienda, por tanto, "dejar de pensar en uno mismo como un "yo" con el fin de vivir como una corriente, como un conjunto de corrientes en relación con las demás dentro y fuera de uno mismo".[837] En segundo lugar, la unidad del "yo" racional corresponde a la unidad del mundo, y esta puede conseguirse solo mediante la supresión de la multiplicidad. Deleuze insiste, por tanto, en que deberíamos da primacía a la multiplicidad; la unidad no es nada, sino una reducción inaceptable en multiplicidad.

La solución de Deleuze al problema del terror cósmico busca tomar tres pasos elegantes: sin sujeto —sin determinar fronteras emitiendo juicios— no hay terror. Sin embargo, tropieza antes de haber llegado al segundo. Uno no puede negar el "yo" —el "yo" propio"— sin el acto mismo de confirmarlo. ¿Quién estaría haciendo el trabajo de negar? Por expresarlo de un modo ligeramente distinto, Deleuze "no puede incluir el 'yo' fuera del cual habla al explicarse" dentro de su propia narrativa filosófica, como ha argumentado Alasdair MacIntyre.[838] Aunque Deleuze se las apañara para dar el primer paso, tropezaría al dar el segundo. Como argumentó con anterioridad (Capítulo III), sin fronteras tendríamos el caos; no habría corrientes, sino un océano indiferenciado que fluye en todas las direcciones, lo que significa que no fluye en absoluto.[839] Si procuramos evitar todos los juicios, ¿cómo evitamos alcanzar el "punto muerto" en el cual, como Deleuze mismo lo expresa, "todo se mezcla con todo lo demás sin medida"?[840]

Por el bien del argumento, reconozcamos sin embargo que Deleuze tuvo éxito al dar el primero de los dos pasos. ¿Nos colocarían estos dos pasos en una posición en la que podríamos dar el tercer paso decisivo? ¿Se deduce la libertad del terror? De ninguna manera. Sin el uso de códigos simbólicos sin juicios lo único que tendremos es el flujo salvaje del deseo. No deberíamos confundir esta inmediatez no reflexiva con la ausencia de violencia. Al contrario. Como argumentó Jean Paul Sartre, la opción de la inmediatez y la ausencia

---

[836] Deleuze, *Kleine Schriften,* 125.

[837] Ibíd., 124.

[838] Alaisdair MacIntyre, *Three Rival Versions of Moral Enquiry: Encyclopaedia, Genealogy, and Tradition*, Notre Dame, IN: University of Notre Dame Press, 1990, 210.

[839] Manfred Frank, *was ist Neostrukturalismus?*, Frankfurt: Suhrkamp, 1984, 431.

[840] Deleuze, *Kleine Schriften,* 117.

de comunicación es la fuente de la violencia.[841] Si alguien *cree* haber negado el "yo", este es un juicio sesgado, pero el terror permanecerá. Lo único peor que el terror que resulta del sistema de juicio es el terror sin juicio: ruedan cabezas, pero ni puedes decir cuándo ni dónde, ni por qué. Además, sin un sistema de juicio no tenemos forma de luchar contra la opresión y el engaño, porque no podemos distinguir entre el Carnicero de Lyon y la Madre Teresa. Quienquiera sustituir el "sujeto" de la reflexión crítica con "corrientes" de deseo debe confirmar el mundo del modo en que lo encuentre, con toda su espantosa violencia. El intento de trascender el juicio —ya sea el juicio de la razón o de la religión— no elimina la violencia, sino que la entroniza. Escapar del castillo de la conciencia "que juzga" aterriza en el catillo de los asesinos.[842]

Podría ser relativamente fácil mostrar que la solución de Deleuze al problema de la violencia es errónea, que su alternativa es peor que lo que él rechaza. Pero cuando hemos acabado de deconstruir a Deleuze, no hemos defendido todavía la fe cristiana de la crítica devastadora que lanzó conta él. ¿Está implicada la fe cristiana en promocionar la violencia, no solo a nivel de las creencias aisladas y accidentales, sino a su núcleo central mismo? ¿No son sus imágenes del nuevo mundo de Dios profundamente opresivas? ¿No procede ese mundo de un acto de violencia sin precedente? El grave reto que Deleuze supone y *si alguien puede tener un juicio supremo contra el terror sin el terror del juicio.* ¿Puede la fe cristiana confirmar el juicio sobre la verdad y la justicia, y negar la violencia? Como recordarás, esto es precisamente lo que Jesús de Bulgakov hace en *The Master and Margarita. Contrasta* el reino de la verdad y la justicia con el reino de la violencia. ¿Corroborará una mirada a Apocalipsis y los Evangelios la interpretación de Bulgakov?

Romper el ciclo de la violencia

Aunque no es un tema dominante, la violencia provee un telón de fondo para gran parte de la narrativa neotestamentaria. El drama de la salvación empieza y acaba con violencia, y sin ella su acto central es impensable. En las primeras páginas del Nuevo Testamento, cuando Jesucristo entra en el escenario de

---

[841] Cp. Frank, *Was ist Neostrukturalismus?,* 412.

[842] James F. Miller, *Passion of Michel Foucault,* Nueva York: Simon & Shuster, 1993, 15. En *Life in Fragments Zugmunt Bauman* ha argumentado que por causa de "la desconexión y la evitación del compromiso" de los "consumidores reunidores de sensaciones" típicamente postmodernos, la violencia "podría regresar a los lugares de los que el proceso civilizador" prometió desalojarlas para siempre: al vecindario, a la familia, a las sociedades de la pareja, los sitios tradicionales de proximidad moral y encuentros cara a cara" (124, 156).

la historia, el rey Herodes, temiendo por su trono, masacra a los inocentes para eliminar a un rival potencial (Mt 2); en sus últimas páginas, cuando la historia llega por fin a su conclusión, se produce una gran guerra en la que Jesucristo lanza a la bestia y al falso profeta al lago ardiente y mata a sus seguidores con la espada de su boca (Ap 19). Y, en el acto central del drama neotestamentario, los gobernantes de este siglo planean y ejecutan al asesino brutal de Jesucristo y usan un juicio de burla para atribuirle legitimidad política.

Una perspectiva cristiana sobre la violencia debería conseguirse mediante la reflexión en las actitudes de violencia en todo este drama de la venida de Jesucristo al mundo, vivir en él y juzgarlo. No sucederá simplemente para escoger las declaraciones individuales de Jesús sobre cómo sus discípulos debían tomar una espada (Lc 22:36), pero no usarla (Mt 26:52), considerar la instrucción de Pablo sobre cómo un estado que lleva la espada es un siervo de Dios (Rm 13:1-5) aunque los cristianos no deben "veng[arse]... sino deja[r] lugar a la ira de Dios" (Rm 12:19), o reflexionar en que Juan el Bautista no les dijo a los soldados que deberían dejar su trabajo (Lc 3:14). Cada uno de estos textos es relevante de propio derecho, pero ninguno de ellos se compara en importancia a lo que se inscribe en las coyunturas clave en el drama de Jesucristo, notablemente la cruz y la segunda venida. Meditaré brevemente en la violencia que sufrió Jesucristo como Mesías crucificado y la violencia que como Jinete sobre el caballo blanco se dice que infligirá.

Se recordará que según Deleuze, el amor abnegado del Jesús terrenal prepara el camino para el terror del Señor celestial, porque la negación del "yo" es el primer paso en el borrado del "yo", tanto del propio como del de la otra persona. Sin embargo, ¿tiene sentido la interpretación que Deleuze hace de la historia? No lo tiene. La cruz no fue un trágico resultado de la autonegación que respalda la violencia, sino el final verosímil a la vida de un "yo" entregado en la lucha por la paz de Dios en un mundo de violencia. Consideremos las cuatro formas siguientes en las que el Mesías crucificado reta la violencia.

En primer lugar, la cruz *rompe el ciclo de violencia*. Colgado de la cruz, Jesús provee el ejemplo supremo de su mandamiento de sustituir el principio de las represalias ("ojo por ojo y diente por diente") con el principio de no resistencia ("a cualquiera que te hiera en la mejilla derecha, vuélvele también la otra" (Mt 5:39). Sufriendo violencia como víctima inocente, cargó sobre sí la agresión de los persecutores. Rompió el ciclo vicioso de violencia absorbiéndolo, poniéndolo sobre sus hombros.[843] Se negó a ser succionado por el automatismo de la

---

[843] Ver la explicación de Michael Welker respecto a la impotencia como postura política (*God the Spirit,* trad. John F. Hoffmeyer [Minneapolis: Fortress, 1994], 128ss.

venganza, pero buscó vencer el mal con el bien, incluso al precio de su vida. La clase de opción de Jesús por la no violencia no tenía nada que ver con la abnegación en la que me pongo a disposición de los demás para que hagan conmigo lo que les plazca; estaba muy relacionada con el tipo de autoafirmación en la que me niego a dejarme entrampar en el redoblamiento mudo de los gestos violentos de mis enemigos y ser remodelado en la imagen de su espejo. No, el Mesías crucificado no es una legitimación escondida del sistema de terror, sino su crítica radical. Lejos de entronizar la violencia, la sacralización de él como víctima subvierte la violencia.

En segundo lugar, la cruz *revela el mecanismo del chivo expiatorio*. Todos los relatos de la muerte de Jesús concuerdan con que él sufrió una violencia *injusta*. Sus perseguidores creían en la excelencia de su causa, pero en realidad odiaban sin motivo. Jesús fue un chivo expiatorio. No obstante, afirmar que Jesús fue odiado sin razón —que fue una víctima inocente— no es declarar que fuera una víctima elegida de manera arbitraria, como afirma René Girard, quien propuso la teoría del chivo expiatorio.[844] En un mundo de engaño y opresión, su inocencia —su veracidad y su justicia— fueron suficiente razón para el odio. Jesús *era* una amenaza, y precisamente por su amenazante inocencia, fue también escogido como chivo expiatorio. Sin embargo, en *The Scapegoat,* Girard ha enfatizado con razón que una de las funciones de los relatos del evangelio es desenmascarar el mecanismo de culpar a alguien.[845] En lugar de adoptar la perspectiva de los perseguidores, los Evangelios asumen la de la víctima; "constantemente revelan que los textos de los perseguidores históricos y, en especial, los perseguidores mitológicos, se esconden de nosotros: el conocimiento de que su víctima es un chivo expiatorio".[846]

Para Girard, la identificación de una víctima como un chivo expiatorio tiene la relevancia de una revelación:

> Una vez entendidos, los mecanismos ya no pueden operar; creemos cada vez menos en la culpabilidad de las víctimas que exigen. Privados del alimento que los sustenta, las instituciones derivadas de estos mecanismos se derrumban una detrás de otra respecto a nosotros. Lo sepamos o no, los Evangelios son responsables de este colapso.[847]

---

[844] Paul Dumouchel, "Introduction", *Violence and truth: On the Work of René Girard,* ed. Paul Dumouchel, Stanford: Stanford University Press, 1988, 13s.

[845] René Girard, *The Scapegoat,* trad. Yvonne Freccero, Baltimore: The Johns Hopkins University Press, 1968, 100ss.

[846] Ibíd., 117.

[847] Ibíd., 101.

Aunque desenmascarar el mecanismo del chivo expiatorio es bastante relevante, Girard espera demasiado de ello. Aunque admitamos la suposición cuestionable de que el reconocimiento erróneo del mecanismo del chivo expiatorio es fundamental para su funcionamiento.[848] Girard se toma demasiado a la ligera la tendencia de las personas para volver a enmascarar lo que ha sido desenmascarado cuando encaja en sus intereses. Además, aunque Jesús era inocente, no todos los que sufren violencia son inocentes. La tendencia de los persecutores por culpar a las víctimas se refuerza mediante la culpa real de las víctimas, aunque esta es mínima e incurren en una reacción contra la violencia original cometida contra ellos. Desenmascarar el mecanismo del chivo expiatorio no bastará.

¿Son las estrategias de "absorber" y "desenmascarar" las únicas formas en que Jesús peleó contra la violencia? ¿Es el sufrimiento de la violencia, de forma paradójica, la única cura contra ello? Ciertamente no. La cruz es, en tercer lugar, parte de la *lucha* de Jesús por la verdad y la justicia de Dios. Desde luego, la misión de Jesús no consistía meramente en recibir violencia de manera pasiva. El grito de angustia a un Dios ausente no fue su único pronunciamiento; al caer bajo el peso de la cruz camino a la ejecución no fue su solo logro. Si Jesús no hubiera hecho nada sino sufrir violencia, le habríamos olvidado como ha sucedido con tantas otras víctimas inocentes. El mecanismo del chivo expiatorio no habría sido desenmascarado por su sufrimiento, y la violencia no disminuye mediante su no resistencia. La pura negatividad de la no violencia es estéril, porque rehuyamos "la transgresión" en el territorio del sistema de terror. En el mejor de los casos, los opresores pueden ignorarla sin problema; en el peor, pueden verse indirectamente justificados por él. Para que sea algo significativo, la no violencia debe formar parte de una estrategia más amplia de combatir el sistema de terror.

No obstante, ¿no es el lenguaje de "lucha" y "combate" inapropiado? ¿No dirige los propósitos cruzados con no violencia? Considera que el ministerio público de Jesús —su proclamación y promulgación del reino de Dios como reino de verdad y justicia divinas— no fue un drama representado en un escenario vacío, desalojado por otras voces y actores. Él no dispuso de un escenario vacío, y nosotros tampoco. Era solo el principio, antes del amanecer de la creación. En el escenario vacío de la no existencia, Dios interpreta el drama de la creación, y el mundo se generó. Todo drama posterior se representa en un escenario ocupado; todos los espectadores son intérpretes. En especial, en

---

[848] Henri Atlan, "Founding Violence and Divine Referent", *Violence and Truth: On the Work of René Girard,* ed. Paul Dumouchel, Stanford: Stanford University Press, 1988.

una creación infestada de pecado, la proclamación y la promulgación del reino de verdad y justicia nunca es un acto de postulado puro, sino siempre una transgresión que ya sucedida en los espacios ocupados por otros. La oposición activa contra el reino de Satán, el reino de engaño y opresión, es por tanto inseparable de la proclamación del reino de Dios. Esta oposición es la que llevó a Jesucristo a la cruz; y es esta oposición la que dio sentido a su no violencia. Lleva la lucha contra el engaño y la opresión a transformar la no violencia de la negatividad estéril en una posibilidad creativa, de las arenas movedizas a la fundación de un nuevo mundo.

En cuarto lugar, la cruz en *un acogimiento divino de los engañosos y los injustos*. Una forma de aceptar a los malhechores sería tan solo "actuar como si su pecado no estuviera ahí", como John Milbank ha sugerido en *Theology and Social Theory*.[849] Jesús en la cruz sería, pues, nuestro modelo. Como él, diríamos respecto a los perpetradores: "Padre, perdónalos; porque no saben lo que hacen" (Lc 23:34). En un acto de pura gracia, la justicia y la verdad estarían suspendidas, y se produciría un acogimiento reconciliador. Nosotros malinterpretamos gravemente el perdón, aunque entendamos que es actuar "como si el pecado no estuviera ahí" (ver Capítulo IV).[850] De manera más relevante, mientras la suspensión de la verdad y la justicia en un acto de perdón pretende ayudar a crear un nuevo mundo, dicha suspensión *presupone* en realidad un nuevo mundo, un *mundo sin engaño e injusticia*. Suspende la justicia y la verdad y no podrás redimir el mundo; tienes que dejarlo tal como está. Actuar "como si no" frente al pecado podría de hecho anticipar el cielo en el que no habrá pecado, como explica Milbank. Sin embargo, el precio de esta anticipación es abandonar el mundo a la oscuridad del infierno; el mundo permanecerá torcido para siempre, la sangre del inocente clamará eternamente al cielo. No puede haber redención a menos que se diga la verdad del mundo y que se haga justicia. Tratar el pecado como si no estuviera ahí, cuando en realidad está presente, equivale a vivir como si el mundo estuviera redimido cuando no lo está de verdad. La afirmación de la redención ha degenerado en una ideología vacía y además peligrosa.[851]

---

[849] John Milbank, *Theology and Social Theory: Beyond Secular Reason*, Oxford: Blackwell, 1990, 411.

[850] En *Embodying Forgiveness: A Theological Analysis* (Grand Rapids: Eerdmans, 1995), Gregory Jones ha argumentado, con razón, contra Milbank de que podemos lograr genuinamente la reconciliación solo "mediante el reconocimiento de que su pecado está ahí, pero tratando con él a través de un juicio de gracia" (146 n4).

[851] Actuar "como sino" frente al pecado —se podría denominar esto como "redención por medio de la indiferencia— está demasiado cerca como para estar tranquilo de la reconstrucción

Existe una profunda sabiduría respecto a la naturaleza de nuestro mundo en el simple credo de la iglesia primitiva "de que Cristo murió por nuestros pecados" (1 Cor 15:3). En el núcleo central de la fe cristiana está la afirmación de que Dios entró en la historia y murió en la cruz en la persona de Jesucristo por un mundo injusto y engañoso. Al tomar sobre sí mismo el pecado del mundo, Dios dijo la verdad sobre el mundo engañoso y la justicia entronizada en un mundo injusto. Cuando Dios fue hecho pecado en Cristo (2 Cor 5:21), el mundo del engaño y la injusticia fue corregido. Los pecados fueron expiados. El clamor de la sangre inocente fue atentado. Desde que el nuevo mundo se ha convertido en realidad en el Cristo crucificado y resucitado (2 Cor 5:17), es posible vivir el nuevo mundo en medio del viejo en un acto de perdón gratuito sin abandonar la lucha por la verdad y la justicia. Se puede acoger a los perpetradores en perdón, porque Dios los acogió a través de la expiación. Siguiendo los pasos de la teoría del chivo expiatorio de Girar, James G. Williams ha argumentado en *The Bible, Violence, and the Sacred* que en los textos bíblicos "el lenguaje sacrificial se usa, necesariamente, con el fin de salir de la visión sacrificial del mundo".[852] Creo, más bien, que los textos bíblicos narran como Dios ha *usado el mecanismo sacrificial,* de manera necesaria, para rehacer el mundo en un lugar en el que la necesidad de sacrificar a otros podría evitarse, un nuevo mundo de gracia de autoentrega, un mundo de acogimiento.

La Ilustración nos ha dejado una alternativa: razón o violencia. Nietzsche y sus seguidores postmodernos han demostrado con acierto que la razón misma es violenta,[853] y que añade en sus momentos sinceros el pensamiento horripilante de que la razón violenta solo se puede trascender en la violencia de la sinrazón.[854] La cruz de Cristo debería enseñarnos que la única alternativa a la violencia es el amor abnegado, la disposición a absorber la violencia con el fin de aceptar al otro en el conocimiento de que la verdad y la justicia han sido, y serán, defendidas por Dios. ¿Nos enseña la cruz a abandonar la razón junto con la violencia? ¿Es su mensaje que la inmediatez de la autodonación es

---

de Nietzsche de la "psicología del redentor" en *The Anti-Christ*. Allí también se vive "con el fin de sentirse uno mismo 'en el Cielo'": no hay lucha, pero no porque el mal haya sido vencido, sino porque "el concepto del pecado" se ha abolido; "'las buenas nuevas' son precisamente que no hay más opuestos" (*Twilight of the Idols and The Anti-Christ*, 152-58).

[852] James G. Williams, *The Bible, Violence, and the Sacred: Liberation from the Myth of Sanctions Violence*, Valley Forge: Trinity Press International, 1991, 224.

[853] Nietzsche, *Twilight of the Idols and the Anti-Christ*, 43.

[854] Michel Foucault, "The Ethic of Care of the Self as a Practice of Freedom", *The Final Foucault*, ed. James Bernauer y David Rasmussen (Cambridge: MIT Press, 1988), 285.

el único antídoto para la inmediatez de la violencia? Desde luego que no. No podemos prescindir de la razón y del discurso como armas contra la violencia. Pero la cruz no sugiere que la "responsabilidad de la razón puede sustituir ni la "consciencia del pecado"[855] ni la disposición de acoger al otro pecador. En su lugar, la razón y el discurso mismos necesitan ser redimidos hasta el punto de que están implicados en las relaciones agónicas y pecaminosas del poder. Solo aquellos que están dispuestos a abrazar lo engañoso y lo injusto, como Cristo ha hecho en la cruz, será capaz de emplear la razón y el discurso como instrumentos de paz en lugar de la violencia.

El Jinete sobre el caballo blanco

¿Y qué hay del Jinete sobre el caballo blanco que parece desplegar violencia sin pensamiento alguno de acoger al enemigo? ¿No es ese mismo Mesías sufriente el que soñó todo el tiempo en secreto con la venganza y ahora viene finalmente a hacerlo con furia? ¿Acaso no ha venido a derramar "la ira del Dios Todopoderoso"? (Ap 19:15). ¿No se regocija el cielo a la vista de la destrucción de Babilonia? (Ap 18:20). ¿No aclaman los santos con alegría desde los lados: "Dadle a ella como ella os ha dado, y pagadle doble según sus obras; en el cáliz en que ella preparó bebida, preparadle a ella el doble"? (Ap 18:6). ¿Acaso esta orgía de odio, ira y venganza por parte de aquellos a los que les gusta verse vestidos con túnicas blancas como victoria final de venganza sobre el amor, de la violencia sobre la no violencia? Si Juan de Patmos, quien vio a Jesucristo como "Cordero inmolado" (Ap 5:6), hubiera echado una mirada mejor, ¿no habría visto a una bestia sedienta de sangre?

Pero ¿quiénes son los que sufren violencia a mano del Jinete? Son las personas ebrias de la sangre del inocente (Ap 17:6), quien libró guerra contra el Cordero y los que se adornaron con los hechos justos (Ap 19:19). A pesar de su orden político imponente y a pesar de su esplendor, el poder imperial de Roma es, a los ojos de Juan El Vidente, un sistema de "tiranía política y explotación económica", fundado "en la conquista y mantenido por la violencia y la opresión".[856] La violencia del Jinete es el juicio contra este sistema de aquel llamado "Fiel y Verdadero" (Ap 19:11). Sin semejante juicio no puede haber palabra de paz, de verdad y de justicia: terror (la "bestia" que devora) y la propaganda (el "falso profeta" que engaña) debe ser vencido, el mal debe ser

---

[855] Hans-Otto Apel, *Diskurs und Verantwortung* (Frankfurt: Suhrkamp, 1988), 17s.

[856] Richard Bauckahm, *the Theology of the Book of Revelation*, New Testament Theology, ed. James D. G. Dunn, Cambridge: Cambridge University Press, 1993, 35.

separado del bien y la oscuridad de la luz. Estas son las causas de la violencia, y den ser eliminadas si se quiere establecer un mundo de paz.

¿Por qué debe Dios pronunciar el implacable "no" a un mundo de injusticia, engaño y violencia de un modo tan *violento*? ¿Por qué debe estar el "no" simbólicamente codificado en las imágenes de terror que irrumpen y cubren el mundo de sangre y cenizas? ¿Es impotente la no violencia? No funcionará una estrategia de responder a estas preguntas. El intento de exonerar la Revelación de la acusación de confirmar la violencia divina sugiriendo que la victoria del Jinete no se "encontraba en las armas literales", sino en la espada "que sobresale de su boca", que es "la Palabra de Dios",[857] es implausible. La violencia de la palabra divina no es menos letal que la violencia de la espada literal. Debemos rechazar la violencia del Jinete o encontrar formas de sacarle sentido; no podemos negarlo. ¿Existe una forma de encontrarle sentido no solo al lenguaje de la "conquista" divina, sino del fenómeno de la "violencia" divina en Apocalipsis?

Existen personas que confían en los poderes infecciosos de la no violencia: antes o después. Será coronado con éxito. ¡Sin embargo, en esta creencia, se puede oler demasiado del dulce aroma de una ideología suburbana, acariciada a menudo por personas que no son ni valientes ni lo suficientemente sinceras para reflexionar en las implicaciones del terror que tiene lugar justo en medio de sus salas de estar! El camino de la no violencia en el mundo de la violencia suele conducir al sufrimiento: en ocasiones se puede romper el ciclo se la violencia solo al precio de la propia vida, como demuestra el ejemplo de Jesús. Si la historia es algún tipo de guía, hay buenas esperanzas de que la violencia no desaloje la violencia.

¿No harán las pacientes apelaciones a la razón que las personas quieran abandonar la sinrazón de la violencia? Pensar que podemos razonar nosotros mismos y los demás, y hacer los tipos adecuados de elecciones, —en especial las costosas elecciones de renunciar a la violencia—es olvidar que la "razón y la "libertad nunca son puros, nunca están situados en territorio neutral en el que los argumentos se pesan con criterio y las elecciones se hacen sin prejuicio. La razón y la libertad están siempre implicadas en las relaciones de poder; estas relaciones cofunden la razón y dirigen mal las elecciones (ver Capítulo VI). Uno tiene que querer *la paz* para poder ser convencido de ser pacífico. Un tiene que *querer* acoger al otro para poder razonar respecto a acoger al otro. ¿Podemos asumir sencillamente que los violentos quieren ser transformados

---

[857] William Klaassen, "Vengeance in the Apocalypse of John", *Catholic Biblical Quarterly* 28 (1966): 308.

de manera a querer el bienestar de los demás y, por tanto, la paz? Muchos pueden querer una transformación así. ¿Pero lo querrán todos?

Subyacente a la teología del juicio en el Apocalipsis se halla la suposición de que *nada* es lo bastante potente como para cambiar a quienes insisten en permanecer como bestias y falsos profetas. Sin duda alguna, la mayoría de nosotros no somos bestias, aunque la bestia que hay en nosotros puede despertarse con demasiada facilidad; la mayoría de nosotros no somos falsos profetas, aunque a la más mínima nos seduce la aparente efectividad de la decepción. Sin embargo, no deberíamos rehuir la desagradable y profundamente trágica *posibilidad* de que *podría* haber seres humanos, creados a la imagen de Dios quien, a través de la práctica del mal, se han inmunizado contra todos los intentos de ser redimidos. Atrapados por el caos de la violencia, que genera su propia "razón" y "bondad" legitimadoras, se han vuelto intocables para el aliciente de la verdad y la bondad de Dios.

Aquí es donde entra la ira de Dios. Como señala Jan Assmann en su estudio de teología política en Egipto e Israel, el enojo por la justicia es tanto una emoción política que "la incapacidad de indignarse contra la injusticia es señal segura de una actitud apolítica".[858] De manera muy similar al Dios de toda la Biblia, el Dios del Apocalipsis es una divinidad eminentemente política, no solo el Dios de los individuos y de sus familias, sino de los reinos de este mundo (Ap 11:15). Si San Agustín estaba en lo cierto, respecto a que "la ciudad de este mundo... apunta al dominio que mantiene a las naciones esclavizadas" y "está subyugada por el ansia misma de dominación",[859] entonces Dios *debe* de estar airado. Un Dios no indignado sería cómplice de la injusticia, del engaño y de la violencia.

No es necesario molestarnos aquí demasiado con el "mecanismo" de la ira de Dios. En *the Wrath of the Lamb*, Anthony T. Hanson enfatizó con acierto que, en Apocalipsis, la ira de Dios consiste en parte en "el resultado en la historia de las consecuencias de los pecados de los hombres".[860] Aun así, sin una dimensión escatológica, la conversación de la ira de Dios degenera en una ideología ingenua y tristemente inadecuada respecto a la cancelación automática del mal. Fuera del mundo del pensamiento ilusorio, los hacedores de maldad prosperan con demasiada frecuencia, y cuando son derrocados, los

---

[858] Jan Assmann, *Politische Theologie zwischen Ägypten und Israel*, München: Carl Friedrich von Siemens Stiftung, 1992, 93.

[859] San Agustín, *Concerning the City of God Against the Pagans,* trad. Henry Bettenson, Harmond-sworth: Penguin, 1976, I, Prefacio.

[860] Anthony Tyrrel Hanson, *The Wrath of the Lamb*, Londres: SPCK, 1957, 160.

victoriosos no son mucho mejores que los derrotados. El enojo escatológico de Dios es el anverso de la impotencia de su amor frente a la autoinmunización de los malhechores atrapados en el mecanismo del mal que se autogenera. Un Dios "bueno" es un producto de la imaginación liberal, la proyección en el cielo de la incapacidad de abandonar las ilusiones apreciadas sobre la bondad, la libertad y la racionalidad de los actores sociales.

La tradición anabaptista, en general la tradición más pacifista en la historia de la iglesia cristiana, no ha vacilado al hablar de la ira y el juicio de Dios,[861] y por buenas razones. No hay rastro de este Dios que no se indigna en los textos bíblicos, ya sea el Antiguo Testamento o el Nuevo, ya sea Jesús de Nazaret o Juan de Patmos. Los malvados que "devoran a mi pueblo como si comieran pan", declara el salmista en nombre de Dios, "temblarán de espanto" (Sal 14:4-5). ¿Por qué sentirán espanto? ¿Por qué no solo reproche? Incluso mejor, ¿por qué no razonar juntos? ¿Por qué no limitarse a manifestar un amor sufriente? Porque los malvados "son corruptos" y "hacen obras abominables" (14:1); se han "desviado", son "perversos" (14:3). Dios juzgará, no porque les dé a las personas lo que merecen, sino porque algunos se niegan a recibir lo que nadie merece; si los malvados experimentan el terror divino, no será porque hayan hecho el mal, sino porque se ha resistido hasta el final a la poderosa atracción de los brazos abiertos del Mesías crucificado.

Si aceptamos la obcecada irremediabilidad de algunas personas, ¿no acabamos con una contradicción irreconciliable en el corazón de la fe cristiana? ¿Aquí, el "Mesías crucificado" con los brazos extendidos acogiendo "al más vil pecador", allí el Jinete sobre el caballo blanco con una espada afilada que sale de su boca para herir a los impíos sin esperanza? ¿El paciente amor de Dios frente a la furia de la ira de Dios? ¿Por qué esta polaridad? No porque el Dios de la cruz sea diferente del Dios de la segunda venida. Después de todo, la cruz no es perdón puro y simple, sino que Dios está *rectificando el mundo de la injusticia y el engaño*. La polaridad está ahí, porque algunos seres humanos se niegan a ser "enderezados". Los que toman el sufrimiento divino (la cruz) como la manifestación de la debilidad divina que condona la violencia —en lugar de la gracia divina que restaura al violador— atraen sobre sí el enojo divino (la espada) que acaba con su violencia.[862] La violencia del Jinete sobre

---

[861] Walter Klaassen, ed., *Anabaptism in Outline*, Scottdale: Herald Press, 1981, 316-44.

[862] En poderosos pasajes sobre la restitución de todas las cosas, Jürgen Moltmann propuso considerar el juicio de Dios al final de la historia como ejercicio de rectificación de la justicia paralelo a la justificación del pecado en mitad de la historia (*The Coming of God: Christian Eschatology*, trad. Margaret Kohl [Minneapolis: Fortress. 1996], 235-55). El resultado del juicio de Dios así concebido encaja bien con nuestro deseo del triunfo final del amor de Dios, pero deberíamos tener en mente

el caballo blanco, sugiero, es el *retrato simbólico de la exclusión final de todo lo que se niega a ser redimido por el amor sufriente de Dios.* Por el bien de la paz de la buena creación de Dios, podemos y debemos confirmar *esta* ira divina y *esta* violencia, mientras que nos aferramos al mismo tiempo a la esperanza de que al final, incluso el portador de la bandera desertará el ejército que desea hacer la guerra contra el Cordero.[863]

¿No debería un Dios amoroso ser paciente y seguir atrayendo al perpetrador hacia la bondad? Esto es exactamente lo que Dios hace: soporta a los malhechores a lo largo de la historia como los ha sufrido en la cruz. Pero ¿cuánta paciencia ha de tener Dios? El día del ajuste de cuentas tiene que llegar, no porque Dios esté demasiado ansioso por apretar el gatillo, sino porque cada día de paciencia en un mundo de violencia significa más violencia, y cada retraso en la venganza significa dejar que el insulto acompañe a la herida. "¿Hasta cuándo, Señor, santo y verdadero, no juzgas y vengas nuestra sangre?", claman las almas bajo el altar al Señor soberano (Ap 6:10). Nos incomoda la respuesta que indica a las almas que "descan[sen] todavía un poco de tiempo, hasta que se completara el número de sus consiervos y sus hermanos, que también habían de ser muertos como ellos" (6:11). Pero la respuesta subraya que la paciencia de Dios es costosa, no tanto para él, sino por encima de todo para los sufridores inocentes. Esperar que los malvados se reformen significa permitir que el sufrimiento continúe.

---

que nada podría garantizar la consecución de este resultado sin "violencia" divina. No hay necesidad de postular la existencia de encarnaciones del mal plenamente autoinmunizadas para hacer plausible que, desde la perspectiva de semejante persona, su transformación en un alegre hacedor de lo que, desde la perspectiva de Dios es bueno, involucrará violencia. Basta con señalar a un pensador como Gilles Deleuze para ver que, dentro de la estructura de un conjunto particular de valores y una interpretación determinada de la condición humana, ser ciudadano de la Nueva Jerusalén puede parecer fácilmente tan perturbador como encontrarse en el lago de azufre (Deleuze, *Kleine Schriften*, 114). Por consiguiente, la transformación divina de una persona en un santo ciudadano de la Nueva Jerusalén, que no tendría lugar conforme a su voluntad, debe parecer desde la perspectiva de esa persona como un acto de violencia. Este acto de transformación nos parece tolerable y no tiende a definirlo como "violento" solo porque, como cristianos, compartimos la perspectiva del transformador divino y nos identificamos con el resultado deseado. La única forma de evitar la violencia divina hacia quienes se niegan a ser cambiados de manera no violenta es estipular por adelantado que nadie rechazará ser cambiado por el aliciente del amor de Dios. Aunque los que han sido tocados por el amor de Dios deberían esperar una no-denegación universal, si no son ciegos a la condición humana serán reticentes a contar con ella. De ahí la posibilidad de la condenación final.

[863] Jürgen Moltmann resume la postura escatológica presupuesta en mi reflexión sobre la ira divina con su precisión y su gracia características: "No hay particularismo en principio, y no hay universalismo automático" (*The Coming of God*, 249). Una forma diferente de expresar la misma idea sería afirmar, como he oído decir, que "no soy universalista, pero tal vez Dios sí".

La creación del mundo no involucró violencia alguna. Como René Griard observó: "En la historia de la creación del mundo, el momento fundador llega en el comienzo, sin víctimas implicadas".[864] No hay necesidad de vencer poderes caóticos; el mundo emerge a través de un acto de puro planteamiento.[865] El caos se instala como distorsión de la creación pacífica. La redención no puede, por tanto, ser un acto de planteamiento puro, sino que entraña negación y lucha, e incluso violencia. En primer lugar, Dios sufre violencia en la cruz por la salvación del mundo. A continuación, después de que llegue a su fin su paciencia con los poderes caóticos que se niegan a ser redimidos por la cruz, Dios inflige violencia contra los obcecadamente violentos para restaurar la paz original de la creación. De ahí que, en el apocalipsis, la palabra creativa en el amanecer de la creación se convierta en una espada de doble filo al ponerse el sol antes del nuevo e interminable día de la creación (Ap 19:15).[866]

¿Tiene, pues, la violencia la última palabra en la historia? ¿Es abrumador el último acto de Dios en la creación original? No, el juicio contra la bestia y el falso profeta es el anverso de la salvación de aquellos que sufren en sus manos. Dios puede crear el mundo de justicia, verdad y paz, son solo poner fin al engaño la injusticia y la violencia. El propósito del juicio no es la calma mortal de la clausura final, sino una danza eterna de diferencias que se entregan unas a otras en un pacífico abrazo. *El fin del mundo no es violencia, sino un abrazo sin fin no violento.*

¿No pinta el Apocalipsis una imagen diferente del fin, una más congruente con su violenta imaginería de la conquista del Jinete? ¿No está dominada su última visión por "el trono" (Ap 22:1) del que con anterioridad salían "relámpagos y truenos" y "voces" (4:5)? ¿No es el anónimo "que está sentado en el trono" (4:9; 5:1) una proyección perfecta del guerrero potentado supremo e incontestable? De ser esto así, el apocalipsis reflejaría sencillamente la violencia de la Roma imperial que se había propuesto subvertir. Lo más sorprendente sobre este libro es que, en el *centro* del trono, sujetando el trono y todo el cosmos gobernado por él, encontramos al *Cordero* inmolado (cp. 5:6; 7:17; 22:1). En el corazón mismo del "que está sentado en el trono" se encuentra

---

[864] René Girard, *Things Hidden Since the Foundation of the World,* trad. S. Bann y M. Metteer, Stanford: Stanford University Press, 1987, 143.

[865] Milbank, *Theology and Social Theory.*

[866] Catherine Keller objetó que la "espada afilada" del apocalipsis es como "una parodia fálica melodramática de la palabra creativa de la primera creación" ("Why Apocalypse, Now?", *Theology Today* 49 [1992]: 191). Sin embargo, no está dispuesta a abandonar por completo el tema del "guerrero", porque ella quiere, con razón, aferrarse al proyecto de la liberación. Retiene la espada pero embota sus filos. ¿Fálico?

la cruz. El mundo venidero está gobernado por aquel que, en la cruz, cargó con la violencia para vencer la enemistad y acoger al enemigo. El reinado del Cordero no está legitimado por la "espada" sino por sus "heridas"; el objetivo de su gobierno no es someter a las personas, sino hacer que "rei[nen] por los siglos de los siglos" (22:5). Con el Cordero en el centro del trono, la distancia entre este y los "súbditos" se ha desplomado en el abrazo del Dios trino.

¿La cruz o la espada?

La pregunta clave es: ¿Quién debería involucrarse en separar la oscuridad de la luz? ¿Quién debería ejercer la violencia contra la "bestia" y el "falso profeta"? Haciéndose eco de todo el Nuevo Testamento, el Apocalipsis solo menciona a Dios. Pero ¿qué significa su silencio sobre la intermediación humana en la violencia apocalíptica? ¿Es este silencio una censura de la violencia histórica o el silencio de aprobación implícita, incluso complicidad?

Existe un importante coro de teólogos que desestimarían estas preguntas por considerarlas ingenuas. Reivindican una correspondencia directa entre la acción divina y la conducta humana. Dado que la principal motivación religiosa es "imitar a la deidad", haga Dios lo que haga, a sus adoradores también se les manda lo mismo. Si tu Dios se involucra en la guerra, tú también te convertirás en un guerrero.[867] La tesis sobre la correspondencia entre la acción divina y la humana subraya que la pregunta teológica fundamental en relación con la violencia es la pregunta sobre Dios: "¿Cómo es Dios?", ¿el Dios que "ama a los enemigos y es el pacificador original"[868] o el Dios de la venganza, que ha salido a castigar a los insubordinados? Sin embargo, la tesis tiene un defecto pequeño, aunque fatal: los seres humanos no son Dios. Existe un deber anterior al de imitar a Dios, y es el *de no querer ser Dios,* de permitir que Dios sea Dios y los humanos sean humanos. Sin semejante deber protegiendo la divinidad de Dios, el deber de imitarle estaría vacío porque nuestro concepto de Dios no sería nada más que nuestro reflejo en un espejo, tal como somos o como desearíamos ser.

Preservando la diferencia fundamental entre Dios y no-Dios, la tradición bíblica insiste en que hay cosas que solo Dios puede hacer. Una de ellas es usar la violencia. A diferencia de muchas culturas antiguas, la teología política de Israel no operó con el "modelo de representación" conforme al cual todos los

---

[867] David Ray Griffin, "The War-System and Religion: Toward a Post-Anarchist Hermeneutic", documento no publicado, 1993, 3ss.

[868] John Howard Yoder, *He Came Preaching Peace*, Scottdale: Herald, 1985, 104.

atributos de Dios también eran los del rey. El enojo de rey, por tomar un ejemplo esa emoción eminentemente política, no era en ese modelo sino el resultado de la ira de Dios; y, a la inversa, el enfado de Dios servía de legitimación del enojo del rey. Como ha argumentado Jan Assmann, en lugar de secularizar la ira de Dios transfiriéndosela al rey, Israel ha "teologizado" el enfado del rey, "lo ha trasladado de la tierra al cielo". En consecuencia, la historia y el destino fueron sujetados al juicio inmediato de la justicia *de Dios,* en vez de que la ejecución de la justicia divina fuera depositada en las manos del rey.[869]

El Nuevo Testamento radicalizó este proceso de la teologización del enojo divino y proclamó con valentía el monopolio de *Dios* sobre la violencia, al menos en lo que concierne a los cristianos. Cualquiera que sea la relación que pueda existir entre el monopolio de Dios y del estado sobre la violencia —Romanos 13 y Apocalipsis 13 proporcionan respuestas radicalmente diferentes a esta pregunta—, los cristianos no deben tomar sus espadas y reunirse bajo la bandera del Jinete sobre el caballo blanco, sino tomar su cruz y seguir al Mesías crucificado. En 1 Pedro leemos: "También Cristo padeció por nosotros dejándonos ejemplo, para que sigáis sus pisadas... cuando le maldecían, no respondía con maldición; cuando padecía, no amenazaba, sino encomendaba la causa al que juzga justamente" (1 P 2:21, 23; cp. Rm 12:18-21).

La estrecha asociación entre la no violencia humana y la confirmación de la venganza de Dios en el Nuevo Testamento es revelador. El Mesías sufriente y el Jinete sobre el caballo blanco van juntos en realidad, pero no en la forma que sostiene Deleuze. No son cómplices en el derramamiento de sangre, pero sí en fomentar la no violencia. Sin encomendarse al Dios que juzga de manera justa, difícilmente será posible seguir al Mesías crucificado y negarse a tomar represalias cuando son maltratados. La certeza del juicio justo de Dios al final de la historia es la presuposición para la renuncia a la violencia en mitad de ella. El sistema divino de juicio no es la cara B del reino humano del terror, sino la correlación de violencia humana necesaria. Dado que la búsqueda de la verdad y la práctica de la justicia no pueden abandonarse, la única forma en que la no violencia y el perdón será posible en un mundo de violencia es mediante *el desplazamiento* o *la transferencia* de la violencia, y no de su renuncia completa.

En base a un razonamiento similar, el erudito judío Henri Atlan ha argumentado con bastante acierto en favor de la tesis radical que, en la medida que uno vaya a remitirse de alguna manera a Dios en la lucha contra la violencia, quizás sea más económico —más eficaz y menos peligroso— referirse al Dios

---

[869] Assmann, *Politische Theologie zwischen Ägypten und Israel,* 98, 105.

de la violencia en vez de al Dios del amor".[870] No obstante, el firme contraste entre "el Dios de la violencia" y "el Dios del amor" en esta fórmula, Atlan no se opone a ambos, sino que usa la frase "el Dios de la violencia" en alusión a "un Dios que toma sobre sí la fundación de la violencia" y, por tanto, no es "enteramente amor" en relación con el mundo.[871] Para un teólogo cristiano, incluso la descripción de Dios como "no enteramente amor" será inaceptable, el teólogo cristiano insistirá en que, si la violencia de Dios ha de ser digna de él, que "*es* amor" (1 Jn 4:8), debe de ser un aspecto del amor de Dios. Pero la idea de Atlan sobre la relación entre la violencia divina y la no violencia humana está bien planteada. Dado que la violencia es a veces necesaria y está justificada en un mundo de violencia, argumentó que "la mejor manera de deshacer al mundo de lo sagrado violento es rechazarlo y tomarlo como trascendencia. La trascendencia de la violencia... culmina siendo expulsada del horizonte normal de las cosas".[872] "El único modo de prohibir todo recurso a la violencia por *nosotros mismos*" es insistir en que la violencia es legítima "solo cuando procede de Dios".[873] "La teologización" de la violencia es una precondición para los políticos de la no violencia.

Cabría objetar que no es digno de Dios de manejar la espada. ¿Acaso Dios no es amor, paciente y amor todopoderoso? Una contrapregunta podría redactarse así: ¿No es un demasiado arrogante dar por sentado que nuestras sensibilidades contemporáneas sobre lo que es compatible con el amor de Dios son mucho más saludables que las de las personas de Dios a lo largo de toda la historia del judaísmo y del cristianismo? Recordando mis argumentos sobre la autoinmunización de los malvados, se podría argumentar además que en un mundo de violencia no sería digno de Dios *no usar* la espada; si Dios no *se enojara* ante la injusticia y el engaño, y *no puso* fin a la violencia, Dios no sería merecedor de nuestra adoración. Sin embargo, aquí, me interesa menos argumentar que la violencia de Dios no es indigna de él, que en demostrar que es

---

[870] Atlan, "Founding Violence and Divine Referent", 206.

[871] Ibíd.

[872] Ibíd., 207.

[873] Ibíd., 205. Siguiendo en parte la sugerencia de D. H. Lawrence, respecto a que Apocalipsis es una expresión de enojo, de odio y de envida, Adela Yarbro Collins argumentó que Apocalipsis "limita la venganza y la envida a la imaginación y claramente descarta los actos violentos" ("Persecution and Vengeance in the book of Revelation", *Apocalypticism in the Mediterranean World and the Near East*, ed. David Helhol, [Tübingen: J. C. B. Mohr (Paul Siebeck, 1983], 747). Su distinción entre la violencia de la imaginación y de los hechos es demasiado simple y confusa, sin embargo. Dejando a un lado la pregunta de si Apocalipsis expresa en realidad envida en lugar de la búsqueda de la verdad y la justicia, es crucial subrayar que no limita tan solo la violencia a la imaginación, sino que en la "imaginación" lítica claramente además la violencia a Dios.

beneficioso para nosotros. Atlan ha atraído correctamente nuestra atención a que en un mundo de violencia nos enfrentamos a una alternativa ineludible: la violencia de Dios o la violencia humana. La mayoría de las personas que insisten en la "no violencia" de Dios no pueden resistirse a usar la violencia ellos mismos (o, de forma tácita, sancionar el uso que hagan los demás). Estiman que la conversación del juicio de Dios es irreverente, pero no piensan nada respecto a encomendar el juicio en las manos de los seres humanos, persuadidos presumiblemente de que es menos peligrosa y más humana —y quizás más fiable— ¡que confiar en un Dios que juzga! Lo que parece responsable es que "echáramos abajo al poderoso de su trono" (Lc 1:51-52); que *Dios* debiera hacer lo mismo, como el canto que la virgen revolucionaria declara de forma explícita parece grosero. Por tanto, la violencia prospera, alimentada en secreto por la creencia en un Dios que se niega a manejar la espada.

Mi tesis respecto a que la práctica de la no violencia exige creer en la venganza divina será impopular para muchos cristianos, en especial los teólogos occidentales. A la persona inclinada a ignorarla, sugiero que imagines que estás impartiendo una conferencia en una zona en guerra (que es donde se entregó originalmente un periódico, base de este capítulo). Entre tus oyentes hay personas cuyas ciudades y pueblos han sido primero saqueados, a continuación incendiados y arrasados hasta los cimientos, cuyas hijas y hermanas han sido violadas, cuyos padres y hermanos han sido degollados. El tema de la conferencia: la actitud del cristiano hacia la violencia. La tesis: No deberíamos buscar represalias, porque Dios es amor perfecto y no coercitivo. No tardarás en descubrir que se requiere la tranquilidad de un hogar suburbano —¡protegido por la policía y la fuerza militar!— para que nazca la tesis de que la no violencia humana se corresponde con que Dios se niega a juzgar. En un país quemado, empapado de la sangre de los inocentes, morirá invariablemente. Y, conforme uno observa, se muere; haríamos bien en reflexionar sobre otros muchos cautiverios agradables de la mente liberal.

Perspectivas de guerra, perspectivas de paz

En su libro *Aussichten auf den Burgerkrieg,* Hans M. Enzensberger recuerda a sus lectores la historia de Sísifo, esa trágica figura de la mitología griega condenada a empujar una pesada piedra colina arriba, una y otra vez. "Esta piedra es la paz" interpreta la última frase del libro pesimista de Enzensberger.[874]

---

[874] Enzensberger, *Aussichten auf den Burgerkrieg,* 93.

337

Las primeas frases explican por qué las perspectivas de guerra son muchísimo mejor que las perspectivas de paz:

Los animales luchan pero no libran guerras. Los seres humanos son los únicos primates que persiguen de forma entusiasmada una masacre en masa de su propia especie de una forma planeada. La guerra pertenece a las invenciones humanas más importantes; la capacidad de hacer la paz es probablemente un logro posterior. Las tradiciones más viejas de la humanidad, sus mitos y su poesía épica, habla principalmente de matanzas.[875] Según Enzensberger, la fea costumbre humana de destruir y matar, inscrita en su naturaleza misma, solo deja sitio para una utopía negativa: el "mito hobbesiano de la lucha de todo el mundo contra todo el mundo".[876] La paz no puede ser nada más que una breve y precaria interrupción de cada guerra presente e ineludible. La violencia tuvo su primera palabra en la historia; tendrá la última, y la mayoría de las palabras entremedias también. Contrástese la imagen de la lucha sisifal contra la guerra con la visión de la paz que descubrimos en la Biblia. En el profeta Isaías leemos (11:1-9):

Saldrá una vara del tronco de Isaí,
y un vástago retoñará de sus raíces.
Y reposará sobre él el Espíritu de Jehová;
espíritu de sabiduría y de inteligencia,
espíritu de consejo y de poder,
espíritu de conocimiento y de temor de Jehová.
Y le hará entender diligente en el temor de Jehová.
No juzgará según la vista de sus ojos,
ni argüirá por lo que oigan sus oídos;
sino que juzgará con justicia a los pobres,
y argüirá con equidad por los mansos de la tierra;
y herirá la tierra con la vara de su boca,
y con el espíritu de sus labios matará al impío.
Y será la justicia cinto de sus lomos,
y la fidelidad ceñidor de su cintura.
Morará el lobo con el cordero,
y el leopardo con el cabrito se acostará;
el becerro y el león y la bestia doméstica
andarán juntos,

[875] Ibíd., 9.
[876] Ibíd., 36.

y un niño los pastoreará.
La vaca y la osa pacerán,
sus crías se echarán juntas;
y el león como el buey comerá paja.
Y el niño de pecho jugará sobre la cueva del áspid,
y el recién destetado extenderá su mano
sobre la caverna de la víbora.
No harán mal ni dañarán en todo mi santo monte;
porque la tierra será llena del conocimiento de Jehová,
como las aguas cubren el mar.

Si el texto no se hubiera referido a lobos y corderos, a los necesitados y a los impíos, a los niños pequeños y las cobras, nos habríamos sentido tentados a pensar que trata sobre un mundo que nada tiene que ver con el nuestro.

Pero es una visión de nuestro mundo, nuestro mundo liberado de la injusticia y la destrucción, nuestro mundo en el que la paz, y no el terror, tiene la última palabra. La visión bíblica —que podríamos llamar utopía— es más esperanzadora que la de Enzensberg. La violencia no es el destino humano, porque el Dios de paz es el principio y el final de la historia humana. La visión de paz nos invita, sin embargo, a una tarea más difícil que la de Sísifo. Lo reconozco, empujar la piedra de la paz por la empinada cuesta de la colina de la violencia —hacer estos pequeños actos de ayuda vecinal, aunque se sepa que el asesino podría regresar al día siguiente, la semana próxima o en un año[877]— es difícil. No obstante, es más fácil que llevar la propia cruz siguiendo las pisadas del Mesías crucificado. Esto es lo que Jesucristo les pide a los cristianos. Tranquilizados por la justicia de Dios y apoyado por su presencia, deben romper el ciclo de la violencia negándose a quedar atrapados en el automatismo de la venganza. No puede negarse que existen buenas perspectivas al intentar amar a sus enemigos, pueden acabar colgando de una cruz. Sin embargo, con bastante frecuencia, los actos costosos de la no represalia se convierte en una semilla de la que crece el frágil fruto de la paz pentecostal, una paz entre personas de distintos espacios culturales reunidos en un lugar, que entendían los unos la lengua de los otros, y reparten sus bienes con los demás.

Podría ser que las no represalias sistemáticas y la no violencia resultarán ser imposibles de sustentar en el mundo de la violencia. Podría ser necesario derribar a los tiranos de sus tronos e impedir que los locos siembren la desolación. La decisión de Dietrich Bonhoeffer de tomar parte en el intento de asesinar a

---

[877] Ibíd., 92.

Hitler es bien conocida, y un ejemplo convincente de semejante pensamiento. También podría ser que haya que tomar medidas que involucran la preparación para el uso de los medios violentos para impedir que los tiranos y los locos asciendan al poder primero o impedir que la plétora de tipos corrientes de perpetradores que caminan por nuestras calles haga su obra violenta. Podría ser que, en un mundo impregnado de violencia el problema no sea simplemente "la violencia frente a la paz", sino más bien "qué formas de violencia podrían ser toleradas para vencer una 'paz' social que se automantiene de forma coercitiva mediante la violencia condonada de la injusticia".[878] Pero si alguien decide vestir uniforme de soldado en lugar de llevar su cruz, no deberíamos buscar la legitimización en la religión que adora al Mesías crucificado. Porque en ella la bendición no se imparte al violento, sino al manso (Mt 5:5). Hay cristianos que han pasado un tiempo difícil resistiendo a la tentación para buscar la legitimación para su necesidad (entendible) de tomar la espada. Si se entregan a esta tentación, deberían renunciar a todos los intentos de exonerar su versión de la fe cristiana de la complicidad al fomentar la violencia. Por supuesto, pueden especificar que los símbolos religiosos deberían usarse para legitimar e inspirar solo las guerras *justas*. ¡Pero muéstrame a una parte en conflicto que no piense que su guerra es justa! La simple lógica nos indica que al menos la mitad de ellos *debe* estar equivocada. Sin embargo, podría que la simple lógica no se aplique al mundo caótico de las guerras. Entonces todo estaría bien, lo que significa que todo sería incorrecto, que es afirmar que reinaría el terror en el nombre de los dioses que ya no pueden ser distinguidos de los diablos.

---

[878] Marjorie Hewitt Suchocki, *The Fall to Violence: Original Sin in Relational Theology*, Nueva York: Continuum, 1995, 117.

Dos décadas y media más tarde

Este epílogo no es un tipo de texto del estilo "cómo cambié mi forma de opinión" porque, en conjunto, yo no he cambiado de pensamiento sobre el tema del libro. Considero ahora que la idea central de su argumento es plausible como lo era cuando lo escribí. Pero esto tampoco es sencillamente una clase de texto tipo "respuesta a mis críticas", porque esto podría sugerir que me he equivocado —pongamos, aspectos del pensamiento de las principales figuras que expongo— o que no he aprendido gran cosa en el transcurso de estos años; nada de esto es verdad. En lugar de retractarme o defender mis posturas, aquí (1) bosquejaré el marco teológico del principal argumento del libro, (2) explicaré algunas de las afirmaciones que se han malentendido en el libro, (3) refutaré algunas críticas que considero fuera de lugar (como la que se elevó contra mi relato de la doctrina de la Trinidad y cómo afecta a las cuestiones sociales), (4) corregir algunos giros que he tomado y que en parte son incorrectos (como en mi explicación de la justicia), y (5) compensar algunas piezas en el argumento (por ejemplo, un relato de "la reconciliación final" como aspecto de la transición escatológica o "restitución" como dimensión crucial de la reconciliación).

Convicciones básicas

Mi título oficial es profesor de Teología Sistemática, lo que sugiere que mi principal interés es la exploración de la disposición sistemática y la vinculación de las convicciones teológicas. Como gran parte de mis escritos teológicos, *Exclusión y acogida* es un texto "ocasional". Lo escribí en respuesta a una pregunta existencial candente que surgió en el proceso de la fragmentación de Yugoslavia, al final del siglo XX: ¿Qué significa vivir como cristiano —pensar y actuar como un cristiano— en el contexto de las luchas violentas entre personas que compartían un espacio político, pero divididos según sus etnias y sus líneas religiosas? De manera más abstracta: ¿Qué tiene que decir la fe cristiana sobre negociar identidades, tanto personales como comunales, bajo las condiciones de la lucha por el poder? Claramente, *Exclusión y acogida* no es un ejercicio clásico de teología sistemática como se suele entender. No es nada parecido a *Christian Faith,* el famoso texto del mayor teólogo moderno sistemático, Friedrich Schleiermacher o, por tomar un ejemplo del siglo XX, Wolfhart Pannenberg, en *Systematic Theology.*[879]

En un sentido, soy un teólogo autoconsciente e intencionadamente "no sistemático".[880] Friedrich Nietzsche exageraba cuando, en *Twilight of the Idols,* escribió que "la voluntad de un sistema es una falta de integridad",[881] pero estaba explicando una idea importante. Creo que la finitud, la temporalidad y la falibilidad humanas, así como la inabarcabilidad de Dios, están en tensión con la aspiración de la teología a la sistematicidad exhaustiva. Si tuviera que mencionar un modelo del pasado para mi estilo de teologizar, me vendría a la mente Martín Lutero, aunque, remontándome hacia atrás —en realidad hasta los orígenes de la teología cristiana— podría señalar también al apóstol Pablo. Lutero fue un pensador ocasional, pero no fue un pensador incoherente, y aún menos arbitrario. En una etapa determinada de su desarrollo, un conjunto de convicciones fundamentales e interrelacionadas documentó de forma bastante coherente las posiciones que adoptó. De manera similar, un conjunto básico de compromisos interrelacionados enmarca mis escritos teológicos desde *Work in the Spirit* (1991), pasando por *After our Likeness* (1998), *Free of Charge* (2005), y *The End of Memory* (2006) hasta *A Public Faith* (2011), *Allah* (2011), *Flourishinig* (2017), y *Fort he Life of the World* (2019).

Exclusión y acogida fue concebido y nació de la interrelación de la situación concreta, ejemplificando como lo hizo un rasgo más general de nuestro mundo, y un conjunto de compromisos teológicos básicos. ¿Cuáles son? En la introducción a una colección de ensayos en mi honor, *Envisioning the good Life,* Matthew Croasmun y Ryan McAnnally-Linz los han articulado

---

[879] Friedrich Schleiermacher, *Christian Faith,* vol. 1-2, trad. Terrence N. Tice, Catherine L. Kelsey, y Edwina Lawler (Louisville: Westminster John Knox, 2016); Wolfhart Pannenberg, *Systematic Theology,* vol. 1-3, trad. Geoffrey W. Bromiley (Grand Rapids: Eerdmans, 1991).

[880] Para un argumento a favor de ser un teólogo "sistemáticamente no sistemático", ver David Kelsey, *Eccentric Existence: A Theologican Antrhopology* (Louisville: Westminster John Knox, 2009), 1:44-45.

[881] Friedrich Nietzsche, *Twilight of the Idols and The Anti-Christ,* trad. R. J. Hollingdale (Londres: Penguin, 1990), 35.

bien. Reproduzco más abajo su formulación con algunas correcciones y añadidos aclaradores:[882]

Dos conjuntos básicos de convicciones subyacen a esta visión teológica. El primero fluye de entre las afirmaciones más centrales de la fe cristiana: "Dios es amor" (1 Jn 4:16). Con esto no quiero decir simplemente que Dios ama, sino más bien que Dios *es* amor, razón por la cual su amor es original y originario, independiente de la situación e incondicional. Esta declaración bíblica base lleva a la teología cristiana a una forma fundamentalmente trinitaria. Dios es la Santa Trinidad y, por tanto, el amor que ese Dios único es siempre, ya incluye el amor al "otro"; solo *vía el otro,* solo en los modos de semejante autodiferenciación es posible hablar sobre el amor al "yo" en Dios. Ese amor es *quien* Dios es.

Este Dios, el Dios que es amor, *crea.* Dios crea *por amor* y *para amar.* La realidad de la creación es una exhibición del amor no egoísta de Dios, es decir, la creación es un *don.* Como el regalo de un buen dador, la creación misma es buena; y hasta la creación caída, que lleva las marcas de la "futileza" y el "pecado", es buena. Su bondad es contingente y dependiente (dado que la creación no es Dios), pero es propia de la creación. Además, las criaturas de Dios son genuinamente buenas las unas para las otras. Por supuesto, no para la exclusión de Dios, la fuente de toda bondad. Pero Dios no exige ser el único bien de las criaturas.

Este mismo Dios que es amor, *redime.* Dios en Cristo y por medio del Espíritu redime a la creación caprichosa *por amor.* En la cruz, Dios "muere" por sus amadas criaturas, que se han convertido en enemigas de Dios; Cristo justifica a los impíos. Este es el amor de Dios por los que no son dignos de ser amados; el acogimiento divino de lo que es aparte de Dios incluso frente a su negación y enemistad hacia él.

El Dios que ama *reside* en el ser humano, no como presencia extraña que interfiere, sino como el cumplimiento del carácter creado del ser humano. Por fe, los seres humanos reciben Cristo, que mora

---

[882] Ver Matthew Croasmun y Ryan McAnnally-Linz, "Introduction: Miroslav Volf and Theology of the Good Life", *Envisioning the Good Life: Essays on God, Christ, and Human Flourishing in Honor of Miroslav Volf,* ed. Mattew Croasmun, Zoran Grozdanov, and Ryan McAnnally-Linz (Eugene: Cascade Books, 2017), 3.5. Compara el texto más abajo con las páginas del ensayo de Croasmun y McAnnally-Linz para mis cambios.

en ellos por medio del Espíritu. En consecuencia, la clase de amor de Dios, independiente de la situación e incondicional es el sello de la vida cristiana. De modo que el amor al enemigo, no menos que el amor al prójimo, es fundamental para la vida cristiana. Aunque completamente arraigado en Dios —todas las cosas son de Dios, por medio de Dios y para Dios—, la vida cristiana no está exclusivamente orientada hacia Dios. En su lugar, tener a Dios detrás, debajo y en ellos, los cristianos están dirigidos hacia el mundo, y participan en la misión de Dios para impregnar al mundo de su amor y convertirlo en el hogar de Dios y de las criaturas. (Jesús afirma en Juan: "Que os améis unos a otros; como yo os he amado, que también os améis unos a otros" [13:34], *no* el recíproco "Como yo os he amado, deberíais amarme a mí"). Amamos a Dios cuando nos abrimos en fe para recibir a Cristo, la encarnación del amor de Dios, y convertirnos en "Cristos" unos para otros, y para el mundo.[883]

El Dios que es amor atrae a toda la creación a la *consumación.* El mundo venidero es el mundo *del amor,* en especial el "amor" escatológico "que baila",[884] amor como puede ser en el mundo de paz y gozo. En este mundo, tanto las realidades que componen nuestros contextos y características de nuestra interioridad —percepciones humanas, emociones, valores, etc.— son transformadas. Los enemigos y las tristezas causadas por el pecado son sustituidos por una comunión pacífica y gozosa.

En el mundo presente, no transformado todavía, el amor —el de Cristo y el nuestro— necesita con frecuencia sufrir; pero el sufrimiento del amor es un *medio,* la danza del amor es el *objetivo.* Esa meta es un *mundo* de amor, una comunidad de criaturas relacionadas correctamente con Dios y entre sí ("paz"). Este mundo, y no solo Dios, es nuestra meta final.

Así es el primer conjunto de convicciones, todas ellas fluyendo de la convicción central de que *Dios es amor.* El segundo conjunto es, en un sentido, un anverso formal o "estructural" de la alineación de convicciones más sustanciales y "personales" que acabamos de describir.

---

[883] La idea de "convertirnos en Cristos" es la culminación del resumen de la fe cristiana de Martín Lutero en *Freedom of the Christian (Luther's Works,* vol. 31, ed. Harold Grimm [Filadelfia: Fortress, 1957]-368).

[884] Para la idea del "amor que danza", ver apéndice.

Estas tratan con los tipos de identidades asociadas en el relato precedente del amor y de la misión de Dios en el mundo.

En primer lugar, el Dios que es amor vive en unidad pericorética de las tres personas divinas. El único Dios no es un ser divino no diferenciado ni una comunidad unida de personas divinas individuales. Una persona divina es solo una persona en una relación divina e inimitable en el ámbito humano, "estar en" (en lugar de "estar con" solamente) otras personas divinas: solo ese "estar en" mutuo de las tres personas es el Dios único que es amor.

La unidad pericorética de las personas divinas tiene una analogía antropológica y cosmológica (¡no la imagen en un espejo!). Los seres humanos, junto con toda la creación, son creados para ser habitados por Dios, ser el "templo" u "hogar". Es decir, son creados para que Dios esté en ellos y obre por medio de ellos. Ser humano es ser creado para esta residencia divina. La apertura hacia Dios no es un añadido opcional a la vida humana, el equivalente humano al techo solar eléctrico de un auto. Sencillamente es lo que significa ser humano. Esta antropología establece el escenario para la cristología, la soteriología y la eclesiología. Que Dios more en los seres humanos se realiza de una forma única en Cristo, Como se evidencia en su bautismo, su identidad es una realidad trinitaria: Cristo *es* el Hijo, enviado por el Padre, y en el que reside el Espíritu. Resulta que la vida cristiana no es meramente una elección religiosa entre muchas, sino el único cumplimiento de lo que debe ser un ser humano, una vida en la que la persona está "en Cristo" y Cristo está en esa persona por el poder del Espíritu, una relación pericorética de Dios y de los humanos análoga a las relaciones pericoréticas entre personas divinas.

Dada la pericóresis trinitaria original y su análogo soteriológico, las relaciones entre los humanos son también análogamente pericoréticas, aunque en un sentido más débil. Son pericoréticas de un modo adecuado para ellos como criaturas finitas, encarnadas y (al menos durante un tiempo) falibles.[885] En el seno de la iglesia, nuestras identidades son —o al menos deberían ser— porosas, que quiere decir acotadas y, sin embargo, permeables. Esta porosidad no compromete nuestra individualidad, sino que más bien se expande y se enriquece. Somos más ricos precisamente como *individuos,* cuanto más "residen"

---

[885] Ver el apéndice para un intento de delinear con cuidado los límites adecuados de las analogías antropológicas, eclesiológicas y políticas de la naturaleza trinitaria de Dios.

otros (en realidad, todas y cada una buenas) en nosotros, a través del tiempo y de los espacios. Podemos describir este tipo de identidad personal como "personalidad católica",[886] una identidad enriquecida por la alteridad, "un microcosmos de la nueva creación escatológica".[887] Esta misma catolicidad se aplica a las relaciones de otras comunidades eclesiales y a los bienes culturales: los cristianos individuales y sus comunidades eclesiales son enriquecidos por sus propias identidad con porosidad a todas las demás iglesias en el tiempo y en el espacio, y se enriquecen mejor mediante todos los bienes culturales, incluidas otras religiones. Al mismo tiempo, citando *Exclusión y acogida*, "una personalidad verdaderamente católica debe ser una personalidad *evangélica*, una personalidad transformada por el Espíritu de la nueva creación y comprometida con la transformación del mundo".[888] Este involucramiento está energizado y es guiado por la esperanza de que Dios convertirá todo el mundo en una morada, un "hogar" de Dios (Ap 21:3).

Nótese el movimiento en cada una de estas secuencias. Los compromisos centrales, los que organizan y propulsan el conjunto, son teológicos en el sentido estricto. Son afirmaciones sobre Dios. Sin embargo, llevan de forma persistente hacia las implicaciones de la vida humana en el mundo, en relación con Dios y con los demás. No se puede uno limitar a decir: "Dios es amor" y dejémoslo ahí. Decir "Dios es amor" es dar a entender una visión completa del florecimiento humano y de la criatura, y una forma de vida orientada a ejemplarizarla y fomentarla. Estas tres páginas no son una teología sistemática en miniatura, aunque podría desarrollarse en una; son mi especie de "credo". Mi intención es que estas convicciones dan forma a toda mi obra teológica. Si hubiera que pensar en la analogía musical, estas convicciones son mi forma de integrar e interpretar múltiples temas que forman una composición compleja que es la fe cristiana.[889] En una situación determinada, tomo un tema o el otro y le doy al "play" para escucharlo, mientras tengo en mente que

---

[886] Ver Miroslav Volf, *After Our Likeness: The church as the Image of the Trinity*, Grand Rapids: Eerdmans, 1998, 278-82.

[887] Ver Suzanne McDonald sobre mi relato de la "personalidad católica" (*Re-Imagining Election: Divine election as Representing God to Others and others to God* [Grand Rapids: Eerdmans, 2010], 128).

[888] Miroslav Volf, *Exclusion and Embrace*, 52.

[889] La analogía procede del sociólogo David Martin (*Does Christianity Cause War?* [Oxford University Press, 1997], 32).

tiene que "encajar bien" con la revelación de Dios en Jesucristo contenida en las escrituras.

Practicar el acogimiento

Algunas críticas contra *Exclusión y acogida* se apoyan, como era de esperar, en malentendidos. De manera más específica, descansan en los tipos de equivocaciones que surgen cuando los lectores olvidan que un autor no puede decirlo todo en un solo libro ni escribir todos los libros que necesitarían ser escritos para que todo lo que se necesita decir sobre un tema pueda afirmarse. A continuación, unos cuantos ejemplos.

Visión, espiritualidad y resolución de conflictos
Algunos se han quejado de que el libro no es suficientemente práctico. Escribo lo que deberíamos aspirar a hacer y quien deberíamos anhelar ser, pero no sobre *cómo hacer* lo que deberíamos hacer ni *cómo convertirnos* en quienes deberíamos ser. Cuando me encuentro con esta objeción en persona, suelo responder, en broma, que soy un teólogo "poco práctico" y que contestar a esas preguntas de "cómo hacer..." no está "incluido en mi sueldo". Pero me tomo esas preguntas muy en serio. Aunque fue crucial para mí articular la visión del acogimiento, y fomentarla con razones teológicas, sabía que no basta con tener una visión convincente de la vida. Y es que es posible aceptar por completo una visión y tener buenas razones para ello, pero descubrir que se es incapaz de vivirla.

Durante una conferencia que di en Zagreb en lanzamiento de la traducción de *Exclusión y acogida* al croata, observé en la audiencia a un hombre que se sentía cada vez mas inquieto y ligeramente desazonado, como buscando un camino. Yo estaba seguro de que vendría a hablar conmigo al final de la conferencia. Esperó un poco en la parte trasera, y después se colocó al final de la cola. Cuando llegó su turno y después de que los demás se hubiesen ido, me miró intensamente a los ojos y preguntó: "Pero ¿cómo lo consigo?". Su falta de aliento al hacer la pregunta me tomó por sorpresa. "¿Cómo consigue qué?", inquirí. "¿Cómo consigo la voluntad de abrazar al enemigo?", aclaró. Él era una versión del "cómo hacer..." de la penetrante pregunta "¿puedes...?" que me lanzó Jürgen Moltmann en Berlín, cuando presenté por primera vez en público el esquema de mi teología del acogimiento: "Pero ¿puedes abrazar a un četnik?", preguntó. Yo empiezo el libro con esa pregunta, y procedo a responder por qué debería poder abrazar a un četnik, pero el libro no contiene ayuda concreta alguna con respecto a cómo hacer lo que debería hacer, ninguna espiritualidad del acogimiento salvo unos cuantos gestos dispersos al respecto.[890]

Exclusión y acogida necesita dos volúmenes compañeros prácticos. Uno debería tratar sobre la *espiritualidad de la acogida: una* guía para la formación de un "yo" capaz de practicar el abrazo. El otro debería ser sobre la *resolución de conflictos*: un manual para adquirir destreza en resolver los conflictos prolongados, personales y también comunales. Escribir este tipo de libros supera mi ámbito de pericia. Lo mejor que puedo hacer es proporcionar consejo pastoral ocasional, como hice brevemente con mi interlocutor en Zagreb.

Voluntad de acoger

Existe un aspecto teórico a la objeción de que el libro no es lo bastante práctico. Mientras que la primera objeción concierne el alcance del libro —la queja es que no escribí el libro que algunos de mis lectores (también) querían leer—, esta objeción está relacionada con mis principales afirmaciones. Yo le doy mucha importancia a la "voluntad" de acoger. En un sentido, todo gira en torno a esa voluntad: si la tienes, el acogimiento se puede suceder; de no ser así, no se puede. Los objetores, mayormente los teólogos de la "iglesia" que adopta la ética de la virtud comunitaria, argumentan que la voluntad de acoger presupone "sujetos soberanos", individuos moralmente independientes, que deciden abrazar o no a los demás, obedecer o no obedecer la "ley del amor (incondicional)".[891]

Semejante elevación de la voluntad es antropológica y moralmente implausible, argumentan. Por consiguiente, debería haber escrito más sobre la comunidad y las prácticas cristianas, sobre los tipos en entornos y hábitos comunales que no convierten el hacer lo correcto en circunstancias adversas en una cuestión de mero esfuerzo de la voluntad, sino en la efusión del carácter que hemos adquirido.[892]

---

[890] Para un texto que reconoce la principal intención subyacente a *Exclusión y acogida,* pero aun así observa la necesidad de tratar preguntas más prácticas de la transformación de los agentes y la resolución de los conflictos, ver Corneliu Constantineanu, "Exclusion and Embrace: Reconciliation in the Works of Miroslav Volf", *Kairos: Evangelical Journal of Theology* 7, núm. 1 (2013): 35-54.

[891] Quizás sea útil observar que incluso la filosofía moral de Kant, para el cual tanto el sujeto soberano como la voluntad individual son fundamentales, la buena voluntad no está en contraste con el carácter (ver Inmanuel Kant, *Groundwork of the Metaphysics of Morals,* ed. Mary Gregor [Cambridge: Cambridge University Press, 1997], 7).

[892] Ver L. Gregory Jones, "Finding the Will to Embrace de Enemy", *Christianity today* 41, núm. 5 (1997): 29. De manera similar, William Cavanaugh, revisión de *Exclusion and Embrace: A Theological Exploration of Identity, Otherness, and Reconsiliation* by Miroslav Volf, *Modern Theology* 15, núm. 1 (1999):98.

La objeción proyecta sobre mi texto la antropología que ha llegado a dominar importantes corrientes de teoría moral moderna. Pero disiento de esa antropología de formas importantes. Primero, creo que la relación entre Dios y los seres humanos no es extrínseca a quienes somos. No entramos primero en relación con Dios —o los unos con los otros— como establecido, sin mencionar a los individuos soberanos. La relación creativa, de apoyo y redentora de Dios con nosotros es permanentemente constitutiva de nosotros y, por tanto, intrínseca a quienes somos. En segundo lugar, como lo expresa Martín Lutero, "[Dios] no obra en nosotros sin nosotros",[893] (aunque, por supuesto, Dios obra en nosotros sin que seamos conscientes de su trabajo divino en nuestro interior). No somos meras herramientas inanimadas en las manos de Dios. (Con estas dos convicciones en su lugar, Lutero pudo afirmar que la fe es el don de Dios y que la naturaleza de la fe es voluntad.)[894] La voluntad de acoger sobre la que escribo siempre es obra de Dios, y cuando nosotros como individuos o como comunidades la reivindicamos como "obra nuestra", malinterpretamos la naturaleza tanto de nuestra humanidad como de la obra de Dios en las vidas humanas.[895]

Pero no es solo que los seres humanos están, en su constitución y actividad, "abiertos" a Dios del modo que acabo de describir. También somos "porosos" los unos frente a los otros, y nos convertimos en quienes somos por medio de muchas y variadas relaciones interhumanas, desde nuestro nacimiento hasta el momento de nuestra muerte (y para los que creen en "la comunión de los santos" más allá de la muerte también). Ahí es donde encajan las comunidades de práctica como moldeadores de carácter. Son cruciales en mi relato, como es evidente desde el lugar del bautismo y la eucaristía en el Capítulo IV sobre "El acogimiento". Asimismo, en términos del origen del libro, rastreo gran parte de su visión hasta una micro comunidad cristiana de práctica, la familia en la que crecí, y no solo mis padres, por extraordinarios que fueron en su lucha,

---

[893] Martín Lutero, "The bondage of the Will", *Luther's Works,* vol. 33, ed. Philip S. Watson (Filadelfia: Fortress, 1972), 243.

[894] Ibíd., 64-65.

[895] Que esto sirva de respuesta a Ellen Charry, quien piensa que "al fin y al cabo" en mi relato del acogimiento "permanece un aura de pelagianismo". ¿Por qué? Para mí, afirma, "acoger al otro parece ser un acto de voluntad", mientras que "en verdad, dicha capacidad es realmente un milagro que solo sucede por la gracia de Dios, la reconciliación es la obra suprema de Dios" (Revisión de *Exclusión y acogida: Una exploración teológica de la identidad, la alteridad y la reconciliación* de Miroslav Volf, *Theology Today* 56, núm. 2 [julio 1999]: 249). En mi opinión, seguir a uno de los teólogos cristianos más antipelagiano, la voluntad humana y la intermediación de Dios no deberían usarse para jugar a enfrentarse entre ellas.

sufrimiento, muchos fracasos y más éxitos aún, sino por la niñera Milica, una santa a la que no parecía costarle ser como era. Todo esto lo supongo, pero no lo enfatizo. En parte, esa razón es la ocasión del libro. Era un conflicto en el que dos comunidades *cristianas* se encontraban en lados opuestos como enemigos implacables, cada una de ella igual de comprometida en la guerra de liberación, cada una de ellas reclamando para sí "la práctica correcta". Importantes líderes de estas comunidades cristianas defendían con entusiasmo "el espíritu de exclusión" que gobernaba sobre muchos intelectuales e instituciones influyentes, y se habían introducido en las almas de algunas de las mejores personas que yo conocía en ambos lados. (Esto mismo ocurría con la comunidad musulmana, el tercer grupo en conflicto, pero este no era el problema). Más importante aún, *por encima de todo escribí el libro para mí mismo,* una persona formada por comunidades de discipulado radical y que se identificaba con ellas. Yo necesitaba claridad sobre lo que es que una buena voluntad debería querer en la situación, y las razones convincentes para querer y hacer lo que sentía que debía hacer. Este era el propósito del libro: argumentar contra mis propias proclividades y en contra de las susceptibilidades de muchos cristianos.

Los que defienden la ética de la virtud tienen afición a contar historias de personas que actúan de maneras moralmente ejemplares bajo circunstancias adversas extraordinarias, y sin embargo insisten con modesta indiferencia que no hay nada especial en lo que hicieron, que en realidad "cualquiera habría hecho lo mismo" (como algunos destacados hugonotes de Le Chambon-sur-Lignon han declarado sobre su heroico trabajo de salvar a los judíos que se enfrentaban al exterminio durante la Segunda Guerra Mundial).[896] Sin embargo, yo no poseía semejante virtuosidad moral "natural" en la práctica, y la mayoría de los que pienso que la tenían, vacilaban. Para mí, y para la mayoría de las personas que conocía, una batalla rugía por saber lo que uno debería saber y hacer lo que entendía que debía hacer, al mismo tiempo que la lucha por no dejar que la incapacidad de hacer socavaba la verdad de saber.[897]

Esta clase de deficiencia en el saber y la impotencia en el hacer no es tan solo una experiencia de personas que viven solas, fuera de la disciplina saludable de las comunidades de virtud. Es una experiencia de personas autoconscientes

---

[896] Para su historia, ver Philip P. Halle, *Lest Innocent Blood Be Shed: The Story of the Village of Le Chambon and How Goodness happened There*, Nueva York: Harper Perennial, 1984.

[897] Sobre la dinámica del verdadero conocimiento y de hacer lo correcto, ver Miroslav Volf y Mathew Croasmun, *Fort he Life of the World: Theology That Makes a Difference* (Grand Rapids: Brazos, 2019), Capítulo 5 (escrito con Justin Crisp).

en dichas comunidades. Eso se debe a que las comunidades de virtud también son comunidades de vicio y miembros incluso de las mejores comunidades de virtud están ellas mismas moral e internamente divididas. Todos estamos moralmente divididos, y no solo porque acojamos la libertad indisciplinada de los sujetos soberanos, pero por encima de todo porque el pecado es a la vez la profunda podredumbre y una bestia de exclusión que merodea y tiene cautivas a sociedades enteras, culturas y comunidades.[898]

Ahí es donde entra la importancia de la *voluntad* de acoger, no como un simple botón para encender la práctica del acogimiento, sino como sitio de lucha por la verdad de nuestra humanidad. La membresía en la comunidad de la virtud es importante, pero difícilmente es un sustituto de la lucha por la excelencia moral. Por el contrario, descubrir que se está atrapado en una comunidad que marcha al son del tambor del poder del mal no es una excusa para el fracaso moral. Y es que incluso en tales casos yo soy responsable. Ya sea que viva en una pradera bañada por el sol y enjoyada de flores silvestres o en una sucia ciénaga, la orden del apóstol Pablo se aplica: "Por lo demás, hermanos, todo lo que es verdadero, todo lo honesto, todo lo justo, todo lo puro, todo lo amable, todo lo que es de buen nombre; si hay virtud alguna, si algo digno de alabanza, en esto pensad" (Flp 4:8), o mantengámoslas en el primer plano de nuestra atención, y orientemos nuestra vida hacia ellas. Esto parece tarea imposible, aunque existen muchos equivalentes humanos a los nenúfares, y admiramos con razón su sorprendente e impropia belleza.

El Espíritu "nos ayuda en nuestra debilidad", escribió al apóstol Pablo (Rm 8:26), a través de las comunidades y aparte de cualquiera de ellas, cuando meditamos y oramos, y a menudo cuando ni siquiera creemos.

Agentes sociales, arreglos sociales

Como se ha observado, los teólogos de la "iglesia", en especial los que están bajo la influencia de Alasdair MacIntyre, las comunidades profesionales pasadas por alto en *Exclusión y acogida,* los teólogos "políticos", en especial las que están bajo la larga sombra de Karl Marx (¡sino mi propio supervisor doctoral, Jürgen Moltmann!), se perdieron el debate de las disposiciones sociales. Como escribí antes en el libro, considero que "asistir a los arreglos sociales es

---

[898] Sobre el poder del pecado que actúa por medio de las estructuras transpersonales de pecado, ver Matthew Croasmun. *The Emergence of Sin: The cosmic Tyrant in romans* (Nueva York: Oxford University Press, 2017).

fundamental".[899] Después de todo, parte de la razón para romper la antigua Yugoslavia y para la guerra dirigida por la identidad que siguió, se encontraba el carácter autoritario del régimen de Tito, y después de 1974, un estado débil e intolerante. De manera similar, sin alguna forma de arreglos políticos pluralistas, en un mundo marcado por la facilidad de comunicación y la creciente interdependencia, los conflictos en relación con las líneas diferentes religiosas y étnicas perdurarán. Es un mito que, para resolver todos los males sociales lo único que se necesita es que haya suficientes individuos morales, sean estos problemas la explotación económica, la opresión política o los conflictos en torno de las identidades comunales.

En *Exclusión y acogida,* afirmo que los teólogos *qua* teólogos solo pueden aportar una contribución limitada a la filosofía política y, por tanto, también a la forma de los arreglos sociales en cualquier entorno determinado, de manera muy parecida a como los teólogos *qua* teólogos solo pueden hacer una contribución limitada a otros muchos ámbitos de la vida, como la economía, la medicina o la ley. Para hacer que una perspectiva cristiana influya en estas esferas, no necesitamos tanto la teología como un "aprendizaje cristiano" teológicamente informado.[900] Apoyándome en filósofos como Nicholas Wolterstorff y Charles Taylor, en *A Public Faith* (2011) y en *Fourishing* (2015), he ofrecido un relato de arreglos políticos que se afianza en unas profundas convicciones morales cristianas —por encima de todo, la libertad de conciencia y la igual dignidad de todo ser humano— y está diseñada para hacer posible la vida común de los individuos y las comunidades con distintas identidades religiosas, étnicas o más ampliamente culturales.[901] En parte, esto era un ejercicio de teología "política". Por el contrario, *Exclusión y acogida* fue más un ejercicio de teología "personal" o, de manera más precisa, teología de las personas socialmente situadas. Dicha teología es importante para las personas y sus relaciones, pero también es algo indispensable si debemos dirigirnos de forma adecuada al lado político de la lucha dirigida por la identidad entre los grupos.

Pero ¿por qué tanto énfasis en las personas? En el libro yo observo que la contribución principal que la fe y los teólogos cristianos tienen que hacer es articular una visión social y para fomentar los tipos de agentes sociales capaces

---

[899] Ver doc. 1, pág. 15; 1ª ed., pág. 21.

[900] Ver Nicholas Wolterstorff, "Public Theology or Christian Learning?", *A Passion for God's Reign: Theology, Christian learning, and the Christian Self,* ed. Miroslav Volf (Grand Rapids: Eerdmans, 1998).

[901] Miroslav Volf, *A Public Faith: How followers of Christ Should Serve the Common Good* (Grand Rapids: Brazos, 2011), 77-145; Miroslav Volf, *Flourishing: Why We Need Religion in a Globalized World* (New Haven: Yale University Press, 2015), 97-194.

de vivirla, incluido el crear sociedades justas, veraces y pacíficas. Pero, para la teología, el hincapié sobre las personas no es solo una cuestión de concentración específica. No es menos mito creer que lo único que necesitas son los arreglos sociales designados del modo adecuado para resolver la mayoría de los males sociales, que es creer que solo precias a personas moralmente responsables. Desde las primeras páginas de la Biblia sabemos que una persona se puede sentir oprimida y frustrada en lo que a todas luces es un paraíso. Por el contrario, podemos vivir en circunstancias de "esclavitud acogedora", por usar una expresión de Karl Marx, felizmente inconsciente del mal real al que ambos están sujetos y al que contribuyen. Marx tenía en mente la participación en un sistema económico deshumanizante. En el libro, hago el esquema de un escenario de participación entusiasta en grandes proyectos políticos que, desde dentro, a muchos les parece un bien incuestionable de renacimiento nacional, pero que era profundamente malo (como los representados por eslóganes como "Deutschland uber alles!" o "¡Hakko ichiu!"), o altamente cuestionable en lo moral (como los representados por eslóganes como ("¡Hungría pertenece a los húngaros!" o ¡Hacer grande a América de nuevo!"), para resistirse a las diversas formas de un resbalón cultural y político para caer en la barbarie, necesitamos agentes sociales con ricas vidas interiores que se invierten en la nobleza de su propio espíritu.

La teología personal, la teología de la iglesia y la teología pública (incluidas en esta última categoría las teologías no solo políticas, sino también económicas y ecológicas) no son alternativas mutuamente excluyentes. Por el contrario, se pertenecen íntegramente. Semejante teología multifacética se insinúa en la universalidad de la fe cristiana. Por "universalidad" me refiero a una visión cristiana de vida floreciente concierne a cada persona y al mundo entero. La universalidad de esta visión implica más que el que cada uno/a, a su manera, deba vivirlo. Y es que todos los seres humanos y toda la vida en el planeta son independientes. Para que una persona florezca de verdad, todo el mundo debe hacerlo; para que esto suceda, cada persona debe florecer; y para que cada persona y todo el mundo florezcan de verdad, cada uno a su manera y todos juntos deben vivir en un mundo que se ha convertido en el hogar de Dios.[902]

La universalidad de una visión cristiana floreciente no es un mero asunto de alcance, sino también de profundidad. La imagen más común en el Nuevo Testamento para la visión cristiana de la vida verdadera es el "reino de Dios". En Romanos 14:17, el apóstol Pablo declara que el "reino de Dios" consiste

---

[902] Ver Volf y Croasmun, *For the Life of the World,* 69-80.

en "justicia, paz y gozo en el Espíritu Santo". Ryan McAnnally-Linz y Matthew Croasmun, han vinculado la justicia, la paz y el gozo a tres dimensiones interpenetrantes de la vida: la justicia resumida en el mandamiento de amar a Dios y al prójimo, que trata sobre *llevar bien la vida*; la paz, entendida como un conjunto de circunstancias sociales, económicas, políticas y ecológicas, que trata sobre *una vida que va bien*; y el gozo, que reúne en sí mismo todas las emociones positivas, que trata sobre *sentir la vida como debería sentirse*.[903]

Para que la teología discierna, articule y encomiende una visión cristiana de vida floreciente en este sentido global, debe preocuparse de toda la gama de vida humana, desde las emociones más íntimas del corazón humano a las interdependencias terrestres de toda vida creada, y todo lo que hay entremedio. Y debe preocuparse de todo ello a la luz de la autorrevelación de Dios en Jesucristo. Dado que todo no se puede decir de una vez, los teólogos podrían cambiar desde un aspecto de la vida floreciente a otro, aunque preferiblemente pensando siempre en toda la gama. En *Exclusión y Acogida,* he omitido a los "agentes sociales".

La violencia religiosa y el poder político

El principal objetivo de *Exclusión y acogida* es hacer un esquema de la visión teológica que guía la práctica del acogimiento. Semejante visión teológica contiene implícitamente una crítica de las visiones teológicas que legitiman la práctica de la exclusión. Una desventaja de concentrarse en los agentes sociales (sus creencias y sus prácticas) es que solo menciono brevemente las razones por las que la fe cristiana se configura con frecuencia, de tal manera que proporciona legitimación para la práctica de la exclusión. Si uno se limita a leer solamente *Exclusión y acogida* podría pensar que la práctica de exclusión es sencillamente un fallo moral de los cristianos individuales, resultado de la presión de la pecaminosidad desde dentro y el poder del pecado desde fuera. Pero no es el caso. Sin querer exculpar por completo a los individuos, también es importante notar que los individuos se ven heredando versiones exclusivas de la fe cristiana. He analizado las razones para la formulación de dichas versiones de la fe en posteriores publicaciones, sobre todo en *A Public Faith* y *Flourishing.*[904]

---

[903] Ver Miroslav Volf, *Flourishing,* 75; MIroslav Volf y Ryan McAnnally-Linz, *Public Faith in Action: How to Think Carefully, Engage Wisely, and vote with Integrity* (Grand Rapids: Brazos, 2016) 13ss.; Croasmun, and Ryan McAnnally-Linz, "Meaning and Dimensions of Flourishing" (forthcoming).

[904] Volf, *A Public Faith,* 56-62; Volf, *Flourishing,* 161-94.

Muchos críticos piensan que la fe cristiana es exclusiva por naturaleza. Huelga decir que disiento; *Exclusión y acogida* es un argumento acumulativo contra este criterio. Las formas exclusivas de la fe cristiana son distorsiones. Para responder a la pregunta de por qué surgen tales distorsiones de manera que la fe cristiana viene a legitimar la exclusión y la violencia, me inspiro en la obra de David Martin, un sociólogo y "teólogo accidental".[905] En *Does Christianity Cause War?* Sugiere que nosotros pensamos en la fe cristiana como en un repertorio de "motivos vinculados internamente articulados de un modo distinto, y que da lugar a las extrapolaciones características" sobre una forma de vida en el mundo, un repertorio relacionado con la revelación original, pero que no es idéntica a ella. Dependiendo del entorno y de los intereses que lo guíen, el carácter de la fe cambia: algunos motivos de su repertorio están en primera línea, otros en segundo plano, y la mayoría "juegan" con diversos tipos y grados de consonancia o disonancia con la situación. No obstante, aunque el cambio depende de las circunstancias, la fe cristiana no es infinitamente maleable. La revelación original provee articulaciones posteriores de la fe con "una lógica flexible pero distintiva, y una gramática de transformaciones".[906]

Si seguimos la sugerencia de Martin sobre cómo se configura y se reconfigura la fe, y a continuación llega la pregunta crucial: ¿Bajo qué condiciones es probable que la fe llegue a legitimar la exclusión y la violencia? La respuesta de Martin es: "cuando la religión se vuelva prácticamente coextensiva con la sociedad y, así, con la dinámica del poder, de la violencia, del control, de la cohesión y demarcando fronteras".[907] Cuando la fe cristiana se convierte en un mero marcador de la identidad de un grupo (según Immanuel Kant, la principal función pública de las religiones),[908] tiende a endurecer las fronteras proveyendo grupos con el aura de lo sagrado, energizando y legitimando así sus luchas; por el contrario, los conflictos entre grupos asociados de manera predominante con una sola religión empujan a dichas religiones a funcionar como marcadores de la identidad de ese grupo. De manera similar, los enredos de la fe cristiana con el poder político empujan hacia el tipo de configuración de los motivos de una religión que proveerá el poder político con la legitimidad (y en algunos caso, los gobernantes mismos con la ayuda de las élites religiosas, se involucran en "alimentar, vestir y formar" las inclinaciones religiosas nativas

---

[905] Para la categoría de "teólogos accidentales", ver Miroslav Volf y Matthew Croasmun, *For the Life of the World,* 12 n3.

[906] David Martin, *does Christianity Cause War?* Oxford: Oxford University Press, 1997, 32, 120.

[907] Ibíd., 134.

[908] Immanuel Kant, "Toward perpetual peace", *Practical Philosophy,* trad. Y ed. Mary J. Gregor, Cambridge: Cambridge University Press, 1996, 336.

para apuntalar su legitimidad, como observó Thomas Hobbes).[909] En situaciones de conflicto, una religión configurada de este modo acaba justificando la práctica del grupo de exclusión y su despliegue de la violencia.

Un cierto tipo de distancia de uno de los principales grupos sociales —el rechazo a identificarse plenamente con él o con cualquiera de sus proyectos políticos— es fundamental si la fe cristiana no ha de recibir una forma excluyente. Insinué esto en el Capítulo II sobre la distancia y la pertenencia, pero no desarrollé la idea.

Humanos, Cristo y la Trinidad

La Trinidad y una visión social

En su importante libro, *Christ the Key*, mi colega de Yale, Kathryn Tanner escribe:

> Cuando los teólogos contemporáneos quieren formar juicios sobre los asuntos sociales y políticos, con frecuencia acuden de inmediato a la trinidad en busca de dirección. En lugar de una cristología, una teología de la trinidad susceptible de respaldar a las clases particulares de la comunidad humana —por ejemplo, las comunidades igualitarias, inclusivas, en las que se respetan las diferencias— o para contrarrestar el individualismo moderno mediante un mayor respeto hacia la forma en que está moldeado el carácter personal en una comunidad.[910]

Tanner considera el proceso de los mencionados teólogos contemporáneos como "muy fácil y claro", y completamente erróneo. Para exponer su idea, debate extensamente la obra de Jürgen Moltmann, *The Trinity and the Kingdom* y mis propios textos en los que recojo la relación entre la Trinidad y la comunidad humana, incluido *Exclusión y acogida*.[911] Aunque conscientes de las diferencias relevantes entre nosotros, Tanner nos toca a ambos —y a los otros tres abogados de la posición que rechaza: Leonardo Boff, Catherine LaCugna y John Zizioulas—, como representantes en líneas generales de una sola postura. Al menos en mi caso, eso es un problema, porque con frecuencia me encuentro en su lado del debate. Coincido con ella, por ejemplo, cuando

---

[909] Thomas Hobbes, *Leviathan*, ed. C. B. MacPherson, Nueva York: Penguin, 1968, 168.

[910] Kathryn Tanner, *Christ the Key*, Cambridge: Cambridge University Press, 2010, 207.

[911] Para Jürgen Moltmann, ver sobre todo *The Trinity and the Kingdom: The Doctrine of God*, trad. Margaret Kohl (San Francisco: Harper Collins, 1981). En mi caso, *After Our Likeness*, 191-214; *Exclusión y Acogida*, 1ª ed. 22-31, 125-31; y "'The Trinity is Our Social Program': The doctrine of the Trinity and the Shape of Social Engagement", *Modern Theology* 14, núm. 3 (julio 1998): 400-23.

castiga a Moltmann por rechazar el monoteísmo en favor del trinitarianismo como si este no fuera una forma de monoteísmo,[912] cuando objeta a asociar el monoteísmo solo con el autoritarismo o con el totalitarismo ("un Dios, un gobernante"), mientras olvida su ímpetus igualitario ("ningún gobernante, sino Dios),[913] o cuando se pregunta si la postura de Moltmann, en la que la Trinidad aparece, según los críticos, como "un grupo de amigos", no se acerca demasiado a caer en el triteísmo.[914]

Tanner piensa que deberíamos mantener la naturaleza y las relaciones entre las personas trinitarias por consideración, cuando reflexionan teológicamente sobre las identidades y las relaciones humanas. La Trinidad no es "el mejor indicador de la relación adecuada entre el individuo y la comunidad" ni "establece cómo deberían organizarse las sociedades humanas". Los teólogos no deberían buscar, por tanto "basar sus conclusiones sobre las relaciones humanas en la trinidad".[915] Ella sostiene que el intento de hacerlo es erróneo y, al mismo tiempo, vacío. Es erróneo, porque la Trinidad es radicalmente diferente de la comunidad humana y, por tanto, lo uno no puede servir de patrón para lo otro. El intento es vacío por la misma razón: en la medida que se afirma que la Trinidad proporciona el patrón, tiene que ser bajada del cielo a la tierra, que significa que "no realiza obra alguna; no dice nada que no supiéramos ya".[916]

Solo responderé a lo que Tanner escribe sobre los dos pilares de *Exclusión y acogida*: la voluntad incondicional de acoger y el carácter de las identidades personales y de grupo. En última instancia, relatos de la Trinidad y de la naturaleza de la salvación, en parte divergentes, están en cuestión, pero este epílogo no es el lugar para debatir nuestras diferencias sobre estos dos temas. Entrelazaré en mi respuesta a Tanner la contestación al artículo de Karen Kilby[917] en la que ofrece una crítica elogiosa, aunque firme, de los dos pilares trinitarios del argumento en *Exclusión y acogida* cuando los articulé en mi artículo posterior titulado "The Trinity is Our Social Program"[918] (que se vuelve a publicar aquí ligeramente editado como apéndice). Las críticas de Tanner y Kilby no

---

[912] Tanner, *Christ the key, k217. Ver Miroslav Volf,* Allah: A Christian Response, Nueva York: Harper-One, 2011, 127-48.

[913] Tanner, *Christ the Key,* 208-9.

[914] Ibíd., 244.

[915] Ibíd., 207, 221.

[916] Ibíd., 230.

[917] Karen Kilby, "The Trinity and Politics. An Apophatic Approach", *Advancing Trinitarian Theology: Explorations in Constructive Dogmatics,* ed. Oliver Crisp and Fred Sanders, Grand Rapids: Zondervan, 2014, 75-93.

[918] Volf, "The Trinity is our Social Program".

son del todo idénticas, sino que se construyen la una sobre la obra de la otra, y critican la mía.

Sobre la correspondencia entre la Trinidad y la comunidad humana

Empezará señalando la base bíblica para afirmar dichas correspondencias que Tanner niega explícitamente. Aunque en el Nuevo Testamento no está generaliza, la idea de que los seres humanos alineen su vida con la de Dios sí está presente. "Sed, pues vosotros perfectos, como vuestro Padre que está en los cielos es perfecto" (Mt 5:48). Doy por sentado que aquí "Padre" representa a "Dios" y no a una persona de la Trinidad excluyendo a las demás. Dado el entendimiento trinitario posterior de Dios, también supongo que los cristianos deberían leer el texto como el precepto de ser perfecto como Dios, que es la Trinidad.[919] Mejor dicho, la idea de que las relaciones entre los seres humanos deberían en cierto modo corresponderse con las relaciones entre los agentes divinos (más adelante se reconoció que formaban la Trinidad), está claramente presente en un texto relevante e históricamente influyente del Nuevo Testamento, la última oración de Jesús en Juan 17. Jesús se dirigió al Padre pidiendo que sus discípulos "[fueran] uno, así como nosotros" (17:11; también 20-22). Comentando sobre los pasajes, Tanner afirma que la idea del adverbio "como" en los pasajes "no es para resaltar la similitud entre nuestra unidad con el Padre y la de Jesús con él, sino la diferencia".[920] Eso se debe a que ella cree que el adverbio "como" ata la unidad entre Jesús y el Padre a la unidad entre los creyentes y el Padre. Los pasajes en Juan 17 son, pues, sobre "la centralidad de Cristo y de su relación con el Padre, por nuestra relación con el Padre" y no sobre "la unidad de las personas sobre la analogía con la unidad entre las personas de la trinidad".[921] Sin embargo, para que la interpretación funcione, tendríamos que leer 17:11 con los corchetes añadidos: "Padre santo, a los que me has dado, guárdalos en tu nombre, para que sean uno [contigo], así como nosotros". Si se estuviera considerando la unidad con el Padre, una forma más natural de formular la última frase sería "como yo soy uno contigo".[922] A pesar de su apelación a Atanasio, la idea de "como" en Juan 17:11, 20-23 es para

---

[919] Kilby objeta a esta forma de interpretar el texto, aunque sin dar razones de por qué ("The Trinity and Politics", 82 n. 19).

[920] Tanner, *Christ the Key,* 239.

[921] Ibíd., 238.

[922] De manera similar, ella tendría que leer Juan 17:21-23 con las inserciones de los corchetes insinuados: "para que todos sean uno [contigo, Padre], como tú, oh Padre, en mí y yo en ti, que también ellos sean uno en nosotros para que el mundo crea [observando que los creyentes están en Jesús y en el Padre] que tú me enviaste. La gloria que me diste, yo les he dado, para que sean uno

subrayar con claridad la similitud en el tipo de unicidad que existe entre el Padre y Jesús, y la unidad entre los discípulos. Todos los comentarios modernos importantes están de acuerdo en esto.[923] Ahora bien, la unidad entre los creyentes no se ejemplifica aquí meramente en la unidad entre Jesús y el Padre. Más bien, está arraigada en la unidad de los creyentes con Jesús y por medio de él, no tanto en su unidad con el Padre como con la Trinidad, en que están "en nosotros" (17:22), que equivale a decir en Jesús y en el Padre que están unidos porque están el uno en el otro (Jn 10:30). La unidad de los creyentes se produce al morar y ser habitados, se ejemplifica y se vive como la imagen visible de la Trinidad ("para que el mundo crea", 17:21).[924] Regresaré más adelante a la relación entre residencia e imitación.

El segundo argumento de Tanner contra la base bíblica para algún tipo de correspondencia entre la unidad de Dios y la comunidad humana concierne a la práctica de Jesús en los Evangelios. De haber pensado él en la unidad entre los discípulos en analogía de su unidad con el Padre, ¿por qué —pregunta Tanner— esas "relaciones de Jesús con el Padre y el Espíritu no aparece de un modo obvio para que sea el modelo de su relación con otros seres humanos en la historia"?[925] Después de todo, se supone que Jesús es el ejemplo de la relación humana adecuada con Dios y los unos con los otros. La respuesta es que, sin duda, no puede relacionarse con los humanos del modo en que lo hace con el Padre y el Espíritu, porque no se relaciona con las personas simplemente como otro ser humano, sino principalmente como el Verbo encarnado. En consecuencia, los seres humanos no deberían relacionarse con él como si fuera uno más de ellos, sino como "el Señor".

A pesar de la correspondencia entre ambos, la naturaleza y la unidad de las personas divinas, y la naturaleza y la unidad de los seres humanos, no

---

así como nosotros somos uno [es decir, como yo soy uno contigo], yo en ellos y tú en mí, para que sean perfectos en unidad [contigo]". Para mí esta interpretación del texto es altamente implausible.

[923] Charles Kingsley Barrett, *The Gospel According to St. John: An Introduction with Commentary and Notes on the Greek Text*, 2ª ed. (Filadelfia: Westminster, 1978), 512; Rudolph Bultmann, *the Gospel of John: A Commentary*, trad. G. R. Beasley-Murray et al. (Filadelfia: Westminster, 1971), 512-13; Jean Zumstein, *L'Évangile selon Saint Jean (13-21)*, Commentaire du Nouveau Testament (Ginebra: Labor et Fides, 2007), 183; Rudolph Schnackenburg, *the Gospel According to St John*, Herder's Theological Commentary on the New Testament, trad. David Smith y G. A. Kon (Turnbridge Wells: Burns and oates, 1982), 3:191: udo Schnelle, *Das Evangelium nach Johannes*, Theologische Handkommentar zum Neuen Testament (Leipzig: Evangelische Verlagsanstalt, 1998), 258-59.

[924] Comentando sobre "como" (kathos) en Juan 17:21, Raymond E. Brown escribe: "la unidad celestial es a la vez el modelo y la fuente de la unidad de los creyentes" (*The Gospel According to John [XIII-XXI]*, Anchor Bible [Garden City: Doubleday, 1970], 3:769).

[925] Tanner, *Christ the Key*, 237.

pueden ser nada cercano a lo idéntico, que es lo que Tanner sugiere que pensamos aquellos de nosotros que supongamos que la naturaleza de la unidad de las personas divinas es relevante para la naturaleza de la unidad entre los seres humanos. En mi opinión, la postura que Tanner critica, es decir, que "como sea la trinidad... establece cómo deberían estar organizadas las sociedades humanas",[926] es falsa tal como está, a menos que la califiquemos de manera *extensiva*. Yo mismo expuse esa misma idea, y lo hago así por una razón simple e incontrovertible: de formas fundamentales e inalterables, los seres humanos son distintos a las personas divinas, y sus respectivas unidades deben diferir. Los seres humanos son criaturas frágiles y limitadas, mientras que las personas divinas, en el modo único de su unidad, son el eterno e ilimitable Creador. Los seres humanos son tan pecaminosos, y tan centrados en sí mismos, mientras que las personas divinas son el Amor primordial y, por tanto, siempre aman de un modo incondicional.[927] No podemos derivar visiones normativas de las personas y de las relaciones humanas, teniendo en cuenta el carácter de los seres humanos como criaturas y pecadores. Si no lo hacemos, acabamos divinizando a los seres humanos o "secularizando" a la Trinidad. Si lo hacemos, el resultado es algo parecido a una débil analogía entre la Trinidad. Si lo hacemos, acabamos con algo parecido a una débil analogía entre la Trinidad y las comunidades humanas como deberían ser, pero nada parecido a la identidad entre ellos. Yo abogo por esta analogía. En realidad, defiendo la analogía en la que la diferencia siempre es mayor que la similitud, y que precisamente como tal consolidan una afirmación de semejanza.

Respecto a derivar la forma de la comunidad humana de la Trinidad

Como yo lo veo, el propósito de identificar semejante analogía no debe derivar principalmente la forma de las personas y relaciones humanas, no accesible para nosotros de cualquier otra forma, de las personas y las relaciones divinas, de manera a poder "imitarlos" o "reproducirlas". En la versión original de "The Trinity is Our Social Program" uso el lenguaje de la derivación y copiado, con moderación, pero quizás sin reservas.[928] Pero dejo muy claro que la obra de conceptualización no puede proceder simplemente de arriba (Trinidad) abajo (la iglesia y la sociedad).[929] En lugar de apuntar sencillamente a "derivar y replicar", estoy buscando en primer lugar demostrar algo como la bondad del

---

[926] Ibíd., 207.
[927] Ver Volf, *After Our Likeness,* 198-200. Ver Volf, *After Our Likeness*, 198–200.
[928] Volf, "The Trinity is Our Social Program", 403-5. Ver apéndice.
[929] Volf, *After Our Likeness,* k194.

encaje analógico. Dado que Dios crea a los humanos a su imagen, esta clase de Dios crea de manera adecuada a estos tipos de seres humanos con esta clase de identidades y relaciones comunales y personales. Esto es, en parte, lo que yo quería decir cuando, en *After Our Likeness*, declaré que "concebir la iglesia en correspondencia con la Trinidad no significa mucho más que pensar con coherencia teológica".[930]

Más que cualquier otra de mis críticas, Kilby confirma con claridad mi propuesta metodológica en la obra constructiva tanto desde arriba como desde abajo. Aun así, ella cree que yo me propongo "desarrollar un entendimiento de identidad del concepto de la *perichoresis*".[931] Ella considera mi relato de la identidad humana "es atractivo y, en gran medida, plausible", pero insiste en que "lo que no es plausible es que se supone que se deriva de una comprensión de la Trinidad inmanente".[932] En esta afirmación hay dos cosas erróneas. Primero, como afirmo explícitamente (como Kilby también señala con anterioridad en su artículo), yo construyo "principalmente sobre la narrativa del compromiso del Dios trino con el mundo",[933] y no sobre la Trinidad inmanente. Cuando llegamos al tema de la identidad como distinta de la autoentrega, esto significa que dependo principalmente del relato de la relación entre el Padre y Jesucristo en el Evangelio de Juan. En segundo lugar, Kilby piensa que conforme procedo en mi relato de la identidad olvido el principio metodológico que he sugerido: procedo directamente de la *perichoresis* divina a las formas humanas de identidad. ¿Por qué piensa así? Porque no doy "pistas" de que estoy "empezando a introducir consideraciones extraídas de la finitud y del pecado en mi explicación del significado de identidad de la *perichoresis*.[934] No afirmo esto de un modo explícito en la versión original del artículo, pero debería haber sido obvio que en realidad estoy introduciendo "consideraciones sacadas de la finitud y el pecado" porque escribo sobre la negociación de la identidad en un mundo finito y pecaminoso. El argumento es que existe una analogía —una débil analogía por causa de la finitud y la pecaminosidad humanas— entre identidades divinas "no encerradas en sí mismas" y las "no reducibles" visibles en la *perichoresis*, y el tipo de identidades personales humanas y de grupo marcadas por fronteras "porosas y cambiantes" que no obstante necesitan ser

---

[930] Ibíd.
[931] Kilby, "The Trinity and Politics", 79. Kilby, "The Trinity and Politics," 79
[932] Ibíd., 81.
[933] Ver apéndice
[934] Kilby, "The Trinity and Politics", 81.

mantenidas y negociadas en entornos conflictivos en los que viven seres finitos y pecaminosos.

"Derivación" no es un término adecuado para este complejo intento constructivo. Pero Tanner y Kilby parecen leer mis textos a través de la lente del "requisito de la derivación excluyente" que yo rechazo de manera explícita. Creen que el que podamos derivar los tipos de personalidad y de relaciones sociales que yo defiendo de otras fuentes —otros temas teológicos (por ejemplo, la encarnación, como sugiere Tanner)[935] u otras no teológicas y seculares también— socava mi postura. No es así. Para mi criterio es indispensable afirmar que es imposible derivar la personalidad humana y las relaciones sociales de la Trinidad solamente, y que por tanto es necesario hacerlo también de otras fuentes.[936]

¿Se deduce de esto que apelar a la Trinidad para una visión social nos hace acabar en realidad con las manos vacías, que la Trinidad "no realiza obra alguna", porque no "dice nada que no se sepa ya"?[937] ¿Qué se consigue mediante la apelación a la analogía entre las personas y las relaciones divinas y humanas, entendida como una bondad de encaje? Documenta y legitima una visión particular de personalidad y unidad humanas —por ejemplo, cómo se negocian las fronteras— y asimismo motiva a las personas para que se esfuercen en lograrlo. Consideremos una vez más la oración de Jesús respecto a que los discípulos sean uno como Jesús y el Padre lo son. Indica, mediante la analogía, que la unidad de los discípulos debería corresponder al tipo de unidad que Jesús y el Padre representaban en la historia de sus interacciones como se describen en el Evangelio. También declara que en última instancia es Dios quien produce semejante unidad entre los humanos, aunque al mismo tiempo provee motivación para que los humanos aspiren y trabajen para conseguir esa unidad.

Sobre ser un "trinitario social"

Es posible la analogía entre la unidad del Dios trino y la unidad humana, porque tenemos que postular una analogía —de nuevo una débil, pero analogía de todos modos— entre las personas divinas y humanas. Esta convicción está en el núcleo central de mi "trinitarianismo social". No me encanta el término, porque es propenso a producir un grave malentendido. Conjura a tres seres divinos independientes, una clase de equipo o familia divino y, por

---

[935] Tanner, *Christ the Key*, 241.
[936] Ver Volf, *After Our Likeness*, 191-200, y apéndice.
[937] Tanner, *Christ the Key*, 230.

tanto, corre el riesgo de negar de manera implícita la afirmación más básica cristiana de que "no hay más que un Dios" (1 Cor 8:4). El contenido de mi "trinitarianismo social" es la convicción de que las analogías sociales son indispensables cuando pienso en la triunidad del único Dios, que sin ellas no podríamos expresar algo esencial sobre él. Las analogías psicológicas son adecuadas e indispensables también; recalcan la singularidad de Dios mientras buscan articular la distinción de las personas. También creo que describir los relatos orientales de la Trinidad como "social" y los occidentales como "psicológicos" es erróneo, aunque es cierto que los padres de la iglesia oriental se sienten, con razón, más cómodos con las analogías sociales que los padres de la iglesia occidental.[938]

Kilby reconoce que soy un "trinitario social" que "procede —en general— con gran precaución respecto a los peligros y las posibles dificultades del proyecto".[939] Solo por eso se siente perpleja en cuanto a porqué me siento cómodo extrayendo teológicamente las implicaciones de las analogías sociales de la Trinidad. Ella juega con la idea de que la fuente de mi "trinitarianismo social" son dos accidentes de mi biografía: soy estudiante de un trinitario social, Jurgen Moltmann, y he escrito un libro sobre eclesiología de la comunión. Ella se apresura a descartar la explicación biográfica en favor de una explicación "que justifica la existencia": el trinitarianismo social ayuda a los teólogos como yo a justificar nuestro trabajo y "nuestros salarios", porque parece atribuirle a nuestra disciplina "su propio tesoro único de ideas para alimentar una teoría social y política", ideas excluyentes con respecto a los pensadores seculares y los cristianos corrientes por igual. Y, a continuación, añade la explicación de "una necesidad de entusiasmo": es atractivo tener "un concepto tan esquivo, e incluso paradójico, a la hora de trabajar con él" como la *perichoresis* trinitaria.[940]

Kilby nunca considera la explicación de mi "trinitarianismo social" que he dado más arriba, a saber, que creo que las analogías sociales son indispensables, porque solo con su ayuda podemos decir algo verdadero sobre la Trinidad, verdadero en el sentido en el que se puede afirmar que cualquiera de nuestras declaraciones sobre Dios es cierta. Creo que las ideas seductoras y útiles, pero inciertas sobre Dios, son idólatras. Estoy comprometido con la postura que solo a las ideas ciertas sobre Dios se les puede dar un buen uso. La no manipulabilidad de Dios es fundamental para su divinidad.

---

[938] Ver Miroslav Volf, "Being as God is: Trinity and Generosity!, *God's Life in Trinity,* ed. Miroslav Volf y Michael Welker, Minneapolis: Fortress, 2005, 5-6.

[939] Kilby, "The Trinity and Politics", 81.

[940] Ibíd., 82-83.

Entonces, ¿qué es verdad respecto a las analogías sociales de la Trinidad? Creo que es equivocado pensar que "persona" es "un marcador de posiciones bastante mal definido para lo que quiera que sean los tres componentes de la trinidad".[941] No estoy sugiriendo que "persona" sea adecuado para referirse al Padre, al Hijo y al Espíritu. Considerando que en Juan 10:30 Jesús habla de su unicidad con el Padre en plural ("el Padre y yo uno somos"), San Agustín afirma, con total acierto, que usamos "persona" para expresar los tres componentes de la Trinidad, y "no para decir eso precisamente, sino para que no nos sintamos obligados a quedarnos callados".[942] Y es que "el discurso humano pelea con una gran escasez de palabras" cuando habla de Dios.[943] "Persona" es inadecuado, pero así son todos los demás términos que usamos también para Dios. A pesar de lo inadecuado, expresa correctamente que en el Nuevo Testamento encontramos al Padre, al Hijo y al Espíritu como tres actores y oradores, y de manera crucial, actores y oradores que no solo actúan hacia el mundo y se dirigen a los humanos, sino que también actúan y conversan entre ellos. Como se manifiesta a lo largo de los Evangelios y de las Epístolas, el Padre envía al Hijo y le habla, y este obedece al padre y le habla; y tanto el Padre como el Hijo envían al Espíritu y este intercede ante el Padre en favor de los seres humanos (cp. Rm 8:26).

En gran medida, este "diálogo" del Padre, del Hijo y del Espíritu entre ellos y con los seres humanos, en la economía de la salvación, fue donde se articuló la doctrina para "explicar", a saber, cómo un diálogo así puede suceder entre personajes considerados divinos dada la intransigente unicidad de Dios. Encuentro intentos implausibles para arraigar la doctrina de la Trinidad en el carácter de la autorrevelación de Dios (Karl Barth)[944] o en la autocomunicación de Dios (Karl Rahner).[945] Como yo lo veo, la raíz es la historia del compromiso de los tres divinos que son solo uno en la economía de la salvación (Jurgen Moltmann).[946] Para que los tres seres divinos hablen entre sí y con los humanos, y también actúen entre sí y con los humanos, en la "economía"

---

[941] Tanner, *Christ the Key,* 220.

[942] San Agustín, *De Trinitate,* v. 10.

[943] Ibíd.

[944] Ver Karl Barth, *Church Dogmatics,* I/1, trad. G. W. Bromiley y T. F. Torrence, Edimburgo: T&T Clark, 1975, 296-98.

[945] Ver Karl Rahner, *the Trinity,* trad. Joseph Donceel, Nueva York: Crossroad, 1999, 34-37.

[946] Ver Jurgen Moltmann, *the Trinity and the Kingdom: The Doctrine of God,* trad. Margaret Kohl (Nueva York: Harper & Row, 1980), 64. Ver también Miroslav Volf, "Being as God is: Trinity and Generosity", en *God's Life in Trinity,* ed. Miroslav Volf y Michael Welker (Minneapolis: Fortress Press, 2006), 6.

debe de haber algo en ellos antes de la creación del mundo que permita dicho diálogo e interacción, aunque tartamudeemos cuando intentamos expresar lo que algo podría ser.[947] Si un relato de "persona" al nivel de la Trinidad inmanente compone el diálogo y las interacciones entre las personas divinas en la economía ininteligible, la brecha entre la Trinidad económica e inmanente se vuelve tal que la unidad entre ambas no puede mantenerse, una señal segura de que esta interpretación de la doctrina de la Trinidad ha fallado. Ante todo, la doctrina conceptualizada de la Trinidad no debería imposibilitar que haga plausible aquello para lo que fue diseñado.

Cristología frente a Trinidad

Tanner escribe de manera crítica sobre el procedimiento seguido por "trinitarios sociales": "Más que cristología, se opta por una teología de la trinidad para respaldar tipos particulares de comunidad humana".[948] Para ella, y quizás para algunos de los teólogos que ella critica, esta es una alternativa excluyente: o cristología o teología de la Trinidad. Para mí no es así. Tanto las relaciones entre personas divinas y su obra en el mundo, en especial en la vida de Cristo, son relevantes. De hecho, mi énfasis principal está en Cristo y en su vida. Para reflexionar en la naturaleza dinámica de las identidades personales y comunales y de las relaciones —a lo que tanto Tanner como yo aludimos como preguntas "formales"[949]— yo utilizo principalmente las relaciones trinitarias en los ámbitos económicos e inmanentes. Para meditar en la "voluntad de acoger" y, de manera más amplia en la autoentrega humana por el bien del mundo —a lo que Tanner y yo nos referimos como preguntas "sustantivas"— yo uso sobre todo, aunque en modo alguno en exclusiva, la vida de Cristo, en especial su camino a la cruz y su muerte en el madero. Como yo lo veo, la Trinidad documenta, legitima y motiva nuestra visión social de estas dos maneras interconectadas; en mi caso no hay "atención aislada a lo que se narra sobre las relaciones entre las personas trinitarias".[950]

Subyacente a mi enfoque está la afirmación de que las tres convicciones siguientes son interdependientes: (1) Dios es amor, (2) Dios es la Santa Trinidad, y (3) Dios estaba reconciliando al mundo en Cristo. Como se evidencia de la naturaleza de su bautismo, en el que el Padre habla del Hijo y el

---

[947] Esto es en contraste con Karl Rahner, para quien no hay reciprocidad entre las personas divinas; según él, no se puede decir, por ejemplo, que se aman unas a otras (ver *Trinidad*, 106).

[948] Tanner, *Christ the Key*, 207.

[949] Ibíd., 230.

[950] Id., 237.

Espíritu desciende sobre él, la vida de Cristo fue una historia "trinitaria". En su misión, Cristo está íntimamente relacionado con el Padre, cuya voluntad está haciendo y el Espíritu le está dando energías. Dios en Cristo, viviendo la vida humana y cargando con el pecado y el dolor del mundo, y representando así el acogimiento divino incondicional de la humanidad, la Trinidad está obrando. La clase de unidad dinámica divina y las identidades de las personas divinas representadas en la historia de Cristo, junto con las presuposiciones de que esa unidad y esas identidades en la Trinidad inmanente son el lado formal del amor divino sustantivo, que es lo que el Dios trino es y lo que Cristo presentó en un mundo de sufrimiento y pecado.

Tanner objeta que, además de distraer su atención de Cristo, los teólogos que hacen que la reflexión trinitaria afecte a los asuntos políticos enfatizan el lado formal del tema (la estructura de identidades y relaciones), y margina el lado sustantivo de la cuestión (la naturaleza amorosa de las relaciones). Yo no. En la vida de Dios *en sí* y en los tratos de Dios con el mundo, ambos están estrechamente entrelazados. En consecuencia, hago hincapié en las dos cosas, aunque destacando en algunos escritos una cosa y en otros la otra. En *After Our Likeness,* por ejemplo, me preocupa sobre todo (¡no exclusivamente!) el lado formal del asunto porque en ese libro persigo el objetivo limitado de desarrollar una eclesiología congregacionalista no individualista.[951] En *Exclusión y acogida* me ocupo ante todo del lado sustantivo del asunto, aunque, como se evidencia de mi interpretación de la historia del Pródigo, y relato cierto de la dinámica de la negociación de la identidad es, en realidad, una dimensión necesaria del lado sustantivo de la relación. En "The Trinity is Our Social Program" (en este volumen: el apéndice "Trinidad, identidad y autoentrega") reúno ambas cosas.

Imitación, incorporación, residencia

Gran parte de la objeción de Tanner a mi interpretación de cómo se relaciona la Trinidad con la visión social, concierne a lo que ella describe como esfuerzos humanos de "imitar" o, de un modo más despectivo, "remedar" a la Trinidad, de buscar alcanzar "las alturas de las relaciones trinitarias reproduciéndolas en sí mismos y por sí mismos".[952] Aunque estoy muy a favor de la imitación entendida como es debido —de la imitación de Cristo así como del Dios trino—, junto con Tanner me opongo totalmente al mero "remedo" de Dios

---

[951] Volf, *After our Likeness,* 191.
[952] Tanner, *Christ the Key,* 236.

y más aún, a "reproducir" las relaciones divinas.[953] Como hemos señalado con anterioridad, es evidente que los seres humanos no son Dios y, por tanto, limitarse a imitar y reproducir

las relaciones divinas son esfuerzos fútiles y mal orientados. Lo mismo se aplica, en un sentido limitado, a remedar o reproducir la vida de Cristo. Hay cosas que Cristo hace por nosotros que no podemos hacer por los demás, porque Cristo es el Verbo encarnado creativo, y nosotros los seres humanos somos criaturas de ese Verbo. De manera que el mero "remedo" está descartado, porque presupone de forma errónea una identidad cercana entre los seres humanos y Dios. Sin embargo, cuando rechazamos la "identidad" en favor de la "analogía" —una "débil analogía" con respecto a la Trinidad y una "fuerte analogía" con respecto a Cristo— como he argumentado que deberíamos, la principal relación de los seres humanos con la Trinidad y con el Verbo encarnado no debería ser la de la imitación. Rechazo la postura que Tanner me imputa, a saber, que la Trinidad nos muestra "una forma de sí misma a la que podemos esperar acercarnos" y que, de este modo, "nos provee un modelo externo al que podríamos conformarnos con mayor facilidad".[954] La creación y la preservación de toda la realidad no divina, la residencia de Cristo por el Espíritu en el creyente y en la iglesia y, en última instancia, la residencia de Dios en el mundo son las principales formas en que la Trinidad y las criaturas están relacionadas. Sigo manteniendo que la práctica de la "imitación" es importante. ¿Cómo?

La alternativa de Tanner de "imitar" es afirmar que la Trinidad entra en nuestro mundo en Cristo y cierra la brecha entre ella y la humanidad

---

[953] Mark Husbands afirma, de manera similar que "Volf nos ofrece una doctrina del Dios trino en la que la inmediata relevancia de la Trinidad radica principalmente en ser un modelo para que nosotros lo imitemos y no una razón constitutiva de nuestra reconciliación y promesa de vida" ("The Trinity is *Not* Our Social Program", *Trinitarian Theology for the Church: Scripture, Community, Worship*, ed. Daniel J. Treier y David Lauber [Downers Grove: IVP Academic, 2009], 126). Pero esta interpretación de mis textos sobre la Trinidad es totalmente errónea, porque se limita a ignorar lo que escribo sobre la "residencia" de Cristo y del Espíritu en el creyente y en la iglesia. Tampoco considera lo que cualquiera que escriba sobre dicha residencia debe suponer sobre la relación entre Dios y la creación. Para mí es inexplicable su sospecha de que el proyecto "corre el peligro de una reducción nominalista de la doctrina de Dios a la eclesiología y, a su vez, de la eclesiología a las prácticas sociales" (122). ¿Qué significaría mi aceptación de la distinción entre la Trinidad inmanente y económica, y la ampliación de Yves Congar (*I Believe in the Holy Spirit,* trad. David Smith [Nueva York: Seabury, 1983], 3:13-15) contra el axioma de Karl Rahner —"The economic Trinity is the inmanent Trinity and viceversa" (*Trinity*, 22)— sino que *rechazo rotundamente* considerar al mundo como la dimensión necesaria de la vida de Dios, y mucho menos reducir a Dios a la dimensión del mundo (práctica social)?

[954] Tanner, *Christ the Key*, 234.

"incorporando en realidad a los seres humanos a su propia vida por medio de la encarnación". Y prosigue, "Por tanto, no se nos ha llamado a imitar a la Trinidad mediante la encarnación, sino que somos llevados a participar de ella".[955] Pero la oposición entre la imitación y la participación es falsa. Si rechazamos el relato de Cristo como meros modelos externos (cosa que yo hago), podemos confirmar lo que Tanner afirma y seguir insistiendo en la imitación como la forma importante, e incluso indispensable, en que los seres humanos deberían relacionarse con la Trinidad. No hay razón por la que Tanner no pueda declarar que Dios es a la vez externo e interno a los seres humanos y, por tanto, puede concebirse plausiblemente como modelo y presencia a la vez. Después de todo, una de sus convicciones clave es que la relación entre Dios y el mundo, así como entre la inmanencia y la trascendencia divinas no es competitiva.[956]

No es difícil encontrar ejemplos de pensadores cristianos que coinciden conmigo. Siguiendo al Juan el evangelista y al apóstol Pablo,[957] Martín Lutero, por ejemplo, creía que Cristo está en nosotros sin ser "nuestro" y, por tanto, permanece en sentido técnico *extra nos*. Como tal, es un modelo interno o, más bien, un modelo que en su externalidad también es interno. En *The Freedom of the Christian,* afirmó tanto la unión con Cristo como la imitación de Cristo, e insistió con énfasis en que la unión precede y posibilita la imitación, con el resultado de que los cristianos deben ser "Cristos" unos para otros y para el mundo.[958] Se puede decir lo mismo de la imitación de la Trinidad. En mi interpretación de Juan 17, el Padre y el Hijo, en su interioridad mutua, son a la vez una presencia interna en los creyentes y un objeto externo de imitación. La unidad de las personas divinas es un modelo en el que los discípulos han de vivir aquello por lo que Jesús oró ("que sean uno, así como nosotros" [17:11]): tienen que buscar encarnar en sus relaciones mutuas importantes elementos de lo que ven manifestado en la historia de la relación mutua entre Jesús y el Padre. Pero el modelo que debe vivir es también, y de forma más básica, una presencia interna. Jesús ora "para que todos sean uno; como tú, oh Padre, en mí, y yo en ti, que también ellos sean uno en nosotros... Yo en ellos,

---

[955] Ibíd., 234

[956] Le debo esta última idea a Ryan McAnnally-Linz. Ver Kathryn Tanner, *Jesus, Humanity, and the Trinity*, Minneapolis: Fortress. 2001, 1.34.

[957] En los escritos del apóstol Pablo, Cristo es interno al creyente ("ya no vivo yo, mas vive Cristo en mí" [Gá 2:20] y Cristo es un modelo externo que se debe imitar [Gá 2:3; Lutero interpreta a Pablo como modelo de Cristo en este versículo]. En el Evangelio de Juan: Cristo es interno al creyente (Jn 17:26) y Cristo es un modelo externo a imitar (Jn 13:15).

[958] Luther, *Luther's Works*, vol. 31, 368.

y tú en mí" (17:21, 23, ver también 17:26). Añadiendo a las fuentes patrísticas, Tanner prefiere el lenguaje de "participación" humana en la vida divina y ve que esto tiene lugar al convertirse todos los seres humanos en "miembros del Hijo unigénito" y moviéndose "en conjunto, como un solo cuerpo".[959] Ampliando sobre los reformadores, yo prefiere el lenguaje de la "residencia" de Cristo y del Espíritu en el creyente y en la iglesia (en analogía con la venida del Verbo y que habitara en la carne): por el Espíritu, Cristo vive en los individuos y en los cuerpos eclesiales —dos modos de residencia relacionados, pero no reducibles el uno al otro— y, finalmente, en todo el mundo. La vida que los cristianos viven ahora es la vida de Cristo en ellos, una existencia que se vive por fe en el Hijo de Dios que los amó y se entregó por ellos (ver Gá 2:20). La participación de la criatura en Dios, y la residencia de este en la criatura no deberían enfrentarse entre sí. En realidad, ambas están presentes en los textos paulinos y juaninos; en Pablo: el creyente está "en Cristo" (Gá 2:17) y "Cristo en" el creyente (Gá 2:20), y en Juan: los discípulos están "en nosotros [el Padre y Jesús]" y "yo [Jesús] en ellos" (Jn 17:21, 23). De hecho, porque Dios mora en las criaturas —por medio de la venida de Dios al mundo y ser recibido por el mundo (Jn 1:19-18)— estas pueden participar en Dios como algo distinto a vivir solamente por medio de él y en su ambiente. Pero cualesquiera que sean los méritos y los deméritos teológicos, antropológicos, cristológicos, soteriológicos, eclesiológicos y escatológicos de la conceptualidad o de su primacía, ambos afirman la profunda unión de Dios con los seres humanos. No hay necesidad de pensar en esta unión como una alternativa a la imitación.

Esperanza y memoria

Provisionalidad y esperanza

En el extenso Capítulo IV sobre el "acogimiento", al final de la crítica de grandes narrativas, y antes de la explicación de los elementos del acogimiento, escribí que perseguir el abrazo es una lucha "para una reconciliación sin final basada en una visión de reconciliación que no se puede deshacer".[960] En el libro, he escrito algo sobre la imperfectibilidad de todas las reconciliaciones históricas. Desarrollándolo un poco, pude señalar que todo recuerdo presupuesto en el acogimiento es en parte confuso y retorcido, que todo juicio sobre la maldad está en parte equivocada y ofende al otro, que todo perdón no es tan solo un regalo, sino parcialmente una autoafirmación orgullosa y, en

---

[959] Tanner, *Christ the Key*, 238.
[960] Ver p. 143-144.

ocasiones, un insulto, que todo acogimiento incluye en sí mismo elementos de exclusión. Al relacionar la imperfección con el arrepentimiento y la reparación (ver más abajo), pude indicar que todo arrepentimiento es en parte falso y que toda restitución es inadecuada. La insistencia en la reconciliación y el acogimiento perfectos no resultará en aceptación alguna. Tal como yo lo veo, en la práctica del acogimiento se requiere "valor ante la imperfección" y esperanza para el abrazo final (en el sentido dinámico esquematizado en la sección "El drama del acogimiento") en el mundo venidero de amor. En el libro no distingo claramente entre reconciliación y acogimiento, pero las dos cosas no son idénticas. El primero es un movimiento del conflicto a una paz dinámica; el segundo es esa paz dinámica misma. Históricamente, cada uno es imperfecto; escatológicamente, ambos son definitivos. En el relato tradicional teológico de Las cosas postreras, el acogimiento final es un ejemplo particular de la vida interpersonal en el mundo venidero, que es un mundo de amor, paz y gozo. Pero ¿qué hay de la *reconciliación final*? ¿Dónde encaja en el relato teológico de Las cosas postreras? Pertenece a la transición del mundo tal como es al mundo venidero. Por lo general, se entiende que esta transición consiste de dos acontecimientos importantes; la resurrección de los muertos y el juicio final. Pero, aunque la reconciliación final presupone ambas cosas, no forma parte de ninguna. El objeto de la resurrección es dar una vida eterna a los muertos, liberándolos de la corruptibilidad; el propósito del juicio final no es recibir solo una parte en el mundo venidero, sino también adquirir claridad respecto al carácter su vida ya vivida y experimentar una transformación moral. En el juicio final, cada persona comparece ante Cristo, el juez (2 Cor 5:10), y dado que no solo es un juicio basado en las obras, sino también en la gracia, el juicio final es también el lugar de la *reconciliación final con Dios,* el cumplimiento del acto divino "que nos reconcilió consigo mismo por Cristo" (2 Cor 5:18). Para introducir el mundo de amor, la transición escatológica no puede ser tan solo un suceso entre Dios y los seres humanos, sino que debe ser también "un acontecimiento social entre los humanos, de manera más precisa, un acto divino hacia las personas que también es un evento social entre ellos". De modo que, además de que cada ser humano comparezca ante el trono de juicio de Cristo, cada uno estará cara a cara con los demás seres humanos para ser plenamente reconciliados con ellos en caso de que exista una historia de maldad. Este fue el principal argumento de mi ensayo "The Final Reconciliation".[961]

---

[961] Miroslav Volf, "The Final Reconciliation: Reflections on a Social Dimension of the Eschatological Transition," *Modern Theology* 16, núm. 1 (2000): 93.

Junto con el argumento de que el mundo venidero está marcado por la temporalidad —que sus habitantes tienen una vida perpetua más que eterna[962]—, la visión social de la reconciliación es la presuposición escatológica para mi reflexión controvertida en *Exclusión y acogida* sobre la memoria de la maldad cometida y el sufrimiento soportado.

Sobre "no habrá memoria"

Ninguna parte del libro ha provocado más debate que la sección "El paraíso y la aflicción de la memoria", tanto "la aprobación como retroceso", como señaló Linn Marie Tonstad en su enfrentamiento con mi "propuesta imaginativa" sobre "el peso del pasado en el mundo del amor".[963] He escrito todo un libro en respuesta a las críticas, The End of Memory,[964] que hizo poco para zanjar el asunto, por supuesto, aunque mucho para aclarar los problemas, al menos eso espero. El retroceso se debe en parte a las susceptibilidades culturales en torno a recordar las ofensas que emergieron poco a poco después de la mitad del siglo pasado ("¡No olvidar nunca!") y, en parte, las preocupaciones teológicas sustantivas. Limitaré mis comentarios aquí a las inquietudes teológicas, pero no repetiré todos los argumentos de *The End of Memory*.

Permíteme clarificar aquí lo que podría no haber quedado del todo claro en *Exclusión y acogida* (pero queda claro en *The End of Memory*): yo defiendo la idea de que las ofensas cometidas y el sufrimiento soportado *no vendrán a la mente* de los ciudadanos del mundo venidero, y que esto sucederá *después* de que los males hayan sido mencionados, perdonados y haya habido arrepentimiento, *después* de que los perpetradores y las víctimas se han reconciliado, y *después* de que el mundo haya quedado a salvo del pecado. No estoy abogando en favor de "olvidar" en lugar de recordar y perdonar (que era, por ejemplo, la postura de Nietzsche). Tampoco defiendo el "olvido" en lugar de la reconciliación y en vez de la transformación del mundo.[965] Estoy en favor de "olvidar"

---

[962] Miroslav Volf, "Time, Eternity, and the Prospects for Care: An Essay in Honor of Jurgen Moltmann's 90th Birthday," *Evangelische Theologie* 76, núm. 5 (2016): 345–54; ver también "Enter into Joy! Sin, Death, and the Life of the World to Come," *The End of the World and the Ends of God: Science and Theology on Eschatology*, ed. John Polkinghorne y Michael Welker (Harrisburg: Trinity Press International, 2000), 256–78.

[963] Miroslav Volf, *The End of Memory: Remembering Rightly in a Violent World*, Grand Rapids: Eerdmans, 2006.

[964] Miroslav Volf, *The End of Memory: Remembering Rightly in a Violent World*, Grand Rapids: Eerdmans, 2006.

[965] Mi principal interés no fue la naturaleza y los usos de "olvidar" de forma más general, sino la función de "olvidar" en el proceso de reconciliación y la visión de la totalidad. Para una obra reciente y muy rica sobre la importancia de olvidar de manera más general, ver el libro fascinante

después de que todo esto se haya hecho. En un sentido importante, en mi relato "olvidar" no es algo que hagamos, sino algo que nos sucede, algo que recibimos como un regalo. Esa idea se expresa mejor no usando el "olvido", sino la frase bíblica "no habrá memoria" (Is 65:17).[966]

Tengo la sensación de que hay algo deficiente en el perdón y la reconciliación que no resulta en que "no habrá memoria" del mal cometido para la víctima ni para el perpetrador. Si perdono, y añado "Pero nunca olvidaré", envuelvo en torno al regalo del perdón un gris sudario de advertencia, incluso una capa de amenaza. Coloco, asimismo, al perpetrador y a la víctima, una marca indeleble de ofensa; la memoria del mal perdonado clava las identidades de los perpetradores de manera inalterable a sus fechorías, y las identidades de las víctimas a su victimización: una vez ofensor, siempre ofensor; una vez víctima, siempre víctima, a pesar del pasado del ofensor y de la víctima.[967] Las identidades están, pues permanentemente definidas en parte por el pecado. Y, como he argumentado en *The End of Memory*, dado que la justicia exigiría una memoria completa de todos los pecados de todos los ciudadanos del mundo del amor, no queda claro que esta no deshiciera por completo la realidad del mundo de amor.[968]

Algunos han sugerido que existen usos más benignos y necesarios del recuerdo de las ofensas cometidas y de los sufrimientos soportados. El argumento es que nos ayuda a disfrutar verdadera y adecuadamente de la bondad de la vida en el mundo venidero. Los gozos requieren recordar las aflicciones pasadas como su condición. Es evidente que los gozos de la liberación son particularmente poderosos en nuestra experiencia corriente. Piensa en María, la hermana del gran libertador, Moisés: movimientos rítmicos de pandero sobre su cabeza, pesados collares, botín requisado a los egipcios, rebotando sobre su pecho, con el pelo y su ropa volando al viento mientras dirigía la danza de celebración por la destrucción del ejército opresor (Éx 15:19-21). Pero esos mismos gozos son un tributo a la primacía del bien y, por tanto, es suficiente causa de regocijo. Nos alegramos en la liberación como algo bueno, porque

---

y generador de Lewis Hydey de "citas, aforismos, anécdotas, historias y reflexiones", *A Primer for Forgetting: Getting Past the Past* (Nueva York: Ferrer, Strauss y Giroux, 2019).

[966] Para la importancia de una cierta clase de olvido de nuestra capacidad de vivir bien en situaciones de conflicto, ver el breve artículo fundamental de Yehuda Elkana, "The Need to Forget", publicado en *Ha' aretz* (2 de marzo 1988).

[967] Para un breve relato de un recuerdo de perdón, ver Miroslav Volf, *Free of charge: Giving and Forgiving in a Culture Stripped of Grace* (Grand Rapids: Zondervan, 2005), 173-77.

[968] Ver Volf, *The End of Memory*, 193ss. Ver también Tonstad, "The Weight of the Past in the World of Love", 228-34.

la libertad es buena y la liberación es un instrumento para alcanzarla; por lo general no nos regocijamos por ser liberados de una sartén en el fuego, en realidad tampoco por ser salvados del fuego de la sartén, la posesión del bien mismo —en el mundo venidero será— razón suficiente para el gozo. Si la bondad es original, como afirma la fe cristiana, entonces debe ser atractiva y generar regocijo como una bondad que no necesita ser acompañada del recuerdo de la negatividad vencida.

¿Acaso no disminuiría, y hasta acabaría extinguiendo nuestra gratitud a Dios por la liberación? Lo haría, y esa es exactamente mi idea. Como yo lo veo, no sería digno de Dios ni de su amor incondicional, exigir o aceptar una gratitud *eternamente perdurable* por rescatar a la humanidad de la perdición. Si una hija mía a la que yo hubiera salvado de un accidente fatal tuviera que darme las gracias, o sentirse agradecida, cada vez que me viera, yo consideraría que su gratitud es un insulto a mi bondad. Querían que me diera las gracias con sinceridad una sola vez, o quizás dos si recordamos el acontecimiento, y después seguimos deleitándonos en la vida y en mi presencia en ella. No estoy sugiriendo que no haya gratitud hacia Dios, porque hay razones más inmediatas para ello: la totalidad de nuestra vida individual y del mundo, en ese mundo venidero, es y será permanentemente el resultado de la generosidad de Dios.

Pero ¿qué hay de Jesucristo, de las cicatrices de la crucifixión marcando su cuerpo resucitado, como leemos en los Evangelios? ¿No señalan también su cuerpo ascendido? ¿No ve Juan el Vidente una visión del Cordero en el trono con Dios? En *Icons of Hope*, John Thiel atribuye mucha importancia al cuerpo herido, resucitado de Cristo en el mundo venidero, incluso a "la presencia perdurable de la cruz en el cielo".[969] En consecuencia, al recordar en el cielo el precio de la redención en dolor y sangre, es ineludible que, como él lo expresa, "una especie de tristeza... impulsada por la carga culpable de los efectos del pecado" marque eternamente la vida en el mundo venidero.[970] La visión del mundo venidero, cubierto con la neblina de la tristeza está vinculada a su concepción del cielo como un purgatorio sin un final predecible a la vista. La alternativa a la postura de Thiel expuesta ante nosotros es esta: o tienes un cielo triste, o no tienes en él la cruz y el recuerdo de las ofensas cometidas y del sufrimiento soportado. Opto por un gozo celestial que es lo que Dios promete (ver Mt 25:20-23).

---

[969] John Thiel, *Icons of Hope: The "Last Things" in Catholic Imagination*, Notre Dame, IN: University of Notre Dame Press, 2013, 42, 184.

[970] Ibíd., 186.

Pero ¿recordaremos la cruz? Ampliando la historia de José y sus hermanos en Génesis, en *Exclusión y acogida* sugerí que la cruz puede ser "un memorial paradójico al olvido" como lo fue el nombre de su hijo, Manasés, "el que provoca ser olvidado".[971] Esta es una forma posible de comportarse para los que optan por el gozo eterno. Pero tal vez sea más convincente sugerir que la cruz no será recordada. Por supuesto, estamos especulando. Pero no veo por qué hacerlo en favor de recordar es mejor que lo contrario, y puedo ver la razón de por qué lo opuesto podría ser el caso. Algunos descubren la referencia al Cordero en el trono en el libro de Apocalipsis como una indicación de la presencia del crucificado en el mundo venidero. No es fácil analizar cómo funciona la imaginería del Cordero en el libro de Apocalipsis. Claramente, es una metáfora literaria para invocar al cordero pascual de Éxodo (Éx 12:21); nadie espera que un cordero de verdad —y mucho menos un cordero inmolado (Ap 13:8)— esté sentado en el trono celestial con Dios. La mayoría no espera tampoco que Dios esté sentado en un trono real; se trata de una imagen terrenal del gobierno de Dios, quien no puede ser abarcado por el universo, y mucho menos encajar en un trono. Invocar las imágenes de la crucifixión tiene sentido, mientras dura la historia y la cruz sigue realizando la obra salvífica. Pero cuando acabe la historia y esta obra esté hecha, la cruz habrá cumplido su propósito y ya no será necesario que su recuerdo acuda a nuestra mente.[972]

Cualquier cosa que pensemos sobre Jesucristo, la naturaleza de su cuerpo resucitado, incluida la pregunta de si él tendrá un cuerpo físico específico y eterno, *si* lleva en la eternidad las cicatrices sanadas de la crucifixión, lo que Tonstad escribe sobre la cruz —respecto a las cicatrices como recordatorio de la cruz— en el mundo venidero, parece exacto:

> Sin embargo, en un mundo en el que Dios y los seres humanos se aman unos a otros cara a cara, no parece necesario suponer que la cruz tenga un lugar. Estaremos en la presencia de aquel que nos ama tanto como fuimos amados "entonces" (es decir, en la cruz). Pero eso lo sabremos mucho mejor cuando nos veamos cara a cara y seamos cambiados en esa contemplación.[973]

En el mundo venidero, cuando se trata del recuerdo de las ofensas cometidas y de los sufrimientos soportados, la cuestión fundamental concierne a la

---

[971] Ver el texto final.
[972] Ver Volf, *The End of Memory*, 145-47.
[973] Tonstad, "The Weight of the Past in the World of Love", 236.

"redención del pasado". En *Exclusión y acogida* cito en el texto la exclamación de Nietzsche sacado de *Thus Spoke Zarathustra,* "redimir el pasado, esto es lo único que denomino redención".[974] Estrictamente hablando, el *pasado* no puede redimirse; solo las *personas* que vivieron y soportaron la aflicción de haber cometido o sufrido maldad y dolor pueden ser redimidas. Para Nietzsche, la redención del pasado ocurre mediante la transformación de la actitud hacia el pasado: una persona acepta con valentía el pasado afirmando con respecto a la totalidad de lo que fue: "Lo quise así".[975] La redención del pasado es aquí un acto de una voluntad autoasertiva que identifica lo sucedido: confirmo y celebro la realidad tal como fue, es, y será.

"Yo lo quise así" es una versión de "Dios está muerto" de la manera como muchos teólogos nos han aconsejado que nos relacionemos con el pasado que clama pidiendo redención: "Dios lo quiso así, o, al menos ¡la infinita sabiduría divina lo permitió!". Este modo de "redimir" el pasado presupone una teodicea exitosa; requiere que seamos capaces de decir con confianza que los restos de naufragios de la historia, sus males horrendos y los que no lo son tanto, son compatibles con la bondad divina y tienen un propósito en la divina providencia.

Mi propia sugerencia sobre no recordar el mal cometido y sufrido surge, en parte, de la duda de que alguna teodicea pueda producirse y de la sospecha de que si tuviera éxito justificaría lo que desde mi punto de ventaja parece injustificable. Ahora bien, *no afirmo* que sea posible una teodicea, y que si lo fuera, tendría que ser moralmente censurable de necesidad. Cuando la historia sigue su curso y "el reino de este mundo se haya convertido en el reino de nuestro Señor y de su Mesías" (Ap 11:15), *tal vez* tengamos una teoría que demostrará que los males horribles de la historia formaban parte del plan, incluso que el mundo al que pertenecían era el mejor de todos los mundos posibles. Pero ahora no tenemos esa teoría, y creo que, en principio no somos capaces de tenerla antes de que la historia haya transcurrido y el significado de los acontecimientos que contiene pueda al menos ser establecido en principio. No pretendo menospreciar a los filósofos y teólogos que trabajan en la teodicea, pero me preocupa que el probable alcance teórico de estos proyectos pudiera tener consecuencias prácticas terribles para los más vulnerables.

A menos que se nos ocurra —o podamos esperar pensar en— una teodicea que celebrará todos los males sufridos como bienes arduos, la sugerencia que hice respecto a que no acudieran a la mente de los ciudadanos del mundo

---

[974] Friedrich Nietzsche, *Thus Spoke Zarathustra*, 161.
[975] Ibíd., 163.

venidero merece ser considerado. Esto tampoco equivale a la redención del pasado, sino que es una forma de mantenerlos consignados al pasado, de impedir que entren en las vidas de los redimidos en un mundo transfigurado por la puerta de la memoria y destruyan su gozo en lo que es y en lo que quedará.

Justicia y justificación de la violencia

Justicia y acogimiento

En el libro escribo: "El acogimiento es parte integrante de la definición misma de la justicia". Sigo creyendo que esto es correcto, si por justicia queremos decir lo que en las traducciones más antiguas de la Biblia se califica de "justicia". En el Nuevo Testamento, vivir con rectitud se resume en el mandamiento de amar a Dios y al prójimo, cuya palabra hebrea y griega es simplemente *justicia*. Desde que escribí el libro, y bajo la influencia de Nicholas Wolterstorff,[976] he llegado a creer que debemos distinguir entre "justicia 1" (justicia) y "justicia 2" (rectitud). En su hermoso libro *Just and Unjust Peace: An Ethic of Political Reconciliation,* Daniel Philpott presiona en contra de esta distinción mía, y declara, como yo lo hago en *Exclusión y acogida,* esa "reconciliación *es* justicia".[977] La mejor forma de explicar por qué disiento tanto con Philpott como con mi antiguo "yo" es examinando el lugar de la justicia en el perdón, un elemento crítico de la reconciliación y el acogimiento resultante, y el elemento más discutido por los críticos de la reconciliación.[978]

Si el acogimiento como resultado y la reconciliación como proceso es hacer lo que es justo, el perdón también debe ser la justicia un proceso de hacer lo que es justo. Pero ¿es así? Definido de este modo, el perdón tiene dos componentes, un implícito y otro explícito, y ambos esenciales. El componente *implícito* es la identificación y la condenación de un acto como una fechoría y de la persona que la había cometido como perpetrador. Esa identificación exige el relato de cómo debería haber actuado el perpetrador y cómo la víctima tenía derecho a haber sido tratada. La persona debería haber actuado en justicia y no violando el derecho del otro, pero él o ella actuó injustamente y, por tanto, ese acto se denomina correctamente fechoría y a él o ella, perpetrador/a.

---

[976] Ver Nicholas Wolterstorff, *Justice: Rights and Wrongs*, Princeton: Princeton University Press, 2008.

[977] Daniel Philpott, *Just and Unjust Peace: An Ethic of Reconciliation*, Nueva York: Oxford University Press, 2012, 53.

[978] En lo siguiente reproduzco, con algunos cambios menores, una porción de mi revisión de la obra de Philpott, *Just and Unjust Peace,* "Reconciliation, Justice, and Mercy", *Books & Culture*, septiembre/octubre 2013: 24-25.

Aquí funciona la "justicia 1". El componente *explícito* del perdón ya no consiste en echarle en cara su fechoría al perpetrador y considerarlo una persona de buena reputación; esto es lo que se hace de manera explícita y primordial cuando se perdona. Si "la gracia del acogimiento" es "parte integrante de la idea de la justicia", este componente explícito del perdón debería llamarse también justicia; cuando uno perdona, actúa justamente ("justicia 2"). Pero denominar "justicia" a ambas cosas (1) "respetar los derechos de la persona y no ofenderla" ("justicia 1") y (2) "no echarle en cara la ofensa a quien la cometió" ("justicia 2") no solo confunde, sino que es erróneo. Porque si la "justicia 2" no es en realidad ni más ni menos que actuar en justicia, entonces la víctima *debería el perdón* a un perpetrador (contrito); *no perdonar* sería *ofender* al perpetrador. Pero cuando una persona perdona, está dando algo gratuito; y cuando una persona se niega a perdonar, está reteniendo la generosidad en lugar de incurrir en culpa por *ofender* al perpetrador. Cuando este recibe el perdón, se le da algo que no ha pedido; el perpetrador debe recibirlo siempre como un regalo inmerecido. En la tradición cristiana, la víctima tiene el deber de perdonar; aunque es un regalo, el perdón no es un regalo supererogatorio, sino obligatorio. Pero del deber de perdonar de la víctima no resulta que sea una deuda que tenga con el perpetrador ni que este pueda reclamarlo como un derecho.

En mi relato presente, la "justicia 1" es *justicia,* la "justicia 2" es *misericordia,* y las dos juntas son componentes clave de la relación correcta entre las personas y se denomina mejor como *rectitud* (que es equivalente al amor). En mi texto de *Exclusión y acogida,* la "justicia 1" y la "justicia 2" juntas conforman la "justicia" definida como una relación correcta. Esta forma de expresar las cosas tendría la ventaja de permitirnos organizar la reflexión sobre la reconciliación política en torno a la virtud política clave de la justicia. Por otra parte, en mi presente forma de pensar, precisamente porque la justicia como virtud política menciona lo que *debemos* a las demás personas, sería engañoso hablar de la reconciliación y el acogimiento como justicia, porque existen elementos de reconciliación que no debemos a los demás y que los demás no tienen que reclamar.

Arrepentimiento y reparación

La parte central del libro es el Capítulo IV sobre el acogimiento, y el meollo de ese capítulo contiene un esquema de los componentes clave del acogimiento. Los analicé concentrándome en el trabajo duro —e injusto— que la persona ofendida necesita hacer. Era, en parte, la consecuencia de la convicción de que ser injusto con alguien no exime de la obligación de seguir a Cristo y que la incondicionalidad del amor de Dios, representada en Cristo, implica lo incondicional de la voluntad de acoger. La tesis principal del libro es que dicha voluntad:

> es anterior a cualquier juicio sobre los demás, excepto la de identificarlos en su humanidad. La voluntad de acoger precede a cualquier "verdad" sobre los demás y cualquier construcción de su "justicia". Esta voluntad es absolutamente indiscriminada y estrictamente inmutable; trasciende la aplicación moral del mundo social en lo "bueno" y en lo "malo".[979]

Esto es todo como debería ser; no me quiero retractar de nada. Pero esto no es lo único que se necesita afirmar sobre el acogimiento. La *voluntad* de acoger es incondicional; el *acogimiento en sí* no es, como también afirmé con claridad, por ejemplo, en el último capítulo cuando insisto en que "los zapatos sucios" deben dejarse en la puerta del mundo escatológico de amor.[980] Sin embargo, no he escrito mucho en el libro sobre las condiciones necesarias que los malvados tengan que satisfacer antes de que se pueda producir el acogimiento real. Además de la transformación del malvado, que deja de ser una fuente de peligro para convertirse en un aspirante a agente de amor confiable —en el vocabulario teológico tradicional: un grado de santificación, las dos condiciones necesarias para el movimiento de acoger para terminar en un abrazo real son el *arrepentimiento* y la *restitución*.

En *Free of Charge* argumento que el perdón es un acontecimiento interpersonal y que posee la estructura formal de un regalo: alguien le regala algo a otro.[981] El primer individuo es el ofensor; el "algo" que le da el ofendido al ofensor es que no le echa en cara la fechoría al malvado, lo que significa que, tras identificarlo y mencionarlo como la persona que la ha ofendido, la víctima le da al malvado el regalo de tratarlo como si no le hubiera perjudicado. Cuando una persona hace un regalo, el otro tiene que recibirlo, de otro modo el presente se queda atascado entre el que da y el otro que no lo recibe. La forma de recibir el perdón es mediante el arrepentimiento. Arrepentirse significa (1) *afirmar que lo sentimos,* y lamentar, como he expresado en *Flourishing,* "no nos hayan pillado, no es tan solo que el otro haya sido dañado, sino que

---

[979] Ver página 52.
[980] Ver página 187.
[981] Miroslav Volf, *Free of Charge: Giving and Forgiving in a Culture Stipped of Grace*, Grand Rapids: Zondervan, 2005, 157-92.

hemos cometido la maldad"[982], (2) *sentirlo* de verdad y (3) *comprometernos a actuar de otro modo* en el futuro. Estas tres cosas juntas —la confesión, la contrición y el compromiso de cambiar— señalan que el regalo del perdonador ha sido recibido; que el perdonador no me eche en cara mi maldad corresponde con quien yo soy en realidad, o al menos con quien aspiro a ser.

Sin embargo, con el arrepentimiento no basta; la *reparación* es necesaria también. Y es que yo no sería quien afirmo ser al arrepentirme ni tampoco quien la persona ofendida cree que soy al haberme arrepentido, si no quiero reparar el perjuicio causado. El tiempo no vuelve atrás y lo hecho no se puede deshacer; la reparación no puede hacer que la maldad no haya sucedido. De modo que, ¿cuál es el caso ideal de posible reparación? Mi colega de Yale, John Hare, lo ha expresado así: la mejor reparación posible está diseñada para hacer que tú, como víctima, estés más o menos igual de satisfecho con dos estados del mundo: el primero contiene la ofensa junto con mi arrepentimiento, disculpa y restitución; el segundo no consta de ninguno de los dos. Si tú, por mis acciones, eres indiferente entre estos dos estados del mundo, o prefieres el primero, he cumplido con la parte que me corresponde.[983]

La reparación es necesaria y, entendida del modo que sugiere Hare, con acierto, muy costosa. Pero de no serlo, el don del perdón se trataría como una gracia muy barata.

---

[982] Volf, *Flourishg,* 179.

[983] John Hare, *The Moral Gap: Kantian Ethics, Human Limits, and God's Assistance,* Oxford: Clarendon, 1996, 231.

APÉNDICE

Trinidad, identidad y entrega

Visualizar a la Trinidad[984]

Fue Nicholas Feodorov, un amigo erudito de los grandes intelectuales rusos como Leon Tolstoy, Vladimir Solovyov y Fyodor Dostoyevsky, quien formuló por primera vez la llamativa frase "El dogma de la Trinidad es nuestro programa social". Lo que tenía en mente es atreverse a pensar, pero no difícil de formular. A través de su encarnación, el Hijo de Dios se convirtió en alguien consustancial con la humanidad, y de ahí que su resurrección fuera la de todos los seres humanos en un nuevo estado ontológico marcado por la participación en la vida divina. Paul Evdokimov, en cuyo relato del pensamiento de Feodorov en *Le Christ dans la pensé Russe* me apoyo, lo expresa de este modo: por medio de Cristo, toda la humanidad "entra en Dios como su lugar ontológico".[985]

Aunque valiente, el pensamiento de "entrar en Dios" no es inusual; no es sino la variación del tema soteriológico ortodoxo familiar de la divinización. La novedad estaba en las implicaciones sociales que Feodorov extrajo del mismo. Él creía que en la nueva ontología de la resurrección con Cristo existe un "debe" ético. Más que las buenas nuevas solamente de lo que Dios ha hecho, el Evangelio es un proyecto social que la humanidad necesita realizar. Al ser la resurrección de Cristo inmanente a todos los seres humanos, la participación

---

[984] Este texto se escribió poco después de acabar *Exclusión y acogida,* y fue publicado originalmente como "THE TRINITY IS OUR SOCIAL PROGRAM: THE DOCTRINE OF THE TRINITY AND THE SHAPE OF SOCIAL ENGAGEMENT", *Modern Theology* 14:3 (julio 1998): 403-23 © Blackwell Publishers Ltd. 1998. Publicado por Blackwell Publishers Ltd., 108 Cowley Road, Oxford OX4 1JF, UK y 359 Main Street, Malden, MA '2148, EE. UU.

[985] Paul Evdokimov, *Le christ dans la pensé Russe*, París: Cerf, 1970, 84.

en la vida del Dios trino no es tan solo una promesa escatológica, sino una realidad presente y, por tanto, también un programa histórico.[986]

No es necesario desperdiciar argumentos para demostrar que la propuesta de Fedorov es engañosa y su visión una quimera. Una cosa es respaldar la creencia de que, en la resurrección de Cristo, el poder está obrando y es "capaz de transfigurar la naturaleza".[987] Pero la afirmación de que "Dios ha colocado en nuestras manos todos los medios para regular los desórdenes cósmicos"[988], porque participamos de la vida divina, es el material del que están hechos los sueños. Sin embargo, ¿invalidan las meditaciones superficiales y potencialmente peligrosas su idea básica?

A juzgar de lo que Ted Peters tiene que decir en *God as Trinity* sobre los intentos de ver a la Trinidad como modelo para la sociedad humana, él argumentaría que la propuesta de Fedorov es errónea desde su núcleo central mismo. El defecto básico de todos los intentos como el de Fedorov es que "operan de manera conjunta y no por separado", sostiene Peters. Al insistir en que las relaciones sociales deberían reflejar las relaciones trinitarias, tales propuestas ignoran el simple hecho de que "Solo Dios es Dios" y que "nosotros como criaturas no podemos copiarle en todos los sentidos.[989] Desde esta perspectiva, el programa social del país de ensueño de Fedorov parecería un ejemplo al respecto de una extraña enfermedad que aflige a los teólogos que buscan modelar la sociedad según la Trinidad: una amnesia respecto a la percepción teológica mas básica de que es imposible modelar a la sociedad conforme a Dios, porque la unicidad está grabada en la noción misma de Dios,[990] y un sudario de misterio arraigado en la diferencia categórica entre él y el mundo, envuelve a la Santa Trinidad.

---

[986] Propuestas sobre una correspondencia entre la Trinidad y la sociedad y, en realidad, menos intoxicadas en cuanto a escatología se pueden rastrear hasta el siglo XIX, por ejemplo, en el pensamiento de John Donne, en el siglo XVII, y se deben encontrar en otros pensadores del siglo XIX como F. D. Maurice. Ver David Nicholls, "Divinity Analogy: The Theological Politics of John Donne", *Political Studies* 32, núm. 4 (1984): 570-80; David Nicholls, "The Political Theology of John Donne", *theological Studies* 49, núm. 1 81988): 45-66; Torben Christenson, *the Divine Order: A Study in f. D. Maurice's Theology* (Leiden: Brill, 1973); Guy H. Ranson, "The Trinity and Society: A Unique Dimension of F. D. Maurice's Theology", *Religion in Life* 29, núm. 1 (1959): 64-74).

[987] Evdokimov, *Le Christ dans la pensée Russe*, 83.

[988] Ibíd., 84.

[989] Ted Peters, *God as Trinity: Relationality and Temporality in Divine Life*, Louisville: Westminster John Knox, 1993, 186.

[990] Como lo expresa Tertuliano en *Adverse Marcionem*, "Deus si non unus est, no est" ("Si Dios no es uno solo, no existe") (l, 3).

Si no se puede "copiar" a Dios en todos los aspectos, como Peters subraya con razón, ¿resulta que al relacionar a Dios con las realidades sociales solo debemos operar por separado en lugar de conjuntamente, como él argumenta? ¿Deberíamos seguir al temprano Karl Barth y a sus estudiantes que insistían en que no hay análogos terrenales de Dios, pero que no obstante se sintió obligado a adscribirle a Dios atributos con fuertes matices políticos, como poder, majestad, dominio y poder?[991] Al buscar fuentes estrictamente teológicas de teología social, ¿deberíamos dejar atrás la Trinidad inclusiva como modelo y concentrarnos en su lugar en las exigencias de la inimitable y exclusiva "monarquía de Dios", como Peters querría? No lo creo.

Bastante al margen de que sabemos lo que significa "monarquía" divina, solo a partir de la narrativa del compromiso del Dios trino con el mundo,[992] ¿no sería extraño afirmar que no hay *análogos* a Dios en la creación, y sin embargo mantener, como deben hacer los teólogos cristianos, que los seres humanos están hechos a imagen de Dios? ¿Y no sería anómalo insistir en que los seres humanos, creados para la comunión con el Dios trino y renovados mediante la fe y el bautismo en el nombre trino, "según Dios" (Ef 4:24), no deberían procurar ser como Dios en sus relaciones mutuas? Si la idea de una imagen que no se supone que refleje la realidad de la cual es imagen no nos parece extraña, la exhortación de Jesús en el Sermón del Monte debería aclarárnoslo: "Sed, pues, vosotros perfectos", le ordenó él a sus discípulos, "como vuestro Padre que está en los cielos es perfecto" (Mt 5:48; cp. 1 P 1:16). Declara: los hijos terrenales deberían ser como su padre celestial (Mt 5:45); da a entender que el carácter de Dios debería moldear el carácter y la conducta de quienes adoran.

¿De dónde sale este breve enfrentamiento entre la propuesta de Fedorov y la crítica que Peters hace de todas las sugerencias como las de Fedorov, y que nos deja con dos opciones igualmente inaceptables, una que consiste en procurar imitar al Dios trino en patente desacato de que no somos Dios, y la otra que es respetar nuestra diferencia como criaturas con Dios, pero sin perseguir nuestro llamado más adecuado de ser como Dios? Sin embargo, no tenemos que escoger entre la divinización de la humanidad y la total alteridad de Dios, siendo él envuelto en un sudario de eterno misterio aparte del tiempo en que

---

[991] David Nicholls, *Deity and Domination: Images of God and the State in the Nineteenth and Twentieth Centuries*, Londres: Routledge, 1994, 113-15, 233-34.

[992] Jurgen Moltmann, *The Trinity and the Kingdom: The Doctrine of God*, trad. Margaret Kohl, Minneapolis: Fortress, 1981.

vivimos".[993] En realidad, la alternativa es falsa. Entre "ser imagen de Dios en todos los aspectos" (al parecer como Fedorov) y "no ser imagen de Dios en absoluto" (al parecer como Peters) se encuentra el espacio totalmente abierto de la responsabilidad humana, que consiste en "ser la imagen de Dios en algunos aspectos". Tal como yo lo veo, la pregunta no es si la Trinidad debería servir de modelo para la comunidad humana; la pregunta es más bien en qué aspectos y hasta qué punto debería ser así.[994]

En *After Our Likeness* no solo argumenté que la comunidad humana (en el libro, la comunidad eclesial) debería tomar como modelo a la Trinidad, pero también que existen dos límites básicos y, en principio, insuperables en todo este tipo de modelado.[995] En primer lugar, dado que los seres humanos ontológicamente son manifiestamente no divinos, y en vista que las nociones noéticamente humanas respecto al Dios trino no pueden corresponderse con exactitud con quien él es, los conceptos trinitarios como "persona", "relación" o "*perichoresis*", que son en sí mismas analogías, pueden aplicarse de nuevo a la comunidad humana solo en un sentido análogo en vez de unívoco. Como criaturas, los seres humanos pueden corresponder al Dios no creado tan solo en su forma de criaturas; otros tipos de correspondencia serían del todo inadecuadas, no porque a Dios le gobiernen unos celos "mezquinos y vehementes", como lo expresa Thomas Mann en su interpretación de la historia de José y sus hermanos,[996] sino porque los seres humanos no deberían sucumbir a la patética y autodestructiva tentación de saltar sobre su propia sombra.

En segundo lugar, dado que la vida de los seres humanos está inevitablemente dañada por el pecado y cargada por la transitoriedad, en la historia las personas no pueden ser convertidas en las imágenes perfectas del Dios trino en las que están destinadas a transformarse. Pecaminosos y "carnales" como somos (Is 40:6ss.; 1 P 1:24), los seres humanos solo pueden corresponder al Dios trino de maneras históricamente adecuadas; cualquier otra correspondencia estaría fuera de lugar, no porque los seres humanos deberían tolerar el mal, sino porque luchar contra él será únicamente efectivo si reconocemos

---

[993] Peters, *God as Trinity*, 114.

[994] La doctrina de la Trinidad no es, por supuesto, lo *único* que debemos tener en consideración cuando reflexionamos teológicamente en las comunidades humanas. Otras doctrinas también son relevantes. También los textos bíblicos.

[995] Miroslav Volf, *After Our Likeness: The Church as the Image of the Trinity*, Grand Rapids: Eerdmans, 1998, 198–200.

[996] Thomas Mann, *Joseph and His Brothers*, vol. 1, trad. H. T. Lowe-Porter, Nueva York: Knopf, 1946, 347.

la profundidad de su trinchera en las personas, en las comunidades y en las estructuras.

Los dos límites de las correspondencias entre la Trinidad y las comunidades humanas tienen una consecuencia metodológica relevante. La construcción conceptual de las correspondencias no puede avanzar en una calle unidireccional, de arriba abajo, desde la doctrina de la Trinidad hasta la visión de las realidades sociales. Dado que el modo y la extensión de las correspondencias no solo están determinadas por el carácter de la Trinidad, sino también moldeadas en la tela misma de las realidades sociales, la construcción de las correspondencias debe ir y volver en una calle de doble sentido, tanto desde arriba como desde abajo. Al describir a Dios, a cuya imagen han sido creados los seres humanos y redimidos, la doctrina de la Trinidad da nombre a la realidad que las comunidades deberían representar. Al describir a los seres humanos como diferentes de Dios, las doctrinas de la creación y del pecado documentan la forma en que las comunidades humanas *pueden* ser la imagen del Dios trino, ahora en la historia y después en la eternidad.[997]

La sugerencia de Fedorov no es defectuosa porque construya su pensamiento social sobre la doctrina de la Trinidad, sino porque procede exclusivamente de arriba e ignora los dos límites inherentes de las correspondencias entre la Trinidad y las realidades sociales. En su caso, creer que la encarnación y la resurrección de Cristo iniciaron una nueva ontología deriva en una intoxicación en la que las fronteras entre Dios y la creación, establecidas por la condición de criatura de los seres humanos, su transitoriedad y su pecaminosidad adquieren un aire de irrealidad. Los malos hábitos de Fedorov no deberían detenernos, sin embargo, de aceptar su perspectiva básica de que, en un sentido importante, la doctrina de la Trinidad entraña un "programa social" o, como yo prefiero decir, que debería moldear nuestra "visión social".

---

[997] Existe una discrepancia entre la inmensa cantidad de reflexión dedicada a la posibilidad de la correspondencia positiva entre el Dios trino y la comunidad humana, y la práctica ausencia de la reflexión sobre los límites inherentes de todas estas correspondencias. La mayoría de las propuestas sobre la relación de la Trinidad y la comunidad humana no tematizan de manera explícita la idea de que las doctrinas de la creación y del pecado tienen que dar forma a lo que pensamos de las correspondencias entre la Trinidad y la comunidad humana y, en su lugar, proceder *como si* la construcción se estuviera moviendo simplemente desde arriba. Sin embargo, en realidad la mayoría tienen en cuenta las disimilitudes fundamentales entre Dios y la humanidad y ajustan las correspondencias en consecuencia. Por ejemplo, aunque Moltmann establece paralelos entre la *perichoresis* divina y la propia de la criatura (*God and Creation: A New Theology of Creation and the Spirit of God,* trad. Margaret Kohl [Minneapolis: Fortress, 1991], 17), del modo en que desarrolla verdaderamente la 'ea deja claro que no pretende aseverar su identidad.

Antes de pasar a sugerir positivamente cómo debería moldear la doctrina de la Trinidad nuestra visión social, permíteme comentar brevemente por qué prefiero la expresión "visión social" al "programa social" de Fedorov, y hacer una observación preliminar sobre los aspectos de la doctrina de la Trinidad sobre la que quiero explicar. La elección del término "programa" se debe en gran parte a la intoxicación escatológica. Cuando se refiere a las cuestiones sociales, "programa" suele significar "un plan o sistema bajo el cual se puede tomar acción hacia una meta". Sin embargo, a menos que defendamos algo cercano a una fusión entre la humanidad y la divinidad, la doctrina de la Trinidad no constituye de un modo evidente un plan o sistema de acción semejante. Lo que sí contiene, siempre que respetemos las diferencias entre Dios y la creación que acabo de esquematizar, son los contornos del fin normativo supremo que todos los programas sociales deberían procurar.[998] De ahí que yo hable de visión.

El término *social* se usa a menudo para designar disposiciones sociales, una forma de estructurar a las sociedades y sus redes. En consecuencia, la doctrina de la Trinidad se emplea para perseguir principalmente el proyecto de redisponer (a nivel mundial) las estructuras socioeconómicas.[999] Aunque semejantes proyectos no estén en modo alguno fuera de lugar, el camino desde la doctrina de la Trinidad a las propuestas sobre las disposiciones sociales globales o nacionales es largo, tortuoso y plagado de peligros.[1000] Como estoy mal equipado para el viaje y no me apetece tomar atajos, en lugar de concentrarme en la estructura de las disposiciones sociales me concentraré en el carácter de los agentes sociales y sus relaciones, una cuestión no menos *política* que la de las estructuras sociales. Aquí, *social* alude principalmente a la forma en que el "yo", por su propia naturaleza, está insertado en redes grandes y pequeñas de relaciones, como su único sentimiento y como su moldeador creativo. Anali-

---

[998] Como los mejores representantes de la "teología política han argumentado, "la teología es política sencillamente respondiendo a las dinámicas de sus propios temas: Cristo, la salvación, la iglesia, la Trinidad: el hablar sobre estas cosas ha involucrado a los teólogos en aludir a la sociedad, y los ha llevado a formular fines políticos normativos... No es cuestión de adaptar requisitos extraños o suscribirse al programa externo... sino a dejar que la teología sea fiel a su tarea". (Oliver O'Donovan, *The Desire of Nations: Rediscovering the Roots of Political Theology* [Cambridge: Cambridge University Press, 1996], 3).

[999] Leonardo Boff, *Trinity and Society*, transl. Paul Burns, Maryknoll, NY: Orbis, 1988.

[1000] Que el camino desde la Trinidad a las propuestas generales sobre las disposiciones sociales, por no hablar de programas sociales concretos, está plagado de peligro puede ilustrarse por el hecho de que las personas que lo toman acaban caminando en direcciones opuestas. Michael Novgak está tan entusiasmado con basar el *socialismo* democrático en la doctrina de Ver Boff, *Trd Socty:* Novak, *The Spirit o Democratic Cappita* (Nueva York: American Enterprise Institute, 1982).

zaré las implicaciones de la doctrina de la Trinidad para moldear del "yo" social y de las relaciones que lo constituyen y al que él, a su vez, da forma.

Pero ¿en qué parte de la doctrina de la Trinidad deberíamos concentrarnos? La pregunta surge cuando uno recuerda la distinción clásica entre la Trinidad inmanente y económica. En su ensayo *The Trinity*, Karl Rahner ha formulado la ahora famosa regla sobre la identidad de la Trinidad económica e inmanente: "La Trinidad 'económica' es la Trinidad 'inmanente', y viceversa".[1001] Por una parte, la regla tiene sentido. Claramente, si la Trinidad inmanente y la económica no fueran la misma, tendríamos dos dioses en seis personas y no un Dios en tres. Y, sin embargo, la estricta identidad entre la Trinidad económica e inmanente es insostenible, porque entrañaría la creencia de que el mundo es necesariamente una parte integral de la vida de Dios. Basándose en este argumento, Yves Congar sugirió en *I Believe in the Holy Spirit* que rige "la Trinidad económica es la Trinidad inmanente" solo se aplica si no es reversible, solo si no implica la norma "la Trinidad inmanente es la Trinidad económica".[1002] Siempre hay un excedente en la Trinidad inmanente que la Trinidad económica no expresa. Y también es a la inversa: se introduce algo nuevo en la vida de la Trinidad con la creación y la redención, el encuentro del amor de entrega de Dios con el mundo de la enemistad, la injusticia y el engaño. En lo que sigue presupongo tanto la unidad como la distinción entre la Trinidad inmanente y la económica;[1003] y aunque la Trinidad inmanente sirve como horizonte supremo, construyo sobre la narrativa del compromiso del Dios trino con el mundo.

Identidad

En los años recientes, los teólogos han dedicado gran atención al debate sobre los entendimientos de la Trinidad jerárquicos frente a los igualitarios. Durante la mayor parte de la historia, la jerarquía no fue discutida en la Trinidad, como tampoco lo fue en las comunidades humanas. La primacía de una persona parecía una precondición necesaria, tanto de la unidad de las tres como de sus

---

[1001] Karl Rahner, *The Trinity*, transl. Joseph Donceel, Nueva York: Herder and Herder, 1970, 24.

[1002] Yves Congar, *I Believe in the Holy Spirit*, vol. 3, trad. David Smith, Nueva York: Seabury, 1983, 13-15.

[1003] In *The Spirit of Life: A Universal Affirmation*, Jurgen Moltmann ha objetado, con razón, que la distinción entre la Trinidad inmanente y la económica demuestra "ser una rejilla de malla ancha" (trad. Margaret Kohl [Minneapolis: Fortress, 1992], 290). Aunque en y de por sí insuficiente porque solo provee una estructura inadecuada para narrar la historia de Dios con el mundo, la dualidad la Trinidad inmanente y económica, como la distinción más básica, sigue en pie.

distinciones.[1004] Las construcciones igualitarias de la Trinidad parece, desde esta perspectiva, proyecciones hacia Dios de los sentimientos democráticos que han surgido cuando las sociedades modernas, funcionalmente diferenciadas, sustituyeron a las sociedades tradicionales y segmentadas por la jerarquía. Según el argumento, las negaciones de la jerarquía en la Trinidad parecen más alimentadas por falsamente igualitario espíritu del siglo, que moldeado por la revelación del carácter de Dios.

Han surgido voces que disputan las construcciones jerárquicas de la doctrina de la Trinidad y defienden el igualitarismo trinitario.[1005] Uniéndome a este creciente grupo de teólogos, he sugerido en otro lugar que no es necesario conservar la jerarquía de la unidad divina o las distinciones entre las personas divinas.[1006] Aquí quiero añadir que, en una comunidad de amor perfecto entre las personas que comparten todos los atributos divinos, la noción de jerarquía es ininteligible. Las construcciones jerárquicas de las relaciones trinitarias parecen, desde esta perspectiva, como proyecciones de la fascinación por las jerarquías terrenales a la comunidad celestial. Parecen estar menos inspiradas por una visión del Dios trino que impulsadas por la nostalgia de un "mundo en decadencia", o por los temores del caos que podría invadir a las comunidades humanas si se eliminan las jerarquías, a pesar de su justificación bíblica superficial.

Aunque el debate entre los defensores de la jerarquía y la igualdad en la Trinidad es de gran relevancia para el modelo que la doctrina de la Trinidad debería ser para la visión social, no iré aquí más allá. Estoy de parte de los igualitarios, y en su lugar analizaré dos cuestiones sobre las cuales espero

---

[1004] Sobre la primacía de uno para la unidad de los tres, ver Wolfhart Pannenberg, *Systematic Theology*, vol.1, trad. G. W. Bromiley (Grand Rapids: Eerdmans, 1991), 325; John Zizioulas, "The Teaching of the 2sd Ecumenical Council on the Holy Spirit en Historical and Ecumenical Perspective", en *Credo in Spiritum Sanctum Atti del congress theologico international di pneumatologia* (Vaticano: Libreria Editrice Vaticana, 1983), 29-54, esp. 45. Sobre la primacía de uno para sus distinciones, ver John Zizioulas, *Being as* hierarchy is not necessary to guard either the divine unity *Communion: Studies in Personhood and the Church* (Crestwood, NY: St. Vladimir's Seminary Press, 1985), 45 n40.

[1005] Moltmann, *The Trinity and the Kingdom*.

[1006] Ver Volf, *After Our Likeness*, 216 n106. Wolfhart Pannenberg hace la distinción entre "igualdad ontológica" y "subordinación moral" —el hecho de que el Hijo, aunque no ontológicamente inferior" se subordina al Padre— y argumenta que la subordinación moral" del Hijo e la precondición de su unidad y su "igualdad ontológica" con el Padre (*Systematic Theology*, vol. 324–25). Al margen de la dificultad de conceptualizar la subordinación "moral" de una pers‹ con todos los atributos de la divinidad a otra persona con los mismos atributos, no queda del › claro cómo podría ser la "igualdad ontológica", como sugiere Pannenberg, una consecuencia "subordinación moral".

que incluso quienes estén en profundo desacuerdo con la jerarquía frente a la igualdad en la Trinidad puedan encontrar un terreno común relevante. Una de las cuestiones es la "identidad", una recién llegada relativa al pensamiento trinitario,[1007] y la otra es la "autodonación", un tema sobre el que se ha escriño mucho a lo largo de la historia, pero que no deja de sorprendernos con nuevas profundidades.

En las décadas recientes, la cuestión de la identidad ha surgido en la vanguardia de las discusiones de la filosofía social. Si los movimientos de liberación de la década de 1960 fueron todos sobre la igualdad —por encima de todo la igualdad de género y la racial— las grandes preocupaciones de la década de 1990 parecen ser sobre la identidad, sobre el reconocimiento de las distintas identidades de personas que difieren en género, color de su piel o su cultura.[1008] ¿Tiene algo que decir la doctrina de la Trinidad a estos debates? ¿Qué noción de la identidad está grabada en el carácter y la relación de las personas divinas y qué análogos podría haber en la esfera humana? ¿Qué sugiere la doctrina de la Trinidad sobre cómo negociar las identidades bajo condiciones de enemistad y conflicto?

Una propuesta de que las creencias sobre Dios deberían moldear nuestra visión social necesita considerar estas preguntas y que no solo en su propio derecho, sino también a la luz de un grave ataque al monoteísmo en las décadas recientes por sus alegados efectos perjudiciales sobre los procesos de formación de la identidad. Regina M. Schwartz debate la relación entre el monoteísmo y la identidad en *The Curse of Cain,* subtitulado *The Violent Legacy of Monotheism,* es un buen ejemplo. "Ya sea como singularidad (este Dios contra los demás) o la totalidad (es el único Dios que hay), el monoteísmo aborrece, insulta, rechaza y expulsa cualquier cosa que defina como fuera de su alcance", argumenta.[1009] Dado que creer en un solo Dios "forja la identidad de manera antitética",[1010] no resulta tan solo en una noción truncada de la identidad en la

---

[1007] En *The Triune Identity: God According to the Gospel,* Rober W. Jenson ha elevado la noción "identidad" a un término principalmente trinitario (Filadelfia: Fortre sugiere que sustituye la ~ia *hypostasis* (105-11). Como se verá más abajo, en la sección presente me interesa más lo que ~escribirse como la "construcción trinitaria de la identidad" —en los rasgos formales de la ~de una persona divina en relación con las demás personas— que en ofrecer una alternativa ~nea a la noción tradicional de *hypostasis.*

~s Taylor, "The Politics of Recognition," *Multiculturalism: Examining the Politics* ~l. Amy Gutmann (Princeton: Princeton University Press, 1994), 25–73; Louis ~ure Wars," *The New York Review of Books* 41 (1994): 18.

~hwartz, *The Curse of Cain: The Violent Legacy of Monotheism* (Chicago: Uni- 1997), 63.

que "somos 'nosotros' porque no somos 'ellos'",[1011] sino también en prácticas violentas que surgen de semejante concepto de identidad.[1012] Propone que nos liberemos de "los tentáculos de la orden 'no tendrás dioses ajenos delante de mí'"[1013] y aceptemos la visión del profeta Miqueas (4:5) de un mundo en el que cada uno camina "en el nombre de su dios".[1014] Aunque dudo de lo adecuado de su análisis y creo que su propuesta, si la implementamos, haría más daño que bien, afirma con razón que cualquier entendimiento de la divinidad centrándose en la singularidad de un sujeto omnipotente tenderá a forjar identidades "duras" y fomentará la violencia. Quiero argumentar aquí que existe una alternativa viable a este entendimiento del monoteísmo. Está recogida en la doctrina de la Trinidad.[1015]

Obsérvese primero cómo están relacionadas las personas y la comunidad en la doctrina de la Trinidad. Ningún "yo sin responsabilidades" del liberalismo moderno, analizado de una manera tan capaz por Michael Sandel, debe encontrarse allí.[1016] Como señala Colin Gunton en *The One, the Three and the Many*, "las personas [de la Trinidad] no entran sencillamente en relaciones las unas con las otras".[1017] La comunidad no es sencillamente un conjunto de

---

[1011] Ibíd., x.

[1012] Ibíd., 88.

[1013] Ibíd., 69.

[1014] Ibíd., 38.

[1015] Para una explicación crítica del libro de Schwartz, ver Miroslav Volf, "Jehovah on Trial," *Christianity Today* 42, núm. 5 (1998): 32-35.

[1016] Para el análisis de Michael Sandel, (Cambridge: Cambridge University Press, 1982). Para importantes paralelos entre el "'yo' sin responsabilidades" del liberalismo moderno y lo que Catherine Keller llama "el 'yo' separativo", que según ella argumenta es un "yo" típicamente masculino, ver *From Broken Web: Separation, Sexism, and Self* (Boston: Beacon, 1986), 7-9. Como consecuencia de su ausencia de la doctrina de la Trinidad, el "'yo' sin responsabilidades" no puede encontrar una legitimación adecuada en la creencia en el Dios de Jesucristo. Históricamente, por supuesto, dicha eliminación sí se ha ofrecido. Como ha señalado Michael Walzer, el "'yo' sin responsabilidades" lleva en su "forma original" las cargas de la divinidad. El individuo está vinculado a su Dios —el pronombre posesivo singular es muy importante— y sus cargas son únicamente con respecto a sus congéneres... A causa de su estrecha relación personal con Dios, alguien así es capaz del 'protestantismo' en cualquier otra relación (*What It Means to be an American: Essays on the American Experience* [Nueva York: Marsilio, 1996], 109-10). Walzer está acertado al atraer la atención al pronombre posesivo singular. Porque es precisamente aquí donde yerra la posición que busca suscribir el "'yo' sin responsabilidades" por su posesión de un Dios solitario. Algo como "su Dios" no es manifiestamente el Dios de Jesucristo, sino un ídolo. El Dios de Jesucristo es el Dios de todas las personas o no es Dios en absoluto. Además, este Dios es una comunidad de personas divinas que procura crear una comunidad de personas.

[1017] Colin Gunton, *The One, the Three and the Many: God, Creation and the Culture of Modernity* (Cambridge: Cambridge University Press, 1993), 214

personas independientes que se mantienen solas; por el contrario, las personas no son meramente partes y funciones individuales separadas de un agregado social. Las personas y las comunidades son "equiprimal (que denota la autoridad idéntica de varios sujetos)" en la Trinidad. Aunque esta observación es relevante por su propio derecho, porque sugiere, como Anne Carr lo expresa en *Transforming Grace,* que "la socialidad perfecta encarna… cualidades de mutualidad, reciprocidad, colaboración, unidad, paz en la diversidad genuina",[1018] quiero analizar aquí la relevancia de esta observación para la comprensión de la identidad. Es inmenso y se estudia mejor ahondando en la noción de la "residencia mutua" de las personas divinas, técnicamente *perichoresis* (que significa "hacer hueco"[1019] y no" danzar dando vueltas").

Tradicionalmente, *perichoresis* se ha utilizado principalmente para reflexionar en la unidad divina.[1020] En *De Fide,* Juan de Damaso, quien popularizó el término que Pseudo-Cirilo extendió por primera vez desde el lenguaje cristológico al trinitario,[1021] escribe: "Porque… son hechos uno, no para entremezclarse, sino para adherirse unos a otros, y tienen su ser en cada uno sin coalescencia ni mezcla".[1022] Aquí, *perichoresis* describe la clase de unidad en la que se conserva la pluralidad en lugar de borrarla. Pero los recursos de la *perichoresis* para pensar sobre la identidad son tan ricos como para pensar en la unidad. Porque sugiere que las personas divinas no solo son interdependientes y se influyen unas a otras desde afuera, sino que son personalmente interiores unas a otras. El Jesús juanino habla una y otra vez de dicha interioridad personal: "El Padre está en mí y yo en el Padre" (Jn 10:38; ver Jn 14:10ss.; 17:2). En cada persona divina reside las demás personas divinas; todas se interpenetran entre sí. Sin embargo, no dejan de ser distintas. En su lugar, su interpenetración presupone sus distinciones; no se puede decir que las personas que se han

---

[1018] Anne E. Carr, *Transforming Grace: Christian Tradition and Women's Experience* (San Francisco: Harper, 1988), 156–57.

[1019] Entender la *perichoresis* como "abrir espacio" es independiente de que se piense en ella en términos análogamente espaciales o no (Gunton, *The Onem, the Three, and the Many,* 163-66).

[1020] Eberhard Jungel, *The Doctrine of the Trinity: God's Being is in Becoming* (Grand Rapids: Eerdmans, 1976), 31-33. De manera más precisa, la *perichoresis se ha concebido como* "el reverso exacto de la identidad de *ousia* (G. L. Prestige, *God in Patristic Thought* [Londres: S. P. C. K., 1956], 298), entendida como la base de la unidad entre las personas divinas. En otro lugar he argumentado que, en realidad, el postulado de la identidad numérica del *ousia* divino debe verse, hablando con propiedad, como una *alternativa* a la *perichoresis* como forma de concebir la unidad trinitaria (Volf, *After Our Likeness, 210 n87*).

[1021] Michael G. Lawler, *"Perichoresis:* New Theological Wine in an Old Theological Wineskin," *Horizons* 22, no 1 (1995): 49-51.

[1022] Juan de Damasco, *De Fide,* I, vii.

disuelto en alguna tercera cosa sean interiores las unas a las otras. A pesar de las distinciones de las personas, sus identidades se solapan en parte. Cada persona divina es y actúa como ella misma, aunque las otras dos están presentes y actúan en esa persona.

La identidad del Hijo —en el contexto de la Trinidad económica, la identidad de Jesucristo— está moldeada por medio de su doble relación con el Padre y el Espíritu (que analizaré aquí tal como se describe en el Evangelio de Juan, pero que podría estudiarse igual de bien en los Evangelios sinópticos). Tomemos primero la relación del Padre con Jesucristo. En un pasaje que fascinó a San Agustín, el Jesús juanino declara: "Mi doctrina no es mía, sino de aquel que me envió" (Jn 7:16). En su comentario sobre el Evangelio de Juan, San Agustín desarrolla sobre la paradoja de:

> "mí, no mío" sugiriendo que "Cristo mismo es la doctrina del Padre, si Él es el Verbo del Padre. Pero dado que el Verbo no puede ser de nadie, sino de solo una persona, afirmó que 'su doctrina', a saber, Él mismo, y a la vez 'no suya', porque Él es el Verbo del Padre".[1023]

La interioridad personal mutua hace que "mí" (de Jesús) sea simultáneamente "no mía" (del Padre) sin dejar de ser "mí", así como "no mía" es simultáneamente "mía" sin dejar de ser "no mía". De manera similar, Jesucristo es aquel sobre quien descendió "el Espíritu" desde el cielo y se posó (Jn 1:32). La misión de Jesucristo, incluida la muerte en la cruz, se lleva a cabo en el Espíritu, y de ahí que su identidad esté moldeada por el Espíritu. Si, como Dumitru Stăniloae expresa, "Todo lo que Cristo lleva a cabo, lo hace por medio del Espíritu",[1024] entonces el mismo "mía" dialéctico y "no mía" pertenece en relación al Espíritu igual que en relación con el Padre.

[1023] San Agustín, *Tractate son the Gospel According to St John,* vol. 10, The Works of Aurelius Augustine, ed. Marcus Dods (Edimburgo: T. & T. Clark, 1873), 404; cp. Joseph Ratzinger, *Introduction to Christianity,* trad. J. R. Foster (Nueva York: Herder and Herder, 1970), 136-37. En su tratado sobre la Trinidad, San Agustín interpreta la declaración en alusión a las naturalezas divina y humana de Cristo. "Según la forma de Dios [la enseñanza es] suya, según la forma de un siervo, no es suya" (I, xii, 27). Pero la razón que proporciona el texto, respecto a que la enseñanza no es de Jesucristo, es que la doctrina es de aquel que le envió, es decir, del Padre. El texto insinúa *perichoresis* de las personas divinas, no *perichoresis* de las naturalezas de Cristo. Y, como hemos visto, esto es en realidad lo que San Agustín asevera en su comentario del Evangelio de Juan.

[1024] Dumitru Stăniloae, *Theology and the Church,* trad. Robert Barringer (Crestwood, NY: St. Vladimir's Seminary Press, 1980), 39. Ver También Ralph De Colle, *Christ and the Spirit: Spirit-Christology in Trinitarian Perspective* (Nueva York: Oxford University Press, 1994).

¿Qué da a entender el juego de "mía y "no mía" en la afinación paradójica "mi doctrina no es mía" —una declaración cuyas paradojas son las de la identidad trinitaria misma[1025]— sugiere sobre la construcción de las identidades humanas, las criaturas falibles y caídas marcadas por la finitud y la fragilidad? Primero, *la identidad no es reducible.* Las personas no pueden trasladarse plenamente en las relaciones. Una persona siempre está ya fuera de las relaciones en las que esté inmersa y por medio de las cuales está con-constituida. De no ser el caso, "no mía" no podría convertirse nunca en "mí", porque no tendría lugar fuera de sí misma donde aterrizar, por así decirlo. De ahí la necesidad de mantener la frontera, que al menos a nivel humano siempre implica una cierta clase de aseveración del "yo" en la presencia del otro y un cierto tipo de deferencia del otro delante del "yo". Dado que la negociación de las identidades humanas siempre es conflictiva, la no asertividad del "yo" en presencia del otro pone al "yo" en peligro de disolverse en el otro o de ser asfixiado por él.[1026] De manera similar, la no deferencia del otro hacia el "yo" provoca lucha en los "yoes" débiles que luchan por afirmarse en el peligro de ser manipulados o violados. La combinación de no asertividad del "yo" en presencia del otro y la no deferencia del otro delante del "yo" presenta el mayor peligro: amenaza de obliterar el yo más débil. Para protegerse de estos peligros, debemos prestar atención a las fronteras de las identidades, reforzando normas que protegen las identidades y proveyendo entornos que las nutran.

En segundo lugar, *la identidad no está encerrada en sí misma.* El otro siempre está ya en el "yo" y, por tanto, la identidad de este no puede definirse tan solo como oposición. Para ampliar el juego de "mía" y "no mía", usando una triple negativa: "mía" no es aquello que "no es mío"; por el contrario, "no mía" también es, en un sentido importante, solo mío. Las fronteras del yo son porosas y cambiantes. El "yo" es, él mismo, cuando está en un estado inestable que surge de las "incursiones" autoconstitutivas del otro en el "yo" y el "yo" en el otro. El "yo" está formado abriendo espacio para el otro y haciéndole sitio, siendo enriquecido cuando habita en el otro y compartiendo de su plenitud cuando el otro mora en él, reexaminándose cuando el otro cierra sus puertas y retando al otro llamando a las puertas.

[1025] Comentando sobre la declaración de Pablo en Gálatas "Os ruego, hermanos, que os hagáis como yo, porque yo también me hice como vosotros" (Gá 4:12), Daniel Boyrin observa con acierto en *A Radical Jew: Paul and the Politics of Identity* [Berkeley: University of California Press, 1994], 3), que "las paradojas y los oxímoron de esta frase son los de la identidad misma". Esto es un ejemplo de la identidad humana análoga —¡no idéntica!— a las identidades divinas expresadas en la noción de *perichoresis.*

[1026] Carr, *Transforming Grace,* 58.

Yo sugiero que la noción de la identidad, que la *perichoresis* trinitaria sugiere, es una alternativa viable a lo que Luce Irigaray llama en *This Sex Which Is Not One* la "lógica oposicional de lo mismo", una "lógica" que saca todo lo que queda de la no identidad al espacio conceptual ocupado por una identidad concreta; en otras palabras, la misma lógica que Regina Schwartz argumentó que el monoteísmo bíblico aseguraba.[1027]

La noción compleja y dinámica de la identidad, que la doctrina de la Trinidad ejemplifica y cuyo análogo antropológico nos empuja a construir, parece hablar directamente a los debates contemporáneos sobre la identidad.[1028] Y, sin embargo, no es en absoluto nuevo, al menos no a grandes rasgos. En realidad, existe una larga tradición teológica que opera de manera implícita con una noción similar de identidad. Se siente a gusto en el pensamiento eclesiológico y se esconde detrás de términos como *anima ecclesiastica*[1029] o "catolicidad de la persona".[1030] Su defensor más sofisticado es John Zizioulas. En *Being as Communion* argumenta que:

> en y por medio de su comunión, la persona confirma su propia identidad y su particularidad… La persona es el horizonte dentro del cual la verdad de la existencia se revela, no como una naturaleza simple sujeta a la individualización y la recombinación, sino como imagen única del conjunto y de la "catolicidad" del ser.[1031]

Una persona puede ser la única imagen del conjunto, argumenta Zizioulas, solo por estar ubicada en Cristo y participar de su identidad. Del lado divino, Cristo está constituido por medio de la relación filial del Padre con él; en el lado humano, él es una personalidad corporativa formada por los muchos que están "en él". Zizioulas conecta la noción antropológica de la identidad vía eclesiología y cristología con la Trinidad en la que encuentra su fundamento más adecuado.

[1027] Ver Luce Irigaray, *This Sex Which Is Not One,* trad. Catherine Porter con Carolyn Burke, Ithaca, NY: Cornell University Press, 1985; Schwartz, *The Curse of Cain,*

[1028] Allison Weir, *Sacrificial logics: Feminist Theory and the Critique of Identity,* Nueva York: Routledge, 1996.

[1029] Joseph Ratzinger, *Das Fest des Glaubens: Versuche zur Theologie des Gottesdienste,* Einsiedeln: Johannes, 1981, 28.

[1030] Vladimir Lossky, *in the Image and Likeness of God,* Crestwood: St. Vladimir's Seminary Press, 1985, 175.

[1031] Zizioulas, *Being as Communion,* 106.

Aunque en muchos aspectos relevantes el argumento de Zizioulas no es del todo convincente. Me parece problemática la sugerencia de que una persona sea la imagen "del todo" y desacertado el postular que la misma relación eterna con la que el Padre se relaciona con el Hijo es el elemento constitutivo de cada persona. La combinación de estos dos movimientos, sugiero, impide que Zizioulas sea capaz de conceptualizar del modo adecuado la particularidad de la persona.[1032] El anverso de esta debilidad relevante es, sin embargo, una fuerza importante. Es capaz de afirmar la presencia de otros múltiples en el "yo" y no perder el "yo" en su propia fluidez. Lo que Zizioulas hace bien es especificar el carácter de una persona: cada uno está determinado por Cristo en la doble relación que él mantiene con el Padre y con la humanidad. Por el contrario, mi relato, que recalca la necesidad de conservar las fronteras y mantenerlas fluidas, aunque puede basar la particularidad de una persona, parece dejar su identidad indeterminada. ¿Cómo se sabe cuándo cerrar las fronteras del "yo" con el fin de estabilizar la identidad propia, y cuando abrirlas para enriquecerlo? Además, ¿con qué razones debería uno decidir lo que podría entrar y lo que debe salir?

No se puede responder a la primera pregunta adelantándose a las situaciones concretas. Que las fronteras se abran o se cierren dependerá del carácter específico tanto del "yo" como del otro en una coyuntura concreta de su relación. El único consejo posible es procurar una sabiduría flexible en lugar de reglas estables. La respuesta a la segunda pregunta —la pregunta sobre las razones para negociar las identidades fluidas— está contenida en la narrativa de la autodonación divina sobre la cruz con sus mensajes duales e interrelacionados sobre "la bienvenida indiscriminada" y sobre la importancia de la "verdad y la justicia".

Autodonación

Es esencial situar la reflexión sobre la construcción de la identidad en la narrativa de la autodonación divina. De otro modo, hablar sobre las identidades fluidas corre el peligro de no solo volverse subdeterminado, sino también formal y, al final, teológicamente vacío, a pesar de su supuesta derivación de la doctrina de la Trinidad. Si lo que digo sobre la construcción de la identidad no estuviera insertado en el marco de la reflexión sobre la autodonación, seria paralelo a una plétora de propuestas sobre la relación entre la Trinidad y las comunidades humanas que, aunque relevantes, son de valor limitado porque

---

[1032] Volf, *After Our Likeness*, 85.88.

permanecen al nivel de las generalidades extremadamente difusas, como por ejemplo "la pluralidad en la unidad", la dialéctica de "uno y muchos", o el equilibrio entre la "relacionalidad y la alteridad".[1033] En tales propuestas, la doctrina de la Trinidad sirve más o menos como el mineral del que el presunto oro de los principios abstractos debería extraerse y a continuación usarse para construir imágenes de la comunidad humana, o incluso de la realidad completa. Pero esto forma un juicio erróneo sobre lo que es oro en realidad. Los principios abstractos no son oro puro; la narrativa de la vida de la Trinidad, en cuyo núcleo central se encuentra la historia de la autodonación, es oro puro. La conversación sobre las identidades fluidas, no menos que las generalidades sobre la "pluralidad en la unidad" y "uno y muchos" solo será útil si están "dorados" al ser sumergido en la narrativa de la autodonación divina.

En un sentido, podemos "sumergir" la propuesta sobre las identidades trinitarias en el oro de la autodonación, porque es de ese oro de donde ha emergido la propuesta en primer lugar. La sugerencia se amplió sobre la noción trinitaria central de *perichoresis,* que en sí misma descansa sobre la actividad interna trinitaria de la autodonación. Pero ¿cómo deberíamos pensar respecto a la autodonación trinitaria? ¿Cómo se relaciona con el mundo que habitamos, un mundo de engaño, opresión y violencia? ¿Qué significa para los seres humanos ser imagen de la autodonación de Dios? Ahora pasamos a estas preguntas. Y es la respuesta a esas interrogantes que contiene la sabiduría necesaria para tomar las decisiones correctas sobre cuando cerrar y abrir las fronteras de nuestras identidades y sobre qué dejar entrar y qué mantener fuera.

El "yo" da algo de sí mismo, de su propio espacio, por así decir, en un movimiento en el que se contrae con el fin de ser expandido por el otro y en el que,

---

[1033] En *Revelation y Reconciliation: A Window on Modernity* (Cambridge: Cambridge Unity Press, 1995, 171), Stepeh N. Williams ha objetado con razón que la reflexión de Colin Gunton sobre la relación entre uno y muchos y entre la relacionalidad y la alteridad en *The One, the Three and thge Many* es "excesivamente abstracta". Desde mi perspectiva, el problema con el enfoque de Gunton no es, sin embargo, que se ha involucrado en la tarea de obtener "*conceptos... correctos*" (ibíd.), sino que en sus otras reflexiones que sí son relevantes sobre las interrelaciones de uno y muchos, presta muy poca atención a la narrativa trinitaria concreta de la autodonación histórica de la autodonación de Dios (ver Colin Gunton, "The Church on Earth: The Roots of Community", *On Being the Church, Essays on the Christian Community,* ed. Colin E. Gunton y Daniel W. Hardy [Edimburgo: T. & T. Clark, 1989], 48-80, 78-79), un enfoque que explica en parte por qué las nociones interrelacionadas y socialmente centradas de "poder", "conflicto", "violencia", "justicia" y "amor" desempeñan una función sorprendentemente marginal sobre "Dios, la creación, y la cultura de la modernidad". Williams está, por supuesto, en lo cierto respecto a que corregir los conceptos no equivale todavía a conseguir que las personas actúen del modo correcto, pero, en un sentido, sobra decirlo y se aplica igual de bien a los que *argumentan* en contra del "intelectualismo".

al mismo tiempo, entra en el otro contraído para aumentar la plenitud de este. Esta entrega del ser que se funde en la recepción del otro no es nada más que el movimiento circular del amor divino eterno, una forma de intercambio de regalos en el que el otro no emerge como deudor, porque ya ha dado al haber recibido con gozo y porque incluso antes de que el presente haya llegado hasta él, el otro ya estaba involucrado en un movimiento de avance de la reciprocidad.[1034] Si ajustamos la famosa frase de Juan "Amamos por que Dios nos amó primero" (1 Jn 4:19) para que encaje en el ciclo de intercambio entre amantes perfectos, tendríamos que decir que cada uno ama primero, y, a la vez, ama porque es amado. Expresado de un modo menos paradójico, el ciclo perfecto de las autodonaciones deben empezar a moverse simultáneamente por todas partes.[1035] Esta es la razón por la que, hablando con propiedad, solo Dios es amor (1 Jn 4:8), Dios concebido como la comunión de amantes perfectos.[1036]

Cuando Jesús les mandó a sus discípulos que "[fueran] perfectos" como su "Padre celestial es perfecto" (Mt 5:48), parecería que les estaba exigiendo que emularan, de un modo humanamente adecuado, la perfección del amor

---

[1034] En "Can a Gift be Giben? Prolegomena to a Future Trinitarian Metaphysics", John Milbank ha argumentado en favor de la "demora" y la "repetición no idéntica" entre un regalo y un contra-regalo, como elementos estructurales necesarios de la dación (*Modern Theology* 11, núm. 1 [enero, 1995]: 125). La idea de "avanzar la reciprocidad" puede verse como una demora *invertida* en la repetición no idéntica y se sugiere mediante la necesidad de concebir al receptor siempre como alguien que ya es un dador.

[1035] Mi principal interés aquí es la reciprocidad en el amor concebida como autodonación, y de ahí que yo solo la mencione, sin explorar la *circularidad* importantísima de dicho amor Sin circularidad, el amor moriría porque se congelaría, por así decirlo, o porque se convertiría en lo opuesto, la posesión. De ahí que cuando presenté la "fenomenología del abrazo", en *Exclusion and Embrace: A Theological Exploration of Identity, Otherness, and Reconciliation,* argumenté que además de (1) "los brazos abiertos" del deseo y (2) "los brazos cerrados" de sostenerse mutuamente, un abraco entendido como es debido también debe contener (3) "espera" como aplazamiento del deseo hasta que se haya producido la respuesta y (4) "los brazos abiertos para dejar ir" como una expresión de respeto por la alteridad del otro ([Nashville: Abingdon Press, 1996], 140-47). En *Eros for the Other: Retaining Truth in a Pluralistic World* ([University Park, PA: Pennsylvania State University Press, 1996], 72), Wendy Farley ha expresado un pensamiento similar recalcando la importancia de la "ausencia" en relación entre el amante y el amado:

> Eros nada en las aguas de la ausencia, cuando esta agua se seca. Eros muere. Poseído por Eros, uno piensa que no desea nada más intento que poseer al amado. El amado está presente para el amante como aquello que se desea. No es la pura ausencia de no estar. Pero el amado está presente como ausente, por así decir. Está relacionado con el amante, no por una clara inmediatez, sino por el eco dejado por su ausencia.

[1036] Richard Swinburne, *the Christian God*, Oxford: Clarendon, 1994, 170-91.

divino eterno. Sin embargo, no es el caso. Quizás, la razón más profunda de la ausencia de semejante mandato es que el ciclo perfecto de la autodonación —de nuevo, tan perfecta como sea humanamente posible— no puede ordenarse, sino que debe entregarse a todos los que se involucren en ella, y a todos al mismo tiempo. Como indican los versículos precedentes, Jesús exigió a sus discípulos algo mucho menos sublime, pero, en un sentido, mucho más difícil, precisamente porque lo que pidió no era el fruto puro de la gracia, sino el resultado del esfuerzo. Los discípulos serán los hijos de Dios, no tanto cuando, repitiendo a su propia manera humana una clase divina de reciprocidad, amar a aquellos que los aman (5:46), pero cuando imitan una clase igualmente de amor unilateral de Dios que hace "salir el sol sobre malos y buenos, y envía lluvia sobre justos e injustos" (5:45) amando a "sus enemigos" y orando "por aquellos que [los] persiguen (5:44). Esto no es tanto una forma de dar que se alimente y deleite en las reciprocidades del amor a las que son llamados los discípulos a emular; esta manera de dar acabará, en el mundo venidero del amor, cuidando de sí mismo si el otro tipo de dación se practica, ese tipo que busca suscitar la respuesta no existente del amor incluso en aquellos que practican lo opuesto mismo al amor. Jesús no exigió tanto que imitáramos la danza divina de la libertad del amor y la confianza no tematizada, sino la labor divina del riesgo y el sufrimiento del amor. El amor que danza es el amor interno entre las personas de la Trinidad; el amor que sufre es el mismo amor vuelto hacia un mundo impregnado de enemistad. En sus análogos humanos, el primero es el amor perfecto del mundo venidero y su eco en las mutualidades inestables e incompletas del mejor de nuestros amores;[1037] el segundo es ese mismo amor implicado en la transformación del mundo tan profundamente defectuoso como es.

¿Cómo se relacionan ambos amores? Cabría imaginar una relación de simple identidad: el amor de Dios en la cruz reitera el amor eterno en Dios y, de manera análoga, el amor humano, involucrado en la transformación del mundo presente repite simplemente el amor del mundo venidero. El compromiso divino en el mundo adopta aquí la forma de una repetición de la "danza" divina en el cielo; el involucramiento con el mundo repite en él el amor del mundo venidero. Pero ¿es plausible el postulado de la identidad? Aunque yo afirmé que ambos amores son "lo mismo", no obstante los describí

[1037] En *The Gifting God: A Trinitarian Ethics of Excess,* Stephen H. Webb ha subrayado con acierto que la "encarnación de los excesos de Dios dentro de una comunidad completamente recíproca, donde dar engendra la mutualidad, la integridad y la armonía" es "el significado de la escatología cristiana", ([Nueva York: Oxford University Press, 1996], 150).

como "primero" y "segundo". ¿Por qué? Porque a diferencia del amor interno de la Trinidad inmanente y el amor humano del mundo venidero, el amor involucrado en la transformación del mundo no es sencillamente positivo; en un sentido importante también es reactivo.[1038] Con esto no quiero decir que la forma de este "segundo" amor esté gobernada por la pragmática de la eficacia del compromiso. En su lugar, este amor es reactivo en el sentido en que el involucramiento del amor no puede ser un *compromiso* si procede, como si aquello a lo que se opone el amor no estuviera allí y no debiera haber oposición a él. El ciclo trinitario de las autodonaciones perfectas *no puede* repetirse sencillamente en el mundo del pecado; el compromiso con el mundo entraña un proceso de *traslado* complejo y difícil. Enviado por Dios en el poder del Espíritu, el Verbo se convirtió en "el Cordero de Dios que quita el pecado del mundo" (Jn 1:29). En la labor de "quitar el pecado", el deleite del amor se transmuta en la agonía del amor, la agonía de la oposición al no amor, la agonía del sufrimiento como la mano del no amor, y la agonía de la empatía con las víctimas del no amor. De ahí la cruz de Cristo. Y de ahí el que los seguidores de Cristo tomen también la cruz.

Consideremos los mayores dones del Crucificado: "gracia" y "perdón". Son las formas en las que el ciclo espontáneamente creativo del amor se encuentra con el mal previo que se ha de vencer. Aunque la afirmación de la gracia entraña la negación de que la aceptación de Dios debe ser negociada "mediante un intermediario o un sistema de condiciones administradas",[1039] a diferencia del amor trinitario interno, la gracia no trasciende la "ley"; la gracia es gracia solo porque sigue afirmando la ley suspendiéndola. De manera similar, aunque el perdón libera al ofensor de la deuda, no lo hace tratando la ofensa como si no estuviera ahí;[1040] el perdón es perdón solo porque sigue confirmando la justicia, rebasándola.[1041] Semejante afirmación de la "ley" y la "justicia" es una cosa importante que distingue el acto positivo de redimir la autodonación del acto

---

[1038] John Milbank, *The Word Made Strange* (Oxford: Blackwell, 1997) y Rowan D. Williams, "Interiority and Epiphany: A Reading in New Testament Ethics", *Modern theology* 13, núm. 1 (enero 1997): 29-51.

[1039] Williams, "Interiority and Epiphany", 38.

[1040] John Milbank, *Theology and Social Theory: Beyond Secular Reason* (Oxford: Blackwell, 1990), 411; Milbank, "Can a Gift be Given?" 148. Tartar la ofensa como si no estuviera ahí es la alternativa de Nietzsche a perdonar (ver Friedrich Nietzsche, *Thus Spoke Zarathrusta: A Book for Everyone and No One,* trad. R. J. Hollingdale [Londres: Penguin, 1969], 161).

[1041] Ver Miroslav Volf: *Free of Charge* (Grand Rapids: Zondervan, 2005), 140.44. Ver también L. Gregory Jones, *Embodying Forgiveness: A Theological Analysis* (Grand Rapids: Eerdmans 1995), 135-62; Lewis B. Smedes, *The Art of Forgiving: When You Need to Forgive and Don't Know How* (Nashville: Moorings, 1996), 77-85.

pasivo del autosacrificio. En el primero, el "yo" reafirma su propia creación a la imagen del Dios trino, y busca arrastrar al otro en comunión con Dios y con el prójimo; en el segundo, el "yo" solo se deja destruir por el otro mal.

En Romanos 13:8-14, Pablo expone la misma idea de forma sutil, aunque clara, sobre la lucha del amor contra el no amor. "La noche está avanzada, y se acerca el día. Desechemos, pues, las obras de las tinieblas, y vistámonos las armas de la luz. Andemos *como de día*, honestamente" (13:12-13; énfasis añadido). El "día" es la luz de la nueva creación y la "noche" es la oscuridad del mundo pecaminoso. Tras la orden "Andemos como de día, honestamente", subyace, por tanto, la pregunta misma que estoy persiguiendo aquí: ¿Qué forma debería adoptar el amor del mundo perfecto en el mundo presente de pecado? ¿Deberían los cristianos practicar el amor "como si el mal no estuviera ahí"? Podría parecer que vivir "como de día" es sencillamente una forma diferente de decir que deberíamos vivir "como si no fuera de noche" o comportarnos haciéndole caso omiso a la noche que sigue siendo penetrante. Pero esto no es así. La diferencia crucial entre vivir "como de día" y "vivir como si no fuera de noche" se señala en la distinción entre "las obras de oscuridad" y "la armadura de luz". Las "obras" son algo que se puede hacer simplemente, y en el caso de las obras de oscuridad se efectúan, como Pablo lo expresa, en "el sueño" (13:11), es decir, con una especie de automatismo con el que uno se permite "lujurias y lascivias" y participa en "contiendas y envidias" (13:13). Sin embargo, "armadura" sugiere lucha, ya que designa a las armas defensivas como ofensivas.[1042] Mientras sea "de noche" solo se puede vivir "como de día"

[1042] Ver C. E. B. Cranfield, *The Epistle to the Romans,* ICC (Edimburgo: T. & T. Clark, 1979), 686. En 1 Tesalonicenses 5:1-11., Pablo reúne de un modo similar "el día" y la armadura: "Pero nosotros, que somos del día, seamos sobrios, habiéndonos vestido con la coraza de fe y de amor, y con la esperanza de salvación como yelmo (5:8). Como la coraza y el yelmo son las armas principalmente defensivas (F. F. Bruce, *First and Second Thessalonians,* WBC 45 [Waco: Word Books, 1982], 112; Richard B. Hays, *the Moral Vision of the New Testament: Community, Cross, New Creation. A Contemporary Introduction to New Testament Ethics* [San Francisco: Harper, 1996], 23), se podría argumentar que la lucha activa contra "la noche" no está implícita en la orden de vivir como de día. En otro lugar, sin embargo, estas dos cosas se mencionan como parte de "toda la armadura" (cp. Ef 6:13ss.), y en general la armadura debe usarse en la batalla contra el mal, tanto de manera ofensiva como defensiva (D. G. Reid, "Triumph", en *Dictionary of Paul and His Letters,* ed. G. F. Hawthorne y R. P. Martin [Downers Grove, IL: InterVarsity, 1993], 950-53). Además, Pablo "no es coherente en la relevancia que atribuye a las diversas piezas de la armadura" (Leon Morris, *The First and Second Epistles to the Thessalonians,* NICNT [Grand Rapids: Eerdmans, 1991], 158). Por tanto, aunque en 1 Tesalonicenses 5:8 solo menciona la coraza y el yelmo, podría muy bien significar que representan al conjunto, sobre todo porque son las piezas más importantes de todas las insignias de batalla y, por tanto, son análogas a las virtudes supremas de la fe, la esperanza y el amor, con el que son asociadas aquí (ver ibíd.).

vistiendo la armadura para pelear contra la noche. El amor es un arma. Y es un arma en el sentido preciso en el que la entrega de Jesucristo fue un arma contra el mal. Como ya observó Orígenes en su comentario sobre Romanos, vistiendo "la armadura de luz" (13:12) establece un paralelo con vestirse "del Señor Jesucristo" (13:14).[1043] De ahí que, cuando Pablo vuelve a tratar la relación entre "el 'fuerte' y el 'débil'" (Rm 14:1–15:13), apela una y otra vez a la autoentrega de Cristo como modelo a emular.

Si el amor trinitario no se practica como "arma", si no se traduce en gracia y perdón, que trascienden y confirman la ley y la justicia, su proclamación equivaldrá al final, a falsas "buenas nuevas" de que la vida eterna no "está prometida" sino que se da plenamente, que la fe es "su propio 'reino de Dios'", que el pecado no está vencido, sino "abolido", que no hay "opuestos" y que la negación de cualquiera de estas cosas es "totalmente imposible", un resumen exacto a la "psicología de la redención" de Nietzsche en *The Anti-Christ* concebido como una explicación de "cómo tendríamos que vivir para sentirnos 'en el Cielo', para sentirnos 'eternos'".[1044] "Cielo" se vuelve a narrar aquí; "cielo" incluso se practica —en teoría—, pero se detiene el movimiento de su compromiso transformador con el mundo, cuya tierra estaba empapada de la sangre de Abel.[1045]

Si mi argumento es convincente, sugerir un conocimiento social basado en la doctrina de la Trinidad no es tanto "proyectar" y "representar" "al Dios trino, que es la paz trascendental por medio de la relación diferencial", como argumenta John Milbank en su justamente aclamada *Theology and Social Theory*,[1046]. En su lugar, proponer un conocimiento social basado en la doctrina de la Trinidad consiste, por encima de todo, en narrar de nuevo la historia de la cruz, la cruz no entendida con una repetición simple del amor celestial en el mundo, sino como el compromiso del Dios trino con el mundo con el fin de transformar los reinos injustos, engañosos y violentos de este mundo en el justo, veraz y pacífico "reino de nuestro Señor y de su Mesías" (Ap 11:15). La misma *initatio crucis* es válida no solo para "el conocimiento social", sino

---

[1043] Orígenes, *PG,* Vol 14, col. 6659.

[1044] Friedrich Nietzsche, *Twilight of the Idols and The Anti-Christ,* trad. R. J. Hollingdale (Londres: Penguin, 1990), 153-58.

[1045] Richard H. Roberts ha señalado con acierto que la sugerencia constructiva de Milbank en *Theology and Social Theorie* en su análisis final podría "alentar a una forma de 'hibernación' que sanciona la mascarada del imposibilismo escatológico-político en la forma de 'praxis'". Ver "Transcendental Sociology? A Critique of John Milbank's *Theology and Social Theory: Beyond Secular Reason*", *Scottish Journal of Theology* 46, núm. 4 (1993): 534.

[1046] Milbank, *Theology and Social Theory,* 6.

también para "las prácticas sociales". Sin duda, se nos da a menudo un anticipo del amor perfecto de la Trinidad, por ejemplo, en los deleites de la amistad y del abrazo erótico, o en el gozo de celebrar la comunión, Pero hemos sido llamados, por encima de todo, a imitar el amor terrenal de esa misma Trinidad que condujo a la pasión de la cruz, porque desde el principio era una pasión para los que estaban atrapados en los ardides del no amor y vencidos por el poder de la injusticia, el engaño y la violencia.

¿Qué significa, pues, la autodonación trinitaria traducida al mundo y, por tanto, representada en la cruz por el poder el Espíritu para la vida de las comunidades humanas? Resumiendo gran parte de su argumento en la carta a los Romanos, el Apóstol Pablo escribe: "Recibíos los unos a los otros, como también Cristo nos recibió, para gloria de Dios" (15:7). En anteriores capítulos de este libro, argumenté que este acogimiento divino en Cristo, que en el Nuevo Testamento se describe sistemáticamente, casi de manera universal, somos el modelo que los cristianos tienen que emular,[1047] se traduce en la afirmación de la voluntad de entregaros a otros y recibirlos, reajustar nuestras identidades y hacer un hueco para ellos, es anterior a cualquier juicio sobre los demás, excepto el de identificarlos en su humanidad. La voluntad de acoger precede a cualquier "verdad" sobre los demás y de cualquier construcción de su "justicia". Esta voluntad es absolutamente indiscriminada y estrictamente inmutable. Trasciende la aplicación moral del mundo social en "bien" y "mal".

Endosando semejante voluntad indiscriminada de acoger, ¿he alcanzado el punto más allá de la "verdad" y "la justicia" y, así, transgredir los límites establecidos por la lógica de la gracia y la necesidad de mantener la frontera que recalqué con anterioridad? Nótese que describo la *voluntad* de acoger como algo indiscriminado, no el acogimiento en sí. Aunque en la proclamación que Jesús hizo de la acogida de Dios "no hace... distinciones y discriminaciones adecuadas", como mantiene con acierto Dominic Crossan en *The Historical Jesus;*[1048] es manifiestamente incierto que en los Evangelios que Jesús no hiciera "distinciones y discriminaciones adecuadas" *después* de que se emitiera la bienvenida divina. Un acogimiento indiscriminado de todos no entraña, en modo alguno, una afirmación indiscriminada de todo. En consecuencia, Jesús acogió (ver Mc 2:13-17) *y* despachó (ver Mc 10:17-31), puso nombre a los pecados

---

[1047] Ver Hays, *Moral Vision o f the New Testament,* 197; Luke Timothy Johnson, *The Real Jesus: The Misguided Quest for the Historical Jesus and the Truth of the Traditional Gospels,* San Francisco: HarperSan Francisco, 1996, 151-66.

[1048] John Dominic Crossan, *The Historical Jews: The Lift of a Mediterranean Jewish Peasant,* San Francisco: Harper San Francisco, 1991, 262.

falsamente etiquetados (ver Mc 2:1-12). De manera similar, porque la cruz no es la negación de la "ley" y la "justicia", la sabiduría de la cruz nos dice que el acogimiento no puede producirse hasta que se haya dicho la verdad y se haya hecho justicia. De ahí que, incluso cuando la *voluntad* de aceptar sea indiscriminada, *el acogimiento pleno* en sí mismo debe discriminar. Porque el acogimiento perfecto es impensable fuera del mundo enmendado, un mundo en el que se haya prestado atención a los asuntos de verdad y justicia, y un mundo en el que la resurrección de los muertos se ha deshecho lo que Oliver O'Donovan en *Desire of Nations,* denomina "la monstruosa desigualdad de la sucesión generacional" en la que todas nuestras posesiones se convierten en "un tipo de robo, algo que hemos tomado de quienes lo compartieron con nosotros pero con quienes, a nuestra vez, no podemos compartir".[1049] La participación plena en el ciclo perfecto de las autodonaciones depende de la creación de todas las cosas nuevas.

¿Me ha llevado mi falta de disposición, en este mundo todavía no redimido, al punto que supera la "verdad" y la "justicia" de regreso a la lucha por "la verdad" y la "justicia" como precursor necesario de la autodonación? ¿Me ha conducido la sabiduría de la cruz al punto donde esa misma sabiduría parece locura, no solo para los "que se pierden", sino también para nosotros "los que [nos] salva[mos]" (1 Cor 1:18)? ¿Se ha trasladado el amor autoentregado de la Trinidad en el mundo de pecado tan solo para ser absorbido por las condiciones que este traslado impone sobre él? No del todo. Porque la "verdad" y "la justicia" mismas necesitan ser redimidas por el amor de la autoentrega. Nietzsche subrayó con acierto, en mi opinión, que existe demasiada deshonestidad en la búsqueda determinada de la verdad y demasiada injusticia en la lucha intransigente para la justicia.[1050] Sin embargo, ningún seguidor del Crucificado respaldará la autocontradicción de Nietzsche respecto a la retórica que "nada es verdad" y "todo está permitido".[1051] La declaración negativa sobre la verdad y la justicia no es sino el anverso de la afirmación positiva que descansa directamente sobre la "sabiduría de la cruz": la verdad y la justicia en los entonos sociales no están disponibles fuera de la *voluntad de entregarnos a los demás y acogerlos.*

Y, así, la gracia vuelve a triunfar: la misma gracia que ignoró la falsedad y la injusticia del otro cuando inició el movimiento del abrazo, también guía la

---

[1049] O'Donovan, *Desire of Nations,* 287-88.

[1050] Nietzsche, *Thus Spoke Zarathustra,* 229.

[1051] Friedrich Nietzsche, *The Birth of Tragedy and The Genealogy of Morals,* trad. Francis Golfing, Garden City: Doubleday, 1956, 287.

reconstrucción de la "verdad" y la "justicia" con el fin de completarlo. Sugiero que esta primacía de la gracia es el establecimiento de la verdad y la justicia, grabada en la dinámica interna de la justificación divina, que es la dinámica interna de la cruz, que es la dinámica interna del amor trinitario trasladado al mundo del pecado. Por esa razón, el amor al enemigo es fundamental para la fe cristiana.

El reflejo de Dios, la gloria de Dios

Adjunto al pasaje de Romanos, sobre el cual se apoya mi argumento sobre la autodonación, es una breve frase sobre la gloria de Dios. "Recibíos los unos a los otros, como también Cristo nos recibió", escribe Pablo, y a continuación prosigue, "para gloria de Dios" (Rm 15:7). Comentando sobre el versículo, Rowan Williams señala que:

> la generosidad, la misericordia y el acogimiento son imperativos para el cristiano, porque son una participación en la actividad divina; pero también son imperativos, porque muestran la gloria de Dios e invita o atrae a los seres humanos a "dar gloria" a Dios, es decir, reflejar de nuevo a Dios lo que él es.[1052]

¿Qué aspecto del ser de Dios debería reflejarse de nuevo a él? Según Pablo, no es tanto el movimiento circular del amor divino, aunque no se excluye, por supuesto; es el movimiento lineal de ese mismo amor, descendiendo hacia la humanidad pecaminosa y sufriente con el fin de llevarlo a la comunidad divina. La razón es simple: la unilateralidad del movimiento lineal, una unilateralidad que tiene por objetivo la reciprocidad pero no la presupone, es la forma que el amor de la autoentrega de la divina Trinidad adopta en el mundo de pecado y sufrimiento, que es el mundo que habitamos.

Recordaremos que Nicholas Fedorov propuso la renarración doctrinal del Dios trino como programa social. Su sugerencia descansa en el movimiento ascendente por el cual Dios puso a la humanidad en la vida misma de Dios. Una ontología basada en la participación en la vida de resurrección basa una práctica social que toma modelo de la vida eterna de la Trinidad. Por el contrario, yo he argumentado que la visión social basada en la doctrina de la Trinidad debería apoyarse principalmente en el movimiento descendente en el que Dios sale, en un sentido, de la circularidad del amor divino con el fin

---

[1052] Williams, "Interiority and Epiphany", 42.

de llevar a la humanidad al acogimiento divino. Una soteriología basada en la residencia del Espíritu en el Crucificado (Gá 2:19-20) basa una práctica social que toma su modelo de la pasión de Dios para la salvación del mundo.

En mi propuesta, ¿dónde está la importancia social de la "tumba vacía" y del cuerpo translúcido de Cristo, ascendiendo al cielo? ¿Estoy manteniendo las prácticas sociales, por así decirlo, "clavadas a la cruz"? ¿Dónde está la nueva creación escatológica? ¿Se ha evaporado en una imposibilidad que fascina el pensamiento con el fin de seducir las prácticas en la deslealtad a la carne y la sangre de los seres humanos en una tierra frágil? No. Como yo lo veo, la nueva creación no ha desaparecido; está situada en medio de la historia, porque está colgada, crucificada por los pecados del mundo. El Crucificado es la nueva creación, la representación perfecta del amor eterno del Dios trino en el mundo impío (cp. Rm 5:6-11). De manera más precisa, el Crucificado es la nueva creación ya que entra en la creación presente que ha quedado obsoleta por la práctica de la injusticia, la decepción y la violencia con el fin de transformar a la humanidad en la imagen del Dios trino. De ahí que el cuerpo clavado a la cruz sea el cuerpo, que las garras de la muerte no pueden retener; la carne torturada es el cuerpo de gloria translúcido que asciende. La pasión de la autodonación tiene la promesa de gloria, porque ya participa de esa gloria; el infierno de la crucifixión tiene su anverso celestial en la gloria de la vida de la resurrección.

¿No hay nada entre la gloria escondida del sufrimiento terrenal y la gloria abierta de la dicha celestial? ¿Brillará la gloria del amor en el sufrimiento hasta que el mal sea vencido por completo? ¿Estará la nueva creación presente solo en el dolor y nunca en el gozo? Claro que no. Después de la resurrección de Cristo y de que el Espíritu fuera enviado, la nueva creación está *llegando* al mundo pecaminoso, siempre de nuevo, en el movimiento desde la cruz a la tumba vacía, en la obra del amor y sus muchas y repetidas transformaciones en la danza del amor.

Siguiendo una línea similar de pensamiento, Juan el evangelista narra de forma sorprendente la historia de la crucifixión como el relato de la glorificación del Crucificado;[1053] en la hora de la pasión del Hijo, el Padre glorificará al Hijo con la misma gloria que el Hijo tuvo antes de la fundación del mundo (Jn 17:5; cp. 1:14), de manera que por medio de la pasión, el Hijo pueda glorificar al Padre (Jn 17:1). El reflejo histórico del carácter de Dios en la obra de autodonación brinda gloria a Dios y recibe de nuevo su gloria, porque *es* esa misma gloria. El movimiento lineal descendente ya participa en el

---

[1053] C. K. Barrett, *The Gospel According to St. John*, Filadelfia: Westminster, 1978, 422-23, 501.

movimiento circular en el que la gloria de Dios, que no es más que la pureza del amor de la autoentrega de Dios, se intercambia eternamente.

Y es en este movimiento descendente del amor divino donde el Jesucristo juanino empodera a sus seguidores a participar. El Cristo resucitado se apareció a sus discípulos, sopló sobre ellos y les dijo: "Recibid al Espíritu Santo" (Jn 20:22). Ese Espíritu que los discípulos recibieron era el mismo que Juan el Bautista vio descender sobre Jesús cuando le identificó como "el Cordero de Dios que quita el pecado del mundo" (Jn 1:29-34). Aquel que fue a la cruz en el poder del Espíritu, dispensa ahora el mismo Espíritu para empoderar a sus seguidores y que puedan participar en el movimiento descendente del amor de Dios, que perdona los pecados y crea una comunidad de gozo en medio del sufrimiento (Jn 20:19-23). El "Aliento" del Cristo resucitado de los muertos da a luz al "cuerpo de Cristo" ofrecido al mundo.[1054] Forma un pueblo cuya visión y prácticas sociales son la imagen del Dios trino descendiendo en la pasión, el vaciado de sí mismo, para llevar a los seres humanos al ciclo perfecto de intercambios, en el que se entregan los unos a los otros y se reciben de nuevo en amor.[1055]

[1054] Esta breve referencia a la iglesia como "comunidad de acogimiento", que complementa mi debate de "la cruz" y del amor del "mundo venidero", sirve para indicar que mi propósito en este ensayo es consonante con la idea clave de la obra de Richard Hays, *Moral Vision of the New Testament*, que desarrolla los temas éticos del Nuevo Testamento en torno a las tres imágenes focales de la "comunidad", la "cruz" y la "nueva creación". Una forma de expresar mi proyecto aquí es afirmar que procuro conectar las tres cosas arraigándolas en la doctrina de la Trinidad, entendida como la expresión doctrinal de la narrativa del compromiso del Dios trio con la humanidad.

[1055] Este ensayo fue impartido en las conferencias de Waldenstroem en la Stockholm School of Theology, 6 de mayo 1998. Una versión más temprana y breve se presentó en la conferencia "The Doctrine of God and Theological Ethics" en el Kings College, Londres, 28-30 de abril 1997. Eugene Matei proveyó una valiosa ayuda en las etapas iniciales de la investigación, Medi Sorterup siguió donde Matei lo dejó, y también ayudó a mantener las preocupaciones feministas ante mis ojos. Maurice Lee, mi ayudante de enseñanza, y mis estudiantes doctorales leyeron con ojos críticos una versión previa del texto. El debate en la conferencia del King's College y con mis colegas, miembros de Restaurant Theology Group, ayudaron a dar forma a su versión final.

AGRADECIMIENTOS

Es un placer dar las gracias aquí a muchas personas e instituciones que hicieron posible mi trabajo, e incluso lo hicieron agradable. Cuando estaba escribiendo la primera edición, el Fuller Theological Seminary, de Pasadena, California, me permitió dos permisos y uno parcial para ausentarme durante el cual investigué la mayor parte del material y escribí. La Alexander von Humboldt Foundation me sostuvieron económicamente durante uno de esos permisos sabáticos. Mis estudiantes en el Fuller Theological Seminary, la Evangelical Theological Faculty of the University of Tübingen, Alemania, y el Evangelical Theological Seminary en Osijek, Croacia, se comprometieron con los argumentos presentados en el libro (en especial en la división superior y los estudiantes graduados en Osijel, en la primavera de 1996, cuya pasión por el tema fue acompañada por la agudeza de sus argumentos). Presenté versiones anteriores de varios capítulos y recibí importantes reacciones en las conferencias en Croacia, Alemania, Holanda, Hungría, India, Nueva Zelanda, Sri Lanka y los Estados Unidos, incluido el Theology Lectureship en el Mennonite Brethren Biblical Seminary, Fresno, California (21-22 abril 1996). Porciones de los capítulos fueron publicados en *Evangelische Theologie, Ecumenical Review, Journal of Ecumenical Studies,* y *Synthesis Philosophica* (aunque aparecen aquí en forma sustancialmente revisada). Muchos amigos y conocidos han comentado sobre las versiones anteriores de los capítulos individuales, incluidos Ellen Charry, Jayakumar Christian, Clifford Christians, Philip Clayton, Robert Gundry, Bruce Hamill, Thomas Heilke, Stanley Hauerwas, George HIllery, David Hoekema, Serene Jones, Robert Johnston, Hans Kvalbein, Maurice Lee, Dale Martin, Marianne Maye, Thompson, Jürgen Moltmann, Nancey Murphy, Linda Peacore, Amy Plantinga-Pauw, Claudia Rehberger, Juan Sepúlveda, Marguerite Shuster, Medi Sorterup, James Taylor, Michael Welker y Tammy Williams.

Matthew Colwell y Richard Heuyduck sirvieron como ayudantes de investigación para parte del trabajo. Janice Seifrid ayudó con el índice. Recibí ayuda secretarial de Peter Smith, Todd Nightingale y, sobre todo, de Michael Beetley quien fue más allá del llamado del deber de múltiples formas. John Wilson de

Books & Culture leyó una buena cantidad del manuscrito y ofreció consejo de valor incalculable, sobre todo sobre lo que debía leer y lo que *no* debía decir.

Muchos han contribuido también en esta segunda edición: sospecho que sin ellos me habría llevado el doble de tiempo escribir textos que solo fueran la mitad de buenos. La comunidad más amplia que hace posible una gran parte de mi trabajo son personas asociadas al Yale Center for Faith and Culture, sobre todo los generosos miembros de su Junta de consejeros: Denise Adams, Roger y Lynne Bolton, Marjorie Calvert, William Cross, Warner Depuy, Jeppe Hedaa, Edward "Peb" Jackson, Julie Johnson, Philip y Patty Love, Harold Masback, Fred Sievert, Beth y Scott Stephenson y Gregory Sterling. Algunos del personal del centro han contribuido directamente en esta segunda edición. Ryan Ramsey realizó el paciente trabajo de reformar todo el texto y reunió en un solo documento las voces de mis detractores y defensores. La Dra. Karin Fransen me salvó a mí, un orador no nativo y ligeramente disléxico, de la principal vergüenza y realizó el paciente trabajo de la lectura de prueba de todo el manuscrito, por lo que estoy inmensamente agradecido. Mi amigo y estrecho colaborador, Dr. Ryan MacAnnally-Linz, junto con el Dr. Dane Andrew Collins, ha ayudado a mejorar el argumento en la nueva introducción y en el epílogo. Marietta D. C. van der Tol también ofreció valiosos comentarios de las perspectivas holandesa y europea. El profesor Willie Jennings, un amigo y colega, fue mi guía por las complejidades de la reciente erudición sobre la "identidad negra" en los Estados Unidos. La Dra. Caroline Sommerfeld, quien tuvo la amabilidad de leer y comentar sobre el conjunto del libro, también me dio a conocer a los pensadores de los movimientos identitarios europeos. El profesor Peter Kuzmič, mi cuñado, a quien dediqué originalmente el libro y que está íntimamente identificado con las luchas centradas en la identidad en Europa Central hace veinticinco años y hoy, me ofreció comentarios esclarecedores sobre la nueva introducción. Paul Franklyn es un editor asombrosamente eficiente y es un gozo trabajar con él.

Me siento agradecido a mis dos hijos, Nathanael y Aaron, así como a mi esposa Jessica, y a mi pequeña hija, Mira, por recordarme a diario las cosas que me importan más que aquellas a las que he tenido la fortuna de ser llamado: ser un teólogo que enseña, escribe libros y da conferencias.

ÍNDICE DE NOMBRES Y TEMAS

ÍNDICE BÍBLICO